-본 저서는 재단법인 플라톤 아카데미의 "일본사 새로보기 출간 지원사업"의 연구 결과로 수행되었음

-This work was supported by the "A Rethinking on the Japanese History" Funding Program of Foundation Academia Platonica

근대 일본인의 국가인식
1판 1쇄 발행 2023년 12월 1일
박훈·이새봄·조국·박완·오윤정·박은영·이은경 지음
편집 정철 표지 디자인 김상만
발행 정철 출판사 빈서재
이메일 pinkcrimson@gmail.com
ISBN 979-11-980639-5-3 (94910)

빈서재는 근현대사 고전 전문 출판사를 지향합니다. 번역하고 싶은 고전이 있다면 연락주세요. 제타위키에서 '빈서재 출판사'를 검색하시면 다양한 정보를 더 얻을 수 있습니다. https://zetawiki.com/wiki/beanshelf
이 책의 본문 편집은 LaTeX로 작업되었습니다. 많은 도움을 주신 KTUG 회원 여러분께 감사드립니다. http://ktug.org

근대 일본인의 국가인식
메이지 인물 6인의 삶을 관통한 국가

박훈·이새봄·조국·박완·오윤정·박은영·이은경 지음
2023년

빈서재

지은이

박훈 서울대학교 동양사학과 교수. 『메이지유신과 사대부적 정치문화』, 『메이지유신은 어떻게 가능했는가』 등을 집필했다.

이새봄 세이케이대학 정치학과 교수. 근세·근대의 일본 정치사상사를 연구하고 있다.

조국 성신여자대학교 사학과 조교수. 근대 일본의 법제사·외교사를 연구하고 있다.

박완 한양대학교 창의융합교육원 조교수. 근대 일본의 정치·군사사를 연구하고 있다.

오윤정 서울대학교 아시아언어문명학부 조교수. 근대 일본의 미술사와 시각문화를 연구하고 있다.

박은영 성균관대학교 동아시아학술원 연구교수. 일본 그리스도교사와 근대 일본 여성의 사상 형성 문제를 연구하고 있다.

이은경 서울대학교 일본연구소 부교수. 근대 일본의 역사를 여성 인물과 운동을 중심으로 연구하고 있다.

□ 일러두기

1. 외래어의 우리말 표기는 기본적으로 국립국어원의 외래어표기법에 따른다.

2. 일본어 표기는 한국인에게 비교적 익숙한 표기가 있거나 이해가 가능할 경우 우리말이나 한자음을 사용했고, 그 외의 인명과 지명 및 일본 역사용어는 일본어 그대로 표기한다. 서명의 경우는 기본적으로 같은 기준을 따르되, 필요시 독자의 이해를 위해 우리말 번역을 덧붙인다.

3. 기존에 ()과 []로 감싸서 한자를 표기하던 관행은 한자를 작게 표시하는 것으로 갈음한다. '국회[國議院]설립(設立)'은 기호없이 '국회國議院설립設立'으로 표시했다.

4. 일본식 간체자는 모두 한국 한자로 통일했다.

차 례

차 례 6

총론 : 일본 국가주의의 기원 ...... (박훈) .. **9**
   '국가'의식의 형성 9
   도쿠가와 시대와 막말기의 '국가' 11
   도쿠가와 시대 충성의 중층성 19
   제1의 충성대상 : 주군과 오이에 23
   천황으로의 충성의 전회 28
   메이지인들의 국가의식 : 본서의 구성 32

제 1 장   후쿠자와 유키치의 문명국가 구상

         .... (이새봄) .. **41**
   1.1   문명론에 대한 두 가지 접근 41
   1.2   국민국가 형성의 전제 조건 43
   1.3   '양학자'로서의 정체성과 현실: 막부말기에서
        폐번치현까지 48

1.4	『학문의 권장』: 국민국가론의 시작	54
1.5	『문명론의 개략』: 일본의 문명 이론	62
1.6	『분권론』 이후의 전략	77
1.7	『민정일신』: 1879년의 전환	82
1.8	국회 개설을 앞두고	87

제2장 오쿠마 시게노부의 국가 인식 (조국) . . **97**

2.1	유명하지만 무엇을 했는지 알 수 없는 정치가	97
2.2	막말–메이지 초기의 오쿠마	101
2.3	영국식 의원내각제의 구상과 좌절	111
2.4	여론과 세론의 구별	124
2.5	헌정 실시 이후의 오쿠마 시게노부	128
2.6	현실정치가로서의 미덕과 한계	142

제3장 야마가타 아리토모와 메이지 국가 건설
. . . . (박완) . . **147**

3.1	'동지이자 라이벌' 이토와 야마가타	147
3.2	어친병 편성과 중앙 집권화 추진	152
3.3	징병령 제정과 국민 국가 건설	161
3.4	민권파에의 대항과 입헌제 구상	173
3.5	국회 개설 대책으로서의 지방 자치 제도 설계	183
3.6	현실주의와 침략주의가 공존하는 외교·국방론	193
3.7	끝없는 '적'에 맞서서	215

제4장 다카무라 고운과 국가 건설기 일본미술
                         (오윤정) . . **221**
    4.1 '국가를 위한 미술'과 직인의 에토스   221
    4.2 박람회와 수출공예품   230
    4.3 도쿄미술학교와 '일본미술'   241
    4.4 《구스노키마사시게상》과 《사이고다카모리상》
            256
    4.5 메이지 일본의 '국가 미술가'   272

제5장 우치무라 간조와 근대 일본 (박은영) . . **279**
    5.1 우치무라 간조라는 인물   279
    5.2 사상형성의 계기들   285
    5.3 일본국의 천직   294
    5.4 주전론과 비전론   301
    5.5 허위의 애국과 진정한 애국   317
    5.6 근대 일본의 내셔널리스트   330

제6장 쓰다 우메코와 일본의 사이 (이은경) . . **337**
    6.1 쓰다 우메코와 일본   337
    6.2 최소한의 전기와 미·일 인식의 원점   347
    6.3 '가까운' 일본: 황실·정부·애국심   354
    6.4 '아쉬운' 일본: 이교도·남녀차별·학교 교육   373
    6.5 다시, 일본   391

찾아보기 **395**

일본 국가주의의 기원
충성의 전회轉回, 주군의 국가에서 천황의 국가로

박훈

'국가' 의식의 형성

20세기 초 일본의 역사학자이자 평론가 야마지 아이잔山路愛山(1865~1917)은 "일본국민은 애국심의 사범학교로서 번藩이라는 것을 갖고 있었다"[1]고 말했다. 청일전쟁·러일전쟁에서 잇따라 승리한 일본인의 투철한 국가의식을 중국인의 그것과

---

1) 山路愛山「日漢文明異同論」『支那思想史·日漢文明異同論』金尾文淵堂, 1907, p.222.

비교하면서다.[2] 도쿠가와 시대의 사무라이나 영민領民이 번에 대해 '애국심'을 가졌다는 것은 야마지의 시대착오적 인식이겠지만 당시 번을 '국가'나 '오쿠니御國'로 불렀던 것은 사실이다.

야마지의 관찰대로 메이지 시대 일본인의 국가의식은 투철했다. 메이지유신(1868) 후 30년도 안 되어 '국가'는 가족, 직장, 지연 등 다른 요소를 뛰어넘는 충성대상으로 급부상했다. 1890년 처음 시행된 중의원 총선거의 유권자 수는 전 인구의 1%에 불과했지만, 그것을 훨씬 뛰어넘는 수의 국민들이 '국가'의 모욕을 자기 일처럼 분해하고 '국가'의 승리를 자기 일처럼 기뻐하는 현상이 급속도로 퍼져갔다. 징병제는 사무라이들의 반대에도 불구하고 자리잡아갔고 아동 취학률은 20세기 초 거의 100%에 육박했다. '국가'의 상징인 천황에 대한 충성도 1890년대에는 확고해졌고 신격화의 조짐마저 있었다.

이런 메이지시대의 국가의식은 어떻게 형성된 것이고 그 양상은 어떤 것이었을까. 본서는 이 시기의 정치가, 교육자, 예술가 등을 통해 이 문제를 검토해본 것이다. 본문에 들어가기 전에 총론에서는 도쿠가와 시대의 '번藩 국가'로부터 일본이라는 근대 '국가'로의 전환과정을 살펴보려고 한다. '애국심의

---

[2] 같은 책에서 그는 "일본인이 국가를 사랑하는 것은 거의 효자가 그 부모를 사랑하는 것과 같다. 이것을 지나인이 일가를 운영하는 데 급급하여 국가를 전혀 생각하지 않는 것과 비교한다면 양자의 성정은 실로 크게 차이가 난다고 할 것이다"(p.210), "국가를 위해 일신을 바치고 타인을 위해 힘쓰는 것은 일본인의 이상으로, 국가를 혈연 가족적인 일대조직으로 여기는 것은 일본인민의 근본적 신앙이라고 주장했다"(p.208)이라고도 했다.

사범학교'라는 야마지의 과장까지는 아니더라도 근대 일본인의 국가의식 형성에 번은 중요한 배경이었다고 생각하기 때문이다. 이 글은 이 문제에 대한 필자의 창견을 제시했다기보다는 본서에 수록된 다른 글들의 이해를 돕기 위해 기존연구에 기초하여 전체적인 조감도를 그려본 것이다.

도쿠가와 시대와 막말기의 '국가'

도쿠가와 시대에 번藩은 국가, 오쿠니 외에도 '영분領分', 혹은 '시마즈가島津家', '모리가毛利家'처럼 '――가家'로도 불렸다. 물론 일본전체를 가리켜 '국가'로 칭하는 경우도 있었으나, 일본전체는 대체로 '천하'·'사해四海'·'황국皇國'·'신주神州'·'일본'으로 불렸다. 번의 대다수 인구를 이루는 백성들이 무라村를 벗어나지 못하고 일생을 보낸 걸 생각하면 번에 대한 '국가'의식은 주로 사무라이 층에서 형성되어 있었다고 할 수 있을 것이다(물론 막말기에는 존왕양이운동으로 민중 층에까지 국가의식이 급속도로 확산된다).

이미 고대국가 이전부터 사용되었던 '국가國家'라는 용어는 다양한 의미로 쓰여져 왔지만 크게 구별하면 대체로 다음과 같다. 1) 왕가王家를 가리키는 경우 2) 왕가를 정점으로 하는 지배층의 가문전체를 가리키는 경우 3) 왕과 조정, 이를 지탱하는 관료제 전체를 가리키는 경우 4) 영역과 민을 소유하는 정치체를 가리키는 경우 등이다. '국가'라는 용어가 이 중 어디에 해당하는가는 시기·지역·상황에 달라진다. 또 '구니國'라고만

할 때도 있고, 그 외에 사직社稷·천하天下관념도 병존하고 있으며, 이들과 '국가'의 관계도 역시 매우 다양하다.

도쿠가와 시대에 번을 '국가' 혹은 '오쿠니御國'라고 호명할 때도 그 함의는 대체로 위와 같았다. 즉 주군(번주藩主·다이묘大名) 개인, 주군을 포함한 다이묘가大名家 일족, 다이묘가와 가신단 전체, 다이묘가·가신단 전체와 조닌町人·백성까지를 포함하는 번 전체다. 물론 '국가'가 일본 전체를 지칭하는 경우도 적지 않았음은 위에서 언급한대로다.

막말기에 들어서도 번과 일본을 '국가'로 혼용하여 칭하는 것은 널리 보인다. 그러나 대외위기와 존왕양이 사상의 범람 속에 '국가'라는 용어는 점점 일본전체를 가리키는 경향이 강해져 간 것 같다. 먼저 '국가'가 번을 가리키는 사례들을 살펴보자. 1853년 18세의 사카모토 료마坂本龍馬가 에도의 도사번저土佐藩邸로 파견근무를 하러 떠날 때, 그의 아버지는 다음과 같이 당부했다.

1. 한시라도 충효를 잊지 말고 공부에 전념할 것
2. 물건에 마음을 빼앗겨 돈을 낭비하는 일이 없을 것
3. 여자에 빠져 국가國家 대사를 잊는 일이 없을 것[3]

여기서 국가는 료마가 처한 상황과 문맥상 도사번을 지칭하는 것으로 봐야 할 것이다. 또 1858년 미토번사 스미야 도라

---

3) 宮地佐一郎編『坂本龍馬全集』(增補3訂版) 光風社出版, 1982, p.6. 이하『全集』으로 약칭.

노스케住谷寅之介와 다이고 이쓰조大胡聿藏가 도사번으로 료마를 찾아온 적이 있다. 다이로大老 이이 나오스케井伊直弼 암살 이후 전국적 봉기를 획책하는 데 도사번의 지원을 얻기 위한 것이었다. 료마는 두 명의 지인과 함께 나타났는데, 이에 대해 스미야는 "료마는 성실하고 대단한 인물이지만 검객이라 세상사에 어둡고 아무 것도 알지 못했다. … 그 밖의 두 명은 국가의 일은 일체 알지 못하고 료마 역시 역인役人 이름도 몰랐다"[4]고 기록하고 있다. 도사번의 지원 가능여부를 파악하기 위해 두 사람은 도사번 번정藩政에 대해 자세히 물었을 것이다. 그런데 그들은 그에 대해 전혀 알지 못했다는 문맥이므로 여기서도 '국가의 일'은 도사 번정을 가리키는 것으로 보는 것이 타당할 것이다. 이어지는 구절에서 료마 역시 도사번의 '역인 이름'도 잘 모르고 있다고 한 것도 앞 문장의 '국가의 일'을 도사 번정으로 해석하는 것과 부합한다.

그로부터 10년 뒤인 1863년 3월 교토에서 도사번의 누나에게 보낸 편지에서도 료마는 "구니國를 위해, 천하를 위해 힘을 다하고 있다"[5]고 하고 있으며 구니는 도사번을, 천하는 일본을 가리키는 것임은 분명하다. 그가 고향의 지인에게 "조정朝庭이라는 것은 구니國보다도 부모보다도 중요"[6]하다고 했을 때의 '구니'도 도사번을 가리키는 것이다. 료마는 일본 전체를 가리

---

4) 『全集』, p.9.
5) 『全集』, p.15.
6) 『全集』, p.23.

킬 때는 '천하' 외에도 '일본',[7] 국가,[8] 신주神州[9]라는 용어도 사용했다.

또한 이이 나오스케의 심복으로 교토에서 활약하던 나가노 슈젠長野主膳이 존양파 탄압을 주장하며 "국가를 위해, 조정을 위해 불의불충의 반역인을 엄벌하는 것은 그다지 두려워할 일이라고는 생각하지 않습니다"[10]라고 하고 있는데, 뒤의 '조정'과 병기되어 있는 것으로 보아 '국가'는 자신의 번인 히코네번彦根藩을 가리키는 것일 것이다.

그러나 이 시기가 되면 다른 한편으로 '국가'가 일본 전체를 가리키는 용례가 늘어나기 시작한다. 1862년 다케치 한페이타武市半平太의 부탁으로 료마가 조슈를 방문했을 때, 조슈번 존양파 리더인 구사카 겐즈이久坂玄瑞는 "제후도 의지하기에 족하지 않고, 공경도 의지하기에 족하지 않습니다. 초망지사草莽志士를 규합하여 의거를 일으키는 것 외에는 도저히 방책이 없다고 저와 동지들은 얘기하고 있습니다. 결례이지만 귀번貴藩도 멸망해서 대의가 이뤄진다면 나쁘지 않을 것입니다. … 천황의 뜻을 실천하지 않으면 신주神州에서 입고 먹으며 사는 보람이 없을 것입니다"[11]라고 했다. 제일의 충성 대상은 '신주'이지

---

7) 『全集』, p.14.
8) 『全集』, p.22.
9) 『全集』, p.23.
10) 歷史學硏究會編 『日本史史料4 近代』 岩波書店, 1997, p.31.
11) 「구사카 겐즈이가 다케치 한페이타에게 보낸 서한」, 『武市瑞山關係史料集成』, 1927.

번이 아니며 그것이 충돌할 때는 번의 멸망도 감수할 수 있다는 것이다. 여기서는 이미 번과 일본神州는 명확히 구별되어 일본의 우위성이 명시되고 있다.

스스로 '모리가毛利家의 신臣'임을 자처하며 조슈번에 대한 충성심을 견지했던 요시다 쇼인吉田松陰에게도 번만이 '국가'는 아니었다. 미국 총영사 해리스가 막부에 통상조약 체결을 압박하던 때 그는 "국가의 대계를 말하노니 웅략雄略을 떨치고 사이四夷를 제어하려면 항해통시航海通市가 아니고서 무엇으로 이루겠는가. 만약 봉관쇄국封關鎖國하여 앉아서 적을 기다린다면 기세가 꺾이고 힘이 위축되어 망하지 않을 수 있겠는가 … 항해통시는 원래 웅략을 도모하는 데 도움이 되는 것으로 조종祖宗의 유법遺法이다"[12]라며, 일본 전체를 '국가'로 지칭하고 적극적인 개항이 '조종의 유법'이라고 일본 전체를 가리키는 '국가'에 대한 의식을 분명히 하고 있다.

앞에서 '국가'라는 용어로 도사번을 지칭하던 료마 자신도 1866년 삿초맹약薩長盟約 체결을 위해 분투하던 때가 되면 "제가 두 번[사쓰마번과 조슈번]을 위해 뛰어다니며 진력해온 것은 삿초뿐 아니라 일본 국가를 위해서입니다. 일본의 장래를 생각하면 밤에도 잠이 오지 않을 정도입니다. 어렵사리 두 번의 수뇌부가 만났는데도 헛되이 시간을 보내고 있는 것은 이해할 수 없습니다. 어째서 응어리를 버리고 일본의 장래를 위해 깊

---

[12] 吉田松陰「對策一道」山口縣敎育會編『吉田松陰全集』4券, 1940, p.107.

이 논의하지 못한단 말입니까!"¹³⁾라고 울분을 토한 적이 있다. 여기서는 사쓰마·조슈를 명확히 '두 번'이라고 칭하며 '일본국가'와 대비시키고 있다.

일본 전체를 '국가'로 칭하는 경향은 막말기가 되면 사무라이나 식자층을 넘어 민중에게까지 확산된 듯하다. 도쿠가와 시대 후기에는 민중들 사이에 '조보쿠레ちょぼくれ'라는 일종의 유행가가 인기를 얻고 있었는데, 막말기에 들어오면 예민한 정치풍자가 많이 등장한다. 그 가운데 1858년 6월 경의 한 조보쿠레는 "구니國를 위하고 주군君을 위하는 길을 생각하는 사람은 한 사람도 없는 건가"¹⁴⁾라고 하고 있다. 이 조보쿠레는 막부가 미일통상조약을 천황의 칙허도 없이 조인한 것을 신랄하게 비판하는 내용이기 때문에 여기서의 '구니'와 '주군'이 일본·천황을 가리키는 것인지, 도쿠가와나 쇼군을 지칭하는 것인지 애매한 부분이 있다. 그러나 1860년 3월경의 다른 조보쿠레를 보자. 여기서는 이이 나오스케의 개국책을 격렬하게 비난하며 "소인배가 모여 국가를 다스리면 재해가 닥친다는 것은 공자의 가르침에도 있지 않은가 … [유폐되어 있는 도쿠가와 나리아키가 교토에 올라가] 오랑캐를 죽이고, 교역을 중지시키고, 오곡을 증식하고, 여러 사람을 도와 국가를 다스리고 … "¹⁵⁾라고 하고 있다. 후반부에 나리아키가 교토에 올라가 천황의 뜻을

---

13) 佐々木克『坂本龍馬とその時代』河出書房新社, 2009, p.98.
14) 歷史學硏究會編『日本史史料4 近代』岩波書店, 1997, p.30.
15) 歷史學硏究會編『日本史史料4 近代』岩波書店, 1997, pp.35-36.

받들어 '국가'를 다스린다는 문맥으로 봐서 여기서의 '국가'는 일본 전체를 가리키는 것으로 해석해도 무방할 것이다.[16]

도쿠가와 시대의 이런 국가인식은 막번체제幕藩體制를 배경으로 한 것이었다. 당시 일본은 에도에 있던 도쿠가와 막부가 패권을 쥐고 있었으나 다양한 규모와 성격을 갖는 270개 정도의 봉건국가, 즉 번이 전국 각지에 산재해 있었다. 이 번들은 막부의 패권을 인정하기는 했으나 내정은 자율이었다. 납세·국방·치안·행정·인사·외교(막부와의 혹은 다른 번들 간의 외교)는 전적으로 번 정부의 영역이었다. 다이묘의 세습도 막부의 허가가 필요했으나 형식적인 것이었다. 영지가 바뀌기도 하는 후다이 다이묘譜代大名의 경우는 별도로 하더라도 수백 년간 자기 영지를 다스리며 위에서 열거한 공권력을 행사하는 정치체제는 '국가'라는 이름에 손색이 없었다. 그러니 당시인들이 번을 일러 '국가', '오쿠니御國'라고 한 것도 이해될 만하다.

그러나 당시의 정치체제가 여러 번들이 병립하는 것만으로 이뤄져있지는 않았다. 막부가 이들 위에 군림하고 있었다. 도쿠가와 쇼군은 다이묘들 위에 존재했다. 에도에 가는 것을 '상부上府'라 했으며, 다이묘들은 쇼군에 대해 신종臣從했다. 다

---

16) 한편, '국가'가 조정을 가리키는 것으로 사용된 용례도 있다. 1858년 3월 20일 통상조약을 재촉하는 미국의 요청에 대해 교토의 조정은 "미국(墨夷)의 건은 신주(神州)의 대환(大患), 국가의 안위에 관련되어 있어 실로 심상치 않은 일이다"(「朝庭御沙汰書」『日本史史料4 近代』岩波書店, 1997, p.26)라며 입장을 밝혔다. 여기서 '국가'는 일본을 가리키는 것이 분명한 '신주'와 병기된 것으로 보아 조정, 혹은 천황가를 가리키는 것으로 생각된다.

이묘들의 신종을 잘 보여주는 것이 참근교대제參勤交代制다. 의무적으로 일정 기간 에도에 머물러 있어야 했는데, 체류기간 동안 그들의 주된 업무는 막부와 쇼군에 대한 의례였다.

이처럼 쇼군과 다이묘, 막부와 번의 서열은 명백했지만 그렇다고 쇼군이 '국왕'은 아니었다. 다이묘는 쇼군에 대해 신종에 해당하는 의례를 행했지만, 스스로를 쇼군의 '신하'로 자인한 명백한 증거는 없다. 그들은 쇼군에 충성을 다짐했지만 그 충성을 지탱해줄 명분·이데올로기는 확고하지 않았다. 그들이 스스로를 '제후'라고 칭할 때 그것은 어디까지나 천황을 의식한 위치부여였지 쇼군을 '군주'로 여긴 것은 아니었다. 어떤 면에서 쇼군은 '대제후'일 뿐이었다. 다이묘의 가신들에게도 막부나 쇼군의 존재는 애매한 것이었다. 그들에게 제1의 충성 대상은 번이나 다이묘였지 에도가 아니었다.

오히려 명분·이데올로기적으로 분명한 것은 천황과의 관계였다. 유학·주자학이 도쿠가와 사회에 확산되면서 이것은 점점 분명해졌다. 현실적인 권력의 크기가 어떻든 간에 관념적으로 일본의 '왕자王者'이자 '국왕'이 천황임에 이의를 제기하는 사람은 드물었다. 워낙 권력이 미약하여 현실적으로 문제가 되지 않고 있을 뿐, 명분의 관점에서 볼 때 천황에 대신하여 권력을 행사하는 쇼군은 '패자霸者'에 불과한 것이었다. 그럼 다이묘는? 애초에는 각 번의 가신들에게 이 문제가 크게 부상하지 않았지만 막말기에 들어서면 마침내 이들에게 선택을 강요하는 사태가 벌어진다. 이들은 도쿠가와 막부에 대한 충성은 간단히 철회해버렸지만 문제는 천황과 다이묘 사이의 선택이었다. 막말유신기의 변혁과정은 번이라는 '국가'가 일본이라는 더 큰 '국가'로 통합되어 가는 과정임과 동시에, 일반 사무라이들(이윽고 민중까지 포함하여)이 다이묘에서 천황으로 충성대상을 전회轉回시켜 가는 과정이기도 했다.

도쿠가와 시대 충성의 중층성

앞에서 본대로 도쿠가와 시대의 중층적인 국가구조에서 충성의 대상이라는 문제가 발생한다. 예를 들어 한 사무라이는 천황에도, 막부에도, 번·주군 개인에도 충성할 수 있다. 천황이 정치적으로 거세되고, 다이묘들이 막부에 의해 제압되어 있는 동안이라면 이 문제는 불거지지 않을 것이다. 그런데 만약 이 충성대상들이 서로 충돌하여 불가피하게 그 중 하나만을 선택해야하는 상황이 오면 어떻게 될까.

이러한 충돌 가능성을 일찌감치 간파한 돗토리번주鳥取藩主 이케다 미쓰마사池田光政(1609~1682)는 무사–다이묘–쇼군–천天으로 충성의 대상을 계서화階序化했다. 최상위에 천황이 아니라 천이 위치한다는 점이 눈에 띄는데 저명한 유학군주라 평가받던 미쓰마사다운 설정이다. 그러나 후기로 갈수록 천의 자리를 천황이 대신하는 경향이 강해진다. 아마도 이 충성의 구조가 막번체제의 정치구조를 가장 잘 반영하고 있다고 해도 좋을 것이다.

그 때문인지 이 충성의 계서는 도쿠가와 시대에 널리 받아들여졌다. 1833년 취임 후 처음으로 영지를 찾은 미토번주水戶藩主 도쿠가와 나리아키德川齊昭는 가신단을 향해 『고지편告志篇』이라는 문건을 발표해 일종의 국정방침을 천명했다. 여기서 그는 무사-다이묘-쇼군-천황이라는 서열을 정식화하고 이 충성의 서열을 뛰어넘는 것을 참람의 죄로 규정했다. 막말기 존왕양이론의 메카 미토번의 군주조차도 일반 사무라이들이 천황에게 직접적으로 충성을 바치는 것은 단호하게 금지했던 것이다. 그도 그럴 것이 그런 사태는 곧 자기 존재근거의 소멸을 의미하기 때문이다. 이런 인식은 존왕양이론의 바이블이라고 일컬어진 『신론』의 저자 아이자와 야스시會澤安에게도 마찬가지였다. 이 저작은 천황을 절대화하는 국체론을 체계적으로 정립한 것이었지만, 아이자와는 무사-다이묘-쇼군-천황이라는 충성의 서열을 여전히 강조했다. 위에서 본 나리아키의 충성서열관은 아마도 여기서 영향 받은 것일 것이다.

막번체제의 정치질서와 정합적인 이 충성의 서열구조는 그 체제가 안정적으로 유지되는 한에서는 유효하게 유지될 수 있었다. 그러나 정치질서가 동요하기 시작하면 '무사-다이묘-쇼군-천황'이라는 중층구조 중 어느 연결고리가 어떻게 변하느냐에 따라 '국가'인식과 충성의 방향은 유동적으로 될 수 있었다. 만약 도쿠가와 막부가 봉건제를 폐지하고 중국·조선과 같이 군현제를 실시하는 데 성공했다면, '무사-다이묘'의 연결고리는 사라지고 사무라이들은 막부와 쇼군에게 충성을 일원화하게 되었을 것이다. 18세기의 오규 소라이荻生徂徠와 아라이 하쿠세키新井白石는 궁극적으로 이런 구상을 한 듯하고 막말기 게이오개혁慶應改革을 추진하던 일부 막신幕臣이 구상한 막부중심의 군현제도 이런 모델이었다. 물론 이 경우 다이묘는 사라지지만 천황을 어떻게 할 것인지에 대한 명확한 언급은 없다. 마지막 쇼군 도쿠가와 요시노부德川慶喜의 대정봉환大政奉還 구상이 실현되었다면 천황은 군림하되 통치하지 않는 명목상의 군주로 남았을 것이며, 국학자 하나와 다다토미塙忠寶의 폐제론廢帝論이 실현되었다면 천황은 폐지되고 쇼군이 국왕이 되었을지도 모른다.

만일 '다이묘-쇼군'의 고리가 끊어져 막부가 폐지된다면 상호대등한 관계의 다이묘들이 천황에게 직접 충성하는 '천황 하의 봉건제'가 되었을 것이다. 실제로 1867년 대정봉환에서부터 1871년 폐번치현廢藩置縣까지의 기간에 이와 비슷한 정치구조가 출현했다. 대정봉환 선언으로 막부와 쇼군은 폐지되었지만, 다이묘들의 '국가'는 여전히 건재했다. 1871년의 폐번치현 쿠데타는 '천황 하의 봉건제'를 '천황 하의 군현제'로 바꾼 것으로,[17] 충성의 서열구조로 보면 '무사-다이묘'의 고리도, '다이묘-쇼군'의 고리도 끊어버리고 '무사(점차 평민도 포함)-천황'의 연결고리로 단일화해버린 사태였다. 즉 천황만 남기고 나머지는 모두 '일군만민一君萬民'으로 재편해 충성의 방향을

---

17) 박훈, 「막말유신기 정치변혁과 봉건·군현론」, 『메이지유신과 사대부적 정치문화』, 서울대출판문화원, 2019.

일극으로 집중시킨 것이었다. 아이자와가 『신론』에서 열망한 천황으로의 충성조달을 『신론』과는 다른 방법으로 현실화시킨 셈이다.

사실 충성의 구조를 서열화하고 아무리 명목뿐이라 할지라도 그 최상위에 천황을 놓는 것은 다이묘와 쇼군 같은 봉건군주들에게는 위험성을 내포하는 일이었다. 기존의 정치질서가 위기에 빠지고 수습을 위한 합의가 이뤄지지 않을 때, 이 명목상의 최상위는 예기치 못한 힘을 발휘할 수도 있을 것이기 때문이었다. 실제로 이 명목과 현실의 불일치에 의문을 제기하고 이를 일치시키려는 방향을 모색하는 움직임이 도쿠가와 시대 내내 있어왔고 그 경향은 갈수록 강해져갔다. '존왕론'의 등장과 확산이다. 특히 도쿠가와 중기 이후 유학의 확산이 심화되었는데, 유학·주자학의 관점에서 보면 막번체제는 기형적인 정치체제였다. 자칫 쇼군은 본래의 '왕자王者'인 천황을 억누르고 권력을 장악한 '패자霸者'로 몰리기 십상이었다. 주자학에서 왕자와 패자, 왕도와 패도가 갖는 정치적 함의는 더 말할 필요가 없을 것이다. 실제로 18세기 후반 이 문제가 제기되기 시작하자, 본래의 왕자는 천황이며 막부는 그의 위임을 받아 대권을 대행하고 있다는 '대정위임론大政委任論'으로 자기 변호했다. 막부 로주老中이자 당대 최고의 유학자 중 한 명이었던[18] 마쓰다이라 사다노부松平定信는 아예 일본 전국의

---

18) 애초에 막부 로주가 저명한 유학자라는 것 자체가 유학의 확산이라는 시대변화를 무엇보다도 잘 보여준다고 할 수 있다.

60여 주는 천황으로부터 맡겨진 것이라고 명언했다. 오규 소라이나 아라이 하쿠세키는 한때나마 천황을 뛰어넘어 막부의 통치정당성을 사상적으로 확보해보려고 시도했지만 이 시기에 와서 막부는 아예 그런 시도를 포기한 것이다. 막부의 힘이 천황을 압도할 때에는 '대정위임론'에 새삼 문제를 제기하는 일이 없었지만, 이 논법은 '위임'의 종식과 그 '반환'으로 갈 수 있는 길을 터놓은 것이기도 했다. '대정위임론'은 사실 그 후 100년도 채 안되어 일어난 '대정봉환론'으로 가는 길을 예비한 것이었다.

제1의 충성대상 : 주군과 오이에

이처럼 도쿠가와 시대 일반사무라이들에게 충성대상은 중층적으로 존재하고 있었지만 제1의 충성대상은 역시 주군(번주·다이묘大名)였다. 주군을 정점으로 한 가신단은 본래 군사조직이며, 주군에 대해 군사적 서비스奉公(오랫동안 전투가 없었기에 그것은 점점 행정적 서비스로 변화해간다)를 제공하고, 그에 대한 반대급부로 자신의 가산家産을 유지하는 시스템이었다. 그러나 그 관계는 이런 계약적인 성격을 뛰어넘는 측면이 강하게 있었다. 특히 수백 년의 역사를 갖는 번의 경우 이 양자관계는 오랜 기간 누적되어 온 것으로 주종제적 정의情誼로 단단히 연결되어 있었다. 이에 대해 마루야마 마사오丸山眞男는 다음과 같이 말했다.

> 그것은 애초에 무사적 결합의 본질이 주인과 종자從者사

> 이의, 어디까지나 구체적·감각적인 인격관계에 있으며, 충성도 반역도 그런 직접적인 인격관계를 떠나서 '추상적' 제도 내지 국가에 대한 것으로서는 생각되지 않았기 때문이다. 설령 주군이 다른 가치체계와의 연관에서 '역적' 혹은 '조적朝敵'이라는 딱지가 붙더라도, 주저 없이 어은御恩을 입은 주군에게로 달려가서 과감하게 같이 '반역자'가 되며 주군 가문이 몰락할 경우에도 운명을 같이하는 것이, 무기와 더불어 사는 사람의 관례이며 또 명예관이기도 했다.[19]

여기서 마루야마는 사무라이 사회의 충성이 추상적·합리적 성격이라기보다는 비합리성이 본질적이며, 윤리적 의무라기보다는 거의 종교적인 성격의 것이라고 지적한다.[20] 그래서 설령 주군이 역적이 되더라도 주군을 배신해서는 안 되고 같이 '반역자'가 되어야한다는 것이다. 이것은 유학에서 군신관계를 의로 매개된 의합義合관계로 보고 절대적인 천합天合관계인 부자관계에 대비하고 있는 것과는 차이가 있다. 즉 주군에게 세 번 간하여 듣지 않으면 이를 떠난다거나, 섬기는 것은 의를 행하기 위해서이므로 의義가 합치할 때면 따른다는 입장과는 사뭇 다른 지향을 보이고 있는 것이다. 이런 주종제적 정의관계는 주군이 죽었을 때 총애 받던 가신이 그를 따라 순사하는 풍습에서도 엿볼 수 있다. 군신관계라는 측면 외에도 주종관계라는 측면이 함께 있었던 것이다.

---

19) 마루야마 마사오, 박충석·김석근 역, 『충성과 반역』, 나남, 1998, pp.19-21.
20) 마루야마 마사오, 『충성과 반역』, pp.24-27.

존왕양이론의 화신처럼 알려져 있는 요시다 쇼인에게서도 이와 같은 점을 볼 수 있다. 그는 공자와 맹자가 자기 나라를 떠나 천하에 관직을 구하며 떠돌아다닌 것을 못마땅해 했다.

> 공맹孔孟이 태어난 나라를 떠나 타국을 섬긴 것은 잘못된 일이다. 무릇 군君과 부父는 하나다. 자기 군을 어리석다, 혼미하다고 하여 태어난 나라를 떠나 다른 곳에 가서 주군을 찾는 것은 자기 아버지가 완우頑愚하다고 집을 나가 옆집의 아저씨를 아버지라고 하는 것과 같다. 공맹이 이 의義를 잃은 것은 어떻게 변명할 수가 없다 … 중국漢土의 신臣은 비유하자면 일정 기간 계약한半季渡 노비와 같다. 주인이 선한지 악한지를 골라 옮겨 다니는 것은 그 때문이다. 우리나라의 신은 대대로 섬기는譜代의 신이기 때문에 주인과 사생휴척死生休戚을 같이하여 죽음에 이른다 하더라도 주인을 버리고 떠나는 일은 결코 없다.[21]

이러니 위에서 든 '군신의합君臣義合'을 그는 인정하지 않았다. 즉 군이 군답지 않더라도 신은 신답지 않으면 안 되는 것이었다.

그럼 주군에 대한 충성은 절대적인 것인가? 이념에서도 현실에서도 그렇지 않았다. 주군을 떠나는 것은 금기시되었으나 주군과 견해가 다를 때 이를 간諫하는 것은 인정되었다. 대표적인 것이 가로의 간언권이다. "주인의 악행을 보고 간언을 하는 가로는 전장에서 제일 먼저 창을 찌르는 것보다도 훨씬

---

21) 吉田松陰「講孟劄記」山口縣敎育會編『吉田松陰全集』三卷, 大和書房, 1972, pp.24-25.

더한 마음 가짐이어야한다"[22)]는 말처럼, 가로의 간언은 장려되었다. 다만 간언은 공중 앞에서 하는 게 아니라 가능하면 일대일로 비밀리에 하는 것이 바람직하게 여겨졌다. 이 때문에 주군과 가로가 일대일로 철야논쟁을 벌이는 장면이 종종 벌어졌던 것이다.[23)] 물론 현실에서는 가로에게만 엄격하게 간언권이 제한되지는 않았고 다른 사람이 간언하는 일도 있었으나, 그 범위는 어디까지나 일문一門을 포함한 중신층, 즉 가신단의 최상위층에 국한되는 게 보통이었다.

주군에 대한 가신단의 견제 혹은 자율성을 보여주는 극단적인 형태가 주군교체다. 즉 도쿠가와 시대에는 주군이 패륜행위를 하거나 주색에 탐닉하는 등 일탈행위로 정치가 제대로 운영되지 않을 경우 주군을 감금主君押込み하고 다른 사람으로 교체하는 일이 제법 벌어졌다.[24)] 주로 가로층 및 일문중一門衆을 포함한 모노가시라物頭급 이상의 중신층이 그 주체였다. 거사는 그들 사이의 합의에 의해 집행되었고 중하급 가신의 간여는 거의 보이지 않는다. 그래도 어쨌든 가신이 주군을 감금하고 교체한다는 것이 어떻게 정당화될 수 있었을까. 그것은 '오이에御家'를 지킨다는 명분이었다. 오이에란 예를 들어 조슈번의 경우라면 모리가毛利家를 뜻하며 주군을 포함한 모리씨

---

22)「明訓一斑抄」『近世武家思想』(日本思想大系27) 岩波書店, 1974, p.122.
23)「常陸帶」, 菊池謙二郎編『新定東湖全集』博文館, 1940, p.71; 笠谷和比古『近世武家社會の政治構造』吉川弘文館, 1993, p.24 등에도 가로의 극간(極諫)이나 번주-가로와의 철야논쟁의 예가 나와있다.
24) 笠谷和比古『主君'押込'の構造』平凡社, 1988.

일족과 가신단 전체를 가리키는 말이다. 오이에는 때로 '국가' 혹은 '오쿠니'로 칭해지기도 했다. 그 대표이자 상징이 주군인 것은 말할 필요가 없다. 그러나 만일 주군에게 극단적인 결함이 있어 오이에 자체의 존속에 큰 위협이 된다고 판단될 경우 오이에를 위해 주군을 감금·교체하는 것이다. 이것을 '오이에지상주의御家至上主義'라고 한다.

주군에 대한 정의적情誼的 감정에 기초한 이 오이에에 대한 충성이야말로 도쿠가와 시대 일반사무라이들에게는 제일가는 충성의 대상이었다. 그들의 복장과 칼에는 오이에의 문양이 새겨져 있었으며 그들은 보통 '――가'의 게라이家來로 서로 혹은 스스로 불렀다. 이 충성대상과 경쟁할 수 있는 대상은 막말기까지 나타나지 않았다. 하타모토·고케닌 등 방대한 수의 도쿠가와 막부 가신단은 물론 '도쿠가와가'의 게라이였고, 그들 제1의 충성대상은 쇼군과 도쿠가와가·막부였다. 아코번赤穗藩 사건에서 극적으로 볼 수 있듯 오이에와 막부에 대한 충성사이에 충돌이 일어나는 사태도 간혹 있었으나, 주신구라忠臣藏의 내러티브가 보여주듯 게라이들은 망설임 없이 주군과 오이에에 대한 충성을 우선시했고 일반의 여론이나 인식도 그것을 지지했다.

천황으로의 충성의 전회

주군과 오이에에 대한 충성과 경쟁하기 시작한 것은 천황(조정)에 대한 충성, 즉 존왕 사상이었다. 위에서 살펴본 대로 존왕사상은 18세기 후반부터 두드러지기 시작했지만, 그것은 막부의 권위를 위협하는 것으로 간주되어 종종 억압되었을 뿐 당시 그것이 오이에에 대한 충성에 도전한 흔적은 거의 없다. 그러나 막말기에 가까워지면서 사정은 달라지기 시작했다. 유례없이 장기간의 평화시대에 사무라이들이 전투보다는 학문(주로 유학)에 전념하게 되자 존왕 사상은 급속히 확산되었다. 유학서적을 열심히 읽은 사무라이들(상층평민도 포함)은, 도쿠가와 가신들조차도 도쿠가와씨를 신왕新王으로 옹립하는 발상보다는 교토의 천황으로 왕정복고되는 것이 도리에 합당한 것이라고 일반적으로 생각하게 되었다. 존왕은 양이와 결합되면서 요원의 불길처럼 번져갔다. 아편전쟁과 페리내항은 국방위기감을 고조시켰고 국방은 번 단위로 이뤄지는 것이 아니라 일본전체가 단결해야하는 사안이었다. 쇼군이나 막부는 일본전체를 묶는 정치적 상징성도 이데올로기도 갖추고 있지 못했기 때문에 천황(조정)의 존재감은 점점 커져갔다. 이런 흐름은 전쟁이 없는 시대에 봉건적 신분제에 구속되어 출세 길이 막혀있던 중하급 사무라이들의 야망에 불을 지폈다. 양이는 그들이 원하는 전쟁을 유발할 것이었고 존왕은 가신단 내부의 신분서열을 상대화시켜 줄 것이었다(물론 이들은 자기 아래에 있는 평민에게도 같은 효과가 있을 것이라는 데에는 충분히

주의하지 않았다).

이런 이유로 천황에 대한 충성은 오이에에 대한 충성과 빈번히 충돌·경쟁하게 되었다. 그리고 결과적으로 충성대상은 천천히 오이에에서 천황으로 전회되어 갔다. 그럼 그 과정과 정당화의 논리는 어떤 모습이었을까. 그 과정은 지난하며 자기분열적인 것이었다. 존왕론자로 저명한 요시다 쇼인은 "나는 모리가의 신하다. 따라서 주야로 모리가에 봉공하기 위해 연마한다"고 자임했지만,[25] 막부와의 대립이 심해질수록 주군에 대한 불충을 자책하면서도 점점 존왕으로 기울어갔다. 존왕론의 메카 미토번에서 무오밀칙戊午密敕을 반납하려는 번의 움직임을 저지하던 세력은 스스로의 행동을 번에 대한 반역과 같은 행동이라고 인정했고 그 세력의 리더 다카하시 다이치로高橋多一郎는 스스로를 "죄신罪臣"[26]이라고 불러 마지않았다.

이 충성의 전회에서 발생하는 죄책감은 메이지유신 이후 봉건체제를 해체시켜가는 메이지정부의 지도자들에게도 공통되는 것이었다. 사쓰마번의 사실상의 주군 시마즈 히사미쓰島津久光와 불화했던 오쿠보 도시미치大久保利通는 귀번歸藩 명령을 받자 "사정私情으로는 누대신자累代臣子의 정의情意가 있어 가만있기 어렵고 도외시 할 수가 없다"[27]고 토로했다. 또 1871년 폐번치현廢藩置縣을 주도한 기도 다카요시木戶孝允는 당시 조슈번

---

25) 『吉田松陰全集』8卷, 大和書房, 1972-78, p.518.
26) 『水戶藩史料』上編坤, 1915, p.780.
27) 『大久保利通文書』3卷, 日本史籍協會, 1928, pp.32-33.

주가 폐번 명령을 받아들이자 "야마구치지사공山口知事公께서는 5-60명의 번주와 나란히 평복배청平伏拜聽하셨다. 내가 해악海嶽도 미치지 못할 고은高恩을 입은 주군이시다. 감정이 가슴에 차올라 눈물이 줄줄 흐르는지도 몰랐다"[28]며 번민했다.

그렇기 때문에 오이에에 대한 충성에서 천황에 대한 충성으로 전회하려는 자들에게는 계기가 필요했다. 그것은 바로 스스로를 격생激生·폭폭·광狂·광우狂愚로 지칭하며 비정상적 인물로 자기 규정하는 것이었다. 예를 들면 쇼인은 광우는 실로 사랑할만하고 재량才良은 실로 우려할 만하다며 광부狂夫·광패狂悖·광객狂客·광소년狂少年·청광淸狂을 자처했다.[29] 후기 미토학後期水戶學의 주장자들도 광견狂狷의 인물이 될 것을 촉구했다. 후지타 유코쿠藤田幽谷는 많은 봉사封事를 제출하면서 그 속에서 자신을 광우狂愚·광생狂生·광서생狂書生이라고 지칭했고, 후지타 도코藤田東湖도 자신의 주장을 광우지설狂愚之說·광우지언狂愚之言이라고 했다. 요시다 쇼인이나 후기미토학의 이런 태도는 막말기에 활동했던 이른바 '지사志士'에게 막대한 영향을 끼쳤다. 그들은 사회규범의 일탈자가 되는 것을 두려워하지 않고 분투하는 사람으로 자기규정하는 것으로 충성의 전회의 계기를 만들어갔다.[30]

충성의 방향이 오이에에서 천황으로 전회했다고 해서 충성

---

28) 『木戶孝允日記』2卷, 日本史籍協會, 1932~33, p.72.
29) 菊地久「維新の變革と幕臣の系譜:改革派勢力を中心に—國家形成と忠誠の轉移相克」2『北大法學論集』30(4), 1980, p.792.
30) 야스마루 요시오, 『근대 천황상의 형성』, 논형, 2008(원서 1992, p.122).

의 고민과 동요가 말끔히 사라진 것은 아니었다. 쇼군이나 주군은 충성경쟁 대상에서 탈락했지만, 국가(일본)·천하·민·도리에 대한 충성과 천황에 대한 그것이 충돌할 가능성은 상존했다. 이런 가치들로 천황에 대한 충성을 상대화하려 할 때면 '천하는 천하의 천하이지, 일인의 천하가 아니다'와 같은 유학적 명제가 즐겨 이용되었다. 막말기 치열한 정쟁 속에서 천황에 대한 충성이 점점 우위를 차지해 갔지만 '절대적 충성'을 상대화시키는 일들은 곧잘 일어났다. 당시 고메이^{孝明} 천황이 강력한 양이 의사를 갖고 있다는 것은 명백했다. 하지만 세상사를 조금이라도 하는 사람에게 양이란 무모하기 이를 데 없는 일이었다. 개국론자였던 요코이 쇼난^{橫井小楠}은 설령 칙명이라 할지라도 양이에 나서는 것은 신명^{神明}에 대해, 만민에 대해 해서는 안 되는 일이라고 명언했다. 칙명이 만민의 이익에 위배된다고 판단될 때 이에 저항할 입각점을 확보한 것이다. 이것은 양이를 반대하는 막부측의 미즈노 다다노리^{水野忠德}의 생각과 별반 다르지 않다. 1862년 고메이 천황이 산조 사네토미^{三條實美}와 아네가코지 긴토모^{姉小路公知} 두 공경을 에도에 칙사로 파견하여 막부에 양이 실행을 강요하자 미즈노는 다음과 같이 말했다.

> 우선 그 칙사를 붙잡아두고 각로^{閣老}로 하여금 교토로 가게 하여 과연 예려^{叡慮}에서 나온 것인지 아닌지를 살피고 혹시 예려에서 나온 것이 아니라면 양경^{兩卿}[산조 사네토미와 아네가코지 긴토모]은 교조^{矯詔}의 대죄를 저지른 것이니 마땅히 그에 따른 처분이 있어야 할 것입니다. 만에 하나 예려에서 나온 것이라면 막부는 성심으로써

이를 간언하여 저지해야 할 것입니다. 그러나 [천황께서] 들어주시지 않으신다면 필경 나라를 보호하고 민民을 안전하게 하는 것이 [천황의] 천직天職이므로 그 천직을 다하심에 있어 어떠한 [천황의] 분노·선호도 바로잡아야 하셔야 하심에도 불구하고 그저 천황께서 바라시는 것을 이루시기 위해서 이 국토를 초토焦土로 만든다고 하는 것은 황공하옵게도 천직을 받드시는 마음가짐이라고는 생각할 수 없습니다.[31]

"정의의 칙명이 아니라면 칙명이 아니다"라는 오쿠보 도시미치의 유명한 발언도 민의 자리에 정의를 위치시켜 칙명의 주박을 벗어날 논리를 확보하는 것이었다. 이 때 무엇이 만민에게 이로운 것이냐, 무엇이 정의에 합당한 것이냐는 물론 각자가 판단하는 것이다.

메이지인들의 국가의식 : 본서의 구성

그럼 이렇게 해서 확보된 국가는 어떻게 유지되는가. 그 국가의 성격은 무엇이어야만 하는가. 이 문제에 대해 답을 제시한 사람이 후쿠자와 유키치福澤諭吉였다. 그리고 그의 입론은 유학이 아니라 서양 정치사상에 의거했다. 정치사상의 '전회轉回'가 있었던 것이다. 그는 사회계약론에 입각해 국가는 국민이 합의하여 만든 단체라고 했다. 그러나 당시 일본의 문제는 이 국민, 즉 네이션nation이 제대로 형성되어 있지 않다는 것이었

---

31) 田邊太一『幕末外交談』, pp.219-220.

다. 후쿠자와는 이 '국민'의 형성이야말로 자신의 사명이라고 자임했다. 그리고 그것은 자발적 결사체를 만들고 그 속에서 토론하는 습관을 기르는 방법으로 달성될 수 있을 것으로 보았다. 그가 게이오의숙을 비롯한 많은 교육기관, 언론기관, 연설회 등을 조직한 이유일 것이다. 이 네이션의 형성은 국가의 독립을 위한 것이기도 하고 세계문명으로 나아가기 위한 것이기도 하다. 그가 살았던 시대의 전개에 영향 받아 그는 전자를 점점 강조하게 되고 그 때문에 내셔널리스트로서 찬사도 비판도 받지만, 후쿠자와가 후자의 문을 닫아건 것은 아니었다는 게 저자 이새봄의 주장이다. 후자를 추구하다 전자를 잃어버린 한국 개화파의 쓰라린 경험을 기억하는 우리에게, 혹은 전자에 광신적으로 집착하여 후자를 이루지 못한 북한을 마주하고 있는 우리에게, 저자가 제기한 후쿠자와의 이 고민은 바로 지금 우리의 현실이기도 하다.

후쿠자와가 필사적으로 만들려고 했던 네이션. 그의 노력은 어느 정도의 성공을 거뒀던 것일까. 그걸 알아보기 위해서는 네이션에 가장 늦게 포섭됐을 것으로 짐작되는 사람들인 종교인·여성·예술가 등을 살펴보는 게 효과적일 것이다. 이은경이 다룬 쓰다 우메코津田梅子는 여성교육가로 여성이자 기독교도였으며 어린 시절과 청소년기를 미국에서 보냈던 아웃사이더였다. 1871년 7살의 나이로 이와쿠라 사절단을 따라 미국에서 공부하다 1882년 18세에 귀국한 그에게 일본은 모든 게 이질적인 곳이었다. 그러나 러일전쟁이 일어날 무렵에 그는 "'국가와 천황을 위해'는 국민 가슴에 새겨진 좌우명"이며 애국심은 "모든 [일본의] 가정과 모든 [일본인의] 심장에 퍼져있는 국가의 삶을 지배하는 위대한 감정"이라고 미국 지인에게 말하는 '네이션'의 일원으로 변해 있었다. 그런 그녀가 러일전쟁의 승리에 으쓱해하는 것도 자연스런 일이었다. 물론 쓰다는 황후나 황실과 접촉할 기회가 여러 차례 있었고, 네이션 만들기의 주역 중 한명인 이토 히로부미의 영어 가정교사로 그와 깊게 교류해왔던 상류층 여성이었으므로 그녀의 경우를 갖고 여성 일반을 논하기는 어려울 것이다. 그러나 그녀의 삶의 궤적은 여성, 기독교도, 외국으로부터의 귀국자라는 한 이방인이 어떤 곡절을 거치면서 일본이라는 국가에 포섭되고 '일본인'이라는 네이션의 일원이 되는지를 짐작케 해준다.

박은영의 글은 근대일본을 대표하는 기독교인 우치무라 간조^{內村鑑三}를 다룬다. 그는 "동시대의 내셔널리즘과 여러 차례 충돌하며 천황제 국가와 대결한 돌출자"(p.283)로 여겨져 왔다. 그러나 동시에 "나는 두 개의 J를 사랑"했다는 고백으로도 유명한 인물이다. 예수^{Jesus}와 일본^{Japan}이다. 그의 입장을 '그리스도 애국^{Christo-national}'이라고 부르는 이유다. 그는 청일전쟁을 '의전義戰'으로 칭송했던 과거를 뉘우치고 20세기 초부터는 비전론을 주장하며 현실의 일본을 강하게 비판했다.

그러나 그것이 곧 그가 내셔널리즘을 포기한 것을 의미하지는 않았다. 그는 일본은 동서양 문명을 매개해서 온 인류를 문명세계로 진보시켜야할 역사적 사명이 있다고 강조했다. "일본국은 아시아의 문입니다. 일본국에 의하지 않고는 지나도 조선도 인도도 페르시아도 터키도 구할 수 없습니다. 인류의 반수 이상의 운명은 일본국의 어깨에 달려있습니다. 일본국은 지나의 4억여 만과 인도 2억 5천여만과 기타 대륙의 억조億兆를 구하기 위해 만들어진 것입니다"(p.310)와 같은 발언에서는 오히려 일본에 대한 과대망상적 집착마저 느껴진다. 그가 추구한 것은 애국의 포기가 아니라 진정한 애국의 추구였다. 문명과 기독교와 비전非戰으로 세계를 인도하는 일본을 만드는 것이고, 신국神國이고 정신적 민족이며 수치를 알고 명예를 중시하는 점에서 세계 제일인 일본인은 이 일을 해낼 수 있다는 것이다.

문명·종교·전쟁·평화를 논할 때도 우치무라의 주어는 여전히 '일본'이었다. 우치무라가 천황제 국가와 대결한 것은 맞을지 모르지만 그가 '내셔널리즘과 충돌'했다는 앞의 지적은 그런 면에서 옳지 못한 듯하다. 오히려 그에게는 "그리스도 신앙과 내셔널리즘이 불가분"이었고 두 개의 J는 "내셔널리즘을 계속 유지하겠다는 선언"이며 "오직 일본만이 세계를 향한 사명을 가질 수 있다는, 일본의 특수성을 드러내는 명시적 표어"라는 박은영의 지적(p.332)은 정곡을 찌른 것이라 할 수 있을 것이다. 내셔널리즘의 폐해를 알고 있으면서도 사실상 단기간에 이것의 소멸을 기대하기 어려운 현재의 상황에서 '열린 내셔널리즘'의 한 모범으로 그의 사상을 재음미하는 것도 필요하지 않을까 한다.

예술가는 어떠했을까. 국민국가는 근대의 발명품이기도 하지만 동시에 '전통의 재창조'를 통해 형성된다. 네이션과 내셔널리즘nationalism을 만들어내기 위해서는 전통 혹은 전통이라고 주장되는 것들이 필요하다. 그것을 시각적·청각적으로 대내외에 과시할 수 있어야만 한다. 예술가들이 국민국가 만들기에 대거 가담·동원되는 이유다. 오윤정은 에도시대 목조불상을 만들던 직인 다카무라 고운高村光雲이 '일본미술'을 서양인에게 과시하고 충신 구스노키 마사시게와 유신지사 사이고 다카모리의 동상을 세워 '일본국가'를 현창하고 '일본국민'을 만들어내는, '국가를 위한 미술가'로 변해가는 과정을 묘사한다. 이 과정에서 일본이라는 국민국가는 그에게 이른바 '일본적인 것'을 증거하기 위해 에도직인江戸職人으로서의 정체성을 유지할 것을 요구했지만, 그는 자신의 작업이 황실에 관련되어 있다는 사실에 커다란 자부심을 느끼고 종삼위훈이등從三位勳二等에 서임된 것에 감격해하는 '국민'이 되어갔다. 그의 작품을 접한 일본 백성들과 함께.

당시 국가의식의 결정체를 보여주는 것은 역시 국민국가를 직접 설계하고 만든 정치가일 것이다. 본서에서는 야마가타 아리토모山縣有朋과 오쿠마 시게노부大隈重信 두 명을 다뤘는데, 유명세에 비해 이들을 전론한 한국어 논문은 드물지 않은가 한다. 야마가타는 최하급 사무라이출신이었기 때문에 위에서 서술한 '번주에 대한 충성에서 일본에 대한 충성으로의 전회'에 수반되는 갈등이 적었던 것 같다. 이 점 상층사무라이였던 기도 다카요시木戸孝允와는 상이하며 하급사무라이 출신 이토 히로부미伊藤博文와는 상통한다. 국민국가는 국민군대로 만들어지고 이에 매진한 사람이 야마가타다. 그는 위로는 평민과 군대에 편성되기를 거부하는 사무라이들을 진압했으며, 아래로는 피차별부락민(히닌·에타)과 함께 하기를 거부하는 평민의 반발을 잠재우고 사무라이부터 에타에 이르는 모든 사람들을 같은 병사로 징집했다. 야마가타가 창설한 군대에서 신분은 사라지고 대신 '국민'이 탄생했다.

군대와 함께 국민국가를 지탱하는 기둥 중 하나가 인민의 참정의식이다. 오쿠마 시게노부는 이를 주장하며 선거권 확대를 초지일관 주장한 정치가다. 야마가타가 군대를 통해 국민국가를 만들려고 했다면 오쿠마는 선거권 확대와 인민의 참정을 통해 국가와 국민을 창출해내려 했다. 흥미로운 것은 그가 재산으로 선거권 부여를 결정하는 것을 비판하고 있는 점이다. 그는 "아무리 재산이 많아도 정치를 이해하기에 충분한 교육이 없는 자는 참정 자격이 없는 것과 같으며 설령 재산이 부족해도 정치의 시비를 가리기에 충분한 교육이 있는 자에게는 참정권을 부여해야 할 것이다. 교육이 그 표준이 될 때 비로소 헌정의 의의에 적합한 선거인을 얻을 수 있는 것이다"(p.134)라며 재산보다는 교육수준을 선거권 부여의 기준으로 제시했다. 그러니 그가 정치가답지 않게 교육에 큰 관심을 보이고 와세다 대학을 창설하는 등 맹렬하게 교육활동을 전개한 것도 자연스런 일이었다. 유권자는 교육을 받은 자이어야 하니 선거권을 확대하려면 교육을 확산시켜야 하는 것이다. 선거(참정)

와 교육이야말로 오쿠마가 생각하는 국민국가의 핵심이었다.

　이 연구는 일본근대사 연구자들이 "인물로 본 메이지시대 국가의식"이라는 주제로 연구팀을 만들고 2020년부터 2022년까지 매달 한 번 씩 세미나를 개최하며 축적한 결과물이다. 한국독자들에게 생소한 인물들도 많은 만큼 전기적傳記的 사실도 많이 소개하며 최대한 가독성을 높이려 했다. 끝으로 이 연구를 물심양면으로 지원해 준 '재단법인 플라톤 아카데미'에 감사의 말씀을 드린다.

＊＊＊

일본 국가주의가 심해진 주요 계기로 언급되는 청일전쟁이 발발한 1894년을 기준으로 이 책에서 다룬 인물들의 나이를 비교하니 독서에 참고하시기 바란다.

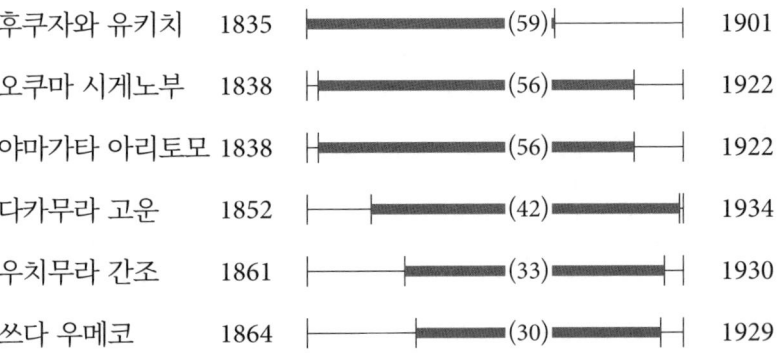

주요 참고 문헌

- 마루야마 마사오, 박충석·김석근 역, 『충성과 반역』, 나남, 1998.
- 박훈, 『메이지유신과 사대부적 정치문화』, 서울대출판문화원, 2019.
- 박훈, 『메이지유신을 설계한 최후의 사무라이들』, 21세기북스, 2020.
- 박훈 외, 『일본우익의 어제와 오늘』, 동북아역사재단, 2008.
- 笠谷和比古『主君「押込」の構造』平凡社, 1988.
- 安丸良夫『近代天皇像の形成』岩波書店, 1992.
- 山路愛山「日漢文明異同論」『支那思想史·日漢文明異同論』金尾文淵堂, 1907.

후쿠자와 유키치(1891년)

제 *1* 장

후쿠자와 유키치의 문명국가 구상

1870년대 문명론과 의회제의 관계를 중심으로

이새봄

1.1 문명론에 대한 두 가지 접근

후쿠자와 국가론의 핵심은 통치기구의 창출이나 제도의 설계 등이 아닌 '국민'의 형성이었다. 현상을 분석하여 당면 과제를 도출해내는 통찰력의 면이나 사상적 영향력의 크기 면에서 그는 발군의 존재감을 지닌 인물이었다. 다나카 쇼조田中正造·우에키 에모리植木枝盛·도쿠토미 소호德富蘇峰·구가 가쓰난陸羯南 그리고 고토쿠 슈스이幸德秋水를 포함한 수많은 후속 세대를 대표하는 지식인들이 후쿠자와를 계승하는 한편 그와 대결하며 자신의 사상을 발전시켜 나갔다. 그런 의미에서 후쿠자와는

제1장 후쿠자와 유키치의 문명국가 구상

메이지 일본 정치사상의 하나의 원점이라고 할 수 있다.[1]

그는 문명사적 관점에서 국가의 문제를 이론 차원에서 상대화하면서 인류 보편의 궁극적인 목표는 '문명'이 되어야 한다는 신념을 가지고 있었다. 주권 국가로서의 물리적 독립을 확보하기 위해 일본이 직면한 문제에 관해서는 구체적인 방법을 고민하면서, 동시에 국민국가로서의 독립을 위한 수단이 '문명'이라고 생각했다. 그러한 차원에서 서양 문명을 수용하기 위한 적절한 방침을 제시하면서도 '문명'이야말로 장기적 목표이고 궁극적으로는 국가가 소멸하는 '문명의 태평'을 기대한 것이다. 이것이 후쿠자와 문명론의 특징이라고 말할 수 있다. 그렇기 때문에 후쿠자와의 사상은 보편적 호소력을 가진 문명론이라는 칭송부터 아시아 침략주의 원흉으로 지탄받는 경우까지 다양한 스펙트럼의 평가를 받아왔다. 어느 한 단면을 보는 것만으로는 그에 대한 공평한 평가를 내리기 어렵다.

이 글은 후쿠자와의 문명론을, 국민국가 형성이라는 과제 설정과 의회제 수립이라는 정치적 과제에 대처하는 전략이라는 두 가지 측면에서 접근하고자 한다. 위에서 설명한 바와 같은 이유로, 그의 국가론을 이해하기 위해서는 문명사적 맥락에서 일본의 현 위치란 무엇이라고 보았으며 그 안에서 일본의 당면 과제는 무엇이고 후쿠자와 자신의 역할은 무엇이라고 생각했는지를 종합적으로 다루어야 할 필요가 있다. 그러나 방대한 선행연구와 후쿠자와 관련 자료들을 필자가 모두 검토하고 분

---

[1] 松澤弘陽『改訂版 日本政治思想』放送大學教育振興會, 1993, p.25.

석하는 일은 불가능하기에 이 글에서는 그의 주요 저작들을 검토하면서 이 글의 문제의식에 관련된 정치사상사적 연구를 진행할 때 반드시 참고하는 주요 연구 성과를 주축으로 이하의 문제를 정리해보고자 한다. 우선 그의 국가론에서 가장 중요한 '국민' 개념이 형성되어 가는 메이지 초기의 과정, 그리고 그 후 국가의 주인으로서의 국민 인식을 기르기 위해 의회설립의 문제에 어떻게 접근해 갔는지에 주목할 것이다. 이를 위해 그의 초기 저작인 『학문의 권장』과 『문명론의 개략』의 주제에 대해 고찰하고 1876년 이후의 의회설립이라는 당면 과제를 '문명국'의 조건이자 아직 혼란이 가라앉지 않은 일본 국내 상황을 안정시키기 위한 수단으로 보게 되는 과정을 『분권론』과 『민정일신民情一新』에 초점을 맞춰 설명하고자 한다.

1.2 국민국가 형성의 전제 조건: 군현제 실현이라는 목표

후쿠자와 유키치는 지금의 후쿠오카현 북부에 위치한 나카쓰中津번의 하급 무사 집안 출신이었다. 그의 아버지는 번의 재정 관리를 담당했던 관계로 오사카에서 근무했기 때문에 후쿠자와도 그곳에서 태어났다. 하지만 아버지의 이른 죽음으로 후쿠자와는 3살 무렵에 남은 가족들과 함께 나카쓰로 돌아와야만 했다. 대도시 오사카에서 생활한 시간이 길었던 만큼 그의 가족은 아버지의 고향 사회에 잘 녹아들지 못했던 것으로 보인다.[2]

---

2) 후쿠자와 유키치, 허호 역, 『후쿠자와 유키치 자서전』, 이산, 2006, p.24. 이하의 인용은 원문을 참조하여 필자가 부분적으로 수정한 번역문임을

제1장 후쿠자와 유키치의 문명국가 구상

주변의 또래보다 늦게 시작한 한학 공부에서도 우수한 역량을 보여주었고 신체도 건장했던 후쿠자와는 나카쓰에서의 생활에 답답함을 느끼며 청소년기를 보냈다. 결국 만 열아홉의 그는 나가사키에서 난학을 공부할 기회를 얻어 고향을 떠났고 1855년에는 오사카로 옮겨 오가타 고안^{緒方洪庵}이 운영하는 난학숙에서 본격적인 네덜란드어 공부를 시작한다. 그러다 나카쓰번의 명령으로 에도에서 난학숙을 열게 되어 오가타 문하생으로서의 생활을 접는다. 에도에서 그는 네덜란드어가 다가올 세상에서 그다지 유용하지 않을 것이라는 사실을 깨닫고는 영어를 배우기 시작했고 얼마 후인 1860년에 도쿠가와 막부의 미국행 사절단에 합류하는 기회를 얻는다.

후쿠자와의 국가론 구상은 바로 이 1860년대에 시작된다. 일본은 1853년의 페리 내항 이후 서양 국가들과의 관계 맺기에 대응하기 위해 막부나 번 정부는 능력주의 위주의 인재 채용을 부분적으로 진행시키고 있었고 특히 막부는 서양에 관한 지식을 가진 다수의 인재를 필요로 했다. 이러한 시대적 변화로 인해 늘어난 양학자 수요는 그로 하여금 막부가 파견하는 미국행과 유럽행 사절단의 일원으로 참가할 수 있게 만들었다. 당시 후쿠자와는 번에서의 군제 개혁이나 양학 학습을 강조하며 당면한 급무인 '부국강병'을 위한 인재양성을 제언했다.[3] 이때 그는 '부국강병'을 위한 구체적인 개혁을 위해 자신이 직접 번

밝혀둔다. 이하 『자서전』으로 약칭.
3) 「島津祐太郎宛 文久二年四月十一日」慶應義塾編 『福澤諭吉全集』第17卷, 岩波書店, 1961, p.8.

이나 막부 지배층의 브레인이 되기를 희망했던 것으로 보인다. 회상에 의하면 1862년 당시의 후쿠자와는 "오야다마^{親玉}[쇼군]의 선생이 되어서 마음껏 문명개화의 설을 불어 넣어 대변혁을 하게끔 만들고 싶다"는 포부를 갖고 있었다. 그러나 '대변혁'이 막부 혼자만의 힘으로는 어려울 것이라 판단한 그는 "여러 다이묘들을 모아서 독일연방처럼 만드는" 모양새의 개혁 구상을 품고 있었다.[4] 막부를 중심으로 한 다이묘 동맹론이다.

얼마 지나지 않은 1865년 다이묘의 동맹을 주장하는 문명개화 개혁안은 1865년 이후 쇼군 중심의 '대군^{大君}의 모나키^{monarchy}'론으로 전환된다. 그 배경에는 1864년에 막부의 정식 가신인 지키산^{直參}으로 채용되어 외국방^{外國方} 번역국에 출사하게 된 점을 우선 꼽을 수 있다. 지키산으로서 소속감을 가지고 막부가 일관되게 서양식 군사 개혁 및 양학 교육을 추진하는 모습을 지켜보며 신뢰감이 높아지게 되자 나아가 문명개화를 주도하는 리더십을 쇼군에게 기대할 수 있게 되었던 것이다. 더군다나 유력 번들이 여전히 양이^{攘夷}론에 입각한 서양 세력 배척의 움직임을 보이며 상호 불신을 해소하지 못하는 현실을 보면서 그는, 쇼군이 진두지휘하는 개혁론인 '대군의 모나키'론 노선이 아니고는 일본의 '문명개화'는 나아갈 수 없을 것이라고 확신했던 듯하다.[5]

---

4) 『자서전』, p.212.
5) 「福澤英之助宛 慶應二年十一月七日付」慶應義塾編『福澤諭吉全集』第17卷, p.31.

제1장 후쿠자와 유키치의 문명국가 구상

 이와 같은 후쿠자와의 다이묘 동맹론과 '대군의 모나키'론은 '봉건'과 '군현' 구도로 정치체제를 설명하는 방식과 궤를 같이 한다. 도쿠가와 시대의 지식인들이 일본을 '봉건' 국가로 이해하고 역대 중국 왕조의 통치 방식을 '군현'으로 간주했던 것은 잘 알려진 바와 같다.[6] 막말·유신기에 이르러 서양의 입헌정치와 의회제에 대한 논의가 수입되면서 '봉건'과 '군현'은 새로운 제도를 실현하기 위한 전제 조건으로서 고찰되기 시작했다. 일본에서는 메이지 시대 이전부터 이미 의회 도입의 논의는 시작되었는데, 그중 가장 유명한 예로 가토 히로유키加藤弘之의 『도나리구사隣草』(1861)를 꼽을 수 있다.[7] 이 책에서 가토는 중국같은 중앙집권적인 군현국가에서는 의회제가 가능하지만 '삼대三代 같은 봉건의 세상', 즉 일본에서는 어렵지 않을지에 대해 묻는다. 그러나 결국에는 봉건·군현 어느 쪽에서라도 의회설립은 가능하다는 결론을 도출해내는 그가 애초에 말하고자 했던 것은 일본의 개혁이었다. 그가 굳이 군현국가인 중국을 끌고 오는 것은 물론 직접적인 일본 비판을 피해 우회적인 주장을 펼치기 위해서였다.[8]

---

[6] 이에 관한 대표적인 참고 문헌으로는 張翔·園田英弘 編 『「封建」·「郡縣」再考: 東アジア社會體制論の深層』思文閣出版, 2006에 수록된 前田勉·田尻祐一郎·中山富廣의 논문이 유용하다.

[7] 본서의 공식적인 간행은 1889년에 이루어진다. 초기에는 필사본으로 막부와 가토 주변의 지식인들 사이에서만 내밀하게 읽혔다. 한국어판 김도형 역, 『도나리구사』, 문사철, 2014.

[8] 『도나리구사』에서 가토가 보여주는 서양 국가들의 체제 이해는 정확하지 않다. 그는 서양 국가들을 전부 군현제 국가라고 간주하고 있지만 이는 그가 염두에 두고 있던 영국이나 프랑스 정도에 해당하는 것이다. 실제로 당시 독일은 연방제 국가였고 미국도 굳이 분류하자면 '봉건'적인

그러나 가토와 달리 후쿠자와는 '봉건' 상태, 즉 연방제 국가 상태로는 의회를 도입하더라도 제대로 운영이 가능할 리가 없다는 생각이었다. 전술한 바와 같이 그는 다이묘 동맹론을 주장했으나 1866년의 유명한 편지에서 기존의 생각을 완전히 버렸음을 보여준다.

> 동맹론이 실행된다면, 나라는 상당히 프리^{free} 해지겠지만, This freedom is, I know, the freedom to fight among Japanese. 아무리 생각해봐도 대군의 모나키가 아니면 그저 다이묘끼리 갉아먹는 싸움만 될 뿐 우리나라의 문명개화는 나아가지 못한다. 오늘날의 세상에서 다이묘 동맹설을 주장하는 자는 일국의 문명개화를 방해하는 자이자 곧 세계적인 죄인이고 만국공법이 허락하지 않는 바이다.[9]

여기서 말하는 다이묘 동맹론이란 다이묘들이 모여서 만든 의회를 의미하는 것으로 다이묘 연방제 의회 구상이라고 볼 수 있다. 후쿠자와는 이런 식의 다이묘들이 모여서 만든 의회는 기존의 도쿠가와 체제보다 더 다양한 발언과 정치행동을 가능하게 해준다는 점에서 자유^{freedom}를 증가시키는 것처럼 보이지만 국가의 강력한 중심축이 없는 상태에서는 자유가 늘어나 봤자 일본인끼리의 싸움$^{to\ fight\ among\ Japanese}$, 즉 내전으로 이어질

연방제에 가깝다고 볼 수 있다. 河野有理「福澤諭吉と平成デモクラシー」『福澤諭吉年鑑』47, 2020, p.154.
[9] 「福澤英之助宛 慶應二年十一月七日付」慶應義塾編『福澤諭吉全集』第17卷, p.31.

수밖에 없다고 생각했던 것이다.

위의 발언으로부터 약 9년 후의 후쿠자와는 『문명론의 개략』 초고 단계에서 '봉건'과 '군현'을 다음과 같이 설명한다. "봉건이란 다이묘가 구니國를 세워서 각자 정사를 돌보는 것이고 군현이란 전국에 하나의 정부를 만들어서 독점적으로 지배하는 것을 말하며, 일본에서는 메이지 4년 전"이 바로 "봉건이고 같은 해 폐번 후에는 군현"이라는 것이다.[10] 결국 막말기 일본에서 전개된 '봉건' 대 '군현' 논쟁의 결과는 어느 한쪽으로 정해지지 않았고 후쿠자와는 메이지유신 이후 폐번치현에 의해서 일본의 '군현'제는 성공했다는 인식을 가졌다. 다시 말해 후쿠자와가 생각한 일본의 문명개화 추진을 위한 전제 조건은 1871년에 이르러서야 비로소 갖춰졌다는 의미였다.

1.3 '양학자'로서의 정체성과 현실: 막부말기에서 폐번치현까지

후쿠자와가 만년에 발표한 『후쿠자와 유키치 자서전福翁自傳』 (1899)에는, 그가 양학자로서의 삶이 시작된 후부터 메이지 초기 『서양사정』이 나오던 시점까지 '양학'으로 "그럭저럭 남에게 폐를 끼치지 않고 머리 숙이지 않으면서 먹고 입을 수만 있다면 대원성취大願成就라고 생각했"다는 회고가 등장한다.[11]

---

10) 河野有理「福澤諭吉と平成デモクラシー」『福澤諭吉年鑑』47, 2020, p.151.
11) 『자서전』, p.363.

1.3 '양학자'로서의 정체성과 현실: 막부말기에서 폐번치현까지

양학자로서의 삶에서 기대할 수 있는 목표치란 먹고 사는 문제를 해결하는 정도에 둘 수밖에 없었던 시절이었다. 그러던 그가 기대를 넘어서는 메이지 신정부의 과감한 '결단력'의 성과를 보면서 새로운 각오를 다진다. 상황이 바뀐 만큼 "나 역시 이전의 대원성취에 안주하고 있을 수 없게 되었다"며 이전과는 전혀 다른 차원의 '제2의 서원誓願'이 후쿠자와의 마음속에 생겨난 것이다. 그 직후에 간행된 두 작품 『학문의 권장』과 『문명론의 개략』은 바로 이 두 번째 '서원'을 성취하기 위한 방법으로 기획되었고, 1872년부터 1876년에 걸쳐 집필되었다. 본 절에서는 '제2의 서원'의 내용이 무엇인지 이해하기 위해, 우선 그 직전인 막부 말기의 최종단계에서 메이지 신정부에 대한 불신이 여전히 남아있던 시기의 행보에 대해 알아보는 작업부터 시작하도록 하겠다.

도쿠가와 막부를 쓰러뜨린 이른바 '삿초薩長' 정권은 막부 말기에 '양이'를 내걸고 정치운동을 주도했다. 그러나 집권 이후 그들이 보여준 행보는 많은 사람들의 예상과 달리 개국/친서양적인 성질의 것이었고 '어일신御一新'이라는 이름으로 급진적인 개혁이 다방면에서 추진되었다. 그들이 주장했던 '양이'란 국내 개혁을 위한 정치 슬로건에 가까웠던 것이었으나 당시 대다수의 사람들은 그 사실을 간파하지 못했다. 막부를 중심으로 한 '대군의 모나키'론을 주장했던 후쿠자와 역시 '양이'라는 슬로건을 액면 그대로 받아들인 인물 중 하나였다. 막부와 웅번들이 격돌해 내전으로 이어져 '양이'파가 승리할 경우 이들에

제1장 후쿠자와 유키치의 문명국가 구상

대한 서양 열강의 반발과 내정 개입이 불가피할 것이라고 보고 "망국이 눈앞에 보인다"라며 절망했다. 신정부가 수립된 이후에도 그의 '삿초'를 향한 불신은 계속 되었고 막부 말기 이래로 일본 사회에 널리 퍼져있던 '양이'론자들의 테러리즘에 대한 공포도 사라지지 않았다.[12]

막부가 붕괴된 해인 1868년, 막부 가신으로서의 지위를 버리고 메이지 신정부로부터의 초빙도 거절한 후쿠자와는 자신의 학문을 바탕으로 한 저술 활동에 집중하며 '자력자활自力自活'하기로 결심한다.[13] 이는 후술할 '일신독립一身獨立'의 개인을 중시하는 그의 사상적 출발점에 해당하는 내용이다. 그리고 이와 같은 '자력자활'의 뜻을 같이 한 사람들의 자발적인 결사체, 즉 '사중社中'으로 설립한 것이 바로 게이오의숙慶應義塾이었다. 후쿠자와가 목표로 한 '자력자활'하는 인간이란 인간 유형으로서 새로웠고, 그러한 지향점을 공유하는 집합체인 게이오의숙과 같은 사중은 결합 면에서 새로웠다. 정부나 관에 의존하지 않는 '자력자활'의 사람들이 자발적인 의지를 갖고 공동체를 꾸려가는 상태란 메이지 시대에 본격적으로 전개되는 그의 국민국가 구상의 바탕과 궤를 같이 하는 것으로 이미 이때 기초가 갖춰진 것이라고 볼 수 있다. 같은 해 후쿠자와는 무사의 신분을 버리고 '소민小民'으로 살겠다는 결심을 굳히고

---

12) 그의 자서전에 의하면 양이론자들의 암살 기도에 대한 공포가 불식된 것은 메이지 정부가 수립되고도 6, 7년이 지나서였다고 한다.(『자서전』, p.190·253).
13) 『자서전』, p.291.

1.3 '양학자'로서의 정체성과 현실: 막부말기에서 폐번치현까지

실행에 옮겼다.[14]

 이처럼 새로운 삶의 형태를 실천에 옮기게 된 데에는 그 전해부터 그의 양학 지식이 새로운 단계에 돌입했다는 배경이 있었다. 이미 1866년에 간행된 『서양사정』 초편에서 그는 서양 사회에 대한 기본적인 조사와 관찰을 토대로 객관적인 사실 위주의 소개를 하면서도 '문명의 정치'를 실현하기 위한 요건을 소개하는 등 서양사회의 기반에 있는 원리까지를 파악했다. 여섯 가지 요건 중 가장 중요한 첫 번째 요건으로, 직업선택의 자유와 문벌이 아닌 능력에 입각한 메리토크라시^{meritocracy}의 원칙을 제시하며 '자주임의'를 말한 그는 자유로운 개인의 자주적인 선택이 보장될 때 비로소 문명 실현의 첫 단계가 갖추어진다고 말한다.[15]

 그러나 서양 사회의 근원에 있는 원리—예를 들어 자유, 평등, 독립, 기회균등의 원칙, 공공성—등을 이해해 나감으로써 한층 더 깊은 차원의 인간론 일반으로 서양을 설명할 수 있게 된 것은 『서양사정』 외편(1868)과 2편(1870)에 이르러서였다. 이러한 서양 이해의 질적 변화가 가능했던 것은 후쿠자와의 두 번째 미국 방문(1866)을 통해 입수한 서양 서적들이 있었기 때문이다. 그는 이때 들여온 책의 내용을 소화해가는 과정을 통해 일본에서도 양학이 한학을 완전히 대체하는 진정한 보편

---

14) 「山口良藏宛 明治元年六月七日」 『福澤諭吉全集』 第17卷, pp.55–56.
15) 후쿠자와 유키치 『완역 서양사정』, 여문책, 2021, p.29. 몇 군데 번역은 필자가 수정한 것임.

제1장 후쿠자와 유키치의 문명국가 구상

적 진리의 학문, 즉 '천진天眞의 학문'이 되어야 한다고 확신하게 된다. 이때 특히 중요한 역할을 한 책은 체임버스Chambers 사에서 간행한 경제학 시리즈[16]와 웨일랜드의 『정치경제학론』과 『수신론』이다.[17] 이 서적들을 통해 한학과 무사의 윤리관 속에서 살아온 후쿠자와 및 게이오의숙의 양학자들은 '인의오상仁義五常' 외에 다른 도덕의 가르침이 존재한다는 사실, 그리고 서양 사회가 구체적으로 어떠한 정치경제 원리로 움직이는지 그리고 그들의 인간관·가족관·사회관 및 문명관 등을 파악할 수 있게 되었다. 후쿠자와는 자신과 동료들의 '머릿속에 대소란'이 일어났다는 표현을 쓰는데 '대소란'을 겪은 이들은 결국 이러한 원리를 이해하게 되었고, 이를 자신들의 삶에서 직접 실현하려고 노력하게 된다.[18] 동시에 도쿠가와의 리더십 부재로 인한 국가 통합의 곤란과 변함없는 신분제 사회 속에서, 자신의 뜻과 능력에 맞는 선택을 할 '자유'가 억압당하는 현실을 후쿠자와는 점차 거부하기 시작했다. 그리고 그렇기 때문에 자신의 생활 속에서 이러한 원리를 몸소 실천하고자 그는 '소민'으로서의 삶을 선택했던 것이다.

후쿠자와의 정치에 관한 태도를 보면 전술한 바와 같이 1867년 어느 시점부터 '대군의 모나키'론을 포기하고 메이지 정부

---

16) 정확하게는 Chambers's Educational Course, *Political Economy for Use in Schools, and for Private Instruction*, 1852를 참고했다.

17) Francis Wayland, *The Elements of Political Economy*, 1837; *The Elements of Moral Science*, 1835.

18) 「三田演說第百回の記」『福澤諭吉全集』第4卷, pp.477-478.

1.3 '양학자'로서의 정체성과 현실: 막부말기에서 폐번치현까지

에 대해서도 일체의 기대를 저버린 상태였다. 그런데 '양이'를 내걸고 막부를 무너뜨린 메이지 신정부가 그의 비관적인 전망과는 반대로 오히려 기대를 넘어설 정도의 대담한 개혁 정책을 이어갔다. 그리고 1871년에 갑작스럽게 실현된 폐번치현廢藩置縣이 그의 신정부에 대한 태도를 완전히 바꾸게 만들었다. 번을 폐지하고 지방 통치를 중앙정부가 관할하는 부府와 현縣으로 일원화함으로써 무사 신분 집단을 해체하는 데 결정적인 역할을 한 대개혁이 순식간에 실현된 것이었다. 문벌 타파가 문명국의 전제 조건이라고 믿었던 후쿠자와 동료들은 그들의 바람대로 개혁이 이루어졌다는 사실에 누구보다도 기뻐했다. 이는 동시에 막말기 이래로 문명국 수립을 위해서는 군현제가 되어야 한다는 후쿠자와 구상의 전제 조건이 드디어 실현되었다는 의미이기도 했다.

이처럼 새로운 사회를 만들기 위한 기반이 마련되었다는 기대와 함께 비로소 그의 두 번째 '서원'이 세워졌다. 정부에 대한 기대 없이 오로지 민간의 학자로서 할 수 있는 최선을 다하겠다는 생각에서 이제는 "전국의 인심을 근저에서부터 전복시켜 머나먼 동양에 새로운 문명국을 열" 기 위해 본격적으로 움직여야겠다고 결심한 것이다. 도쿠가와 막부의 멸망과 신정부의 수립으로 정치체제의 전복은 실현 되었지만 사회 일반士民의 대다수는 여전히 구시대의 사고에 머무르고 있었다. 문명국의 실현은 국가의 구성원 개개인이 나랏일을 자신의 일로 여기고 부담할 각오와 그러한 부담을 지기 위해 필요한 능력을 기르는

제1장 후쿠자와 유키치의 문명국가 구상

데에 달려있다는 사실을 일찍이 깨달은 후쿠자와에게 보통 사람들의 변화는 가장 시급한 과제였다. 일본의 '문명국'화라는 '제2의 서원'을 이루기 위한 그의 노력이 본격적으로 시작된 것이었다. 그 첫 번째 성과는 바로 『학문의 권장』이었다.

1.4 『학문의 권장』: 국민국가론의 시작

"하늘은 사람 위에 사람을 만들지 않고 사람 아래에 사람을 만들지 않는다"라는 유명한 구절로 시작하는 『학문의 권장』은 원래 저자의 고향인 나카쓰의 학교 설립에 임해 작성된 팜플렛에서 출발한 작품이다. 폐번치현이 단행된 지 약 5개월 후에 쓰인 초편은[19] 새로운 시대에 걸맞은 '학문의 취지'를 설명하기 위한 것이었다. 그러나 더 많은 사람에게 읽히면 좋겠다는 주변의 제안으로 게이오의숙에서 출판되었다. 이후 약 4년 반에 걸쳐 전체 17편의 팜플렛 형태로 계속 간행되었고, 1880년에 정식 합본 형태의 책이 나왔다. 저자 본인에 의하면 각 편마다 약 20만부, 전편 합해서 약 400만부가 팔렸다고 한다.[20] 저술가로서의 삶을 살기로 결심한 이후 나온 첫 작품이자 후쿠자와의 사상을 대표하는 『학문의 권장』은 당대 최고의 베스트셀러 중 하나이기도 했다.

당시 이 책이 그만큼의 인기를 누린 데에는 그의 이해하기

---

19) 초편 간행은 1872년 2월이나, 발문을 보면 집필 시기는 그보다 앞선 1871년 12월이다.
20) 「福澤全集緒言」 『福澤諭吉全集』 第1卷, p.38.

● 1.4 『학문의 권장』: 국민국가론의 시작

쉬운 문장이나 구습에 대한 대담한 비판과 과감한 신문명의 고취 등 여러 가지 이유를 생각해볼 수 있을 것이다. 그러나 넓은 독자층을 아우르고 당대뿐만 아니라 후대의 독자들까지도 끌어당기는 근원적인 매력을 가질 수 있던 바탕에는, 무엇보다도 인간 보편의 가치를 표방한 그의 새로운 사회관의 제시가 있었다. 신분 질서에 입각한 가업家業 도덕이 강력하게 자리 잡고 있던 도쿠가와 사회에서 갓 벗어난 당시 대다수의 사람들에게 인간의 평등(엄밀하게는 기회의 균등)을 전제로 하는 보편 도덕의 명제는 낯선 것이었다. 또한 이러한 관계의 대등성이라는 원칙은 일본 사회 내부에서만 적용되는 것이 아니라 국제관계에서도 동일하게 적용시킬 수 있는 정치적 원리로서 전개되었다. 한 국가 안에서의 인간관계가 평등을 전제로 하는 것과 마찬가지로 국경을 넘어서는 관계에서도 개인과 개인, 국가와 국가 사이는 동등한 권리와 자유를 가져야 한다는 주장이었다. 『학문의 권장』중 "천리인도天理人道에 따라서 서로 관계를 맺으니 리理를 위해서는 아프리카의 흑인에게도 자세를 낮추고 도道를 위해서는 영국이나 미국의 군함도 두려워하지 않아"야 한다는 문장 등에서 이러한 발상은 단적으로 드러난다.

이때 후쿠자와가 인간 보편의 문제를 논하기 위해 채택한 관념은 '천天'이다. '전국의 인심'을 뒤집어 국민을 만들기 위해서는 누구에게나 해당 되고, 그래서 받아들일 수밖에 없는 사상적 토대가 필요했기 때문이다. 그래서 천부인권론의 논리나 '천의 도리道' 혹은 '천리天理' 등의 관념이 동원되었다.

제1장 후쿠자와 유키치의 문명국가 구상

이때 서양 특히 19세기 전반 미국에서 '아카데믹 모럴리스트'로 가장 영향력이 컸던 웨일랜드의 『수신론』이 중요한 역할을 했다. 1830년대에 집필된 이 저작에 나타난 정치사회론은 신이 정한 도덕법과 의무의 체계에 입각해 당시 유행하던 공리주의를 향한 강한 비판의식을 드러내며 도덕적 율법주의를 강조했다. 신을 전제로 한 도덕과학의 논의는 유학에서 말하는 '천'과 그에 입각한 가치관과 공명하는 부분이 있었다.

이런 바탕 위에서 후쿠자와는 '천의 도리에 기초해' 모든 개인은 독립·자유로우며 그들의 관계는 '동등'하고 이러한 원리가 국가에도 동일하게 적용된다고 말한다. 그러므로 개인 차원의 독립·자유·동등함이 이루어져야 그러한 개인들로 구성된 국가 역시 독립·자유롭고 다른 국가들과의 동등한 관계가 실현 가능해지는 것이다. "일신一身 독립하여 일국一國 독립한다"(『학문의 권장』 제3편)는 유명한 문장이 의미하는 바가 바로 이것이다.

그렇다면 후쿠자와가 말하는 '일신'과 '일국'의 구체적인 관계 설정은 어떤 것이었을까. 여기에 관해서는 『학문의 권장』 제6편과 7편의 내용을 직접 살펴볼 필요가 있다. 우선 제6편 '국법의 존귀함을 논한다'의 내용을 통해 '정부'와 '국민'의 관계를 확인해 보자.

> 정부란 국민의 대리인名代이므로 국민이 생각하는 바에 따라서 일을 한다. 정부의 직분은 죄를 지은 사람을 잡아 벌을 주고 죄 없는 사람을 보호하는 데 있다. … 정부는

1.4 『학문의 권장』: 국민국가론의 시작

국민의 대표로서 일을 맡아 처리해 나갈 권한을 가지는 것이니만큼 정부가 하는 일은 곧 국민이 하는 일이기 때문에 국민은 반드시 정부의 법에 따라야만 한다. 이것 또한 국민과 정부의 약속이다. 그러므로 국민이 정부를 따르는 것은 정부가 만든 법을 따르는 것이 아니라 자기 자신이 만든 법을 따르는 것이다. … 이런 취지를 형용하자면 국민된 자는 한 사람이 두 사람의 역할을 해내는 것과 같다. 즉 첫 번째 역할은 자신의 대리인으로 정부를 세워서 한 나라 안의 악인을 잡아들이고 선인을 보호하는 일이다. 두 번째 역할은 정부의 약속을 굳게 지키고 그 법에 따라서 보호를 받는 일이다. 이처럼 국민은 정부와 약속하여 정령政令을 내리는 권력을 정부에게 맡긴 자이므로, 결코 이 약속을 어기고 법을 위반해서는 안 된다.[21]

정부가 국민의 대리인이이고 그렇기 때문에 정부가 정한 법·명령은 국민 스스로가 결정한 것이니 반드시 지켜야 한다는 결론이 나온다. 그렇다면 국민이 정부를 대리인으로 세우게 된 기초에 있는 정치 공동체, '국가'란 무엇일까.

대저 국민이란 한 사람의 몸으로 두 가지 일을 한다. 첫 번째 일은 정부 아래에서 한 사람의 백성民으로서의 일을 말한다. 즉 손님客인 셈이다. 두 번째 일은 나라 안의 인민이 합의하여 일국一國이라고 부르는 회사를 결성해 법을 세우고 시행하는 일이다. 즉 주인인 셈이다.[22]

---

21) 남상영·사사가와 고이치 역, 『학문의 권장』, 소화, 2003, pp.82-83. 원문을 참조하여 필자가 부분적으로 수정한 번역문임을 밝혀둔다.
22) 『학문의 권장』, p.94.

'일국'의 성립은 인민의 합의에 의해 결성된 공동체로 마치 '일국'이라는 '회사'를 만든 것과 마찬가지라고 설명한다. '회사'가 그렇듯이 국가는 사람들의 자발적인 결사로 성립한다. '회사'란 오늘날 주로 상업 행위를 하는 사단 법인을 가리키는 단어로만 알려져 있지만 메이지 초기 일본에서는 영어의 society를 번역한 어휘로 통용되었다. 동등한 자격의 사람들끼리 모여서 만든 단체로서의 society라는 의미이기도 하고 오늘날 흔히 사회라고 부르는 society의 뜻을 가진 말로도 통했다. 여기서 후쿠자와는 전자의 뜻으로 사용하고 있지만 그가 말하는 '회사'의 성질은 근본적으로 양자의 의미를 모두 함축하고 있다. 또한 이 바로 뒷부분에서 그는 "백명의 조닌町人이 무엇무엇이라고 하는 상사商社를 맺어"라는 또 다른 비유를 들고 있다는 점에서 특정한 사람들로 구성되는 '상사'는 '회사'보다 더 좁은 범위의 하위 개념임을 알 수 있다.

> 첫째로 손님이라는 신분에 관해 말하자면 일국의 인민은 국법을 중히 여기고 인간이 동등하다는 뜻을 잊어서는 안 된다. 타인이 와서 내 권리를 해하는 것을 바라지 않는다면 나 역시 타인의 권리를 방해해서는 안 된다. …
> 둘째로 주인이라는 신분에 관해 말하자면 일국의 인민은 즉 정부다. 그 이유는 한 국가 안의 인민 모두가 정치를 할 수 있는 것이 아니기 때문에 정부라는 것을 만들어 여기에 국정國政을 맡기고 인민의 대리인으로 사무를 취급하게끔 해야 한다는 약속을 정했기 때문이다. 그러므로 인민은 이에모토家元이자 또한 주인이다. 정부는

대리인이자 또한 지배인이다.[23]

'국민'은 스스로의 동등한 권리를 보호하기 위해 '회사'와 같은 자발적인 결사체인 '일국' 즉 국가를 만들었으며, 또한 국가를 구성하는 사람들 모두가 국가의 정치에 직접 관여해 일을 도모할 수 없기 때문에 소수의 '국민' 대리인이 '정부'라는 형태로 '국정' 운영을 담당하는 것이다. 그렇기 때문에 '국민'은 국가의 '주인'이자 동시에, 서로 '약속'한 '국법'을 지키며 자신들이 '국정'을 위임한 '정부'의 명령에 따르는 '손님' 같은 역할을 맡게 된다. 이처럼 '국민'이 이중의 역할을 맡고 있다는 명제로부터 "정부가 하는 일은 곧 국민이 하는 일"이라는 국민 자치의 논리, "국민이 정부에 따르는 것은 … 스스로 만든 법에 따르"는 일이라는 자기 입법론과 준법의 당위가 도출된다. 이는 이후에도 후쿠자와의 정치사상에서 기조를 이루는 원리이다.[24]

위와 같은 국민, 일국, 정부라는 관계 설정의 도식은 명쾌한 만큼 광범위한 사람들에게 받아들여졌고 새로운 시대에 걸맞은 정치론으로 각광받았다. 그러나 그만큼 오해의 여지도 컸다. 우선 국민이 '주인'이고 정부는 '대리인' 혹은 '지배인'이라는 표현에서 사람들은 민주정의 특징을 떠올리는 경우가 많았다. 비단 당시 사람들뿐만 아니라 오늘날의 연구에서도

---

23) 『학문의 권장』, p.95.
24) 松澤弘陽『改訂版 日本政治思想』放送大學敎材, 1993, p.36.

제1장 후쿠자와 유키치의 문명국가 구상

왕왕 후쿠자와가 인민의 참정권을 전제로 하는 인민주권의 논리를 펼쳤다고 오독하기 쉽지만 『학문의 권장』 단계에서 그는 국민의 참정권을 주장하지는 않았다. 어디까지나 국민과 정부의 관계는 국민이 세금을 내고 그 대가로서 정부의 '보호'를 받는 관계로 그려진다.[25] 정부는 국민의 세금을 받아 '보호' 서비스를 제공한다는 도식인 것이다.

『학문의 권장』은 후쿠자와가 본격적으로 일본 '국민'의 형성을 목표로 개혁에 뛰어든 첫 작품이었다. 그러나 물론 일본의 현실은 녹록치 않았다. 『학문의 권장』 곳곳에는 낙관할 수 없는 일본의 현실에 대한 우려가 드러나 있다. 그가 보기에 일본은 왕정유신과 폐번치현이 실현되어 정치제도 면에서의 개혁은 진전되었지만 "일본에는 오직 정부만 있고 아직 국민[네이션]은 없"(제4편)는 상황에 놓여 있었다. '국민' 만들기라는 측면에서 일본은 정체되어 있었다. 또한 앞에서 언급한 것과 같이 국민은 '주인'으로서의 역할을 해낼 수 있는 "상하귀천의 구별 없이 그 나라를 자신이 인수해"서 책임지는 존재여야 했다(제3편). 그렇지만 "문명의 형태는 나아가고 있는 듯하나 문명의 정신인 인민의 기력은 날이 갈수록 퇴보를 향해" 가고 있었다(제5편). 나라의 운명을 자신의 삶과 동기화하여 생각하지 않는다면 그것은 국민이 아니었다.

---

[25] "이 세상에 이문 좋은 장사가 있다고는 하지만 세금을 내고 그 대가로 정부의 보호를 사는 것만큼 싸게 먹히는 것은 없을 것이다." (『학문의 권장』, p.99).

1.4 『학문의 권장』: 국민국가론의 시작

 이런 상황 속에서 학자의 역할이 중요했다. 물론 후쿠자와가 말하는 학자란 한학자가 아닌 양학자로, 민간의 위치에서 교육부터 경제 영역에 이르기까지 지식을 전파하는 임무를 진다. 막말기의 '대군의 모나키'론에서 쇼군 혹은 막부에 문명개화 주도를 기대했던 시기와 달리 그는 이제 정부가 주도하는 위로부터의 문명개화 정책 노선에 비판적인 입장이었다. 전술한 바와 같이 메이지 정부에 대한 기본적인 신뢰는 유지했지만, 문명개화를 달성하기 위한 방법 면에서 후쿠자와는 본격적으로 정부와 노선을 달리하기 시작했고 민간의 사립학자에게 문명을 선도하는 결정적인 역할을 부과하는 주장을 펼쳤다. 정부는 정치 영역에서의 역할에만 집중하고, 그 밖의 문명에 관한 여러 사업은 모두 '미들클래스', 즉 중등 사립학자가 맡는다는 구상이었다. 단순히 국민의 교육을 담당하는 교육자로서의 역할에 학자를 한정시키는 『학문의 권장』 초반의 발상과는 차이가 있었다.[26] 여기에는 다음 절에서 자세하게 살펴 볼 프랑수아 기조François Guizot(1787~1874)나 헨리 토마스 버클Henry Thomas Buckle(1821~1862) 등의 문명사의 영향도 중요한 역할을 했다.

---

[26] 이러한 의견은 「제4편 학자직분론」과 「제5편 메이지 7년 1월 1일의 축사」 내용이 해당된다. 거의 5년 가까운 시간에 걸쳐 발표된 『학문의 권장』은 초반부와 후반부의 집필 시기에 시차가 있는 만큼 이러한 시각의 변화가 나타나는 부분이 있다.

제1장 후쿠자와 유키치의 문명국가 구상

1.5 『문명론의 개략』: 일본의 문명 이론

동시대관의 수립―문명사관과 민선의원설립논쟁의 영향

『학문의 권장』이 간행되고 있던 1874년 중반 후쿠자와는 그때까지의 자신이 "오로지 서양의 새로운 사물의 수입과 함께 우리나라의 오래된 폐습을 배척하는 일을 목적으로 삼았고, 말하자면 문명을 한 절씩 절매하는 것과 다르지 않았"음을 깨닫는다. 세상이 비로소 안정되기 시작했고 사람들의 생각도 점차 새로운 시대에 익숙해져가고 있던 시기였다. 그는 이 시점에 필요한 것은 "유교儒敎류의 노인에게 호소하여 그들의 찬동을 얻게 된다면 몹시 훌륭한 일일 것이라 생각해 이들을 적으로 돌리지 말고 거꾸로 우리 편으로 만들고자 하는 속내에서 저술한 것"이 『문명론의 개략』이라고 소개했다. "50세 이상으로 시력도 점점 나빠지고, 또한 어려서부터 커다란 글자로 쓰인 판본에 익숙한 눈"을 가진 독자를 상정했기 때문에 『문명론의 개략』 판본 역시 "특별히 글자를 크게 만들어 인쇄"했다고 한다. 그 결과 책은 '몇 만 부'인가가 판매되었고[27] 나이 든 한학자들로부터 호평을 받기도 했다. 저 유명한 사이고 다카모리도 읽고 어린 제자들에게 "이 책을 읽는 것이 좋다"고 말했다는

---

[27] 「福澤全集緒言」에서 후쿠자와는 『학문의 권장』과는 달리 『문명론의 개략』에 관해서는 구체적인 판매부수를 제시하지 않은 채 '몇 만 부'라고만 소개한다. 소개하는 글의 분량 자체도 『학문의 권장』에 비해 9분의 1정도 밖에 되지 않는다. 「福澤全集緒言」『福澤諭吉全集』第1卷, p.60.

1.5 『문명론의 개략』: 일본의 문명 이론

소문이 돌기도 했다.[28]

『문명론의 개략』은 『학문의 권장』 6편에서 14편까지와 병행하여 집필된 저작이다. 『학문의 권장』에서 문명을 구성하는 세 요소인 학술·경제·법률 면에서 모두 서양에 못 미친다는 인식을 보여준 바 있던 후쿠자와는 『문명론의 개략』을 통해 학술면에서 서양에 대항할 수 있는 문명 이론을 자신이 직접 구축하고자 했다. 여기서는 천부인권론이나 '천의 도리' 등을 강조하며 '인심'을 전복시키려는 의도는 옅어지고 일본산 문명 이론을 만들어 내는 데에 집중한다.[29]

이 책에서 그가 말하는 '문명'을 정의하자면 "일국 인민의 지덕智德"이 모인 '중론衆論'의 진보다. 여기에는 1873년 정도부터 읽기 시작했다고 여겨지는 프랑수아 기조나 헨리 버클, 토크빌의 문명사관文明史觀으로부터 받은 영향이 짙게 드러나 있다. 이전의 후쿠자와가 서양 문명을 이해하기 위해 특히 의지했던 저작들은 '커먼 에듀케이션common education'의 대표 저작들과 웨일랜드의 『수신론』 등이었고 기독교적 도덕을 새로운 방법으로 국민에게 전달해 강력한 국민 도덕 창출과 안정된 질

---

28) 「福澤全集緒言」『福澤諭吉全集』第1卷, p.60.
29) 상정된 독자층도 다르다. 『학문의 권장』은 '민간의 독본'으로 기획되어 일반 서민이 널리 읽을 수 있는 책으로 만들어졌다(5편 서언). 하지만 『문명론의 개략』은 이론서로, 후술하듯 국민국가 형성의 열쇠를 쥐고 있는 전략적 계층인 "중인 이상의 지자(智者)"를 목표층으로 삼고 있다. 후자에는 양학자나 개혁 지지자도 포함되어 있었지만 한학자나 국학자 혹은 존왕양이론을 지지했던 인물들과 같은 사람들을 설득하려는 뜻이 더 컸던 것으로 보인다.

서 회복으로 이어간다는 문제의식을 갖고 있었다. 그러나 이들 저작에서 말하는 국민국가론의 핵심인 '일신독립=일국독립'의 논리는 개인의 권리와 직분이 명시되어 있기만 할 뿐, 국가와의 관계에서 그것을 어떻게 구체적으로 실현해야 할지에 대한 과정은 제시되어 있지 않았다. 앞 절에서 서술한 바와 같이 후쿠자와는 『학문의 권장』에서 인민의 참정권을 상정하지는 않았지만 사회계약론의 논리를 사용하고 있었다. 하지만 어떻게 메이지 일본의 정부와 인민 사이에 사회계약이 성립했는지에 대해 역사적으로 뒷받침할 수 있는 설명이 결여되어 있었다. 게다가 웨일랜드의 영향으로 그는 나라의 일을 내 일로 여기는 마음인 '보국심報國心'을 주장했으나, 어떤 원리로 각 개인이 자신이 속한 정치사회에 대해 그와 같은 무사無私한 감정을 품을 수 있는가라는 본질적인 문제를 해결하지 못한 상태였다.[30]

그러나 새롭게 접한 문명사관의 저자들은 달랐다. 우선 기조의 『유럽 문명사 General History of Civilization in Europe』(1828)에 나타난 영국과 프랑스의 시민혁명론이 가진 '인민의 지력智力 대 정부의 전제'라는 대결 구도에서 힌트를 얻은 그는(『문명론의 개략』 제8장 서양문명의 유래), '사립중산'층이 주도하는 문명화 구상의 역사적 근거가 되는 유신혁명론을 완성시켰다(같은 책, 제9장 일본문명의 유래). 후쿠자와가 기조의 『유럽 문명사』를 통해 서구의 국민국가가 어떠한 역사적 과정을 거쳐 형성되

---

30) 松澤弘陽 『福澤諭吉の思想的格鬪—生と死を越えて』 岩波書店, 2020, pp.68-73.

었는지 이해하고, 일본에서 국민국가를 완성하기 위해 필요한 기초 작업이 무엇인지 명확하게 인식하게 된 결과였다.[31] 국민국가란 정부, 그리고 정부와 길항하면서 동시에 주체적으로 국가의 의무를 짊어지는 국민의 통일체인 것이다. 기조는 이러한 국민을 통합하는 애국심을 핵심으로 하는 '정신적 유대moral tie'를 강조했고 후쿠자와는 웨일랜드로부터의 영향에서 탄생한 '보국심'의 관념에 기조의 논의를 덧붙여 고찰해 나갔다.

『문명론의 개략』을 집필하게 된 중요 계기 중 다른 하나는 1874년 1월에 일어난 민선의원설립논쟁이었다고 추정된다.[32]

1874년 1월초까지 후쿠자와의 정치론에서 정치는 어디까지나 정부에 일임하는 형태로 인민의 참정권을 인정하지 않았다. 그런데 『문명론의 개략』 집필을 위해 준비한 계획서인 일명 「문명론 플랜」이라는 자료에 의하면 그 다음 달에 그의 민선의원에 대한 생각은 달라졌다. '2월 8일 초입안初立案·2월 25일 재안再案'이라고 적힌 이 「문명론 플랜」에서 그는 건백서에 대한 비판 및 지지설 그 어느 쪽과도 다른 유신 해석을 전개하면서, 현재 일본 인민의 상태를 이유로 의회 설립과 입헌정치 실행이 불가능하다고 볼 수 없다는 결론에 도달한다.[33] 예를 들어 당시 가토 히로유키는 메이지유신이 가능했던 이유로 소수의 엘리트에 의한 명분론과 그들에 의한 여론 주도를

---

31) 松澤弘陽『福澤諭吉の思想的格闘』, p.76.
32) 平石直昭『福澤諭吉と丸山眞男―近現代日本の思想的原點』北海道大學出版會, 2021, p.72.
33) 「文明論プラン」『福澤諭吉年鑑』18, 福澤諭吉協會, 1991, pp.6-9.

꼽으면서 현재의 부족한 엘리트 숫자와 우민관을 거론하며 여전히 인민에게 정치참여를 기대할 수 없다는 논리로 민선의원 시기상조론을 주장했다. 반면 건백서의 기초자 중 하나였던 후루사와 시게루는 메이지유신의 변혁을 아래로부터의 공의여론公議輿論이 주도한 것이었다고 분석하며 인민이 충분히 민선의원을 통한 참정권 행사를 할 수 있다고 보았다. 두 사람은 메이지유신 과정에서 변혁의 주체에 관해 해석을 달리했지만, 유신이 의도적인 전략을 통해 특정 방향으로 나아간 것이라는 관점에서 일치했다.[34]

그러나 후쿠자와는 유신이 처음부터 특정 주체의 명확한 의도에 입각한 변혁이라는 해석을 취하지 않았다. 그는 가토와 마찬가지로 여전히 인민의 지력 수준은 낮다고 보았고 정체政體는 민도民度에 맞춰서 가야한다는 생각이었다는 점에서는 의견이 같았다. 하지만 가토처럼 민간 엘리트가 아직 소수밖에 없다는 사실을 이유로 민선의원설립을 반대하지 않았다. 후쿠자와에게는 '지덕'을 갖춘 엘리트의 숫자가 중요한 것이 아니었다. "중론衆論은 반드시 사람 숫자에 따른 것이 아니라 지력의 분량에 따라서 강약이 있"는 법이라는 논리에 입각해 어떤 집단이 갖는 지력의 많고 적음은 사람 숫자에 좌우되지 않는다고 주장한다.[35] 소수라도 강력한 지력을 가진 집단이 습관에 의해 이를 이어나가면 이윽고 여론을 주도하고 개혁을

---

34) 平石直昭『福澤諭吉と丸山眞男』, p.71.
35) 『文明論之概略』(『福澤諭吉全集』第4卷, pp.68-70).

선도할 수 있는 법이다.[36] 그러므로 유신혁명 역시 몇 사람의 의도된 기획에 의한 결과일 수 없었다.

> 정부는 결코 힘 있는 자가 아니다. 어떤 좋은 정부나 나쁜 정부라도, 반드시 그 나라 인심人心의 수준과 맞는 것이다. … 근자의 왕제일신王制一新·폐번입현廢藩立縣도 그 근본은 사람 사이에 있는 상하귀천의 폐해를 싫어해서 생겨난 일로써, 더 가까운 요인은 여러 번들의 가치徒士·아시가루足輕의 대리인 중에 있는 소위 유지有志의 무사가 있다. 이를 두고 누군가의 꾀에서 비롯되었다는 등의 얘기를 하는 자는 아직 세상 보는 눈이 없는 자다.[37]

즉 정부란 인심에 의해 규정되며 유신의 변혁도 문벌을 싫어하는 인심이 하급무사를 움직여서 생각지도 못한 결과를 낳은 것이다. 그런데 마치 처음부터 누군가의 계획에 입각해 변혁이 이루어진 것처럼 말한다면 그것은 세상 돌아가는 이치를 아직 모른다는 말이다.

기조의 『유럽 문명사』를 읽은 후쿠자와는 국민국가의 역사적 형성 과정의 중요성에 눈을 떴고 이로 인해 자신이 살고 있는 시대를 역사적 맥락 속에서 어떻게 자리매김해야 하는가라는 과제를 설정하게 되었다. 이 과정에서 민선의원설립논쟁이 일어난 것이다. 그는 왕정유신이나 폐번치현이라는 대변혁의 연장선상에서 이 논쟁을 파악했다. 이 사태가 가진 역사적 맥

---

36) 平石直昭『福澤諭吉と丸山眞男』, p.72.
37) 「文明論プラン」『福澤諭吉年鑑』18, p.8.

제1장 후쿠자와 유키치의 문명국가 구상

락을 파악함으로써 유신 이래의 동시대관을 확립하고 국민국가 형성의 서사를 만드는 작업을 통해 일본에 맞는 문명 이론을 끌어낼 수 있으리라 기대했기 때문이다.

결론적으로 후쿠자와는 『문명론의 개략』 집필 과정을 거치면서 의원설립과 입헌정체에 적극적인 태도를 보이게 된다. 인민 지력의 진보에 의한 전제 권력 타도라는 구도로 막말기 이래의 일본의 역사를 그렸을 때 의원설립과 입헌정체의 수립은 필연적 귀결점이었다. 더군다나 '중론'의 진보가 반드시 '지덕'을 갖춘 엘리트의 숫자에 따른 결과가 아닌 소수의 강력한 지력을 가진 집단의 유무에 따라 가능하다면, 자신과 같은 양학자들이 민간에서 충분히 활약할 수 있는 일본에서 민선의원설립을 지연시켜야 할 이유는 없었다.[38]

이처럼 서양의 국민국가 형성사를 통해서 그는 일본에서의 국민국가 형성에 관한 전망을 제공할 수 있게 되었다. 『문명론의 개략』 탈고 직후에 발표한 「국권가분의 설國權可分の說」(1875년 6월 발표)에서는 더욱 명확하게 일본의 '왕정유신'이 17세기 영국과 18세기 프랑스에서 일어난 혁명과 동일한 성질의 '대소란'이었다고 설명한다. 각국에서 진행 양상이 달랐다고는 해도 "사람 일의 원인과 그 효과가 서로 응하는 모양새가 세계

---

[38] 다만 『문명론의 개략』 5장 초안 말미에는 민선의원을 "신속하게 만들지 않으면 안 된다"는 직접적인 의견이 들어 있었지만 이론서로서의 성격을 유지하기 위해 현실 정치를 논한 해당 부분은 뺀 채로 간행된 것으로 보인다. 平石直明 『福澤諭吉と丸山眞男』, pp.69-70.

만국이 부절을 맞춘 듯" 하다는 평가다.[39]

『문명론의 개략』 제5장에서도 이미 '문벌전제^{門閥專制}'가 "흐르지 못하고 정체된" 상태와 '인민의 지력' 진보가 원인이 되어 막말기의 '양이'론을 내세운 '혁명'으로 귀결된 것이라는 설명이 전개되었다. 막말기 존왕양이 운동과 그 결과로 탄생한 메이지 정부에 대해 불신했던 경험이 있던 만큼 후쿠자와는 존왕양이론의 본질이 무엇이었는지를 이해하는 문제가 중요하다고 여겼다. 그것은 '문벌전제'에 저항해 "온몸으로 나라를 짊어" 지고자 하는 "거칠고 미숙한" '보국심'의 발현이었다.[40]

서양과의 만남 —외국교제라는 병—

그러나 한편으로 서양과의 접촉은 사람들의 마음을 근본부터 뒤흔들었다. 신정부의 '고풍관습^{古風慣習}'을 일소하겠다는 개혁 드라이브는 '문명개화'를 지향한다는 점에서 후쿠자와의 기대에 부합하는 것이었지만 그때까지의 전통적인 '모럴 타이'를 붕괴시키고 사회 전체의 도덕적인 퇴폐를 가져왔다. 그 결과 후쿠자와가 본 1874년의 일본은 "가난 하나 빼고는 그 외에 심신을 괴롭히는 것이 없다. … 학문도 관리가 되는 일도 오로지 돈을 위해서 뿐이고, 돈만 있으면 아무것도 노력하지 않아도 되니 돈이 향하는 곳은 천하무적이 되고 사람의 품행은 돈으로 시세가 정해지는 듯" 한 분위기였다. 국가를 위해서 '사유^{私有}'

---

39) 「國權可分の說」 『福澤諭吉全集』 第19卷, pp.527–528.
40) 『文明論之概略』 (『福澤諭吉全集』 第4卷, p.73).

제1장 후쿠자와 유키치의 문명국가 구상

재산과 '생명'을 던져버려도 아깝지 않다는 생각이 마음으로부터 우러나와야 하는 국민의 '보국심'이 절실한 국민국가 형성 초기의 일본에서 돈이 모든 가치를 지배하는 상황은 심각한 위기를 초래할 수밖에 없었다. "정부는 있지만 국민[네이션]은 없"는 상황은 쉽게 나아지지 않을 전망이었다.

『문명론의 개략』마지막 장인 제10장은 이러한 위기에 대한 적극적인 대응을 예고하며 마무리되었다. 이 장에서 그는 특히 일본이 당면한 '외국교제'의 위기를 강조한다. 후쿠자와는 『문명론의 개략』의 구상과 집필을 진행함과 동시에 일본의 대외적인 고립 위기 가능성에 관한 글들을 다수 발표했는데 제10장은 그 연장선상에서 이해할 필요가 있다.[41] 서양 국가들과 어깨를 나란히 하며 그들의 국가체계에 어떻게 들어갈 것인가가 '지금'의 일본에게 가장 중요한 문제이며 이러한 위기를 타개하기 위해 새로운 '국체國體'=내셔널리티를 확보하고 '나라의 독립'을 유지해야 한다고 그는 주장했다. 이때 '문명'은 '외국교제'의 위기에서 벗어나기 위한 '수단術'으로 취급된다. 후쿠자와가 인류 보편의 궁극적 목표로 '문명의 태평'을 설정한 것과 일견 모순되는 자세라고 할 수 있다. 하지만 그의 논의를 자세히 살펴보면 여기에 논리적 모순은 없다.

---

41) 예를 들어 다음의 글들을 꼽을 수 있다. ①「文明論プラン」, ②「內は忍ぶ可し外は忍可らず」(19권 p.222) 대략 메이지 7년 7월 이후. ③「商學校を建るの主意」(20권 p.122) ④「『學問のすすめ』の評」(1권 p.38) ⑤「征臺和議の演說」(19권 p.539) ⑥『學問のすすめ』12편 (3권 p.107) ⑦「外國人の內地雜居許す可らざるの論」(19권 p.518) ⑧「內地旅行西先生の說を駁す」(19권 p.542).

> 나라의 독립은 목적이고 지금의 우리 문명은 이 목적에 도달하는 수단이다. 이 '지금'이라는 말은 특별히 의미가 있어서 쓴 것이니 학자는 이를 등한시하지 말아야 한다. 본서 제3장에서는 문명은 "지대지홍至大至洪하며 인간만사는 모두 이를 목적으로 하지 않는 것이 없"으니 인류가 마땅히 도달해야 할 문명의 본뜻을 목적으로 삼고 논의를 전개했다. 하지만 여기에서는 나의 위치를 지금의 일본에 한정시켜 그 논의도 역시 자연스럽게 범위를 좁혀서 오로지 자국의 독립을 가능하게끔 하는 것을 목표로 삼아 임시로 '문명'이라는 이름을 붙인 것뿐이다. 그러므로 '지금의 우리 문명'이라고 말한 것은 문명의 본뜻은 아니다. 우선 일의 첫 단계로서 자국의 독립을 꾀하고 그 밖은 일의 두 번째 단계로 남겨두어 훗날 할 일로 돌려두려는 취지이다. 이렇게 논의를 한정시키면 나라의 독립은 곧 문명이다. 문명이 아니면 독립은 보존할 수 없다. 독립이라고 부르던 문명이라고 부르던, 둘에 차이는 없는 듯하지만 '독립'이라는 말을 쓸 때 일을 상상함에 있어서 한층 한계가 명확해지고 이해하기가 쉬워지는 편리함이 있다. 오로지 문명이라고만 말하면 간혹 자국의 독립과 관계없는 문명인 경우가 있다.[42]

위에서 언급하고 있듯이 후쿠자와는 제3장 '문명의 본뜻을 논하다'라는 장에서 '문명'을 둘러싼 다각도의 설명을 제시한 바 있다. 문명은 '상대적'인 말이다. 인류 보편의 절대적인 목적임과 동시에 나와 타자의 차등을 측정하는 기준이 되기도 한다. 그렇기 때문에 '지금'의 '우리'가 성취한 '문명'은 역사와

---

42) 『文明論之概略』(『福澤諭吉全集』第4卷, pp.209-210).

제1장 후쿠자와 유키치의 문명국가 구상

지역에 따라 달라지는 법이다. 전 세계를 관통하는 문명 진보의 역사가 있지만 그 안에서 일본이라는 국가가 도달한 문명사 속 현재 위치는 다른 나라들과의 비교 속에서 상대적으로 정해지는 법이다. 그러므로 '문명의 태평'이 문명진보의 역사에서 궁극적 목표라는 사실과 그 역사 속에서 각국의 위치를 확인하며 구체적인 당면 과제—일본의 경우는 '나라의 독립'—에 집중해야 한다는 주장은 모순되지 않는다.

그렇다면 서양 문명국의 국민들이 '보국심'을 갖고 국가라는 하나의 정치공동체 구성원으로서의 '모럴 타이'를 가질 수 있는 이유는 무엇인가? 여기에 대해서는 『문명론의 개략』 제5장의 내용을 살펴볼 필요가 있다. '일국一國 인민의 지덕을 논한다'는 제4장 내용의 속편이다.

"일국 인민의 지덕智德"이 모인 '중론衆論'의 진보를 '문명'의 진보라고 정의한 후쿠자와는 서양 국가들에서 '중론'이 향상되는 조건에 주목한다. '중론'의 진보란 결국 인민 '지덕'의 진보인데 그것이 서양에서 가능한 이유에는 물론 교육도 있겠지만 그보다 더 중요한 요인은 서양의 국가들에서 공사公私를 불문하고 다양하게 진행되는 사업인 '나카마仲間의 조합'이다. '나카마'는 '가부나카마株仲間'라는 에도시대의 상공업자들 사이에서 특권적 조합을 결성한 동업자를 가리키는 말에서 온 것으로 대등한 관계의 동료라는 뜻을 지닌 개념이다. 서양의 국민들은 공적 혹은 사적으로 어떤 일을 해내고자 할 때, 공동의 목적을 위해 상호 대등한 관계를 전제로 자발적인 결사를 이루고 그 조합의 운영을 구성원끼리의 '논의議論'로 정한다는 것이다. 이러한 자발적 결사에 의한 사업 운영의 '습관'이 온갖 분야와 지역 단위에서 실행되고 정치 영역에서는 '의사원議事院'이라는 형태, 즉 의회제로 이어진다는 분석이었다. 각각의 분야나 지역에서 이루어진 '고유의 논의'가 모여서 궁극적으로 '일국의 중론'을 형성한다는 것이다.

메이지 초기의 지식인들 중 다수는 인민이 아무리 '논의'를 좋아하고 의견을 종합하는 '집의集議'에 적극적이라고 해도 이들은 '무지'하기 때문에 '전제專制'에서 벗어날 수 없다고 보았다.[43] 하지만 후쿠자와의 생각에 '집의'의 문제는 사람들의 '무지'를 이유로 반대할 종류의 것이 아니었다. 인간의 '지혜'는 하루아침에 '성장'하는 종류의 것이 아니다. 모든 사람이 학문을 통해 학술적으로 도덕적으로 성장하기를 기다리는 것은 시간이 걸릴뿐더러 일괄적인 효과가 있을 것이라고 기대하기도 어렵다. 그러므로 '무지'를 이유로 인민의 '집의'를 무가치하다고 치부하기 보다는 누구나 어느 공동체에 소속되어 있는 만큼 자신이 소속된 공동체를 위해 구성원들이 함께 '논의'하고 그 '집의'의 결과로 일을 해내는 '습관의 힘'을 길러낼 궁리가 일본에서도 필요하다는 것이다. 서양에서도 "고상하고 유력한 인물이 주장했기 때문에 논의가 왕성해진 것이 아니"다. "논의에 참여하는 나카마의 조합이 잘 되어 있기 때문에 나카마 모두 내면으로부터 스스로 논의를 하려는 용기가 생기기 때문"인

---

43) 『文明論之槪略』(『福澤諭吉全集』第4卷, p.79).

제1장 후쿠자와 유키치의 문명국가 구상

것이다. 서양 사회에서는 사회적 이슈가 생겨도 나의 안위만을 생각하며 조용히 일이 끝나기만을 바라는 "사유보호私有保護의 인심"이 적고 '퍼블릭 스피릿'public spirit이 발달한 이유가 여기에 있다.

후쿠자와는 이처럼 '논의'에 참가해 자신의 의견을 내고자 하는 용기가 생겨나게끔 만드는 환경이 조성되어 더 많은 사람들이 '집의'에 참여하고 그 연장선상에서 나랏일에 목소리를 내는 사람들이 많아져야 '외국교제'에서도 제대로 목소리를 낼 수 있게 된다고 생각했다. 서양 사회에서는 인민 사이에 이러한 '습관'이 정착해있기 때문에 더 나은 판단과 더 '고상'한 '중론'이 나올 수 있는 것이고 이로 인해 문명국으로서의 위상을 갖는다. '지금'의 일본이 "외국인과 이익을 다투고 이치를 따지고 있는 때"인 만큼, 일상에서부터 온갖 영역에 이르기까지 인민이 '논의'의 '습관'에 젖어 들게 만드는 일이 급선무였다. 그리고 국회 설립과 운영은 이 조건이 갖춰졌을 때 비로소 유효한 역할을 해낼 수 있었다.

『문명론의 개략』 집필의 중요한 계기 중 하나가 민선의원설립논쟁에 있었고, 후쿠자와는 가토처럼 인민의 무지를 이유로 시기상조를 주장하는 입장에는 반대했지만 그렇다고 직접적으로 즉시 국회 개설을 해야 한다는 주장을 펼치지도 않았다. 이 당시 그의 관심사는 새로운 기관의 설립과 같은 제도 개혁 자체보다는 그러한 제도가 정착하기 위해 필요한 조건, 특히 무형의 '정신'적 조건에 있었기 때문이었다. 그런 의미에서 『문명론의 개략』은 메이지유신의 역사적 의의와 그 연장선상에서 일본의 동시대관을 정리하고 향후 나아가야 할 방향으로서 민선의원 설립의 정당성을 제시함으로써 일본에 맞는 문명 이론을 마련한 이론서였다.

하지만 마지막 장인 제10장은 이전 장까지 보여준 이론서로서 현실정치와 거리를 두던 모습에서 약간 결을 달리한다.

앞에서 이미 언급했듯이 이 장에서는 '외국교제' 문제를 다루면서 이것이야말로 당시 일본이 당면한 '병'이라고 표현한다. 그리고 이 병으로 인해 일본인은 경제적인 면과 도덕적인 면에서 영향을 받게 되었는데 여기에 대한 대책을 세우는 일이 시급하다는 인식이다. 경제적인 측면에서 받은 영향은 이미 『학문의 권장』 집필 시기부터 지적해 온 문제들, 예컨대 서양에 대한 경제적 종속의 위기와 국제 분업에서 노동자국으로 전락할 가능성을 꼽을 수 있다. 후쿠자와는 이에 대처하기 위해 보호무역과 인민의 지력智力 상승을 꼽기는 하지만,[44] 후자는 하루아침에 이루어질 수 없다. 무엇보다도 지력에 앞서 우선은 인민이 국가에 대한 '관심' 자체를 갖도록 만들어야 한다는 의견이었다. '논의'의 '습관'이 등장하는 맥락이자 의회 설립 문제에 대한 긍정의 배경이다.

---

44) 자유무역의 이타성이나 만국공법의 평등한 구속력 등에 대한 낙관론을 접은 시기이기도 하다. 『통속국권론』(1878)에서 그는 "백권의 만국공법은 몇 문의 대포에 비할 수 없고, 몇 책의 화친조약은 광주리 하나의 탄약에 미치지 못한다"라는 유명한 문장을 남겼다. 『通俗國權論』(『福澤諭吉全集』第4卷, p.637).

제1장 후쿠자와 유키치의 문명국가 구상

한편 기존의 도쿠가와 일본의 질서 하에서는 "품행을 유지하기 위한 밧줄"이었던 '군신의 의'·'선조의 유서由緒'·'위아래 명분'·'본말本末의 구별' 등이 인간 교제를 지배했고 이러한 습관들이 일본의 문명을 지탱했다.⁴⁵⁾ 그러나 유신으로 인한 변혁이 이와 같은 기존의 '모럴 타이'를 붕괴시켰고 돈이 모든 것을 지배하는 풍조가 인민들 사이에 널리 퍼졌다. 후쿠자와가 보기에 "오늘날의 상황으로 보아 우리나라 인민의 품행에 끼친 영향의 느낌은, 인민이 마치 선조로부터 전해져 온 무거운 짐을 내려두고 이를 대체할 짐을 짊어지지 않은 채 휴식하고 있는 자와 같"은 상황이었다.

하지만 당시는 '외국교제'로 인한 위기 속에서 손을 놓고 쉬고 있을 때가 아니다.⁴⁶⁾ 유신 이전 신분제 사회에서 중시되었던 관습의 기준들인 '의'·'유서'·'명분' 그리고 근본과 말단을 '구별'하는 일 등은 새로운 시대에 그 의미를 잃었다. 일본 문명의 기반이 되었던 관습의 기준이 더 이상 존중받지 못하는 시대가 됨으로써 일본 문명도 위기에 봉착한 것이다. 사회적

---

45) 이는 오바타 도쿠지로(小幡篤次郎)의 「내지(內地)여행의 논박(駁議)」(『民間雜誌』1875년 2월)에서 힌트를 얻은 서술이라고 추정된다(平石, pp.81-82). 오바타는 "인심을 유지하는 밧줄"의 중요성을 강조하며 그 '밧줄'의 일환으로 언어·습속·전설·향토·인물·의식 등의 문화적/역사적 요소를 꼽는다. 이러한 요소들이 사람들로 하여금 자국에 대한 애착을 품게 만들고 이를 토대로 인심의 유지와 정치적인 통합력 상승이 가능해진다는 주장이다. 후쿠자와는 오바타의 해당 논설을 참조해 자신의 주장을 전개한 것으로 보이는데 기존에 그가 주목하지 않았던 '인간교제' 상의 '습관', 즉 사회적인 관습을 국민국가라는 형성이라는 목표 속에서 새롭게 세팅해야 한다고 주장했으며 이는 이전에 없던 논의였다.

46) 『文明論之槪略』(『福澤諭吉全集』第4卷, p.185).

관습들이 상실되고 도덕적 가치가 흔들리는 가운데 금전만능주의에 빠지면 국가의 기초가 아직 약한 일본의 경우 순식간에 사회 전체의 와해로 이어질 수 있다는 위기감이 후쿠자와에게 짙게 깔려 있었다. 그는 "한 조각의 본심으로 사유 재산도 목숨도 내던져야 할 장소가 있다면 바로 이 외국교제라는 곳이 아닐까"라며 전통적인 '모럴 타이'를 모두 국가를 기준으로 하는 "본국本國의 의, 본국의 유서, 내외의 명분, 내외의 차별"로 환골탈태시킬 것을 주장했다.[47] 전통의 전략적인 재활용을 통해 인심의 유지와 국가 통합을 꾀한다는 발상이었다.

1.6 『분권론』이후의 전략

『문명론의 개략』제10장에서 '외국교제'의 '병'을 치료하기 위한 전략적 방법을 제안한 후쿠자와였지만 그는 '치료법療法'을 구하는 주체를 자신과 같은 학자에 한정하지 않았다. 이 병은 "우리나라 전국의 인민 모두가 앓고 있는 것이기 때문에 인민 모두가 스스로 그 치료법을 구하지 않으면 안 된다"는 것이 후쿠자와의 논리였다. 제9장까지의 태도와 사뭇 달라진 부분이다. 제9장에서 후쿠자와는 전국에 만연한 '오랜 유전독遺傳毒'인 '권력의 편중' 문제를 척결해야 한다며 이를 치료하는 일은 어디까지나 '정치가의 일'이고 "여기에 대해 논하는 것은 이 책의 취지가 아니며 나는 오로지 그 병의 용체容體를 보여준 것뿐"이라고 적고 있다. 즉 자신의 할 일은 어디까지나 병을

---

47) 『文明論之概略』(『福澤諭吉全集』第4卷, p.205).

진단하는 데까지이며 치료를 위한 처방을 내릴 수는 없다고 선을 그은 것이다. 그러나 바로 다음 장에서 그는 병에 대한 진단과 함께 앞의 절에서 언급한 바와 같이 처방을 제시하기에 이른다. 그리고 '외국교제'라는 병의 치료를 위해서 인민이 스스로 치료에 참여해야 한다는 사실을 분명히 하고 있다. '외국교제'의 문제에 있어서 치료는 일본 인민이 인민으로서 짊어져야 할 임무이자 정치가에게만 맡겨둘 수 없는 사안인 것이다. '병'의 치료에 대한 그의 태도가 제9장까지와 제10장 사이에서 명확하게 갈리는 순간을 확인할 수 있다.

이러한 그의 대외적 위기감은 이듬해 발표한 『분권론分權論』(1876년 집필, 1877년 간행)에서 국내 정치체제론에 대한 적극적인 의견개진으로 이어진다. 『문명론의 개략』에서 스스로에게 부과한 '문명의 이론가'라는 역할이 아닌 현실정치의 개선을 위해 적극적인 체제 구상을 내놓는 '정치사상가'로서의 후쿠자와가 탄생한 전환점이었다.[48]

후쿠자와는 그 전까지 '보국심'을 자기이익을 초월한 것으로 파악했지만 한편으로는 자기이익을 긍정하면서 이를 합리화하고 공적인 것으로 전개하려고도 노력했다. 그 연장선상에서 '보국심'의 형성도 '자기이익'을 발판삼아서 조직하고자 했다. 그리하여 전통적인 에토스는 지양한다는 의식 하에 자기이익을 추구하는 사람들의 정치참가를 생각하면서 제도를 구상하게 되어간다. 후쿠자와는 『문명론의 개략』에서 다양한 사회 영

---

48) 平石直昭 『福澤諭吉と丸山眞男』, pp.104-106.

1.6 『분권론』이후의 전략

역에서의 자발적 결사와 그에 의한 공적활동이라는 구상으로 국민형성 조직론을 펼친 이후 한층 구체화된 정치 제도론을 이어갔고 그 첫 단계가 바로『분권론』이었다.

이와 같은 배경에는 불평사족^{不平士族}의 문제가 있었다. 후쿠자와는 본문에서 "유신 이래 국내에서 일어난 병란^{兵亂} 중 굵직한 것은 조슈^{長州} 기병대^{奇兵隊}의 난, 이어서 사가^{佐賀}의 난, 그리고 올 해 구마모토^{熊本} 및 하기^萩의 난"[49] 등을 꼽으며 직접적으로『분권론』을 집필하게 된 동기를 설명한다. 서남^{西南}전쟁이 일어나기 직전의 시점이다. 불평사족들의 이러한 일련의 군사적 폭발은 새로운 시대에 적응하지 못한 채 기존의 특권과 존재의의가 사라져가는 현실 속에서 분노와 불안의 에너지를 폭발시킨 결과였다. 심각한 내란으로 이어져 혹여 일본의 독립을 위태롭게 만들까 불안했던 후쿠자와는 불평사족의 에너지가 향하는 방향을 정부에 대한 공격이 아닌 다른 방향을 향하게 만들고자 하는 심산이었다. 그렇게 해서 내려진 결론이 국민의 정치참가였다.

이는 알렉시 드 토크빌의『아메리카의 민주주의』의 영향이었다. 토크빌은 프랑스가 군주국에서 공화정으로 변화함에 따라 사람들의 조국애도 함께 전환될 필요가 있다고 생각했다. 그에 따르면 군주국에서는 "본능적인 애국심^{le patriotism instinctif}"이 사람들에게 갖춰진 상태이지만, 공화국에서 그와 다른 "숙려된 애국심^{le patriotism réfléchi}"을 갖게 된다. 토크빌은 애초에 '본

---

[49] 『文明論之概略』『福澤諭吉全集』第4卷, p.241.

능적인 애국심'이 없는 상태에서 시작한 미국에서 사람들은 어떻게 '숙려된 애국심'을 갖게 되었는가에 의문을 가졌다. 그리고 미국사회를 관찰해 찾아낸 답이 바로 사람들의 정치 참가와 자치, 다시 말해 개인의 이익과 국가의 이익을 결합시키는 방법이었다.[50]

『분권론』에 나타난 중요한 특징은 그때까지 '보국심'으로 표현되던 나라를 위한 국민의 희생과 사랑의 정신을 '애국심'이라고 부르기 시작했다는 점이다. 후쿠자와는 오바타 도쿠지로에 의한 해당 부분 번역인 "하늘로부터 주어진 애국심天稟の愛國心"과 "미루어 생각한 애국심推考の愛國心"이라는 표현을 그대로 인용했다.[51] 자연적으로 발생하지만 한 번 사라지면 회복할 수 없는 전자와 달리 후자는 장기 지속 가능하다는 점에서 근본적으로 달랐다. '외국교제'의 위기 속에서 '나라의 독립'을 가장 중요한 문제로 여겼던 후쿠자와가 어떻게 하면 사람들로 하여금 국가의 일을 자기 일처럼 여길 수 있게 만들까를 고민하던 중 토크빌의 고찰을 발견한 것이었다. 개개인의 사적 이익에 대한 관심에서 출발해 합리적으로 "공사公私의 이해를 하나로 합쳐지"게 만들 수 있는 "미루어 생각한 애국심"을 길러냄으로써 자신이 소속된 국가의 일을 내 일로 여기는 것이

---

50) 柳愛林『トクヴィルと明治思想史:〈デモクラシー〉の發見と忘却』白水社, 2021, pp.191-205.

51) 小幡篤次郎「佛人トクヴヰル氏ノ著書「デモクレーセ, イヌ, アメリカ」中ヨリ合衆邦人ノ義氣ヲ論スル一篇ヲ譯ス」『家庭叢談』第23號.

가능해진다는 논리였다.

　불평사족의 불만이 폭력사태로 발현되고 있는 상태에 대한 불안 속에서 『분권론』을 집필한 후쿠자와는 즉각적인 국회개설을 주장할 수 없었다. 그래서 전국 규모의 국회를 개설하는 대신 우선 지방의회를 설립하여 불평사족을 포함한 구舊사족 계층의 지방행정으로의 참여를 도모하고 이를 통해 지방자치를 실현해야 함을 말했다. 여기서 지방의회의 설립과 운영은 장차 국회를 개설하여 운영하기 위한 기초 작업으로서의 의미를 갖는 것이다. 결국 이는 불평사족의 정치적 에너지를 유리하게 끌어내기 위해서 중앙의 '정권'에 대해 지방에 '치권'을 나눠주자는 주장이었다. 다만 그 주안점은 어디까지나 "자치의 습관을 양성하여 외국의 교제를 유지"하기 위한 것이며, "지방분권은 외국교제의 조련"이라는 점에서 지방으로 '치권'을 분여하는 일은 독립을 유지하기 위한 수단임을 의미했다. 『분권론』이 자국의 독립을 목적으로 한 『문명론의 개략』 제10장의 연장선상에 있음은 분명했다. 그러나 『문명론의 개략』에서 독립의 수단을 비정치적 분야의 논의에 한정했던 것에 비해 『분권론』에서는 정치권력의 문제에 관한 것으로 변화했다는 지점은 분명한 차이를 보인다.

　마지막으로 중요한 것은 이러한 지방자치가 실현되어 국회개설의 토대가 마련되었을 때 후쿠자와가 그린 일본 국회의 유형은 영국식 의원내각제가 아닌 미국식 의회라는 점이다. 후쿠자와는 의회의 전통이 없는 일본에서는 영국처럼 긴 의회의 전통이 있는 모델보다 미국처럼 지방정부와 연방정부의 길항관계 속에서 개인의 자유 확보와 국가적 통합이 이루어지는 형태를 모델로 삼는 것이 더 적합하다고 판단했다.[52]

1.7 『민정일신』: 1879년의 전환

『분권론』 이후 후쿠자와는 민선의원 설립운동, 서남전쟁 그리고 국회 개설운동 등을 배경으로 해서 일본의 정치제도를 어떻게 구축할 것인지 혹은 개혁해야 하는지에 대한 문제를 중심으로 글을 발표했다. 그 결과로 『통속민권론』(1878)·『통속국권론』(1878) 및 『통속국권론 2편』(1879)·『민정일신』(1879)·『국회론』(1879)·『시사소언』(1881)을 꼽을 수 있다. 해당 시기는 1877년의 서남전쟁으로 불평사족 세력의 무력 반란이라는 위험요소는 일단 사라졌지만 민권운동의 격화로 국내 정치는 불안정한 상태가 고조되면서 민간에서의 메이지 정부에 대한 불만도 지속되고 있던 상황이었다.

후쿠자와의 의회제를 둘러싼 구상은 이 시기에 크게 변화한다. 특히 그중에서도 『민정일신民情一新』이라는 짧은 저작을 통해 그때까지의 문명 이론에 중대한 수정을 가했다는 점에서 주목할 필요가 있다. 마루야마 마사오는 『문명론의 개략을 읽는다』에서 이 책을 가리켜 '새로운 원리론'을 포함하고 있는 '미완의 작품'이라고 하며, '일급의 사상적 저작'이라고 평가한

---

52) 松澤弘陽 『日本政治思想』, p.42.

바 있다.[53] 변화의 핵심은 지방의회 차원에서의 연습이 아닌 전국 규모의 국회 운영 그리고 영국의 의원내각제를 일본에서 신속하게 실현해야 한다고 주장하기 시작했다는 점이다.

『민정일신』은 "동서고금 어느 사회에서나 일어나는" 보편적인 '보수' 대 '진보'의 분화와 대립의 문제(제1장)를 지적하는 것으로 시작한다. 그는 19세기의 커뮤니케이션 혁명이 사회적으로 끼친 영향에 관해 고찰하고(제3장), 이를 인민의 반항과 정부의 압제라는 순환이라는 국면에 집중시켜 분석(제4장)한 후, 이러한 19세기 사회의 원리적인 인식 위에 여기에 대응하는 정치제도 구상을 제시(제5장)했다. 산업혁명이 가져온 과학기술의 발전이 사회 질서를 근본적으로 뒤흔들자 일어난 '보수' 대 '진보'의 대립이 격화된 결과 사람들의 불만이 정부에 집중하게 되었다는 것이다.

이와 같은 상황에서 후쿠자와는 문명의 진보가 '지'의 지배를 가져올 것이라는 『문명론의 개략』 집필시의 낙관적 문명론을 주장하기 어려워졌다. 『문명론의 개략』에서 그리는 역사는 기본적으로 '지'의 승리 과정이었다. 그러나 불과 4년 만에 기술 발전에 의한 현실의 급격한 변화로 인해 이전과 같이 문명사적 관점에서 세계사를 예측하고 이를 바탕으로 학자들이 여론과 정부를 지도해야 한다는 임무를 자신 있게 주장할 수 없게 된 것이다. 다만 기술의 발전이 가져올 미래의 모습에서

---

53) 丸山眞男 『「文明論之槪略」を讀む』 下, 岩波新書, p.323·326 / 한국어판 김석근 역, 『문명론의 개략을 읽는다』, 문학동네, 2007.

예견할 수 있는 부분은 '지'가 아니고 비합리적 '정情'의 분출이었다. 동시기 서양에서는 이미 펼쳐지고 있던 현실이었다. 1870년대 후반의 서양은 정부와 민간 사이의 관계가 후쿠자와의 예상보다 불안정한 상황이었고 일본 역시 머지않아 서양의 전철을 밟게 될 것을 두려워할 만한 상황에 놓여 있었다. 그때까지 일본 지식인들의 '맹신'의 대상이자 일본의 모델이라고 여겼던 서양의 '문명'이 사실은 '근시近時'가 아닌 오래전의 '문명'이라는 뼈아픈 지적도 그는 잊지 않았다. 현재의 서양은 전술한 '문명의 이기'가 가져온 결과인 커뮤니케이션 혁명으로 인해 혼란에 빠져 그들 스스로도 '낭패'한 상황임을 깨닫게 된 상태였다.[54]

책의 본문을 모두 집필한 후에 완성한 「서언緒言」에서 후쿠자와는 결국 '문명개화' 개념을 재정의한다. '문명개화'의 근본적인 '원인'은 사람과 사람 사이의 커뮤니케이션이 얼마나 잘 이루어지는가에 달려있다. 그러므로 '인간교통' 혹은 '사회교통', 즉 서로 왕래하고 소통할 수 있는 커뮤니케이션의 편리함의 정도가 발달할수록 '문명개화'도 진보한다. 서양 국가들이 동양보다 앞서 나갈 수 있던 이유도 증기선이나 전신·우편제도·

---

[54] "문명개화가 점차 나아가게 되면 사람들이 모두 도리道理에 입각해 사회는 차츰 태평해질 것이라는 주장은 걸핏하면 학자들이 하는 말이지만 (이는) 필경 막연한 망상으로 조금도 증거가 없는 것이다. 지금 세상의 진보를 보고 과연 이것을 문명개화라고 한다면 진보가 될수록 사회의 소란은 오히려 점점 더 심해질 뿐이다."『民情一新』(『福澤諭吉全集』第5卷, p.31).

1.7 『민정일신』: 1879년의 전환

인쇄술 등과 같은 커뮤니케이션의 혁명에서 찾아야 한다.[55] 그러나 이와 같은 혁명적 변화의 상황으로 인해 '민정일신'이 동시에 일어난 것이기도 했다. 사회 전반에 걸친 끊임없는 변화가 진행되고 이에 따라 인간의 정신과 행동도 그와 동기화해 수없이 변화를 겪게 되는 상황이 '민정일신'인 것이다.

이러한 변화에는 당연히 바람직한 측면과 그렇지 않은 측면이 동반되었다. 후자의 측면에서 후쿠자와가 집중하는 것은 '불평'과 '소요'가 "마음의 파도와 정情의 바다"를 출렁이게 만들어 사회적 동요를 유발시킨다는 점이었다. 대표적인 예로 서양에서 "빈천자貧賤者의 심사心事가 점차로 이상해져" 발생했다는 '역부役夫 패거리'의 '스트라이크'가 활발해진 상황이 꼽힌다.[56] 그의 불안은 일본에도 여기에 해당하는 사회층이 존재한다고 보았기 때문에 사라지지 않았다. "주거를 정하지 않은 서생"이나 '전국의 사족'들 중 돈도 없고 목적도 없이 불만을 품은 채 살아가고 있는 다수의 '민권론' 주장자가 바로 그런 계층이었다. 그들이 품고 있는 불만의 폭발을 미연에 방지하는 일이 1879년 당시 일본이 직면한 중대한 정치적 과제라고

---

55) "생각건대 지금의 세계 인류는 항상 리(理)와 정(情) 사이에서 방황하여 돌아갈 곳을 모른다. 요컨대 세세한 일은 리에 의거하고 큰일은 정에 의해 이루어지는 분위기이기 때문에 정의 바다(情海)에서 파도에 실려서 비정상적인 행동을 하게 되더라도 또한 이를 어떻게 할 수가 없다. 오직 인류에게 도리를 추구하는 자질이 없음을 슬퍼할 뿐이다. 그렇지만 그 정의 바다에서 파도를 일으키는 것이 무엇인지 따져보면 1800년대에 발명된 증기선차·전신·인쇄·우편의 이기(利器)라고 말하지 않을 수 없다." 『民情一新』(『福澤諭吉全集』第5卷, p.41).

56) 『民情一新』(『福澤諭吉全集』第5卷, p.8).

후쿠자와는 생각했던 것이다. 그 결과로 『민정일신』에서 그가 제시한 해법은 의원내각제와 정권교체의 신속한 실시였다.

또한 『분권론』에서 국회는 관리를 제외한 인민의 선거에 의해서 선출된 사람들로 정부는 선거에 의하지 않고 관리에 의해 구성함으로써, 국회와 정부 사이에 '권력의 균형을 보호' 하는 제도를 주장하던 입장도 달라졌다. 더불어 지방민회로 '집의'의 훈련을 함으로써 의회정을 지탱하는 정치문화를 우선 만들어야 한다는 의견은 『민정일신』(그리고 같은 시기에 집필된 『국회론』)에서 즉각적인 국회 개설론의 지지로 전환한다. 이는 국회개설을 요구하는 민권운동의 원동력을 정권을 잡고 싶은 '공명심'에 있다고 보는 관점이 기저에서 작동한 결과였다. 욕구가 충족되지 않은 불평사족의 '불평'을 받아낼 방법으로서 정당을 만들어 국회를 통해 정권 교체하는 국회개설을 지지하는 입장인 것이다. 이른바 '관민조화'를 위한 해법으로서의 국회개설론이었다.

물론 이러한 방법론은 19세기 문명의 조건에 잘 대응한 영국의 의원내각제를 참고한 결과였다. 후쿠자와는 의원내각제에 대해 '수구'와 '개진改進'으로 분화된 정치 분파에게 어느 쪽이라도 정권을 잡을 수 있는 가능성을 보증하면서 안정을 유지하는 제도로 작동하고 있다는 점을 높이 평가했다.[57] '민정일

---

57) 후쿠자와의 영국 의원내각제에 대한 이해, 그리고 메이지 14년의 정변에서 이른바 '영국파'로 분류된 오쿠마 시게노부(大隈重信)와 오노 아즈사(小野梓)의 정당내각론 각각의 특징과 차이를 분석한 연구로는 山田央子 『明治政黨論史』 創文社, 1999가 자세하다.

신'의 시기에 필요한 평화적인 정권교체의 수단으로서 국회는 유용하다고 판단된 것이다.

1.8 국회 개설을 앞두고

1870년대까지의 메이지 일본은 다양한 가능성의 시대였다. 도쿠가와 막부가 붕괴되고 사회 전체가 발본적인 개혁을 거치는 과정에서 사람들은 새로운 일본에 대해 서로 다른 기대를 품었고 그 기대를 실현하기 위해 모두 부단히 움직였다. 그러한 시대에 이 글의 주인공인 후쿠자와는 최첨단의 서양발 지식과 정보를 토대로 일본의 역사와 문화를 고려한 문명론을 구축한 인물이다. 현실과 이상의 끊임없는 조율을 통해 시기에 따라 그 내용은 변화하지만 국민국가 형성이라는 그의 문제의식은 생애를 통해 일관되게 유지되었다. 이 글에서 주로 다룬 1870년대는 후쿠자와 문명론의 기초를 이루는 논의(『학문의 권장』과 『문명론의 개략』)가 완성된 시기이자, 양학 공부의 축적과 물밀듯이 들어오는 새로운 정보를 통해 서양을 입체적으로 이해할 수 있게 되면서 동시에 일본 국내상황의 급격한 변화로 인해 자신의 이론을 수정해나가며 제언을 계속한 시기였다. 이때 민선의원설립 논쟁에서 시작된 본격적인 의회 개설을 둘러싼 논의가 그의 국민국가 형성론의 핵심을 이루었다.

마지막으로 『민정일신』 이후의 국회개설과 입헌정치에 대한 논의를 간략하게 정리함으로써 변하지 않는 그의 문명론에 대한 낙관과 현실 대응면에서의 변화를 보여주고자 한다.

제1장 후쿠자와 유키치의 문명국가 구상

국회개설을 주장하게 된 이후 후쿠자와가 우려하게 된 새로운 문제는 정당이 조직되고 정쟁이 격화될 경우였다. 번벌 정부인 메이지 정부의 규모에 비해 새롭게 탄생할 국회에서는 비록 조건부의 유권자를 바탕으로 하더라도 비교할 수 없는 규모의 인민이 관여하게 되는 정치적 권력 다툼의 장이 열리게 되는 것이었다. 그러므로 정당 간의 당쟁은 기존과는 비교할 수 없이 거대한 '다툼'과 '알력'의 시작을 의미했고 그런 분쟁을 '완화'시키고 '중재'할 수 있는 도구가 필요했다. 물론 국회 운영·입헌 정치에는 '도리'와 '규칙'이 있지만 이는 어디까지나 행위를 규제하는 도구일 뿐이라 '정신'과 '마음'을 제어하고 '수람收攬'하지 못한다. 여기서 후쿠자와가 강조하게 된 해결책이 '제실帝室'의 이용, 즉 천황의 정치적 효용성이었다.

1882년에 발표된 『제실론』은 "인심 수람의 중심이 되어 국민 정치론의 알력을 완화"하는 역할을 천황에게 기대하는 내용이다. 여기에는 이전 해에 천황의 조칙詔勅으로 국회 개설이 약속되자 민간에서 여러 정당이 결성되었고 그중에는 입헌제정당立憲帝政黨이라는 이름의 천황을 방패 삼아 정적을 비난하는 정당이 등장하는 등의 상황이 있었다. 이러한 현실 속에서 후쿠자와는 '제실'이 "직접적으로 여러 정무萬機를 담당하지" 않으면서 "정치사회의 바깥에 서있"는 존재로서 특정 세력의 도구로 쓰이지 못하게끔 할 것을 주장한다. '제실'을 정치적 대립의 완화와 국민의 정신적 통합이라는 역할을 맡는 도구로서의 효용에 한정시켜 그 의의를 논하는 입장이었다. 그는

1.8 국회 개설을 앞두고

결코 국학자나 신정부에서 준비하고 있던 건국신화에 기초한 황실론의 내용을 취하지는 않았지만 『분권론』 시기까지의 "미루어 생각하는 애국심"에 의한 아래로부터의 자발적인 국민통합을 구상하던 시기의 논의와는 전혀 다른 대응책을 제안한 것이라고 할 수 있다.

후쿠자와는 국회 개설을 요구하는 민권운동의 핵심을 '공명심'이 충족되지 않는 구사족의 '불평'에서 찾았다. 그렇기 때문에 국회가 설립되고 운영을 시작하게 되면 그러한 불평분자들의 정당이 등장하게 될 것이고 그들의 불평이 폭발하지 않게 제어하기 위해서는 국회를 통한 정권교체가 필요하다고 보았다. 이러한 그의 관민조화론 전략은 정치적 안정과 정권의 강화를 위한 방책이자 궁극적으로는 성공적인 국민국가 완성을 위한 것이었다.

그렇다면 『학문의 권장』에서 보여주었던 그의 주장, 즉 치자治者이면서 동시에 피치자被治者인 국민이 자신들의 '권의'를 보호받기 위해 '정부'를 세워서 국가의 운영을 맡긴다는 논리는 어떻게 된 것일까? 구사족의 '불평'을 원동력 삼아 진행되는 민권운동과 그 결과로 생겨난 정당 및 국회를 전제로 한 관민조화론의 내용은, 국민의 자치와 자기 입법의 원리를 강조한 『학문의 권장』과 일견 거리가 있어 보인다. 1887년 10월에 집필된 「사권론私權論」의 한 대목이 이 의문에 대한 답을 제시해준다.

> 사회의 형체를 이루면 그 사회 전체에 관련된 질서가 없

을 수 없다. 이 질서를 관장하고 사람의 무리를 지배하는 것은 정법政法이자 곧 정부가 필요한 까닭이지만 일의 대본大本으로 거슬러 올라가 생각해보면 한 나라의 사회에 정부를 세우는 것은 그 무리를 이루는 인민의 편리함을 위해서 하는 일이다. 그렇기 때문에 편리함과 불편함에 관해서는 당사자인 인민이 마땅히 관여를 해야 하는 것이므로 인민 대의代議론도 일어나고, 대저 국법을 의정하는 힘은 오직 소수의 사람에게 맡겨서는 안 된다고 해서 국회라는 것을 만들고, 인민이 모여서 법을 논의하고 법을 만드는 것, 즉 정권에 참여하는 것이다. 그렇다면 한 사람의 국민이 국정에 참여하는 모습을 형용해보자면 마치 한 몸을 둘로 나누어 반쪽은 지배 받는 몸이 되고 반쪽은 지배하는 몸이 되는 것과 같다. 즉 반신은 피치자이면서 반신은 주치자主治者, 반신은 사私이며 반신은 공公, 반신은 민民이면서 반신은 관官으로서의 모습이다.[58]

그래서 국민이 정부 아래에서 법률에 따라 납세의 의무를 다하는 것은 '주치자'에게 지배 받는 일이 되지만, 법률을 '의정議定'하는 때에는 인민도 그 의정 과정에 참여하여 결정하는 것이기에 "자신의 법으로써 자신을 지배하고 자신이 생각하는 바로써 자신에게 명령을 내리는" 일을 하게 되는 것이다. 이것이 바로 '입헌대의정체'의 원리이다. 그런데 이 모든 일의 근본은 인민이 '사권'을 견고하게 유지하는 데에 있음에도 불구하고 일본의 인민은 여전히 자신의 '사권'을 지키는 일의 중요성을 간과한 채 '정권'에 대해 떠들고 '참정'을 운운하고 있다. 이는

---

58) 「私權論」『福澤諭吉全集』第11卷, pp.384-385.

여전히 앞서 있는 서양과의 비교로 더욱 문제시된다. "서양 국가들의 인민은 이미 자신의 위치가 가진 중요성을 알고 자신에게 부속된 사권의 소중함을 깨달아 이를 지키기 위해서 끝내 정권의 영역으로 들어가고자 하는 것이지만, 우리 일본에서는 아직 사권론의 발달을 보지 못한 상태에서 갑자기 정권론이 왕성해" 진 경우이기 때문이다. '권의'를 '보호'하는 수단으로 정부를 세운다는 『학문의 권장』에서의 논리는 15년 뒤 '사권'의 '자위'를 위한 참정권과 국회 설립의 얘기로 이어진 것이다. 국민이 치자이면서 동시에 피치자라는 원리도 유지되었다.

헌법이 발포된 1889년 2월 시점의 후쿠자와는 이듬해로 예정된 국회 개설에 관한 글에서 일본의 국회 개설은 인민의 압박에 의한 결과가 아니라 정부 내부의 바람에 의해 생겨난 것이며 '사족 사회 동포'라는 특정 계층의 압력이 원인임을 지적한다. 서양 국가들의 선례와 사뭇 다른 지점이었다. 그러나 장기적으로 보았을 때 '사족 국회'가 영원히 사족들의 전유물로 남지 않을 것이라는 전망을 후쿠자와는 피력한다. 향후 경제적인 발전과 함께 '사족'은 '농공상화農工商化' 하고 '농공상'은 '사화士化'함으로써 "지식과 재산·힘이 있는 중등계급을 이루어 국회의 세력을 왕성하게 하여 전사회를 지배" 하면 된다는 생각이다.[59]

---

59) 선거권자도 피선거권자도 일정액 이상의 납세자라는 조건이 붙어 있는 만큼 "빈부에 따라 권리의 경중을 낳는다는 사실이 이미 명백" 한 상황이기 때문이기도 하다. 「日本國會緣起 明治に十二年二月二十二日」 『福澤諭吉全集』第12卷, p.42.

후쿠자와의 국회에 대한 낙관은 정부가 초연주의를 주장하고 의원내각제를 사실상 부정하는 상황 속에서도 달라지지 않았다. 장차 세대교체가 이루어지면 정당 내각이 실현할 것이라고 기대했기 때문이었다. 국회가 개설된 이후에도 몇 년간은 '회의의 훈련'이나 '의사議事 연습'의 단계에 머물 수밖에 없으리라는 전망 속에 어떻게 하면 그 시간을 무탈하게 보낼 것인가가 관민조화론의 초점이었다. 하지만 제국의회의 현실은 그의 기대를 계속해서 배신했다. 결국 후쿠자와는 정부와 정당 사이의 대립이 격화될수록 관민조화론을 스스로 부정하는 듯한 국회 해산 등의 수단에 호소해 정당과 힘으로 대결하라는 주장을 펼치게 된다.[60]

후쿠자와의 국민국가론은 '관'과 '민'이라는 두 개의 기둥이 힘의 균형을 이루어 국가를 지탱되는 구도를 만들어야 한다는 점에서 1870년대 초 이후 일관되었다. 그러면서도 그는 장기적인 시야에서 일본이 직면한 과제를 날카롭게 지적함과 동시에 변화하는 상황에 대응해 자유자재로 시평을 보여주었다. 이상과는 거리가 먼 현실 속에서 그는 "최선이 아님을 자각하면서 현재에 걸맞은 일을 할 수밖에 없다"고 생각했다.[61] 제국의회의 현실이 계속해서 그의 기대를 저버리는 상황 속에서도 인류 전체의 궁극적 이상인 문명을 향해 나아가고 있다는 믿음을 버리지 않았다. 그리고 그러한 믿음이 있었기 때문에 오히려

---

60) 松澤弘陽『日本政治思想』, pp.47-48.
61) 와타나베 히로시, 박홍규·김선희 역, 『일본정치사상사 17-19세기』, 고려대출판문화원, 2017, p.445.

자신의 기존 전략을 부정하는 듯한 주장까지도 펼칠 수 있었던 것이리라. 동시에 바로 이러한 이유로 인해 후쿠자와의 태도는 "시니컬한 현실주의로도 보이고 미온적인 타협론으로도 보이며 또 억제된 이상주의"로도 보이는 것이다.[62]

20세기가 시작된 해에 그가 사망한 이후 1945년까지 전개된 일본 국회의 양상 및 정치 전반을 보면 그가 바란 모습은 끝내 현실화하지 못했다. 관민의 힘의 균형을 전제로 하는 국가의 독립과 그 국가를 구성하는 국민 개개인의 독립이라는 부분을 그가 주장한 정론의 가장 핵심적인 내용이라고 할 때 전후 일본에서도 여전히 그 정론의 많은 부분은 미결 과제로 남아있다. 그리고 이 지점이야말로 근대 이후 일본의 역사 전개와는 무관하게 그의 사상이 지금까지 연구되고 있는 이유일 것이다.

---

62) 『일본정치사상사 17-19세기』, p.445.

제1장 후쿠자와 유키치의 문명국가 구상

주요 참고 문헌

- 慶應義塾編『福澤諭吉全集』全21卷, 岩波書店, 1958~1964.
- 福澤諭吉「文明論プラン」『福澤諭吉年鑑』18, 福澤諭吉協會, 1991.
- 후쿠자와 유키치, 남상영·사사가와 고이치 역, 『학문의 권장』 소화, 2003.
- 후쿠자와 유키치, 허호 역, 『후쿠자와 유키치 자서전』 이산, 2006.
- 후쿠자와 유키치, 송경호·김현·김숭배·나카무라 슈토 역, 『완역 서양사정』 여문책, 2021.
- 가토 히로유키, 김도형 역, 『도나리구사』 문사철, 2014.
- 와타나베 히로시, 김선희·박홍규 역, 『일본정치사상사 17~19세기』 고려대출판문화원, 2017.
- 河野有理「福澤諭吉と平成デモクラシー」『福澤諭吉年鑑』47, 2020.
- 平石直昭『福澤諭吉と丸山眞男 近現代日本の思想的原点』北海道大學出版會, 2021.
- 松澤弘陽『改訂版 日本政治思想』放送大學教育振興會, 1993.
- 松澤弘陽『福澤諭吉の思想的格鬪 生と死を越えて』岩波書店, 2020.
- 丸山眞男『「文明論之概略」を読む』下, 岩波新書, 1986.
- 山田央子『明治政党論史』創文社, 1999.
- 柳愛林『トクヴィルと明治思想史:〈デモクラシー〉の発見と忘却』白水社, 2021.

1.8 국회 개설을 앞두고

오쿠마 시게노부(1916년 경)

제 2 장

오쿠마 시게노부의 국가 인식
'민의'에 충실한 현실정치가가 추구한 근대 일본

조국†)

2.1 유명하지만 무엇을 했는지 알 수 없는 정치가

1922년 1월 19일, 일본의 한 거물 정치가에 대한 '국민장國民葬'이 이뤄졌다. 이는 근대 일본 최초의 '국민장'으로, 일반 국민의 자발적 의사에 따라 진행된, 일반의 참석이 공개된 장례였다.

---

†) 이 글은 조국, 「오쿠마 시게노부(大隈重信)의 국가 인식」, 『일본학』 60, 2023을 수정·가필한 것이다.

제2장 오쿠마 시게노부의 국가 인식

당시 언론 보도에 따르면 직접 참배한 사람은 30여만명, 장례 행렬을 가도에서 지켜본 사람은 100여만에 달했다고 한다. 주인공은 바로 오쿠마 시게노부^{大隈重信}로 향년 83세였다. '국장'으로 치러진 메이지^{明治} 천황의 장례에 몰린 150여만명의 인파에 버금가는 규모로, 대중 정치가로서 당시 오쿠마의 인기를 짐작할 수 있게 한다.

오쿠마의 이러한 인기는 '국민장'의 형태로 나타난 '사후적'인 것만이 아니었다. 오쿠마는 도쿠가와^{德川} 막부 말기부터 메이지 시기, 다이쇼^{大正} 시기에 이르기까지 일본 근대사를 관통하며 이른바 '창업에서 수성, 재조^{在朝}와 재야'에 걸쳐 중요한 위치에서 다방면에 걸쳐 활동한 인물이었다. 정부 내에서는 두 차례 내각 수상의 자리에 오른 것을 비롯, 외교와 재정 방면에서 정부 요직을 두루 거치며 이토 히로부미^{伊藤博文}·야마가타 아리토모^{山縣有朋} 등과 때로는 협력하고 때로는 대립한 유력 정치가였다. 아울러 이타가키 다이스케^{板垣退助}를 중심으로 한 자유당^{自由黨} 계열과 더불어, 근대 일본 정당의 원류 가운데 하나인 입헌개진당^{立憲改進黨}을 창당한 인물이기도 했다. 또한 교육 방면에서는 후쿠자와 유키치^{福澤諭吉}가 세운 게이오의숙^{慶應義塾}(현재 게이오대학)과 함께 현재까지도 일본의 명문 사립대학으로 손꼽히는 와세다대학^{早稻田大學}(설립 당시에는 도쿄전문학교^{東京專門學校})을 세운 교육가로서의 명성도 높았다.

그러나 이같은 당대의 인기와 명성과 달리 오쿠마의 역사적 존재감은 의외로 희미하다. 한국에는 오쿠마를 다룬 논저가

2.1 유명하지만 무엇을 했는지 알 수 없는 정치가

전무하다고 할 정도로 인물 소개조차 제대로 이뤄지지 않고 있음은 물론이거니와, 일본에서도 앞서 언급한 당대 인물들에 비해 상대적으로 연구나 관심이 미약한 편이다. 유력한 번벌藩閥 세력을 형성하고 그 구심점 역할을 한 이토 히로부미나 야마가타 아리토모와 달리, 히젠肥前(=사가佐賀)번藩 출신의 오쿠마가 지닌 정부 내에서의 영향력은 한계가 있었다는 점이 이같은 상대적 무관심을 설명할 수 있는 하나의 이유가 될 것이다.

이는 정당 정치가와 교육가로서의 오쿠마라는 면모에서도 동일하게 적용된다. 이타가키 다이스케의 자유당이 이후 정우회政友會로 이어지는 거대 정당으로서 일본 근대 정당사의 '본류'를 형성했다고 한다면, 오쿠마가 창당한 입헌개진당은 이후 복잡한 변천을 거치며 헌정회憲政會로 이어지는 계보로 이른바 '방류'로 위치지어진다.[1] 또한 당대의 대중적 인기에도 불구하고 '대중 정치가'이자 '최초의 정당내각 수립'이라는 타이틀은 '평민 재상'이자 '본격적 정당내각'을 수립한 하라 다카시原敬에 의해 빛바래진다. 한편 메이지 시기를 대표하는 계몽 사상가이자 교육가인 후쿠자와 유키치에 비교해 교육가, 사상가로서의 오쿠마의 면모는 큰 두각을 드러내지 못하고 있다.

이처럼 근대 일본사를 관통하며 각 방면에서 큰 족적을 남겼지만, 일인자의 자리에 섰다고 평가하기 어려운 인물이 오쿠마이기도 했다. 여기에 더하여 '대중 정치가'로서의 오쿠마라는 평가 또한 양면적으로 적용했다. 대중적으로는 큰 인기를

---

1) 五百簱頭薰『大隈重信と政黨政治』東京大學出版會, 2003, p.3.

누렸지만 반대로 대중·시류에 영합해 임기응변에 급급하고 자신만의 의견이나 경륜이 부재한 정치가라는 평가를 받게 된 것이다.[2]

오쿠마에 대한 연구도 와세다대학 관계자에 의한, 현창에 가까운 전기 기록 외에는 오랫동안 제대로 된 연구가 이뤄지지 않았다.[3] 물론 오쿠마가 직접 남긴 기록이 거의 없다는 사료적인 한계도 중요한 원인이었으나, 말년의 오쿠마가 남긴 왕성한 담화, 연설, 회고담을 고려하면 단순한 사료 부족보다는 위와 같은 오쿠마의 평가에 기인한 점 또한 적지 않다 하겠다. 근년에 이르러 현창적 성격이 강한 기존 평전을 극복하고, 한편으로 '유명한 것에 비해 구체적으로 무엇을 했는지 알 수 없는 정치가'라는 오명에서 벗어나 오쿠마에 대한 본격적인 연구 성과가 나오고 있는 상황이다.[4] 본고에서는 근년의 연구 성과를 바탕으로 메이지 시기에서 다이쇼 시기에 걸친 오쿠마의 정치적 이력과 활동을 재조명하며 오쿠마의 국가관을 검토하고자 한다. 이를 통해 오쿠마가 추구한 근대 국가의 모습과 정치의 역할을 규명하고 그 의미와 한계를 짚어보고자 한다.

---

2) 岡義武 『近代日本の政治家』 岩波書店, 2019, pp.91-92.
3) 大隈侯八十五年史編 『大隈侯八十五年史』 第一卷~第三卷, 大隈侯八十五年史編纂會, 1926.
4) 대표적으로 眞邊將之 『大隈重信』 中公叢書, 2017; 伊藤之雄 『大隈重信 「巨人」が夢見たもの』 上·下, 中央公論新社, 2019가 있다.

2.2 막말-메이지 초기의 오쿠마 : 폐번치현을 중심으로

오쿠마는 덴포天保 9년 2월 16일(1838.3.11.), 사가번 번사藩士 오쿠마 노부야스大隈信保와 미이코三井子 사이의 장남으로 출생했다. 오쿠마 노부야스는 당시 녹고 300석의 대포 포술장(이시비야카시라石火矢頭人)인 사무라이였다. 사가번은 에도 막부 시기 네덜란드 및 중국과의 교역 창구였던 나가사키長崎 방비를 맡고 있었다. 또한 오쿠마가 태어난 생가는 사가성 동쪽의 가이쇼코지會所小路로 상인들의 상업·교역을 가까이에서 경험할 수 있는 위치에 있었다. 이같은 출생 환경은 오쿠마가 이재에 밝고 외국 문물 수용에 개방적인 태도를 형성하는 밑바탕이 되었다.

오쿠마는 6세의 어린 나이에 번교인 홍도관弘道館의 통학생(외생료外生寮)이 되고 12세에는 기숙생(내생료內生寮)이 되었으나, 후술하듯 번교의 교육방식에 대해 불만을 품고 이를 비판하다 17세가 되는 1855년 퇴교하고 만다. 이후 막부 말기 정국의 동요 속에서 오쿠마 또한 사가번 내의 유력 존왕양이尊王攘夷 지사로 활동하게 되지만 한편으로 서양학문(난학)의 교육기관인 난학료蘭學寮에 입학하고 1861년부터 난학교관이 되었으며, 직접 나가사키로 가 영학英學을 배우는 등 서구 문물, 사상에 대한 일정한 지식 또한 갖추고 있었다.

이를 바탕으로 메이지유신 직후에는 나가사키재판소 참모 조역으로 외교사무를 담당하기 시작해, 주일 영국공사인 해리

파크스Sir Harry Smith Parkes와 당당히 담판을 하며 명성을 얻었다. 또한 정부 재정 문제를 다루는 회계관會計官 부지사副知事 및 회계관의 후신인 대장성大藏省 대장대보大藏大輔 등을 거치며 신화폐 주조를 건의(1869), 화폐단위(엔)의 창설에도 깊이 관여했다. 오쿠마는 외교·재정 분야의 전문가로 두각을 드러내며 메이지 정부의 각종 개혁 정책을 적극적으로 추진한 것이다. 당시 오쿠마가 살던 도쿄東京 쓰키치築地의 자택에 이토 히로부미·이노우에 가오루井上馨·마에지마 히소카前島密·고다이 도모아쓰五代友厚·요시다 기요나리吉田淸成 등 메이지 초기의 개혁적 인사들이 수시로 드나들어 '쓰키치 양산박' 시대(1869~71)라 불리기도 한 것은 이를 상징적으로 보여주는 사례라 할 수 있다.

재정과 외교 방면에서의 이같은 오쿠마의 활약이 비교적 잘 알려져 있는 것에 반해, 메이지 초기의 주요 개혁 정책 가운데 하나인 폐번치현廢藩置縣에 대해 오쿠마가 어떠한 생각을 갖고 어떻게 관여했는지에 관해서는 불분명한 점이 많다. 번의 폐지를 통한 막번체제幕藩體制의 최종적인 해체가 이뤄진 점에서 이에 대한 오쿠마의 인식과 정책 관여는 그의 국가인식을 엿보는데 중요한 참고 자료가 될 것이다. 오쿠마의 폐번치현에 대한 의견을 확인할 수 있는 자료로 우선「오쿠마 참의 전국일치지논의大隈參議全國一致之論議(이하, 전국일치지논의)」를 들 수 있는데, 이 의견서가 나오게 된 경위는 다음과 같다.

오쿠마는 앞서 언급한 외교, 재정 방면에서의 개혁적 활동으로 정부 내에서 급진파·진보파로 위치지어지게 된다. 이는

2.2 막말-메이지 초기의 오쿠마

보수파의 반발을 사기도 했으나 한편으로 강력한 지지자들도 나타났다. 그 가운데 한명인 기도 다카요시木戸孝允의 추천에 의해 1870년 9월 2일 오쿠마를 대장대보에서 메이지 정부의 중직인 참의로 승진시키는 것이 결정되었다. 다만 참의에 취임하게 되면 오쿠마로서는 대장성이라는, 개혁을 추진해 왔던 활동 장소를 잃게 됨을 의미하기도 했다. 참의 취임으로 오히려 개혁이 좌절될 우려가 있었던 것이다. 때문에 오쿠마는 참의 취임 조건으로 종래 기획한 개혁을 추진할 것과 폐번을 단행해 봉건 제도를 타파해야 할 것을 조건으로 제시한다.[5] 이 조건 제시 의견서가 바로 「전국일치지논의」였다.[6]

> 무릇 건국 입법의 체제는 각 나라의 토속 풍습에 따라 다르다. 그러나 나라를 지키고 백성을 보호하며 자립의 권력으로 독립불기獨立不羈의 권력을 갖추어 만국과 병립하고 대등한 교제를 이루는 것은 나라의 하나됨에서 나오지 않는 것이 없다. 생각건대 나라는 백성과 함께 지키는 것으로 정부가 수위守衛 보호保護의 임무를 맡은 것이기에 전국의 조세를 모아 수위 보호의 비용으로 이용하게 하는 것이다. 즉 황실, 정부, 군비 및 외국 교제 등 일체의 비용에 충당하게 하는 것이 보통의 공리公理이다. 국권을 하나로 귀결시키고 국력을 합쳐 국위를 펼칠 수 있는 것, 이것이 국가가 국가다운 까닭이다.

오쿠마는 여기에서 나라의 하나됨(=전국 일치)이 만국 대

---
[5] 圓城寺淸『大隈伯昔日譚』新潮社, 1914, pp.413-414.
[6] 早稻田大學圖書館 古典籍總合データベース (イ 14 A0001). 이하 관련 인용문은 위 사료에 의함.

치라는 국제 정세 속에서 타국과의 대등한 교제를 이루기 위함임을 선언하고 있다. 막부 봉건제가 "번병 제후국 신민들이 그 봉내를 '자국'으로 하고 타국他州을 적대시하기에 이르러 전국 사분오열의 형세를 만들었다" 비판하고 전국일치의 방법을 제시하고자 한 것이다. 오쿠마가 말하는 '전국일치'란 구체적으로는 "각 관할 병사를 일치하여 병부兵部에 속하게 하는 것, 서무 만사를 일치하여 민부民部에 속하게 하는 것, 재정 회계를 일치해 대장大藏에 속하게 하는 것"이었다. 재정, 민정, 병권의 다방면에 걸친 전국적 통일을 주장한 것이다. 특히 재정 문제와 관련해 질록처분秩祿處分의 실시와 더불어 재정 확보와 재정 건전성을 강조했다. 현재와 같이 "겨우 8백만석의 조세로 모든 국무상 일체 용도, 병제, 외무 교제의 비용으로 이용케 하는 것은 이전의 구 체제와 다른 것이 없다"며 "속히 전국 재정의 공산公算을 정해 진실로 일체의 체제를 세워 국가 권력으로 하여금 자주, 자위를 정하게 하는 일을 중의衆議 공정公定해야 한다"고 한 것이다.

이와 같은 오쿠마의 구상은 메이지유신 이후에도 봉건적인 번 체제가 남아 있는 상황에서 조속히 전국을 하나로 하는 통치 기구의 정비를 내세운 것으로, 이후 폐번치현을 통해 현실화된 것이라 할 수 있다. 1871년에 실제로 이뤄진 폐번치현의 과정은 삿초도히(=사쓰마薩摩·조슈長州·도사土佐·히젠肥前)를 필두로 한 판적봉환版籍奉還과 삿초도 군대의 중앙군사화(어친병)의 단계를 거치며 진행되었다. 이 과정에서 실질적으로 주도적 역할을 한 인물은 이와쿠라 도모미岩倉具視와 기도 다카요시 등으로 오쿠마의 경우 폐번치현의 정책 결정 논의에서는 소외된 것으로 보인다. 그러나 오쿠마의 폐번 구상이 완전히 배제된 것은 아니었다. 오히려 앞서 언급한「전국일치지논의」에 더하여 오쿠마는 이와쿠라의 의뢰를 받아「대번동심의견서大藩同心意見書」를 작성, 제출하기도 했다.

이와쿠라는 폐번치현이 이루어지기 이전, 유력 번들과 개혁파 번들의 동향에 주목하며 이들 번의 실력자들을 모은 대번회의 개최를 기도하고, 한편으로 참의였던 오쿠마 시게노부에게「대번동심의견서」를 준비하게 했다.[7)]「대번동심의견서」는 총 18항목으로 구성되어 있으며 앞선「전국일치지론」과 내용 자체에는 큰 차이가 없었으나 번의 폐지를 명확히 하고 있던 점이 주목된다. 즉 "번이라는 글자는 지금의 치체治體에서 타당하지 않다. 자칫 그 이름에 구애되어 옛 시절의 고습을 벗지 못하기도 한다"며 "번의 이름을 폐지하여 주州로 하고 주군현州郡縣 셋을 두어 오로지 군현의 체재를 밝힐 것"을 주장한 것이다.[8)]

이와쿠라는 오쿠마와 빈번히 접촉하며 폐번치현에 관한 논의를 진행했고 그 과정에서 위와 같은 의견서의 문안 작성을 오쿠마에게 의뢰했던 것이다. 또한 폐번치현에 주도적 역할

---

7) 松尾正人『廢藩置縣の研究』吉川弘文館, 2001, p.507.
8) 大塚武松編『岩倉具視關係文書 第八』日本史籍協會, 1935, pp.163–175.

제 2 장 오쿠마 시게노부의 국가 인식

을 했던 기도 다카요시가 오쿠마와 의견을 교환했던 사실도 오쿠마가 폐번치현의 실질적 과정에서 '소외'되었다고만은 할 수 없음을 보여준다. 기도는 이미 1870년 1월에 여러 번들이 판적봉환版籍奉還 후에도 병력을 소지해 할거하고 있으니 군현제 국가체제를 진척시킬 수 없다고 비판하며 이를 일소해 '근축根軸의 병력'이 될 병제 정비가 급무임을 논하고 오쿠마에게 서한을 보내 협력을 구하고자 했던 것이다.[9]

폐번치현의 큰 틀이 정해지고 난 뒤인 1871년 3월에도 오쿠마는 산조 사네토미三條實美 저택에서 열린 회의에 이와쿠라 도모미·오쿠보 도시미치大久保利通·이노우에 가오루·야마가타 아리토모 등과 함께 참여해 친병 창출을 위한 비용을 어디에서 구할 것인가라는 중요한 실무 결정에도 간여했다.[10] 이처럼 오쿠마의 폐번치현 구상은 정부 수뇌 인사들과 문제 의식을 공유하며 결국 실현에 이르게 된 것이라 할 수 있다.

막부 말기부터 활동을 시작한 오쿠마에게 번을 폐지하고 전국을 통일된 중앙집권 하에 놓는다는 폐번치현은 어떠한 의미였을까. 앞서 언급한 것처럼 오쿠마는 막부 말기 사가번의 번교 홍도관의 교육 방향, 방침에 대한 불만을 드러낸 바 있다. 훗날의 회고담에서 오쿠마는 당시 사가번이 이른바 국시로 삼고

---

9) 三宅紹宣『幕末維新の政治過程』吉川弘文館, 2021, p.390.
10) 伊藤之雄『大隈重信』上, p.138. 이토 유키오는 이를 재정 담당자로서의 실무적 차원의 관여에 불과하며 오쿠마가 폐번 의사결정의 중핵에 있지 않았다는 사례로 제시하고 있으나, 앞서 살펴본 것처럼 이와쿠라나 기도와의 협의 및 의견서 등을 통해 오쿠마의 폐번 의견 또한 정책 결정에 반영되었다고 보는 것이 타당할 것이다.

있는 『하가쿠레葉隱』가 "실로 기이한 무사도"로 "사가번보다 귀중한 것은 없다. 석가도, 공자도, 구스노키 마사시게楠木正成도, 다케다 신겐武田信玄도 나베시마鍋島 가문[사가번 번주 가문]에 봉공한 적이 없는 사람들이므로 숭경하기에 충분치 않다"는 내용을 담고 있다고 지적했다.[11] 번교는 그저 번에만 충성하는 유골儒骨을 배출하는 기관에 불과하다고 비판한 것이다.

오쿠마의 회고에 따르면 이미 막부 말기부터 오쿠마는 번 차원에 국한된 '충성'에 대한 회의와 문제의식을 가지고 있었던 것처럼 보인다. 하지만 번에 대한 충성과 일본 국가에 대한 충성의 구분은 그렇게 간단하지 않았다.[12] 이는 오쿠마의 회고담 속에서도 은연 중 드러나고 있다. 막부 최고 실권자인 다이로大老 이이 나오스케井伊直弼가 암살당한 사쿠라다문 밖의 변(1860년)이 발생해 막부의 권위가 크게 실추되고 존왕양이 운동이 한층 격화되어 갔을 당시, 오쿠마는 아래와 같이 번정 개혁을 주장하였다.[13]

> 우리는 우선 존왕의 대의를 밝히고 나아가서는 전국을 위해 정당한 방침을 찾아낼 것을 기하며 물러서서는 향국鄕國[사가번]을 위해 번정 개혁을 수행할 것을 기하였다. 이같은 동지들의 열렬한 운동은 이후 점차 기염을 높여 세력을 증진했기에 번의 관리들은 점점 불쾌해 했

---

11) 早稻田大學編 『大隈重信自敍傳』 岩波書店, 2018, p.16.
12) 막부 말기 사무라이들의 번과 주군에 대한 충성에서 일본 '국가'에 대한 충성으로의 전회 과정은 본서에 수록된 박훈의 글을 참고.
13) 『大隈重信自敍傳』, pp.50-51.

다. [관리들이] 말하길 이는 군주를 뒤로 하고 황실을 위해 진력하는 것이다. 또한 말하길, 번사의 의무를 다해야 한다. 우리 번을 도외시하고 멋대로 국가를 위한 것이라 말하며 광분하는 것은 비리가 지나치다며 증오, 질투하기에 이르렀다. 우리들은 이에 반박하여 충신은 효자에서 나오니 황실에 충성한다고 하여 어찌 번주에 충성함이 없겠는가. 번주에 불충하고 황실에 충성하는 자를 듣지 못했다. 우리들의 마음은 달리 없고 단지 성심으로 번주를 지원하여 황실을 위해 진력하시길 바랄 뿐이라는 대의에 있을 뿐이다.

번 차원을 넘은 일본 '전국'의 안위와 일본(황실)에 대한 충성을 보여줌과 동시에 '번'을 위한 개혁, 번주에 대한 충성 또한 함께 추구했음을 강조한 것이었다. 물론 번정 개혁은 '국사國事'를 개혁하기 위한 방책("국사를 개혁하고자 함에는 우선 한 번의 정략을 움직여 기운을 변화시켜 … 번의 대표자가 되고 번 세력의 후원 하에 운동하면 공을 이루기 쉽다.")으로 간주되었다. 그럼에도 번에 대한 비판은 번주의 명령에 일방적으로 순종하는 번의 관리들을 향해 있었으며, 번주에 대한 충성을 부정하지는 않았다.

이후 막부의 2차 조슈 정벌 시기 사가번이 취해야 할 입장에 대해 주장한 아래의 내용에서는 오쿠마의 번 중심 사고가 더욱 확연히 드러난다.

우리 번은 마땅히 최후의 결심을 해 행동해야 한다. 조슈 정벌의 거행은 거절해야 한다. 막부가 다행히 이를 수용하면 이를 도울 것이다. 만일 듣지 않는다면 전력을 다해 조슈를 도와야 한다. … 이 때 간소閑叟[나베시마 나오마사]가 일갈하여 일어나면 천하가 반드시 순순히 따라 우리 사가번은 힘들이지 않고 명백한 지위를 점할 수 있을 것이다. 아니, 이 내란의 위기를 기회로 전국의 일치 결합을 꾀하여 개혁의 위업을 달성할 수 있을 것이다. … 우리 번의 군민君民은 어찌 앉아서 좋은 기회를 잃을 것인가.[14]

막부의 권위를 상대화하면서 사가번이 정국의 주도권을 쥐고 '개혁의 위업'을 추진할 것을 주장한 것이다. 오쿠마는 이후 번 내에서의 존왕운동이 큰 성과를 거두지 못하고 번주 또한 소극적인 행보를 보이자 탈번脫藩하여, 쇼군 도쿠가와 요시노부德川慶喜에게 대정봉환大政奉還을 권유하기 위해 교토로 가기도 했다. 대정봉환이 성사되자 오쿠마는 재차 번으로 돌아가게 되는데 귀번 중 번사들에게 한 연설 가운데서도 번과 번주에 대한 충성을 강조하는 모습이 확인된다.[15]

우리 번은 신속히 병사를 일으켜 교토로 가 천황 폐하 아래에 속해 막부로 하여금 재차 다툴 마음을 일으키지 않게 하고 가장 먼저 열번列藩의 모범을 보여 천하가 향하는 바를 알려야 한다. 제군들은 모두 무예로 세상에 선 자이므로 이제 입장을 선택할 것도 없다. 미증유의 사변에 대해 만일 희망하는 바가 있다면 평소 단련한 기량은 어느 때에 누구를 위해 쓰려 한 것인가. 제군은 모

---

14) 『大隈重信自敍傳』, pp.70-71.
15) 『大隈重信自敍傳』, p.87.

쪼록 뜻을 결정하여 우리 번을 위해 진력해야 할 것이다.
헛되이 시일을 보내 군주[번주]로 하여금 불충불의의
이름을 남기지 않도록 할 것이다.

메이지유신 이후 오쿠마가 전국일치의 시정 방침을 구상하고 번을 폐지하는 폐번치현을 계획한 것은 앞서 본 것과 같다. 다만 막부 말기 시점에서 오쿠마는 단순히 번을 초월한 일본 국가만을 생각했다고 보기 어렵다. 오히려 번과 번주에 대한 충성을 저버리지 못한 '근세인'으로서의 모습 또한 나타나고 있다.[16] 그러나 메이지 정부 수립 이후, 오쿠마는 근대적 국가 수립이라는 과제에 적극적으로 참여하며 근세 봉건제에 대한 강한 비판과 중앙 집권적 군현제의 필요성을 강조하게 되었다.[17] 폐번치현에 대한 오쿠마의 인식과 구상은 이러한 '전향'을 보여주는 대표적인 사례라 할 수 있다. 나아가 번과 번주에 대한 충성에서 벗어나면서 충성과 애국 또한 구분이 되었다. 즉 "거리낌없이 말하자면, 도쿠가와 시대의 무사에게 애국심은 없었다. 저들의 마음을 비추고 발걸음을 이끈 것은 오직 충의심이 있을 뿐이다"라고 하며 충성심은 그저 "그 주인을 위해

---

16) 檜皮瑞樹「近世人としての大隈重信」『早稲田大學史記要』43, 2012, pp.139-140.
17) 오쿠마는 앞서 인용한 「전국일치지론」에서 막부의 체제를 봉건제로 비판하며 판적봉환을 통해 '군현'의 체제로 돌아갔음을 지적하고 있다. 오쿠마의 이같은 봉건제, 군현제에 대한 생각은 막말유신기의 봉건, 군현론의 다양한 스펙트럼 속에서 위치지을 수 있을 것이다. 막말유신기의 봉건 군현론에 대해서는 박훈, 「막말유신기 정치변혁과 봉건 군현론」『메이지유신과 사대부적 정치문화』, 서울대학교출판문화원, 2019을 참조.

다할 뿐이라는 불합리한 결론"에 이른다 지적한 것이다.[18]

2.3 영국식 의원내각제의 구상과 좌절

폐번치현 이후 국내정비가 일단락되자 메이지 정부는 이와쿠라 도모미를 대표로 한 대규모 해외 시찰단을 파견하게 된다(이와쿠라 사절단). 사절단에는 이토 히로부미를 비롯한 정부 수뇌부가 다수 포함되어 있었으나, 오쿠마는 사절단에 동행하지 않고 이른바 잔류 정부(유수留守 정부)에서 개혁 정책을 지속적으로 추진해 나갔다.[19] 잔류 정부에서 오쿠마는 참의의 직책 하에 정부 각 성省이 입안한 정책들을 실행해 나가며 개혁 정책에 주도적 역할을 맡았다. 당시 추진된 개혁 정책으로는 중앙집권적·통일적 근대 국가 체제를 확립하기 위한 재정·지방제도 통일, 외국채 처분, 징병제도, 학제 제정, 사민평등 포고, 태양력 채용 등 다방면에 걸쳐 있었다.[20]

하지만 오쿠마의 정부 내 입지는 결코 탄탄하지 못했다. 삿초도히 가운데 말단에 위치하는 히젠 사가번 출신으로 삿초를

---

18) 圓城寺清『大隈伯昔日譚』, p.192.
19) 폐번치현 이후 오쿠마는 불평등조약 개정을 위해 해외로의 사절 파견을 주장하고 스스로 사절을 이끌고 갈 것을 발의해 각료들의 동의를 얻었다. 다만 오쿠마의 당초 제안은 1869년 정부의 외국인 고용인이었던 버빅(Guido Verbeck)의 의견에 기반한 것이었으며, 조약개정을 목적으로 한 소규모의 사절을 상정한 것이었다.(圓城寺清『大隈伯昔日譚』, pp.457-458). 실제 파견된 이와쿠라 사절단은 이와 달리 백여명이 넘는 대규모 사절이었으며 오쿠마는 사절단에 가담하지 않고 일본에 남아 개혁 정책을 추진해 나가게 된다.
20) 眞邊將之『大隈重信』, p.74.

제2장 오쿠마 시게노부의 국가 인식

중심으로 한 번벌 세력에 비해 존재감이 약한데다 오쿠마의 진보적, 급진적 개혁 추진에 불만을 품은 세력도 적지 않았기 때문이다. 더군다나 이와쿠라 사절단이 귀국한 이후 이른바 정한론征韓論 정변(1873년)이 발발하며 정부 내의 주도권은 사절단 멤버들이 쥐게 된다. 이에 따라 잔류 정부를 사실상 이끌었던 오쿠마의 고립감은 더욱 심화되었다. 정부 내에서 오쿠마가 겪게 되는 소외는 결국 1881년, '메이지 14년 정변'의 한 원인으로도 작용하게 된다.[21]

물론 오쿠마의 정부 내 입지가 비록 삿초 번벌 세력에 비해 약했다고는 하나, 참의이자 대장경大藏卿으로 한동안 오쿠마는 국가 재정에 관련한 주요한 정책을 주도해 나갔다. 사족들의 특권을 폐지한 질록처분의 시행(1876년 8월 5일 태정관 포고 제108호)이 대표적 사례다. 하지만 개혁 정책을 주도하는 주요 자리에 있으면서도 한편으로는 소외되어 있던 오쿠마의 복잡하고 불안한 정치적 입지 속에서 메이지 14년 정변이 발생하며 오쿠마는 결국 정부에서 축출당한 것이었다.

본장에서는 정변에 이르는 경과와 그 원인 가운데 하나로 작용한 오쿠마의 헌정 의견서의 구체적인 내용 분석을 통해

---

21) 伊藤之雄「大隈重信と木戸孝允・木戸派-明治維新再考」『法学論叢』180-5・6, 2017, p.6. 이토 유키오는 오쿠마의 소외를 메이지 정부 내의 '점진적 근대화' 추구 노선과 오쿠마의 '급진적 근대화 지향' 사이의 차이에서 찾고 있다(같은 쪽). 그러나 메이지 14년 정변 직전까지도 오쿠마가 조슈벌 유력 인사인 이토 히로부미, 이노우에 가오루 등과 친분을 유지하고 국가 정책의 방향성을 서로 이해하고 협조하고 있었음을 생각하면 이는 성급한 결론이라고도 하겠다.

2.3 영국식 의원내각제의 구상과 좌절

중앙집권적 근대국가의 기틀을 마련한 이후, 오쿠마가 구상한 국가 체제를 검토해 보고자 한다. 이를 위해 우선 정변 발생 이전 시기, 구체적으로는 1877년(메이지 10년)을 전후로 한 메이지 정부의 지도체제의 전환을 살펴볼 필요가 있다. 신정부 수립으로부터 10년이 지난 이 시기에 이른바 유신 3걸인 기도 다카요시, 오쿠보 도시미치, 사이고 다카모리^{西鄕隆盛}가 모두 사망한다. 기도 다카요시는 1877년 5월 26일 병세가 악화되어 사망하고, 정한론 정변으로 하야한 사이고 다카모리는 사족들 최후의 무력 반란인 세이난^{西南} 전쟁을 일으킨 끝에 자결하고 말았다(1877년 9월 24일). 마지막으로 내무경의 자리에서 각종 근대화 정책을 적극적으로 추진하며 실질적으로 메이지 정부를 장악하고 있던 오쿠보 도시미치도 불평 사족에 의해 암살당했던 것이다(1878년 5월 14일). 특히 오쿠보의 죽음은 오쿠마·이토 두 명이 오쿠보를 보좌해 근대화를 추진하는 체제의 종식이자, 이후 오쿠마와 이토가 병립해 지도하는 체제로의 전환을 의미했다.[22]

한편 정부 바깥에서는 자유민권운동의 고조 속에 국회개설을 요구하는 목소리가 높아져 갔다. 당시 대표적인 정치결사인 애국사^{愛國社}는 1880년 오사카^{大阪}에서 열린 애국사 제4회 대회에서 이름을 국회기성동맹^{國會期成同盟}으로 바꾸고 정부에 대한 압박의 수위를 높여갔다.[23] 이같은 자유민권운동의 움

---

22) 眞邊將之『大隈重信』, p.99.
23) 松澤裕作『自由民權運動』岩波書店, 2016, pp.100-128. 국회기성동맹을 통해 정당 결성(자유당)의 움직임이 본격화됨과 동시에 각지의 정치

제2장 오쿠마 시게노부의 국가 인식

직임에 대응해 정부 내에서도 입헌정체 모색이 본격화되었다. 이미 1875년 2월 오사카 회의를 통해 입헌정체 수립의 방향성이 오쿠보 도시미치, 기도 다카요시, 이타가키 다이스케 등에 의해 합의되어 1876년부터 원로원에서 헌법초안이 마련되기도 했다. 그러나 두 차례에 걸친 원로원의 헌법 초안(1876년 10월, 1878년 10월)은 일본의 상황에 맞지 않다는 비판 속에서 채용에 이르지는 못했다. 이후 1879년 말 야마가타 아리토모를 시작으로 각 참의들은 입헌정체에 관한 의견서를 제출하게 된다.[24]

당시 오쿠마는 오랜 참의 경력으로 참의 가운데 필두 격에 있었다. 그런데 야마가타의 의견서 제출 이후 1880년 7월에는 이노우에 가오루, 같은 해 12월 14일에는 이토 히로부미 등 유력 참의들의 의견서 제출이 차례 차례 이뤄지지만 오쿠마는 의견서를 제출하지 않았다. 오쿠마의 의견서 제출이 늦어지자 급기야 메이지 천황은 좌대신인 아리스가와노미야 다루히토有栖川宮熾仁 친왕을 통해 제출을 독촉하기에 이른다.[25] 애초 오쿠마는 서면으로 의견서를 작성할 경우 발생할 불필요한 오해나 내용 누설을 우려해 구두로 상신上申할 예정이었으나 결국 해를 넘긴 1881년 3월 아리스가와노미야에 의견서를 제출한다.

결사들에 의한 헌법안 작성이 활발히 이뤄졌다. 메이지 초기 민권파에 의해 작성된 헌법안(私擬憲法)은 현재 확인되는 것만 30여편에 이른다 (安在邦夫 『自由民權運動史への招待』 吉田書店 2012, p.47).
24) 야마가타의 의견서에 관해서는 본서에 수록된 박완의 글을 참고.
25) 眞邊將之 『大隈重信』, p.119.

2.3 영국식 의원내각제의 구상과 좌절

오쿠마의 의견서는 영국식 의원내각제의 채용, 헌법 제정 및 의회의 조기 실현 등의 내용을 담은 '급진성'과, 정부 내의 다른 참의들에게는 내용을 사전에 공유하지 않고 단독으로 비밀리에 제출했다는 형식상의 문제 등으로 이토 히로부미를 비롯한 정부 인사들에게 충격을 주었다. 이러한 와중에 홋카이도北海道의 정부 자산을 사쓰마 출신 정상政商에게 헐값에 팔아버린다는 계획이 민간에 알려졌다. 번벌 정부와 사쓰마 출신 정상 간의 유착 관계를 비난하는 민권파의 반정부 운동이 고조되는 가운데, 정부 내에서는 오쿠마가 민권파(구체적으로는 후쿠자와 유키치)와 결탁해 번벌 정부의 전복과 입헌제의 실현을 꾀한다는 음모론이 확대되었다. 결국 정부는 관유물 불하 계획을 취소하고 민권파의 불만을 누그러뜨리기 위해 헌법 공포 시기를 1889년으로 명시화하기에 이른다. 이와 동시에 사건의 원흉으로 지목된 오쿠마는 정부에서 축출당하게 된 것이 바로 메이지 14년 정변이다.

이 정변에서의 논점 가운데 하나는 오쿠마와 이토 사이의 불화다. 이토에 대한 대항심을 가진 오쿠마가 다른 참의, 특히 이토나 이노우에 가오루 등에게도 비밀로 하고 의견서를 제출했고, 이토가 오쿠마의 '배신' 행위에 격노했다고 하는 것이 통설이다. 그러나 근년의 연구에 따르면 이토와 오쿠마와의 '불화'보다는 오쿠마의 영국식 의원내각제에 대한 이노우에 고와시井上毅 등 프로이센식의 헌법 구상을 추진했던 관료들의 공작이 성공한 것으로 보고 있다.[26] 실제로 이토와 오쿠마는 정변 직전까지 입헌제 구상에 대한 인식을 공유하고 있었다. 1881년 1월 아타미熱海 회담을 통해 이토와 오쿠마, 이노우에 가오루 사이에 국회 개설에 대한 합의가 이루어졌던 것이다.[27]

또한 오쿠마의 의견서 자체에 대한 재검토도 필요하다.[28] 우선 이 의견서가 오쿠마에 의해 제출된 것은 분명하지만 작성 주체가 누구인가 하는 문제도 살펴볼 필요가 있다. 의견서 작성에는 야노 후미오矢野文雄와 오노 아즈사小野梓가 관여한 것으로 알려져 있는데, 중요한 것은 이들이 오쿠마의 핵심 브레인이자 당시 오쿠마와 정치 구상을 공유했었다는 점에 있다. 의견서 작성에서 오쿠마의 역할에 대해서는 다음과 같은 오자키의 회고도 참조가 된다.[29]

당시 세간에서는 '대신, 참의는 장식물로 위대한 인물

---

[26] 渡邊俊一『井上毅と福澤諭吉』日本圖書センター, 2004, p.44·114.

[27] 坂野潤治『近代日本の國家構想 1871~1936』岩波書店, 2009, pp.102-103.

[28] 오쿠마 시게노부 의견서의 원본은 현재 소재 불명이며 세 판본이 남아 있다. 첫 번째는 이토 히로부미가 당시 태정대신 산조 사네토미에게 청해 천황에게 제출된 문서를 빌려 필사한 것(일본 국립국회도서관 이토 히로부미 관계문서 서한부 502). 두 번째는 산조 사네토미 소장본(일본 국립국회도서관 헌정자료실 수집문서서류부 1364), 세 번째는 와세다 대학도서관 소장의 마에지마 히소카 필사본이다. 각각의 판본에 대한 분석은, 眞邊將之「大隈重信憲法意見書再考」『自由民權』33, 2020, pp.25-26을 참조. 마나베에 따르면 각 판본에 내용상에 큰 차이는 없고 일부 자구의 차이가 산견될 뿐이며, 이 가운데 가장 원본에 가까운 것은 이토 히로부미 본으로 여겨진다. 본고에서는 마나베의 분석에 따라 이토 히로부미 본(「大隈重信の上奏文(寫)」)을 저본으로 삼아 인용하였다.

[29] 尾崎行雄『學堂回顧錄』實業之日本社, 1913, pp.23-25.

인척 하고 있지만 실은 위대할 것도 없다. 그 아래에 있는 서기관 등이 대단한 것으로 그들이 마음대로 대신, 참의를 꼭두각시 삼고 있는 것이다'라고 신문잡지를 통해 알려져 있었다. … 나는 오쿠마가 꼭두각시로 이를 조종하는 것은 야노 (후미오) 라고 하는 세간의 평판을 있는 그대로 믿었기에 실은 야노가 선생이고 오쿠마는 가르침을 받고 있는 학생으로 보았다. … 그런데 가 보자 제자라 생각한 오쿠마 후작이 줄곧 선생처럼 강석을 하고 있었다. 선생이라 생각한 야노는 머리를 숙여 삼가 듣고 있었다. 너무나도 불가사의해 참을 수 없었다. … 그 와중에 누군가 어느 성省의 장관이 왔다. 그 사람은 또한 야노보다 한층 오쿠마에 대해 입을 다물고 있었다. 사노 쓰네타미佐野常民 등은 대장경으로 위세가 등등한 사람이었지만 이 사람조차 머리를 조아리고 질책을 당하는 듯하여 누가보다라도 오쿠마의 강석을 듣고 물러가니 실로 이상한 모습이었다. 이는 내가 있으니 일부러 이처럼 연극을 해서 오쿠마를 대단해 보이도록 하고 있는 것은 아닐까 생각했다. 그러나 그 뒤 몇차례나 [오쿠마를] 만났으나 언제든 선생이라 생각한 쪽이 듣고 있고 제자라 생각한 오쿠마가 도도히 강석을 펼치고 있었다.

오쿠마를 치켜세우고자 하는 성격의 글이긴 하나, 오쿠마가 단순히 참모들의 의견을 앵무새처럼 되풀이하는 정치가는 아니었음을 보여주기도 하는 일화라 할 수 있다. 무엇보다 애초 오쿠마가 자신의 의견을 구두로 상신하려고 했다는 점에서, 의견서의 주된 내용을 스스로 체화하고 있었다고 볼 수 있다.

그렇다면 의견서의 구체적인 내용은 무엇이었을까. 의견

제2장 오쿠마 시게노부의 국가 인식

서의 전체 내용은 총 7항목으로 1. 국회國議院 설립의 연월을 공포할 것 2. 국민國人의 여망輿望을 살펴 정부 고관을 임용할 것 3. 정당관政黨官과 영구관永久官을 분별할 것 4. 천황 친재宸裁로 헌법을 제정할 것 5. 메이지 15년 말에 의원을 선거하고 16년 초 의회를 열 것 6. 시정施政의 방침을 정할 것 7. 총론으로 구성되어 있다.

앞서 말한 시기적 급진성을 보여주는 것이 5번 항목으로 의견서 제출 시점에서 불과 1년 후에 국회의원 선거를, 그리고 2년 후에는 국회를 열자는 주장이었다. 그리고 또다른 급진성을 보여주는 영국식 의원내각제에 관한 주장은 2번 항목이었는데, 오쿠마는 의원내각제의 운영과 의의를 다음과 같이 설명하고 있다.

> 입헌 정치에서 여망을 나타내는 곳은 어디인가, 국회가 그것이다. 무엇을 여망이라 하는가, 의원 과반수가 바라는 바가 그것이다. 누구를 여망이 귀결하는 자라 하는가, 과반수를 이룬 정당의 수령이 그자이다. 본래 국회의원은 국민이 추선하는 자로 그 사상을 대표하는 바이기에 추선을 받은 의원의 바람은 곧 국민의 바람이다. 국민 과반수를 보지保持·숭경崇敬하는 정당의 영수로 받들어진 인물이 어찌 여망이 귀결하는 바가 아니겠는가.
>
> …
>
> 입헌정체의 묘용妙用은 그 실태에 있지 그 형태에 있지 않다. 입법, 행정, 사법 삼권을 분리해 인민에게 참정권을 부여함은 그 형태이다. 의회 최대 정당의 영수인 인물을 발탁해 현요顯要한 지위에 두고 서정庶政을 일원一源으로

돌아가게 하는 것은 그 실태이다. 만일 그 형태를 취하고 실태를 버리면 입헌의 치체治體는 헛되이 국가 분란의 단서를 열 뿐이다.[30]

정부 구성을 '의회 최대 정당의 영수'를 중심으로 하여 '정치 전반(=서정)'의 일원화를 추구할 것을 주장한 것이다. 당시 메이지 정부를 사쓰마, 조슈 등 유력 번벌에 의한 유사전제有司專制로 비판하던 민권파의 주장과 맞닿는 지점이다. 또한 여기에서 '국민의 바람'에 따라 정치를 시행하는 것이 입헌 정치라는 오쿠마의 생각이 명확히 드러나고 있다. 그리고 이러한 생각에 기반할 때 정권교체 또한 자연스럽게 발생한다 하겠다. 즉 "내각을 조각한 정당이 이윽고 의회에서 세력을 잃을 경우는 정부가 내린 중대한 의안은 반대당으로 인해 공격당해 누차 의회에서 폐안이 될 것이다. 이는 곧 내각 정당이 실세失勢하는 징후다. 이같은 경우 서정이 일원화되어 나올 수 없기에 세를 잃은 정당은 이 때를 기해 퇴직함을 관례로 한다"고 하여 의회의 다수당에 따라 정부의 교체가 이뤄지는 '관례'를 상정한 것이다.

또한 주목할 만한 점은 입헌정체의 실태와 형태를 구분하고 있는 부분이다. 근대적 정치 이념, 체제로 여겨지는 입법·사법·행정의 삼권 분립을 오쿠마는 입헌정체의 '형태'에 불과하다고 지적한다. 삼권 분립 추구라는 정치적 이상의 실현보다는 현실 정치에서의 실효성이라는 측면을 강조한 인식으로

---

30)「大隈重信の上奏文」

'사상가'가 아닌 '현실 정치가'로서의 오쿠마의 모습이 엿보인다. 이는 정당 내각제로 정부 구성을 꾀하면서도 한편으로 정당관과 영구관을 구분하여 각 관청의 장차관 및 국장을 제외한 이하의 관리들은 정당관이 아닌 영구관으로 삼아 업무의 공정성과 연속성을 확보하고자 한 점에서도 확인된다. 또한 태정대신, 좌우대신과 같은 기존 통치 체제 하의 주요 직책(3대신)을 영구관으로 설정한 것도 '현실 정치'에 대한 고려에서 나온 방책이었다고 할 수 있다.

그런데 오쿠마 의견서는 내용의 참신성 보다는 유력 참의였던 오쿠마에 의해 제출되었다는 행위 자체에 의미를 부여하는 경향이 강했다. 즉 자유민권운동의 고양 속에서 발생하는 '관민알력'을 피하기 위한 영국식 모델(=의원 내각제)의 정치체를 메이지 정부의 유력 인사가 구상하고 있었다는 점이 평가되던 것이다.[31] 오쿠마 의견서의 내용 자체는 당시 자유민권운동에서 주장되어 온, 보다 구체적으로는 후쿠자와 유키치에 의해 제창된 내용의 동어반복에 불과하다는 것이다.

확실히 후쿠자와 유키치는 『민정일신民情一新』을 통해 다음과 같이 영국식 정당정치를 설명하고 그 장점을 강조하고 있다.[32]

---

31) 坂野潤治 『近代日本の國家構想』, p.117.
32) 福澤諭吉 『民政一新』 慶應義塾出版社, 1880, pp.109-110. 후쿠자와의 민권파에 대한 인식 및 의원내각제에 관한 주장은 본서에 수록된 이새봄의 글을 참고.

2.3 영국식 의원내각제의 구상과 좌절

영국에 정치의 당파는 두 흐름이 있어 하나를 수구로, 하나를 개진이라 칭하고 늘 서로 대치하며 받아들이지 않으나 수구가 반드시 완루하지 않으며 개진이라 해서 반드시 난폭하지 않다. 다만 고래의 유풍에 의해 인민 가운데 자연히 소견이 다른 자가 있어 쌍방으로 나뉘어졌을 뿐, 이 인민 가운데 사람을 뽑아 국사를 논의하게 하니 이를 국회라 한다. 때문에 국회는 양파兩派 정당의 대표를 모은 장소로 하나하나의 사안에 대저 모두 소견을 달리하기에 이를 다수로 결정한다. 내각의 각 대신도 본래 이 양파의 어딘가에 속함은 물론, 특히 집권한 태정대신은 반드시 일파의 수령이기에 이 당파의 의론으로 권력을 얻으면 그 수령은 곧 정부의 전권을 장악한다. 당파의 인물도 모두 따라서 귀요貴要의 지위를 점하니 국회 다수인과 함께 국사를 의결해 이를 시행함에 방해가 없다.

오쿠마와 후쿠자와 모두 입법과 행정을 하나로 한, '서정 일원'을 특징으로 삼는 정당내각제의 운영과 정권교체를 제시한 점에서 유사하다. 그러나 입헌정체에서의 군주의 위치에 관해서는 상이한 방향으로 나아가고 있다. 후쿠자와는 영국에서의 정권교체 권한이 인민에 속하지만 그렇다고 해서 왕실을 멸시하는 자 또한 없다고 하며 천황제에 대한 언급 없이 정당내각과 왕실 존숭의 양립가능성을 언급하는 정도에 그치고 있다.[33]

---

33) 山田英子『明治政黨論史』創文社, 1999, pp.106-107; 福澤諭吉『民政一新』, p.118. 그러나 본서에 수록된 이새봄의 글을 통해 알 수 있듯, 후쿠자와의『민정일신』이후의 사상에서 천황은 국민통합을 위한 중요한 존재이자 수단으로 강조되고 있는 점에는 유의할 필요가 있다.

제2장 오쿠마 시게노부의 국가 인식

하지만 오쿠마의 경우에는 '흠정헌법'을 언급하며 천황이 만사를 직접 살핀다는 만기친재^{萬機親裁} 이념을 드러내고 있다. 이처럼 헌법을 천황이 만들어 내린다는 '흠정헌법'의 외형을 취할 것을 주장한 점에서, 오쿠마 의견서의 급진성은 재고의 여지가 있다. 즉 오쿠마는 민권파들이 주장하는, 민의를 반영하고 합의를 통해 헌법을 제정한다는 구상과는 명확히 선을 긋고 있었다. 이 점에서 의견서 4번 항목인 '천황 친재로 헌법을 제정할 것'은 전체 의견서에서 차지하는 분량은 소략하지만 간과할 수 없는 부분이라 할 수 있다. 그렇다면 왜 오쿠마는 흠정헌법을 강조한 것일까. 그 이유를 오쿠마는 다음과 같이 말하고 있다.

> 법규가 이미 세워져 사람이 이에 의할 때는 일이 쉽게 정해진다. 법규가 아직 세워지지 않고 먼저 사람이 모일 때 일은 동요하여 정해지지 않는다. 이제 전에 없던 치체^{治體}를 천하에 시행하고자 하는데 있어 그 완성에 긴요함은 사회 강녕^{康寧}의 질서이다. 고삐가 일단 끊어지면 육마분일^{六馬奔逸}해 질서를 용이하게 수복할 수 없다. 때문에 우선 천황 친재로 헌법을 제정해 이에 의해 국회^{國議員}를 소집하길 바란다.³⁴⁾

헌정 체제라는 전례 없는 치체의 시행에서 중요한 것은 바로 사회 질서의 유지라고 오쿠마는 보았다. 민권파를 중심으로 민간에서 다양한 헌법안(=사의헌법^{私擬憲法})이 구상되는 상황

---

34)「大隈重信の上奏文」

을 오쿠마는 마땅치 않게 생각했음을 엿볼 수 있다. 이는 오쿠마에게 있어 법규가 세워지기도 전에 사람들이 먼저 모여 일을 제대로 정할 수 없고, 고삐가 끊어져 말들이 날뛰는 상황과도 같은 것이었다. 오쿠마는 사회 질서의 동요를 억제하면서 헌정을 실시하기 위한 극히 현실적인 조치로 흠정헌법을 인식했다.

한편으로 오쿠마가 구상한 의원내각제와 흠정헌법의 관계 또한 결코 모순되는 것이 아니었다. 국민의 선거에 따른 수상 임명(=의원내각제)을 형식적으로 취하지 않더라도, 천황이 이같은 선거 결과를 반영해 직접 수상을 임명한다면 만기친재 이념과 의원내각제는 상호 모순되지 않고 성립가능하다 본 것이다.[35] 즉, 오쿠마의 흠정헌법 주장은 군주권과 의회의 권한에 대한 명확한 문제의식의 부재에서 나왔다기보다, 당시 일본에서 실현가능한 정당정치의 현실적 모색으로 평가할 만하다. 단순히 이상을 설파하는 것이 아닌 현실 정치가로서의 오쿠마의 면모가 확인되는 지점이다.

한편 오쿠마가 이 의견서를 통해 영국풍의 정당 정치를 실현하고자 한 이유를 "여론을 정치에 반영시켜 동아시아에 안정적 질서를 만들고 청국이나 열강과 무역을 확대해 일본을 통상국가로 발전시켜 나가는 것"에 있었다고까지 평가하기도 한다.[36] 오쿠마 의견서 내용만으로 이같은 장기적 구상을 밝혀내기에는 어려워 보이나 한편으로는 정치 이념, 사상으로만

---

35) 眞邊將之「大隈重信憲法意見書再考」, 2020, p.36.
36) 伊藤之雄『大隈重信』上, 2019, pp.378-379.

파악할 수 없는 오쿠마의 실용적 면모를 확인하는 데 참고가 될 평가라 하겠다.

2.4 여론과 세론의 구별

메이지 14년 정변으로 하야한 이후, 오쿠마의 활동은 도쿄전문학교(와세다대학의 전신) 설립과 입헌개진당 창당이라는 두 방면에서 이뤄진다. 도쿄전문학교는 외국 학문의 일방적 수입에서 벗어난 '학문의 독립', 정치권력에서 자유로운 '학문의 독립'이라는 두 가지 차원의 '독립'을 이념으로 삼아 1882년 10월 21일 개교했다.[37] 교육가로서 직접 강단에 오르지는 않았지만 대학 설립으로 대표되는 오쿠마의 교육활동은 근대 국가 수립에 있어 교육의 중요성을 강조하는 그의 국가관과도 맞닿아 있는데 이에 대해서는 후술하도록 하겠다.

한편 입헌개진당은 오쿠마를 당수로 해 1882년 3월 14일 결당 취의서를 공표하고 이어 4월 16일 결당식을 열었다. 입헌개진당은 이전 해인 1881년에 창설된 자유당과 더불어 근대 일본의 거대 양당의 원류로서 일본에서 정당정치의 전개와 발전에 중요한 한 축을 담당하게 된다. 당 강령에서는 '내치 개량을 중심으로 국권 확장에 이를 것', '중앙 간섭 정략을 없애고 지방 자치의 기초를 세울 것', '사회 진보에 따라 선거권을 확대할 것' 등의 구체적인 정책을 내세웠다. 이는 '선량한 입헌정체의

---

37) 伊藤之雄『大隈重信』上, pp.306-307.

확립'을 내세운 자유당의 추상적 강령과는 크게 다른 점인데, 자유당과의 차별점을 당초부터 의식하고 있었다고 할 수 있다. 강령에서부터 입헌개진당은 의원내각제 실현을 상정한, 정책 입안 능력과 정권 운영 능력을 갖춘 정당을 목표로 하고 있었다.[38]

메이지 14년 정변으로 일단 정부에서 하야한 오쿠마였지만, 이후에도 그는 유력 정당의 대표로서 내각의 주요 장관직을 맡았고 나아가 수상의 자리에까지 오르며 정치적 행보를 활발히 펼쳐나간다. 오쿠마가 입헌정체 의견서에서 피력한 영국식 의원내각제는 '민의'를 반영한 정치의 실현이었다고 보아도 좋을 것이다. 그렇다면 오쿠마가 생각한 '민의'는 무엇이고 이후 그의 정치적 행보에서 어떻게 드러나고 있을까.

우선 메이지 14년 정변 이후 하야했던 오쿠마가 외무대신으로 재입각한 시기를 살펴보자. 이노우에 가오루 외무대신에 의해 추진되었던 불평등 조약 개정이 급속한 서구화 정책이라는 비판 속에서 좌절된 이후, 그 후임으로 외교적 수완을 높게 평가 받아온 오쿠마가 취임하였다(1888년 2월 1일). 오쿠마는 영사재판권의 철폐(=법권 회복)와 이에 따른 외국인 거류지의 폐지라는 이노우에 외무대신 시기의 조약개정 방침의 큰 틀을

---

[38] 그밖에도 '외국에 대해 힘써 정략상의 교섭을 널리하고 통상 관계를 두텁게 할 것', '화폐제도는 경화(硬貨)를 주로로 삼을 것'과 같이 경제정책을 강령에 포함한 점이 당시에도 주목을 받았다. 五百籏頭薰『大隈重信と政黨政治』, p.22. 입헌개진당의 구체적인 결당 과정에 관해서는 大日方純夫『自由民權運動と立憲改進黨』早稻田大學出版會, 1991, pp.151–181을 참조.

따르면서도 국내법률의 주체적 제정, 각국 개별 교섭 방식 등을 취하며 열강에 대한 양보 수준을 낮추고 교섭에 유리한 방향으로의 전략적 수정을 꾀했다. 그러나 외국인 대심원 판사 임용 등을 포함한 교섭안이 언론에 유출되며 오쿠마의 조약 개정 교섭도 커다란 비판 여론에 직면한다. 오쿠마의 조약개정에 대한 찬반 건의서(건백서)가 총 305통, 6만여 명의 참여 속에서 이루어졌는데 반대파 건백서가 185통, 5만 6천여 명에 이른 반면 찬성파는 120통, 6천여 명에 불과했던 것이다.[39] 나아가 정부 내에서도 대부분 현행 조약개정에 비판적인 의견이 컸다.

그러나 오쿠마는 구로다 기요타카黑田淸隆 수상의 지지를 바탕으로 조약개정 교섭을 관철해 나가고자 했다. 비판적인 정치 세력들(=장사壯士)이 오쿠마 저택에 몰려와 교섭 철회의 목소리를 높여도 자신의 소신을 굽히지 않고 조약개정을 단행할 결의를 분명히 밝히기도 했다.[40] 그러나 정부 안팎의 비판에 아랑곳하지 않은 이러한 무리한 움직임은 결국 국권파 단체인 현양사玄洋社의 구루시마 쓰네키來島恆喜에 의한 폭탄 테러를 불러왔다. 오쿠마는 목숨은 건졌지만 오른쪽 다리를 잃는 큰 부상을 입고(1889년 10월 18일) 외무대신 자리에서 물러나면서 그의 조약개정 역시 실패로 끝나고 말았다.

이 사례는 오쿠마가 말하는 '민의를 반영한 의원내각제'가 반드시 일반 다수의 의견에 따르는 정치를 의미하지는 않았음

---

39) 大隈侯八十五年史編『大隈侯八十五年史』第二卷, 1926, p.146.
40) 『大隈侯八十五年史』, p.147.

을 보여준다. 오쿠마는 스스로가 생각하는 올바른 방향으로 민의를 이끌어 나가고 정책을 펼치는 것이야말로 민의를 반영하는 것이라 보았다. 이는 일찍이 후쿠자와 유키치가 『문명론의 개략文明論之槪略』에서 언급한 세론과 여론의 구분과도 맞닿아 있다. 세론이란 후쿠자와 유키치가 사용한 메이지 시기의 신조어로 공의여론公議輿論과 달리 '사사로이 논하는 의견'이자 경계해야 할 것으로 여겨졌다.[41] 오쿠마 역시 기분이나 감정에 영향을 받는 의견인 '세론'과 깊게 생각한 이성적 의견으로서의 '여론'을 구분하고 세론이 아닌 여론에 기반한 정치를 이상으로 삼았다고 할 수 있다.[42]

여론과 세론에 대한 구분은 오쿠마에게 있어 일관되게 나타나는 인식이었다. 수십 년 뒤인 다이쇼 시대에 들어서 오쿠마는 3대 혁신론을 주창하며 여론의 중요성을 강조했다. 여론이란 정치적 논의 속에서 발생하는, 시세에 적합한 일종의 '중정中正 의견'으로 위치지어지며 이러한 여론이 세력을 형성하여 의회에 반영되는 것이라 보았다. 하지만 다수가 우매한 시기에는 여론은 일어나지 않는다고 하여 다수의 의견이 곧 여론이 아님을 강조했다. 헌정을 충실히 이루기 위해서는 여론을 위한 언론과 교육의 역할이 중요하다고 본 것이다.[43]

---

41) 佐藤卓己 『輿論と世論 日本的民意の系譜學』 新潮選書, 2008, pp.24-25.
42) 伊藤之雄 『大隈重信』 上, p.379.
43) 鈴木愼一 「大隈重信 「敎化的國家論」의 構成 その「內容」と「敎化」の構造」 『社會科學討究』 29-1, 1983, pp.78-80.

2.5 헌정 실시 이후의 오쿠마 시게노부

1889년 메이지 헌법이 반포되었다. 메이지 14년 정변 당시 오쿠마 의견서에서 주장한 '정당내각제'의 구체적인 항목은 포함되지 않았으나, 한편으로 오쿠마가 주장한 '흠정 헌법'의 형태를 취한 것이었다. 이로써 본격적인 헌정이 일본에서 실시되기 시작했다. 헌법 반포 직후인 1889년 2월 21일, 오쿠마는 자택에 부현회의장을 초대해 이에 대한 자신의 의견을 다음과 같이 설파하였다.[44]

> 헌법에 정당내각제가 규정되지 않더라도 정당원이 황제 폐하의 신임을 얻고 또한 여망이 돌아가는 곳이 된다면 정당내각의 실체를 보는 일이 어렵지 않다. 영국의 경우도 역사상의 발달에 의해 오늘의 상태에 이르렀으므로 우리나라도 정당의 발달 여하에 따라 영국과 동일한 상황을 볼 수 있을 것이다.

이처럼 오쿠마는 정당내각제 실현을 낙관적으로 보았다. 헌법의 규정 자체보다는 운용 여하에 따라 실태가 드러난다는 현실 정치가로서의 면모가 다시 확인되는 지점이다. 물론 이 같은 오쿠마의 낙관적 전망이 곧바로 실현된 것은 아니었다.

의회개설-청일전쟁에 이르기까지의 이른바 초기 의회 시기에는 의회에 구애받지 않는 초연내각超然內閣을 표방한 정부와,

---

44) 「憲法に關する大隈伯の意見」『政論』12, 1889.3(眞邊將之「大隈重信憲法意見書再考」, 2020, p.39에서 재인용).

2.5 헌정 실시 이후의 오쿠마 시게노부

민간의 세부담을 경감시키며 민력휴양民力休養을 주장한 의회 사이에 정부 예산을 둘러싼 극심한 대립양상이 나타났다. 하지만 의회와의 협조가 불가피하다는 인식이 점차 형성되어간 정부와, 무조건적인 정부 비판만이 능사가 아님을 자각한 의회 및 정당 세력 간의 거리는 이후 점차 좁혀져 갔다. 청일전쟁을 계기로 극적인 협조와 타협이 이뤄진 이래, 이같은 현상은 가속화되어 1898년에는 오쿠마를 수상으로, 이타가키를 내무대신으로 하는 이른바 와이한隈板 내각(제1차 오쿠마 내각)이 성립한다. 오쿠마가 이끄는 진보당(입헌개진당의 후신)과 이타가키를 당수로 한 자유당이 연합하여 만들어진 헌정당이 내각의 각료 대부분을 구성한, 일본 최초의 정당내각의 탄생이었다.

와이한 내각 탄생 배경에는 지조 증징을 실현하기 위한 정치적 의도가 있었음은 부정할 수 없다.[45] 또한 오쿠마와 이타가키는 모두 작위를 가진 신분이자,[46] 당시 중의원 의원이 아니었고 육해군 대신 또한 헌정당원 출신이 아니라는 점에서 엄밀한 의미의 정당내각이라고는 할 수 없었다. 무엇보다 당시 헌정당이 새롭게 창당한 지 얼마되지 않은 상황에서 입헌개진당과 자유당 사이의 정책 합의조차 이뤄지지 않은, 당 내부의 불안 요소가 잠재한 상황이었다. 결국 와이한 내각은 이렇다 할 정책을 펼쳐보지도 못한 채 당 내부의 갈등과 분열을 드러내며

---

45) 坂野潤治『明治憲法史』ちくま新書, 2020, pp.57-59.
46) 오쿠마는 1887년 5월 8일, 이타가키는 같은 해 7월 15일 백작 작위를 수여받았다.

불과 4개월만에 붕괴하고 만다.[47]

와이한 내각 붕괴 이후 헌정당은 분열되어 진보당 계열은 새로 헌정본당을 결성하고 오쿠마는 헌정본당 총리의 자리에 오른다. 한편, 러일전쟁 이후의 일본의 정계는 번벌 세력을 대표하는 가쓰라 다로桂太郎와 당시 의회 다수당이었던 정우회의 사이온지 긴모치西園寺公望 총재 사이의 정치적 타협 결과, 가쓰라와 사이온지가 번갈아 정권을 차지하는 이른바 게이엔桂園 체제의 성립으로 이어졌다.[48]

게이엔 체제의 수립은 20세기라는 새로운 세기의 진입과 시기를 같이 하며, 이토 히로부미나 야마가타 아리토모가 정치 일선에서 물러나는 정치의 세대 교체를 의미하기도 했다. 그런데 정치 환경의 변동 속에서 오쿠마의 헌정본당은 대중적 지지 확보에 고전했다. 오쿠마 스스로가 정당정치의 실현을 위해 힘써왔지만 그 결과는 '만년 야당'의 위치에 머물렀던 것이다. 헌정본당의 개혁파 세력들은 오쿠마의 정치적 이상과 현실 정치상 헌정본당의 위치에서 발생하는 괴리에 강한 문제의식을 품었다. 이들은 정권 획득을 위해 번벌, 관료 세력으로의 접근을 시도했고 오쿠마가 추구하던 정당정치의 실현과는 거리가 멀어졌다. 결국 헌정본당 내의 대립은 오쿠마의 총리 사임으로 이어졌다. 1907년 1월 20일에 이뤄진 퇴임사에서, 당수의

---

[47] 미쿠리야 다카시, 윤현명 역, 『일본의 정당 정치는 왜 무너졌을까』, 소명출판, 2023, pp.132-134.
[48] 보통 1901년 성립한 제1차 가쓰라 내각에 이어 1906년 제1차 사이온지 내각의 탄생을 게이엔 체제의 시작으로 간주한다.

자리를 내려놓으면서도 고수했던 오쿠마의 헌정관을 엿볼 수 있다.[49)]

> 제군은 국민의 대표자이다. 정당 그 자체는 이러한 '국리민복國利民福'의 발전을 목적으로 존재하는 것이다. 그렇다면 우리의 지위는 결코 권력에 의해 성립하는 것이 아니며 국민의 의사에 의해 성립하는 것이다. 우리들의 토대가 국민이며 장래에 우리들의 입각지는 국민이다. 그렇다면 국민의 여망을 받아들이는가 여부는 가장 중요한 문제이다. 헛되이 다수를 의지하고, 힘을 의지하여 사사로움을 영위할 수는 없다. 강함에 기대어 정권을 가까이 할 수 있는 것도 아니다. 우리들은 국가에 대해, 특히 주권자에 대해 큰 책임이 있다. 그 책임을 온전히 함이 우리들의 임무이다. 그렇게 나는 믿고 있다. 때문에 작년 총회에서 나는 첫째로 선거권의 확장을 주장한 것이다. 이는 헌법의 대의大義에서 산출한 것이다. 우리들의 첫째 목적은 완전한 헌법을 얻고, 헌법을 얻은 이상은 완전히 이 헌법을 시행해 발달하게 한다는 것이 우리들의 궁극적인 목적이다. 그런데 이 대표적 정치, 위임적委任的 정치는 결코 국민을 도외시하여 성립할 수 없는 것이다. … 우선 제군은 조금더 책임을 중시하고 그렇게 조금더 제군의 활동을 바라고자 한다. 아무래도 순진한 국민은 정치적 사상을 결핍하고 있다. 지도자가 이를 교육하고 지도하여 입헌적 국민을 만들지 않으면 진정한 입헌정치는 이루어질 수 없는 것이다. 이는 제군의 책임이다.

---

49) 早稻田大學編『大隈重信演說談話集』岩波書店, 2016, pp.214-215; p.222.

'국민의 여망'에 따른 정치란 달리 말하면 민의를 반영한 정치이며 이는 오쿠마의 일관된 정치 사상이었다고 할 수 있다. 그러나 앞서 살펴 본 것처럼 이는 단순히 국민 다수의 의견(=세론)으로서 나타나는 것은 아니었다. 여기에서 강조되고 있는 것처럼 국민의 정치 사상을 고양하고 이를 위한 교육이 필요했다. 교육과 지도를 통해 '입헌적 국민'을 만들고 이를 바탕으로 한 정치가 행해질 때 '진정한 입헌정치'가 이뤄진다고 본 것이다. 또한 '헌법의 대의'를 선거권의 확장에서 찾고 있는 점도 주목된다. 대의정치제에서 국민의 여망을 반영한 정치는 결국 선거권의 확대에서 실현될 수 있다는 점에서 이는 자연스러운 논리적 귀결이다. 선거권의 확대야말로 '완전한 헌법'의 획득과 시행을 의미한다고 오쿠마는 본 것이다.

이러한 오쿠마의 헌법 인식은 호헌운동(제1차)[50]에 대한 비판적인 시각으로 이어진다고 할 수 있다. 게이엔 시대의 종막을 부른 제1차 호헌운동은 제2차 사이온지 내각이 총사퇴하고 차기 내각으로 재차 가쓰라 타로 내각(제3차 가쓰라 내각)이 등장하면서 불거졌다. 당시 여론은 이미 정계를 은퇴한 것으로 여겨진 가쓰라가 재등장하자 '벌족 타파·헌정 옹호'를 내세운 헌정옹호운동을 일으켰다.[51] 야당 정치인과 경제, 언론인을 중심으로 시작된 이 운동은 가쓰라 내각에 반대하는 군중의

---

50) 1924년 헌정옹호·보통선거법실시 등을 내세우며 귀족원 중심의 기요우라 내각에 반대하며 일어난 호헌운동(2차)과 구분하여, 이 시기(1912~1913) 호헌운동을 제1차 호헌운동이라 부른다.
51) 櫻井良樹『國際化時代「大正日本」』吉川弘文館, 2017, p.15.

대규모 시위로 번지고, 결국 가쓰라 내각은 총사퇴하게 된다 (1913년 2월 20일). 입헌정치의 옹호(=호헌)를 내건 민중 운동이 내각 교체라는 결과를 불러온 점에서, 메이지 시기에서 다이쇼 시기로의 시대 전환과 '다이쇼 데모크라시'의 정치적 의미를 상징적으로 보여준 사건이었다.[52]

그러나 오쿠마는 이같은 호헌운동을 마냥 긍정적으로 바라보지는 않았다. 메이지에서 다이쇼라는 새로운 시대에 들어서서도 벌족 정치가 종식되지 않아 호헌운동이 일어나야 하는 상황을 개탄하면서도, 당시 호헌운동의 문제점 또한 지적했던 것이다. 즉 '벌족타파, 호헌운동'이 구체성을 드러내지 않은 막연한 슬로건에 그치고 있으며 현행 내각을 무너뜨리기 위한 정치 운동과 대중 선동으로 흐르는 경향을 비판한 것이다. 오쿠마는 세간에서 헌정 옹호를 부르짖으면서도 언론 집회의 자유와 선거권이 제한되고 있는 것과 같은 '명백한 위헌' 사실에 대해서는 어째서 언급하지 않느냐 반문하였다.[53] 호헌운동의 슬로건에 구체성이 결여되었다는 오쿠마의 지적은 그가 헌법의 대의를 선거권의 확대에서 찾고 있었다는 점을 상기하면 그의 일관된 헌정관의 표출이었다고도 할 수 있다.

오쿠마는 선거권의 확대가 선거의 폐해를 줄이는 데에도 일조할 것이라 보았다.[54] 선거 후보자의 당락이 선거 운동비를

---

52) 『國際化時代「大正日本」』, p.17.
53) 眞邊將之『大隈重信』, p.338.
54) 「選擧人に與う」『大隈重信演說談話集』, pp.232-233.

얼마나 쓰느냐, 그리고 지방의 공공단체나 행정기관과 얼마나 결탁해 있느냐에 좌우되고 있는 현실에서 선거의 의미가 무색해졌음을 비판하며, 선거권이 확대되면 특정 이해관계로 이를 유도하는 것이 불가능해 질 것이라 본 것이다. 또한 현재의 제한 선거권이 재산(국세 납부액)에 따라 이뤄지는 것을 다음과 같이 비판했다.[55]

> 아무리 재산이 많아도 정치를 이해하기에 충분한 교육이 없는 자는 참정 자격이 없는 것과 같으며 설령 재산이 부족해도 정치의 시비를 가리기에 충분한 교육이 있는 자에게는 참정권을 부여해야 할 것이다. 교육이 그 표준이 될 때 비로소 헌정의 의의에 적합한 선거인을 얻을 수 있는 것이다.

'정치의 시비'를 가릴 수 있는 교육받은 국민에게 참정권의 확대가 이뤄져야 한다고 본 것이다. 오쿠마가 말하는 선거권의 확대가 '보통 선거'의 실시로 직접 이어지는 논리는 아니었음이 확인된다. 오쿠마에게 있어 민의, 혹은 여론이 단순히 다수의 의견을 뜻하지 않음은 앞서 살펴본 바와 같다. 즉 정치적 의식이 있는 국민을 통해서야말로 여론이 형성되며 이를 위해 국민을 교육하고 이끌어나가야 한다고 오쿠마는 생각했다. 때문에 헌정옹호 운동이 한창이던 중에 발표한 다른 글에서도 "여론을 존중한다고 해도 이끄는 자가 없다면 여론도 일어나지 않는다. 국민을 정치적으로 훈련하고 단체적으로 결합하지 않으면

---

[55]「選擧人に與う」『大隈重信演說談話集』, pp.232-233.

● 2.5 헌정 실시 이후의 오쿠마 시게노부

안된다. 여론의 세력은 국민의 협력에 의한다. 그러나 이러한 협력은 국민을 지도하는 자가 없으면 안된다. 마치 음악에 지휘자를 필요로 하는 것과 마찬가지다"라고 주장한 것이다. 헌정옹호 운동이 "헌정의 운용을 완전히 하는" 운동으로 나아가지 못하고 정치에 냉담한 것은 "정치가도 그 길을 잘못하고 정당도 그 길을 잘못했기" 때문이며 "국민을 정치적으로 훈련, 지도하지 않은 죄"에 있다고 강하게 비판했다.[56]

이처럼 헌정본당 총재 사퇴 이후에도 오쿠마는 활발한 대외활동을 통해 대중과의 접촉을 넓혀가며 '대중 정치가'로서의 입지를 확보해 나갔다. 오히려 당 대표라는 자리에서 벗어남으로써 정당이나 국민에 대해 보다 자유롭게 비판적 의견을 나타내기도 했다. 정당에 대해서는 위와 같이 '국민을 제대로 이끌어가지 못했다'라는 비판과 함께, 현실과 괴리된 이익정치를 추구하는 상황을 다음과 같이 비판했다.[57]

> 어느 정당의 경우 추상적이고 막연한 적극주의를 부르짖고 철도 부설이 가능하다거나 항만 개축이 가능하고 군비 확장 또한 가능하다며 무엇이든 백반의 시설 모두 적극적으로 받아들인다. 부를 만들기 위해서는 당연 자본을 투자해야 한다. 국력을 발전해 세계적으로 웅비하기 위해서는 어떻게든 이것이 없어서는 안 된다고 부르짖는다. 피상적 관찰로는 마땅한 말로 들리지만

---

56) 「勢力の中心を議會に移すべし」『大隈重信演說談話集』, pp.250-251.
57) 「選擧人に與う」『大隈重信演說談話集』, pp.229-230.

제2장 오쿠마 시게노부의 국가 인식

그렇다면 그 재원은 어떻게 조달할 것인가 하면 곧바로 답변이 궁색해 지는 것은 뻔한 이야기다. 재정이란 본디 마술이 아니다. 무에서 유를 만들 방법이 없다. 한정된 수입으로 무한한 정무를 수행할 수 없는 이상, 사물의 경중, 완급을 잘 살펴 서서히 국력 발전을 기하는 것 외에 방법은 없는 것이다. 전체적으로 말하자면 국가 자신이 모든 산업적 설계를 한다라는 것은 커다란 착오로, 국민의 지식과 부의 정도를 증진시키면 저절로 개인 혹은 단체가 나아가 이를 담당하는 것이다.

직접적으로는 자유당을 겨냥한 비판이었지만, 한편으로는 정권 획득을 위해 자유당의 노선을 따라 무분별한 적극정책을 내걸고 오쿠마 자신을 총재의 자리에서 물러나게 한 헌정본당에 대한 비판이기도 했다. 한편으로 이러한 비판은 적극정책이 헛된 구호로 끝나지 않기 위해서는 현실적인 재원 조달 문제를 고려해야 한다는 지극히 당연한 주장이기도 했는데, 오쿠마는 여기서 나아가 관이 주도하는 '산업적 설계'(=적극정책)가 아닌 민간에 의해 추진되는 산업 설계를 주장한 점 또한 주목된다. 물론 그 전제 조건은 국민의 지식과 부의 증진이었다. 오쿠마에게 있어 국민이란 단순히 계도해야 하는 수동적 존재가 아니라 이를 바탕으로 스스로 행동하고 실천하는 적극적 존재로서 위치지어진 것이다. 때문에 이는 국민에 대한 의무와 책임을 강조하고 나아가 이를 방기하는 국민에 대한 비판으로 이어지기도 했다.

오쿠마는 선거권 확대를 주장하는 한편으로 선거권이 있음에도 정치에 대한 냉담한 시선과 무관심 속에 선거권을 포기하는 세태를 비판했다. 선거권의 방기가 관민의 추락을 부르고, 관민의 추락은 정치의 부패를 부르며, 정치의 부패는 곧 국민의 고통·생활난을 야기하게 된다며 스스로 뿌린 씨앗은 스스로 거두어야 함을 강조한 것이다.[58] 오쿠마가 이 시기 행한 다양한 연설과 강연 등의 대외 활동은 자신의 주장을 실현하기 위한 실천적 행위이기도 했다. 1910년 간행한 『국민독본國民讀本』은 그 대표적 결과물 가운데 하나였다.

『국민독본』은 의무교육을 마친 수준의 성인을 대상으로 한 공민교육의 일환으로 기획되었다.[59] 오쿠마는 국민 스스로가 의무와 권리를 자각하는 것이 중요함에도 일본에서의 보통교육은 이를 결여하고 있다며 『국민독본』 편찬의 목적을 밝혔다.[60] 『국민독본』의 전체 구성은 총 네 편으로 제1편 '대일본의 국기國基', 제2편 '대일본제국의 발달', 제3편 '금상今上(=현 천황)의 어친정御親政', 제4편 '대국민의 이상理想'으로 이루어졌다. 천황 및 천황을 정점으로 한 일본 국체의 강조라는 점에서 당시 여타의 공민교육 서적들과 큰 차이를 보이지 않는 듯한 구성을 취하고 있으나 구체적인 내용을 살펴보면 공민교육을 내세운 오쿠마의 의도가 드러난다. 전체 구성 가운데 제3편이 큰 비

---

58) 『大隈重信演說談話集』, p.234.
59) 이하 오쿠마의 『국민독본』에 대한 설명은 眞邊將之 「大隈重信の天皇觀」, 安在邦夫編 『明治期の天皇と宮廷』 梓出版社, 2016, pp.355-361에 의함.
60) 立石駒吉編 『大隈伯社會觀』 文成社, 1910, p.415.

중을 차지하고 있는데 대략적인 내용은 메이지유신 이후의 일본의 역사를 입헌정치의 시행에 초점을 맞춰 개설한 것이었다. 오쿠마는 입헌정치로의 길이 일본 역사의 전개 속에서 필연적으로 이뤄졌음을 지적하며 선거권이라는 정치적 권리 행사의 중요성을 강조했다. 그리고 이를 흠정헌법의 시행이라는 맥락 속에 위치지음으로써, 달리 말하면 천황의 권위와 신성성과 결부시킴으로써 국민의 정치적 권리 행사를 국민의 책임으로 강조한 것이다.

이상과 같이 헌정본당 총재 사퇴 이후의 적극적인 대외 활동과 이를 통해 형성된 대중적 인기를 바탕으로 오쿠마는 재차 정권 창출에 성공한다. 1914년 4월 16일 제2차 오쿠마 내각이 성립한 것이다. 오쿠마 내각 시기 제12회 총선거(1915년 3월 25일)가 실시되는데, 선거운동 기간 중 오쿠마는 각 역에서 이른바 '차창연설'을 하고 연설을 녹음해 각지에 배포하는 등 적극적인 선거 운동을 통해 승리를 이끌었다. 총선거 지방 유세에서 최초로 시도된 차창연설은 오쿠마의 민중 정치가로서의 인기를 바탕으로 한 선구적인 이미지 전술로 평가되고 있다.[61] 당시 '헌정에서의 여론의 세력'이라는 제목으로 연설을 위해 녹음한 내용은 그동안 오쿠마가 일관되게 주장한 선거의 중요성과 국민의 각성을 촉구하는 것이었다. 즉 선거권은 국민의 의무이며 국민의 각성을 통해 여론의 '대세력'을 이루고 이로써 당파적으로 이뤄지는 정치를 타파할 것을 주장한 것이다.

---

61) 有馬學 『「國際化」の中の帝國日本』 中央公論新社, 1999, p.96.

1916년 내각 총사직을 하기까지 약 2년 6개월 간 지속된 제2차 오쿠마 내각은 민의에 의해 수립된 내각으로서의 양면성을 보였다. 대표적 사례가 민력휴양을 위해 러일전쟁 이후 가중된 각종 세금을 폐지하거나 줄일 것을 전면에 내세운 것이다. 내각 설립 후 발발한 제1차 세계대전에 일본이 참전하면서 이는 무산되었으나, 한편으로 반대당인 정우회로부터 대중에 영합한 무책임한 포퓰리즘 정책이라는 비판을 받기도 했다.[62] 대외적으로는 세계대전 참전을 통해 획득한 중국에서의 이권 확대를 꾀하여 중국에 '21개조 요구'라는 강경한 대외 노선을 채택한 것 또한 고양된 내셔널리즘에 편승한 정책이었다고 볼 수 있다. 제2차 오쿠마 내각은 민의를 반영한 정치의 실현을 추구해 온 오쿠마의 성과와 한계를 보여준 최종적 산물이었던 것이다.

오쿠마는 수상의 자리에서 물러난 후, 79세라는 고령의 나이에도 정치적 발언과 대외 활동을 활발히 전개해 나갔다. 우선 헌법의 본질에 대한 고찰 없이 당파적 논의만이 오가는 정치 현실에 대한 비판, 정당 세력에 대한 비판을 이어나갔다.[63]

> 본래 헌정은 웅덩이의 한 구석을 끊어 청류를 통하게 하는 것과 같이 정정政情을 소통해 신진대사의 기능을 민활하게 해야 할 성질의 것이다. 그런데 정당정치의 출현을 본 오늘날, 그 침체는 여전하며 오히려 구태함

---

62) 清水唯一朗『原敬』中央公論新社, 2021, p.199.
63) 相馬由也編『大隈侯論集』實業之日本社, 1923, pp.360-361.

이 늘어나는 일은 무엇 때문인가. 살피건대 정당이란 헌법으로 촉진되어 자연히 세력을 이루게 된 것이다. 헌법이 정치의 기초를 민의에 두고 정해진 것인 이상은 그 정당이란 당연 국민의 이해를 대표하고 사사로움을 버려 공으로 나아가는 것임은 자명한 진리이다. 그런데 오늘날 정당이란 과연 이 자명한 진리를 따르는 것처럼 행동하는가 보면 사실 이를 배신해 그 힘은 민본적으로 증가하지 않고 오로지 당파적으로만 증가해 왔다. 달리 말하면 저들은 자당自黨이 있음을 알 뿐 그 이외에 국민이 있음을 알지 못하고 국가가 있음을 알지 못한다. 그 때문에 정당은 본래의 성질에서 말하면 종래의 관료보다도 그 품행에 있어 순결해야 함에도 현재 정당이 과연 종래의 관료보다 순결한가는 심히 의심되는 바이다.

정당이 특정한 정치적 의견을 공유하는 집단임을 감안하면, 정당의 '당파성'은 필연적으로 존재하게 되며 오쿠마 또한 이를 부정한 것은 아니었다. 그러나 이러한 당파성이 오로지 '자당'의 이익만을 위한 형태로 변질된 것을 비판한 것이다. '당파성'은 '국민의 이해'를 전제로 이루어지는 것이며 이를 위해 정당은 국민과 권력 사이에 위치해 권력을 비판하고 국민을 이끌어 나가는 역할을 해야 함을 강조했다.[64]

정당 비판과 더불어 국민 교육에 대한 강조를 오쿠마는 말년까지 이어나갔다. 1920년에 이르러 새로운 국민교육 시책으로 '교화적 국가론'을 내세운 것이다. 이는 일본을 도덕적 국가

---

64) 眞邊將之『大隈重信』, p.410.

2.5 헌정 실시 이후의 오쿠마 시게노부

혹 교화적 국가로 위치지으며 서구 문화와 비교해 일본 문화의 장점을 강조하고 동서양의 조화 속에서 정치를 행해야 한다고 주장한 것이다.[65]

> 도덕은 정情에 근본을 두고 법제 금령은 이理에 근본을 둔다. 사람들이 맺어져 단체를 만들고 국가를 이룬다. 결합의 요소는 말할 것도 없이 정에 있는데 그럼에도 개인 간에는 정을 주로 하고 국가에는 이만으로 가려고 하는 것은 어찌한 일인가. 이것이 현대 서구가 빠진 폐해가 아닌가 의심한다. 그리고 이것이 이번과 같은 대전의 참화를 가져온 최대 원인이라 믿는다.[66]

오쿠마는 정치개혁의 사회개조 방법으로 도덕성과 동화력 同化力에 의거한 국가 경영을 내세웠다. 제1차 대전 전후의 시대적 위기 속에서 오쿠마는 도덕과 정의의 조화를 '정'을 근본으로 하는 동양적 도덕과 '이理'를 근본으로 하는 서양형 정치 시스템의 융합을 꾀한 것이다.[67] 오쿠마가 교화적 국가론에서 주장한 동서양 조화론의 연원은 그가 1910년대부터 주창한 '문명운동',[68] 문명 조화론까지 거슬러 올라 갈 수 있다. 또한

---

65) 鈴木愼一「大隈重信「敎化的國家論」の構成」, p.67.
66) 「敎化的國家を論ず」, 相馬由也編『大隈侯論集』, p.529.
67) 鈴木愼一「大隈重信「敎化的國家論」の構成」, p.70·75.
68) 오쿠마는 1907년 헌정본당 당수 자리에서 물러난 이후 각종 문화적 활동에 관여하며 스스로 이를 일괄해 '문명운동'이라 지칭했다. 그 취지는 "동서고금의 문화를 받아들여 '개국 진취'의 국시하에 진보 발전한 일본이 금후에는 세계적 사명으로 학문·교육의 보급과 이에 따른 세계 각 문명 조화를 목표로 세계의 평화와 인류 평등을 실현하기 위해 공헌해야 한다"는 것이었다. 眞邊將之『大隈重信』, pp.276-277.

이러한 교화적 국가론을 실천하는 장소로 학교를 위치짓고 이를 지역사회의 결절점으로 적극 활용하여 국민의 지력·체력의 향상을 꾀했다.[69] '민의'에 바탕을 둔 정치가로서 오쿠마는 국민 교육에 대한 강조와 이를 통한 올바른 정치가 가능하다는 낙관적 기대를 말년까지 이어갔던 것이다.

2.6 현실정치가로서의 미덕과 한계

메이지유신과 폐번치현 과정에서 번을 벗어나 통일된 일본 국가를 추구한 오쿠마는 국민의 여론을 반영한 정치, 구체적으로는 의원내각제를 통한 국가 통치가 시대적 흐름이라 자각하고 그 실현을 위해 조야를 넘나들며 진력했다. 오쿠마에게 민의, 여론은 유동적이었다. 국민 다수의 의견이 곧 민의를 의미하는 것은 아니었으며 정치적으로 성숙한 국민들에 의한 여론 형성과 이에 기반한 정권 획득, 정국 운영이 이뤄질 때야말로 진정한 헌정의 실시라고 오쿠마는 인식했다. 때문에 외무대신 시기 국민 다수의 여론에 반하여 조약개정을 추진하기도 했으며, 의원내각제를 추구하며 정당을 창당했음에도 여론의 지지를 받지 못해 만년 야당의 신세를 오랫동안 벗어나지 못하기도 했다. 그러나 이는 반대로 오쿠마가 단순히 여론에 영합한 임기응변식 정치를 한 것이 아님을 보여주는 것이기도 하다. 오히려 오쿠마는 의원내각제 실현을 위한 일관된 인식과 정치활동을 벌인 정치가로 평가할 수 있을 것이다.

---

69) 眞邊將之『大隈重信』, p.432.

2.6 현실정치가로서의 미덕과 한계

문제는 이같은 일관된 인식과 정치활동이 내재적으로 완결될 수 있는가라는 점이다. 주지하듯 근대 일본의 역사는 한국, 중국 등 주변 국가에 대한 침략과 식민지배의 역사이기도 했다. 오쿠마의 시대 흐름에 대한 민감한 포착은 일본 국내에서의 헌정 실시에 대한 일관된 인식으로 나타났으나, 대외적으로는 일본의 팽창주의에 대한 안이한 인식으로 이어졌다. 청일전쟁에서 일본의 우세로 전황이 전개되는 가운데 오쿠마는 일본이 산동성山東省까지, 나아가 양자강 지역까지 점령할 것을 주장하는 강경론을 내세웠다.[70] 물론 오쿠마가 중국에 대한 침략 행위 자체를 옹호한 것은 아니었다. 오히려 청일전쟁에서의 승리를 통해 중일 간 우호 관계를 심화할 수 있다 보았다. 실제로 청일전쟁, 의화단 사건 이후 와세다대학은 청국 유학생을 적극적으로 받아들이고 이들을 위한 별도의 교육기관인 청국유학생부淸國留學生部를 신설하는 등 중일 간 교류와 우호관계 수립에 앞장서기도 했다.[71] 그러나 제1차 세계대전 와중에 중국의 주권을 심각하게 침해하는 21개조 요구를 강요한 것도 앞서 살펴본 바와 같이 오쿠마 내각 시기에 이뤄졌다. 중국과의 우호 관계 수립은 어디까지나 일본의 국익이라는 관점 속에서만 이해되었던 것이다.

이러한 인식의 한계는 조선과의 관계에서도 드러난다. 한

---

70) 伊藤之雄『大隈重信』上, p.393.
71) 청국유학생부는 1905년 개설되어 1910년까지 운영되었다. 孫倩「早稻田大學における淸國人留學生」『ソシオサイエンス』19, 2013, pp.109–110.

일병합에 대해 오쿠마는 무력이나 금력金力으로 이뤄진 기존의 합병과 달리 한일 간에는 "양국 주권자의 합의"에 성립된 것으로 "일본인이 조선인을 동화시키는 일은 결코 곤란하지 않다. 그렇다면 영토의 확장과 동시에 또한 민족의 확장도 이룰 수 있을 것"이라며 일본의 식민지배에 대한 안이한 인식을 나타냈다.[72] 시대 정신에 민감한 정치가 오쿠마였기에 '안으로는 입헌주의, 밖으로는 제국주의'라는 당시 일본의 상황을 충실히 반영하는데 그쳤던 것이다. 이러한 오쿠마의 모습은 현실 정치가의 미덕과 한계를 보여주는 것이라 하겠다.

주요 참고 문헌

- 미쿠리야 다카시, 윤현명 역, 『일본의 정당 정치는 왜 무너졌을까』, 소명출판, 2023.
- 박훈, 「막말유신기 정치변혁과 봉건 군현론」, 『메이지유신과 사대부적 정치문화』, 서울대학교출판문화원, 2019.
- 岡義武 『近代日本の政治家』 岩波書店, 2019.
- 久保田哲 『明治十四年の政変』 インターナショナル新書, 2021.
- 大石一男 『条約改正交渉史 1887~1894』 思文閣出版, 2008.
- 大隈侯八十五年史編 『大隈侯八十五年史』 第一卷~第三卷, 大隈侯八十五年史編纂会, 1926.
- 大日方純夫 『自由民権運動と立憲改進党』 早稲田大学出版会, 1991.
- 大塚武松編 『岩倉具視関係文書』 八 日本史籍協会, 1935.

---

[72] 「朝鮮人には如斯にして日本魂を吹込むべし」, 立石駒吉編 『大隈伯社會觀』, p.77・81.

- 渡辺俊一『井上毅と福沢諭吉』日本図書センター, 2004.
- 鈴木慎一「大隈重信「教化的国家論」の構成 ― その「内容」と「教化」の構造」『社会科学討究』29-1, 1983.
- 山田英子『明治政党論史』創文社, 1999.
- 三宅紹宣『幕末維新の政治過程』吉川弘文館, 2021.
- 相馬由也編『大隈侯論集』実業之日本社, 1923.
- 孫倩「早稲田大学における清国人留学生」『ソシオサイエンス』19, 2013.
- 松尾正人『廃藩置県の研究』吉川弘文館, 2001.
- 松沢裕作『自由民権運動』岩波書店, 2016.
- 安在邦夫『自由民権運動史への招待』吉田書店 2012.
- 桜井良樹『国際化時代「大正日本」』吉川弘文館, 2017.
- 円城寺清『大隈伯昔日譚』新潮社, 1914.
- 五百籏頭薫『大隈重信と政党政治』東京大学出版会, 2003.
- 有馬学『「国際化」の中の帝国日本』中央公論新社, 1999.
- 伊藤之雄「大隈重信と木戸孝允・木戸派―明治維新再考」『法学論叢』180-5・6, 2017.
- 伊藤之雄『大隈重信 「巨人」が夢見たもの』上・下, 中央公論新社, 2019.
- 早稲田大学編『大隈重信演説談話集』岩波書店, 2016.
- 早稲田大学編『大隈重信自叙伝』岩波書店, 2018.
- 佐藤卓己『輿論と世論 日本的民意の系譜学』新潮選書, 2008.
- 真辺将之「大隈重信憲法意見書再考」『自由民権』33, 2020.
- 真辺将之『大隈重信』中公叢書, 2017.
- 清水唯一朗『原敬』中央公論新社, 2021.
- 坂野潤治『近代日本の国家構想 1871－1936』岩波書店, 2009.
- 坂野潤治『明治憲法史』ちくま新書, 2020.
- 檜皮瑞樹「近世人としての大隈重信」『早稲田大学史記要』43, 2012.

야마가타 아리토모(1887년)

제 3 장

야마가타 아리토모와 메이지 국가 건설

박완[†]

3.1 '동지이자 라이벌' 이토와 야마가타

야마가타 아리토모^{山縣有朋}(1838~1922)는 근대 일본 전반기에 걸쳐 활동한 육군 군인이자 정치가이다. 그는 오늘날 일본 혼슈^{本州} 서쪽 끝의 야마구치현^{山口縣}에 해당하는 조슈번^{長州藩}의 번사^{藩士}로서 존왕양이 운동에 투신하여 마지막 무가 정권인 에도 막부에 맞서 싸웠다. 막부 타도 후 메이지 천황^{明治天皇}

[†] 이 글은 박완, 「야마가타 아리토모(山縣有朋)와 메이지(明治) 국가 건설」, 『일본학』 58, 2022을 수정·가필한 것이다.

제3장 야마가타 아리토모와 메이지 국가 건설

(1852~1912)을 중심으로 수립된 신정부에서는 징병 제도 도입 등을 통한 근대적 육군 건설에 힘썼고 청일·러일전쟁 때는 자신이 양성한 육군을 이끌고 출정하거나 후방에서 최고 전쟁 지도에 임하였다. 또한 행정부의 수반인 수상, 정식 명칭은 내각총리대신內閣總理大臣의 지위에까지 올랐을 뿐만 아니라 천황의 정치적 조언자인 겐로元老이자 자신을 중심으로 한 거대한 파벌의 수장으로서 막강한 권력을 행사하였다.

이처럼 야마가타는 메이지 신정부에 출사한 이후 사망할 때까지 50년이 넘는 기간 동안 단 한 번도 권력의 핵심에서 벗어난 적이 없었다는 점에서 근대 일본의 '정치적 인간Homo politicus'의 한 가지 유형을 보여준다고 평가받고 있다. 이와 동시에 그는 생전에도 그리고 사후에도 '육군의 배후 실력자', '권력욕의 화신', '벌족閥族의 총본산', '일본 군국주의·침략주의의 상징' 등 비판적인 꼬리표가 따라다니는 인물이기도 하다.

이러한 그의 일생을 평생의 동지이자 라이벌인 이토 히로부미伊藤博文(1841~1909)와 비교하면 몇 가지 공통점을 발견할 수 있다. 첫째로 두 사람은 모두 조슈번의 최하급 무사 출신이었고 심지어 이토는 원래 농민의 아들이었다. 둘째로 요시다 쇼인吉田松陰(1830~1859)의 사숙私塾인 쇼카손주쿠松下村塾에서 동문수학한 사이였다. 셋째로 둘 다 메이지유신의 원훈元勳으로서 이토는 수상을 총 4차례, 야마가타는 2차례 역임하는 등 정부와 육군의 주요 관직을 두루 거치면서 함께 메이지 국가를 이끌어왔다는 점이다.

3.1 '동지이자 라이벌' 이토와 야마가타

이토와 야마가타의 주요 경력 비교(무관은 ^{武}·초대는 ^{初} 표시)

연도	이토 히로부미	야마가타 아리토모
1873	참의 겸 공부경	육군경^{初武}
1874		참의
1878	참의 겸 내무경	참모본부장^{初武}
1881	참사원 의장^{初}	
1882		참사원 의장
1883		내무경
1885	수상^{初}(총 4차례)	내무대신
1887		감군^{初武}
1888	추밀원 의장^{初}(총 4차례)	
1889		수상(총 2차례)
1890	귀족원 의장^{初}	
1893		추밀원 의장(총 3차례)
1895		육군대신^{武}
1900	입헌정우회 총재^{初}	
1904		참모총장^{武}
1905	한국통감^{初}	

제3장 야마가타 아리토모와 메이지 국가 건설

그럼에도 불구하고 두 사람은 매우 대조적인 모습을 보이기도 한다. 첫 번째는 양자의 개성 차이이다. 우선 이토는 성격이 소탈하고 천진난만하면서 동시에 자부심이 강하고 달변가로서 자기 과시적인 측면이 있었다. 또한 사람을 도구처럼 쓰고 난 뒤에는 돌봐주지 않았다. 이에 반해 야마가타는 근엄하고 신중한 성격이어서 과묵하고 겸손한 척하면서 남에게 속내를 쉽게 보이지 않았다. 또한 적당히 쓸 만한 사람일 경우에는 끝까지 뒤를 봐주었기에 거대한 파벌을 형성할 수 있었다. 그 외에도 이토는 생활이 불규칙하고 소박하며 별다른 취미가 없었지만, 야마가타는 건강 유지에 신경을 쓰면서 규칙적인 생활을 하였고 다도·와카和歌·건축·조원造園 등 다양한 분야에 조예가 깊었다는 점에서도 대조적이었다고 평가된다.

두 번째는 양자의 경력 차이이다. 두 사람 모두 조슈번 번사 즉 무사 출신이었지만 신정부 수립 후 이토는 문관의 길을 걸었던 반면, 야마가타는 문·무 관직을 두루 섭렵했음에도 불구하고 언제나 '일개 무인'을 자처하는 등 무관을 자신의 본직으로 여겼다. 특히 이토는 서구를 모델로 한 정부 조직 개편 및 헌법大日本帝國憲法 제정을 주도하였고 이러한 입헌제 도입의 최종 귀결로서 스스로 일본 보수 정당의 원류인 입헌정우회立憲政友會를 창당하고 초대 총재에 취임하였다. 반면 야마가타는 자신의 세력 기반인 육군을 중심으로 궁중, 관료, 귀족원貴族院(상원), 식민지 등에까지 걸친 광범위한 파벌망을 구축하여 정당 세력의 침투를 막는 데 안간힘을 썼고 그 과정에서 이토와 결정적으로 대립하게 되었다.

세 번째는 양자에 대한 한국 내 인지도 차이이다. 러일전쟁 종결 후 일본이 한국통감부를 설치한 뒤 초대 통감으로 부임한 것이 이토였다는 점, 그가 대한 제국의 외교권을 박탈하고 내정에도 간섭하였으며 더 나아가 고종을 강제 퇴위시키고 군대를 해산하였다는 점, 무엇보다도 통감에서 물러난 뒤 하얼빈 역에서 안중근(1879~1910)에게 사살당했다는 점에서 이토는 도요토미 히데요시豊臣秀吉(1537~1598)와 함께 일본의 한국 침략의 역사를 상징하는 인물로 널리 기억되고 있다.

한편 야마가타는 한국 침략의 주역인 일본 육군을 건설한 장본인이고 그 자신도 군 사령관 혹은 참모총장으로서 청일·러일전쟁에 깊숙이 관여하였으며 마침내 일본이 한국을 강제 병합했을 당시 수상과 통감(즉 초대 조선총독)은 모두 그의 직계 후배에 해당하는 인물들이었다. 그럼에도 불구하고 한국 사람들에게 야마가타라는 인물은 거의 알려져 있지 않을 뿐만 아니라,[1] 한국 역사학계에서도 이토에 비해 야마가타에 관한 연구는 결코 활발하다고 할 수 없다.

---

[1] 지난 2015년에 KBS 방송문화연구소가 한일 수교 50주년을 맞이하여 동 연구소의 국민 패널 중 만 19세 이상의 성인 남녀를 대상으로 실시한 여론 조사에는 '일본 하면 가장 먼저 떠오르는 인물을 자유롭게 응답해달라'는 항목이 존재하였다. 이에 대한 전체 응답 사례 1081건 중 아베 신조(安倍晉三) 당시 수상이 526건으로 1위를 차지한 가운데 2위가 이토 히로부미(111건), 3위가 도요토미 히데요시(85건)였다. 반면 야마가타 아리토모라고 응답한 사례는 1건도 존재하지 않았다(https://kossda.snu.ac.kr/handle/20.500.12236/23041, 2022년 7월 7일 검색).

따라서 이 장에서는 본서 전체의 취지에 따라 야마가타 아리토모가 메이지 국가 건설에서 수행한 역할을 군사, 내정, 외교·국방 면으로 나누어 독자들이 알기 쉽게 서술하고자 한다. 다만 그가 50년이 넘는 장기간에 걸쳐 권력의 핵심에 머물렀다는 점과 한정된 지면 등을 고려하여 그의 정치적 생애 중 전반부에 해당하는 메이지 신정부 수립 직후부터 청일전쟁 발발 직전까지의 시기를 중심으로 서술할 것이다. 또한 여기서는 야마가타가 생전에 천황과 정부 고관들에게 제출한 의견서와 서한, 그의 사후 간행된 전기류 등을 주요 분석 대상으로 한다.

3.2 어친병 편성과 중앙 집권화 추진

야마가타 아리토모는 1838년에 조슈번의 최하급 무사 집안에서 태어났다. 처음에 그는 무예로 입신출세하기 위해 창술 수련에 힘썼지만 1858년에 요시다 쇼인의 쇼카손주쿠에 입문한 것을 전후하여 존왕양이 운동에 투신하였다. 그리고 번 내 급진파의 무력 기반인 기병대奇兵隊라는 비정규 군대의 지휘관이 되어 1864~1866년에 걸쳐 구미 4국 연합 함대, 번 내 보수파, 에도 막부의 2차 조슈 정벌군에 맞서 싸웠다. 마침내 1867년 말에 막부 폐지 및 왕정 복고가 선언되고 이듬해에 메이지 신정부와 구 막부 측과의 내전인 무진전쟁戊辰戰爭이 발발하자, 야마가타는 호쿠리쿠도北陸道 방면 신정부군의 참모로서 사실상 군대를 지휘하여 신정부의 승리에 기여하였다.

그런데 갓 수립된 메이지 신정부는 많은 과제를 안고 있었고 이는 군사 면에서도 예외는 아니었다. 첫 번째로 전근대 일본의 군대는 무사로 이루어진 신분제 군대였다는 점이다. 일본은 12세기부터 무사들이 권력을 잡기 시작하여 천황의 조정과는 별도로 무가 정권인 막부를 수립하였다. 특히 16세기 말에 도요토미 히데요시가 전국을 통일하는 과정에서 이른바 칼 사냥령刀狩令을 내려서 농민들의 무기를 몰수한 결과 지배자인 '무장한 무사'와 피지배자인 '비무장한 농민'이라는 단순 명료한 신분 질서가 성립하였다. 비록 에도 막부에 의한 장기간의 평화를 거치면서 무사의 관료화가 진행되었지만 그럼에도 불구하고 허리에 칼 두 자루를 차고 무武를 독점한다는 것은 무사들의 자기 정체성이자 신분적 특권이었다. 한편 에도 막부 말기가 되면 막부나 각 번藩이 서양식 화기·군제 도입을 계기로 무사가 아닌 자들을 소총수 등으로 모집하는 경우도 점차 늘어났지만 농민 등 전 인구의 90%를 차지하는 일반 백성의 절대다수는 여전히 군사와는 무관한 존재로 남아 있었다.

두 번째로 당시 일본의 군사력이 중앙과 지방에 분산되어 있었다는 점이다. 에도 막부의 수장인 쇼군將軍 그리고 전국에 300곳 가까이 존재했던 번의 영주인 번주藩主는 각각 자신과 주종 관계를 맺은 무사들을 거느리고 있었다. 이들은 평시에는 관료이자 경찰, 유사시에는 군인으로서 주군에게 봉사할 의무가 있었다. 그뿐만 아니라 막부 말기에 막부와 각 번이 제각각 군제 개혁을 추진한 결과 프랑스·영국·프로이센·네덜란드식에 일본 재래식까지 다양한 군제가 혼재하게 되었다. 이처럼

제3장 야마가타 아리토모와 메이지 국가 건설

막부를 타도한 이후에도 각 번이 독자적인 군대를 보유하고 있으면서 군제가 통일되지 않았다는 점도 큰 문제였다.

세 번째로 신정부가 몇몇 유력 번의 무력에 절대적으로 의존하고 있었다는 점이다. 무력으로 막부를 타도하고 수립된 신정부였지만 이는 사쓰마薩摩·조슈·도사土佐 등 유력 번의 군대에 의한 것이었고 신정부 직속 군대는 사실상 존재하지 않았다. 번 군대의 신정부에 대한 귀속 의식은 대단히 낮았고 또 자기 번 출신 지휘관이 아니면 복종하려고 하지 않았다. 실제로 사쓰마와 도사번 군대는 신정부에 불만을 품고 멋대로 각자의 번으로 돌아가 버릴 정도였다. 이처럼 군대가 군사력을 배경으로 신정부의 정책 결정에 간섭하거나 혹은 막부 타도에 공이 있는 유력 정치가이자 지휘관이 자신의 정치적 의사를 관철하기 위해 출신 번 군대의 힘을 이용할 위험성도 존재하였다.

이렇게 볼 때 군사 면에서 신정부가 달성해야 할 목표는 다음과 같았다고 할 수 있다. 첫째로 무사에 의한 무의 독점을 타파하고 모든 신분으로 이루어진 국민군을 건설하는 것이다. 둘째로 중앙 정부가 군사력을 독점하고 군제를 통일하는 것이다. 셋째로 군대와 출신 번과의 유대 관계를 끊음과 동시에 정부와 군을 분리함으로써 군의 전문화를 실현하는 것이다.

신정부 성립 직후에 이러한 과제를 떠맡은 것은 야마가타와 같은 조슈번 출신인 오무라 마스지로大村益次郎(1825~1869)였다. 그는 1869년에 신정부의 군무 전반을 담당하는 중앙 기관인 병부성兵部省이 설치되자 그 차관인 병부대보兵部大輔로

3.2 어친병 편성과 중앙 집권화 추진

임명되었고 각 번 군대에서 지원자를 모집하여 신정부에 직속한 친병親兵을 편성할 것을 계획하였다. 더 나아가 무사의 상직常職을 해제하고 칼을 차는 것을 금지하며 전 국민에 대해 징병을 실시할 것도 구상하였지만 이에 불만을 품은 수구파 사족士族의 습격을 받아 끝내 사망하고 말았다. 또한 그의 사후 신정부는 징병규칙을 제정하여 각 번에 대해 쌀 수확량石高에 비례하여 신분에 상관없이 정해진 인원을 병력으로 제공하도록 명하였지만 이것도 중도에 중단되고 말았다.

그리고 오무라의 뒤를 이어 정부 직속군을 편성하고 국민개병주의에 입각한 징병 제도를 도입한 것이 바로 야마가타였다. 그 자신도 번사이자 무사이면서 출신 번의 이익보다 국가의 이익을 우선하고 무사의 신분적 특권인 무를 박탈하여 전 국민에게 개방하고자 한 것에는 다음과 같은 요인을 들 수 있다.

첫 번째는 기병대奇兵隊 지휘관으로서의 경험이다. 기병대는 에도 막부 말기에 조슈번의 급진적인 하급 무사들이 주도하여 편성한 비정규 군대로서 무사뿐만 아니라 농민·조닌町人 심지어 피차별민까지 포함하는 혼성 부대였다. 그는 기병대를 지휘하여 4국 연합 함대나 막부군 등에 맞서 싸웠다. 그리고 이를 통해 무사들이 의외로 겁이 많고 실전에서 그다지 쓸모가 없는 반면 무사가 아닌 자들도 최신 무기로 무장시키고 잘 훈련하며 애국심을 주입하면 무사보다 더 잘 싸울 수 있다는 점을 실감하였다.

두 번째는 구미 시찰의 경험이다. 그는 무진전쟁이 신정부

제3장 야마가타 아리토모와 메이지 국가 건설

의 승리로 끝난 뒤 1869년부터 1년간 프랑스·독일·러시아·영국 등 유럽 각국을 순방하였다. 그때 그는 신흥 강국으로 떠오르고 있던 프로이센의 왕성한 상무 정신과 국민개병주의에 강렬한 인상을 받았고, 그때의 소감을 "무사의 모습이 아닌 자는 드물구나. 이것이 바로 독일의 도읍이겠지"라고 와카和歌에 담아 읊었다.[2] 또한 이듬해에 시찰을 마치고 귀국하던 중 프랑스와 프로이센 간에 전쟁이 발발했다는 소식을 들었을 때도 "프로이센이 반드시 이긴다고는 예단할 수 없지만 교만한 프랑스는 어쩌면 실패를 초래할지도 모른다"라고 주장하였다.[3] 이처럼 그는 구미 시찰 중 특히 프로이센의 사례에 주목하여 국민개병주의를 철저히 해야 할 필요성을 느꼈다.

세 번째는 그의 출신이다. 그는 원래 좁은 의미의 무사를 의미하는 사무라이侍는 물론 그 아래의 잡졸雜卒인 아시가루足輕에도 미치지 못하는 최하급 무사인 주겐中間이자 지방 하급 관리 집안 출신이었다. 하지만 바로 이 때문에 그는 번주에 대한 충성심이나 봉건적 질서로부터 상대적으로 자유로울 수 있었다. 예를 들어 조슈번 내 보수파와의 내전 당시 번주의 아들이 급진파 세력을 진압하러 출동한다는 소문이 들려왔다. 이에 대해 예전에 그를 곁에서 모셨던 이노우에 가오루井上馨(1835~1915)는 차마 그에게 활을 당길 수 없다면서 주저한 반면 야마가타는 보수파가 번주 부자를 앞세운다면 우리는 그

---

2) 德富猪一郎 編『公爵山縣有朋傳 中卷』山縣有朋公記念事業會, 1933, p.33.
3) 『公爵山縣有朋傳 中卷』, p.42.

들의 조상인 초대 다이묘의 위패를 내세우고 맞서면 된다고 응수하였다고 한다.[4] 이처럼 야마가타는 최하급 무사 출신이었기에 무사의 특권 유지에 그다지 연연하지 않았던 것이다.

한편 신정부는 중앙 집권화의 일환으로서 1869년 6월에 전국의 번주들로 하여금 그 번의 토지와 인민에 대한 지배를 상징하는 지도와 호적을 천황에게 반납하도록 하는 판적봉환版籍奉還을 단행하였다. 하지만 번주들은 명목상 중앙에서 임명한 지번사知藩事라는 자격으로 여전히 자신들의 번을 다스리고 있었다. 그뿐만 아니라 몇몇 번들은 한발 먼저 각종 개혁 정책을 추진하면서 신정부를 압박하고 있었다. 따라서 급속한 중앙 집권화를 달성함과 동시에 신정부의 정치적 주도권을 유지하기 위해 아예 번을 폐지하고 직할 단위인 현縣을 설치한다는 폐번치현廢藩置縣이 사쓰마·조슈 출신 유력자들 간에 극비리에 논의되기 시작하였다.

그런데 번주들이 수백 년간 세습된 권리로 다스려 온 번을 하루아침에 폐지한다는 것은 결코 쉬운 일이 아니었다. 이를 달성하기 위해서는 신정부의 정치적 구심력을 높임과 동시에 무력적 기반을 갖추는 것이 필요하였다. 특히 사이고 다카모리西鄕隆盛(1827~1877)는 무진전쟁에서 개선한 뒤 신정부에 출사하지 않고 고향인 사쓰마에 머무르면서 번의 내정 및 군제 개혁을 주도하여 그 결과 사쓰마번은 수만 명의 무사 군대를

---

4) 德富猪一郞 編『公爵山縣有朋傳 上卷』山縣有朋公記念事業會, 1933, pp.540-541.

제3장 야마가타 아리토모와 메이지 국가 건설

보유하게 되었다. 이처럼 신정부의 양대 축인 사쓰마번의 최고 실력자이자 군사 면에서 압도적인 명망을 자랑하던 사이고를 신정부에 복귀시키고 사쓰마번이 이반하지 못하도록 그 병력 일부를 신정부 직속 군사력으로 흡수하면서 이를 무기로 삼아 폐번치현을 단행하는 것이 최우선 과제였다.

그리고 이러한 인식은 야마가타도 공유하고 있었다. 구미 시찰을 마치고 귀국한 직후 그는 신정부의 요청에 따라 병부성 내 차관보에 해당하는 병부소보^{兵部少輔}로 취임하였다. 당시 병부성의 장관인 병부경^{兵部卿}이나 병부대보는 공석인 경우가 많았으므로 이때부터 그는 신정부의 근대적 육군 건설을 사실상 주도하게 된다.

그런데 그는 병부소보 취임을 수락하는 조건으로 국내 군제를 통일할 것과 사이고를 군정 담당 수반으로 기용할 것을 내세웠다.[5] 그의 의도는 "각 번 할거의 폐단을 타파하고 중앙 집권의 성과를 거두어 정부의 기초를 강고히 하"려면 "제국 육군을 건설하고 전국 병권을 중앙에 통합"해야 하며 이를 위해서는 "천하 제일류의 인물"인 사이고를 내세워서 근본적인 개혁을 단행해야 한다는 것이었다.[6] 이를 통해 그도 폐번치현을 실현하기 위해서는 사이고 기용을 통한 신정부 내 결속력 강화와 정부 직속군 편성이 필요하다고 보았음을 알 수 있다.

---

5)「徵兵制度及自治制度確立の沿革」大山梓 編『山縣有朋意見書』原書房, 1966, p.382(초출은 國家學會 編『明治憲政經濟史論』, 1919년 4월).

6)『公爵山縣有朋傳 中卷』, pp.58-59.

3.2 어친병 편성과 중앙 집권화 추진

 이리하여 1870년 말에 그는 조정의 칙사와 함께 가고시마^{鹿兒島}에 파견되었고 사이고와 회담하여 그에게 신정부에 합류할 것을 요청하였다. 야마가타의 회고에 따르면 그는 중앙 집권화를 위한 군제 개혁의 필요성을 지적하면서 일단 프랑스식으로 육군 군제를 통일할 것을 주장하였고 사이고는 사쓰마·조슈·도사 세 번의 군대를 조정에 바쳐 어친병^{御親兵} 편성을 제안하였다. 이에 대해 야마가타는 어친병 편성의 의의를 다음과 같이 강조하여 사이고의 동의를 얻어 냈다.

> 세 번에서 병력을 바쳐서 어친병으로 삼을 때는 이미 전부 번의 신하가 아니므로 사쓰마에서 제공한 병력이라고 해도 일단 유사시에는 사쓰마 태수^{薩摩守}를 향하여 활을 당길 결심이 필요할 것이다. 조슈·도사 두번에서 제공한 병력도 조슈·도사 번주가 만약 그 향배를 그르쳤을 때는 대의에 따라 번주를 향하여 총을 잡을 각오가 있어야 한다. 그렇지 않으면 어친병이라는 이름은 있어도 그 실질이 없을 것이다.[7]

 원래 전근대 일본 사회의 경우 사람들의 소속감과 충성의 직접적인 대상은 자신들이 태어나고 자란 고향인 번, 그리고 그곳을 다스리면서 자신들과 주종 관계를 맺은 번주였다. 하지만 19세기를 전후하여 서구 열강의 압력과 이에 대한 위기감이 국내에서 내셔널리즘을 촉진하면서 그때까지는 추상적인 존재에 그쳤던 국가로서의 일본과 이를 상징하는 천황에 대한 인식

---

7) 「徵兵制度及自治制度確立の沿革」, p.383;『公爵山縣有朋傳 中卷』, p.80.

제 3 장 야마가타 아리토모와 메이지 국가 건설

이 점차 구체화하기 시작하였다. 그리고 이는 앞서 말한 바와 같이 최하급 무사 출신으로서 애초에 번주에 대한 충성심에서 자유로웠을 뿐만 아니라 '일개 무인'으로서 대외적 위기에 누구보다 민감하였던 야마가타의 경우도 마찬가지였다. 따라서 그는 유력 번에서 제공된 병력에 대해 '천황을 수호하는 군대'라는 명예를 부여하는 대신 출신 번과의 유대 관계를 완전히 끊을 것을 주장한 것이다.

결국 야마가타 등이 설득한 결과 1871년 1월에 사이고는 칙사 일행과 함께 상경하여 신정부에 합류하였고, 또 사쓰마·조슈·도사번에서 제공한 병력 약 8000명으로 최초의 신정부 직속 군대인 어친병을 편성할 수 있었다(훗날 근위병近衛兵으로 개칭). 이를 기반으로 하여 그해 7월에 폐번치현이 단행되기 직전에도 야마가타는 사이고를 만나 "어쩌면 옛 번주나 옛 번신藩臣의 반항이 있을지도 모른다. 경우에 따라서는 병력으로 진압할 필요가 있을 것이다"라고 다짐해 두었다.[8] 그 후 번이 폐지되면서 각 번의 군대도 해산되고 국내 치안 유지를 위해 새로 설치된 4곳의 진대鎭臺 병력으로 재편되었으며 전국의 성곽과 총포 등의 무기류는 전부 중앙의 병부성이 관리하게 되었다.

---

8) 「徵兵制度及自治制度確立の沿革」, p.386; 『公爵山縣有朋傳 中卷』, pp.128-129.

3.3 징병령 제정과 국민 국가 건설

이처럼 야마가타는 전국에 분산되어 있던 군사력을 신정부가 독점하여 중앙의 어친병과 지방의 진대병으로 재편하고 군제를 프랑스식으로 통일함으로써 정치와 군사의 양면에서 중앙 집권화를 달성하는 데 기여하였다. 하지만 앞서 말한 바와 같이 어친병은 몇몇 유력 번에서 제공한 병력, 진대병은 옛 번병 중에서 모집한 자들에 크게 의존하고 있었으며 그 절대다수는 무사 신분이었다. 또한 그의 구상과는 달리 어친병의 장병들은 여전히 옛 번에 대한 귀속 의식을 버리지 못하였고 자기 번 출신 지휘관에게만 복종하려는 경향이 있었다. 이러한 한계를 극복하기 위해서는 보다 근본적인 개혁, 즉 징병 제도를 통해 신분을 초월하여 전국의 모든 장정들로 구성된 국민군을 만들 필요가 있었다.

야마가타의 국민군 건설 구상은 그가 1871년 12월에 병부대보로서 정부에 제출한 '군비 의견서'에서 처음 확인할 수 있다. 그는 예전의 국방이란 "사족과 졸족卒族의 상직"이었으나 이번에 이를 폐지하고 별도로 무관을 선임하여 양성하는 것은 "병제의 일대 변혁"이라고 평가하였다. 그리고 일본 내지를 수비하기 위해 상비병과 예비병을 편성할 것을 주장하면서 다음과 같이 말하였다.

> 상비병을 설치하는 것은 오늘날 제일의 급무로서 하루도 유예할 수 없다. 마땅히 부府·현縣 지방의 크고 작음과 넓고 좁음에 응하여 용감하고 건장한 장정을 선발하여

이들에게 서양식 진법을 가르치고 연마·숙달시킴으로써 기회에 임하여 쓰도록 해야 한다.

이른바 예비병은 항상 부대 내에 있지 않고 평시에는 놓아주어 집으로 돌아가도록 하고 유사시에 징발하여 파견하는 자이다. … 오늘날 황국皇國은 그 제도를 정하여 전국의 남자는 태어나서 20살에 이르러 신체가 건장하고 집안에 문제가 없어 병역을 담당하도록 할 만한 자는 무사와 서민을 막론하고 이를 대오로 편성하고 기한이 지나면 교대로 집에 돌아가는 것을 허락해야 한다. 그러할 때는 전국의 한 명의 사내로서 병사가 아닌 자가 없고 인민이 거주하는 곳으로서 수비가 없는 곳이 없다. 이리하여 수비를 준비하는 것이 비로소 갖추어진다고 할 것이다.[9]

여기에 더 이상 구체적인 설명은 나와 있지 않지만 아마도 그는 이 시점에서 모병 제도에 의한 직업 군인인 상비병과 징병 제도에 의한 의무병義務兵인 예비병으로 구성된 이원적인 군대를 구상한 것으로 보인다. 다만 상비병과 예비병 모두 "사족과 졸족의 상직을 폐지"하며 "무사와 서민을 막론"하고 전국의 성인 남성 중에서 우수한 인적 자원을 확보하려 하였다는 점에서 신분제 군대를 극복하려는 의지를 엿볼 수 있다.

그리고 그는 자신의 논리를 정당화하기 위해 외국의 사례를 들고 있다. 즉 구미 각국은 러시아와 같은 대국에서 네덜란드·벨기에와 같은 소국에 이르기까지 병력의 차이는 있지만 모두

---

9) 「軍備意見書」『山縣有朋意見書』, pp.43-44(1871년 12월 24일).

상비병을 보유하고 있다. 또한 예비병을 보유하지 않는 나라는 없으며 "특히 프로이센이 가장 많아서 전국의 남자 중에는 군사를 모르는 자가 없다. 최근 프랑스와 전쟁을 하여 대승을 거둘 수 있었던 것은 참으로 예비 병력이 많은 데 있"다. 따라서 일본도 이를 모방하여 "정예 상비병을 갖추고 무수한 예비병을 준비"해야 한다고 주장한 것이다.[10] 여기서도 그가 구미 시찰의 경험 및 프로이센·프랑스 전쟁의 결과에서 프로이센의 국민개병주의를 모범으로 삼고 있음을 알 수 있다.

그리고 1872년에 병부성이 육군성陸軍省과 해군성海軍省으로 분리되자 야마가타는 육군성의 장관인 육군경陸軍卿이 공석인 가운데 육군대보陸軍大輔로서 징병령徵兵令 제정 준비 작업에 착수하였다. 이때 작성된 것이 '논주일부병論主一賦兵'이라는 의견서인데 이는 이듬해에 실제로 제정된 징병령의 서언 및 전체 취지와 일치한다는 점에서 징병령의 원안이라고 볼 수 있다. 여기서 그는 신정부가 장래에 취해야 할 군사 제도의 대원칙을 다음과 같이 규정하고 있다.

> 징병 방법은 국가의 큰 법이고 이를 실천함이 어렵다는 것은 물론 새삼 말할 것도 없다. 그 법은 예전과 지금이 그 제도를 달리하고 각국이 그 취지를 달리한다고 하더라도 요컨대 오로지 민병民兵에 의하지 않는 것이 없다. 이른바 민병에는 두 종류가 있으니 장병壯兵과 부병賦兵이 그것이다. 장병은 복역 기간이 몇 년에 이르고 무예에

---

10) 「軍備意見書」, p.44·46.

숙련되어 한 집단의 정병으로 삼아 매우 그 편익을 얻을 수 있다고 하더라도 훗날에 이르면 또 폐해를 낳는 일이 없지 않을 뿐만 아니라 진휼賑恤 축적 등을 마련하지 않으면 실행하기 힘들다. 따라서 이제 이 장병을 폐지하고 부병 일반의 제도를 세우고자 한다.[11]

여기서도 그는 앞으로의 군대는 무사 등 특정 신분에 의존하지 않고 전 국민을 대상으로 하는 '민병' 제도에 의해야 함을 재차 강조하였다. 또한 장기 복역하는 직업 군인인 '장병'의 유용성을 인정하면서도 이들은 훗날 아마도 정치적인 폐단을 낳을 우려가 있고 또 퇴역 연금 등을 적립해야 하는 등 재정적인 부담도 존재한다고 지적하였다. 따라서 이번에 장병을 폐지하고 국민 일반에 대한 병역 부과를 통한 '부병'으로 일원화해야 한다고 주장한 것이다. 이는 1년 전에 그가 상비병과 예비병으로 이루어진 이원적인 군대를 구상한 것에서 한 걸음 더 나아간 것으로 평가할 수 있다.

그런데 야마가타에게 군비와 징병은 단순한 군사적인 의미 이상의 것이었다. 그는 그해 1월의 '내국 육군 시설을 논함'이라는 의견서에서 "교화敎化를 두터이 하여 인심을 복속시키는 것과 무위武威를 왕성하게 하여 천하를 편안하게 하는 것"을 병행해야 "부·현이 하나로 다스려지는 실효"를 기대할 수 있다고 강조하였다.[12] 또한 '논주일부병'에서는 "무릇 남자는

---

11) 「論主一賦兵」『山縣有朋意見書』, pp.51-52(1872년).
12) 「內國陸軍の施設を論ず」『山縣有朋意見書』, p.47(1872년 1월 4일).

태어나서 6살에 소학에 들어가고 13살에 중학으로 옮기며 이를 졸업하여 20살에 이르면 병적兵籍에 들어가는 것이 몇 년이 되면, 마침내 국내를 통틀어 한 명의 사내로서 병정이 아닌 자가 없고 한 명의 백성으로서 학문이 없는 자가 없다"라고 하였다.[13] 즉 그는 의무 교육(교화)과 징병 및 군비 근대화(무위)가 상호 연계하여 이루어져야 국내 질서를 안정시키고 더 나아가 '근대적 국민 만들기'를 달성할 수 있다고 본 것이다.

그런데 무사의 신분적 특권인 무를 박탈하고 일반 백성에게 병역이라는 새로운 부담을 부과하는 것에 대해서는 반발도 예상되었다. 이에 대한 대책으로 야마가타는 "병역이 길고 오래되면 어쩌면 인민의 생업을 방해하며 당시 국가의 세력과 무관하다고 할 수 없다"라고 지적하면서 상비병역(현역) 기간을 2년으로 설정하였다. 또한 "가정을 상·중·하의 3등으로 나누어 상등인 자부터 추첨하고 순차적으로 중·하등에 이른다"라고 하여 경제적으로 여유가 있는 자들부터 상비군으로 입대시키고자 하였다.[14] 마지막으로 그는 징병령안에 첨부한 '사민론四民論'이라는 문서에서 국민개병주의를 원칙으로 하면서도 농민 등은 병역 면제를 폭넓게 인정하는 반면 사족은 원칙적으로 입대시킬 것을 제안함으로써 징병 제도 도입에 대한 사족과 평민 양쪽의 불만을 누그러뜨리고자 하였다. 이러한 구상은 실제 징병령에는 반영되지 않았지만, 여기서는 국내의 반발을

---

13) 「論主一賦兵」『山縣有朋意見書』, p.52.
14) 「論主一賦兵」『山縣有朋意見書』, pp.52-53.

제 3 장 야마가타 아리토모와 메이지 국가 건설

최소화하면서 징병 제도를 실현하고자 한 그의 세심하고 현실주의적인 자세를 엿볼 수 있다.

그리하여 징병령안을 둘러싸고 정부와 육군성 간에 의견 조정이 이루어진 결과 1872년 11월에 메이지 천황 명의의 징병에 관한 조서詔書와 태정관太政官 명의의 징병고유徵兵告諭가 발포되었다. 오늘날의 내각에 해당하는 최고 행정 기관인 태정관이 국민들에게 징병 제도의 의의와 도입 이유 등을 알기 쉽게 설명하는 내용인 징병고유는 고대에서 중세를 거쳐 메이지유신에 이르게 된 과정을 서술하면서 한층 더 철저한 사민평등四民平等과 국민개병주의를 제창하고 있다.

> 우리나라 상고의 제도는 온 나라를 통틀어 병사가 아닌 자가 없었다. 유사시에는 천자가 원수가 되고 장정으로서 병역을 견딜 수 있는 자를 모아서 불복하는 자를 정벌하였고 병역을 해제하고 집으로 돌아가면 농민이니 장인이니 또 상인이 되었다. 물론 후세에 두 자루 칼을 차고 무사라고 칭하면서 방약무인하고 놀고먹으며 심할 경우에는 사람을 죽이고도 관이 그 죄를 묻지 않는 것 등이 아니었다. ⋯
>
> 그러나 대정大政이 일신하여 각 번이 판도版圖를 봉환하고 1871辛未년에 이르러 아득히 먼 옛날의 군현 제도로 되돌렸다. 세습하면서 놀고먹는 무사는 그 녹을 줄이고 칼을 풀어놓는 것을 허락하여 사민이 점차 자유의 권리를 얻도록 하고자 한다. 이는 상하를 균일하게 하고 인권을 한결같게 하는 길이며 곧 병·농을 하나로 합치는 근본이다. 이에 이르러 무사는 종전의 무사가 아니고

3.3 징병령 제정과 국민 국가 건설

> 백성은 종전의 백성이 아니며 똑같이 황국의 일반 백성이고 나라에 보답하는 길도 물론 그 구별이 없을 것이다.
>
> 무릇 천지간에 사물 하나도 세금이 없는 것은 없어서 그것으로 나라의 쓰임에 충당한다. 그렇다면 곧 사람 된 자는 물론 마음과 힘을 다하여 국가에 보답해야 한다. 서양인은 이를 '혈세'라고 칭한다. 생피로 나라에 보답한다는 뜻이다. 또한 국가에 재해가 있으면 사람들은 그 재해의 일부분을 받을 수밖에 없다. 그러므로 사람들이 마음과 힘을 다하여 국가의 재해를 막는 것은 곧 자신의 재해를 막는 근본임을 알아야 한다.
>
> 적어도 나라가 있으면 군비가 있고 군비가 있으면 곧 사람들은 병역에 임해야 한다. 이를 통해 보건대 민병의 법은 원래 자연의 이치이고 우연히 만들어낸 법이 아니다.[15]

징병고유에서 신정부가 구사한 논리의 특징을 정리하면 다음과 같다. 첫째로 고대 일본의 천황 친정親征과 일반 백성에의 병역 부과라는 역사적 사례를 들어 징병 제도 도입을 정당화하였다. 둘째로 이와는 상반되는 중세 봉건제와 병농兵農 분리를 부정하고 예전의 지배 계급인 무사를 '방약무인하고 놀고먹는 존재'라고 신랄하게 비판하였다. 셋째로 무사와 백성의 구분 없이 모두 천황 아래의 동등한 "일반 백성"으로서 동일한 권리와 의무가 있음을 강조하였다. 넷째로 사람들에 대해 국가의 일원인 국민임을 자각하고 병역 수행을 통해 국가에 보답할 것을 요구하였다. 즉 신정부는 기존의 신분 질서 속의 다양한

---

15) 歷史學硏究會 編『日本史史料4 近代』岩波書店, 1997, p.99.

제3장 야마가타 아리토모와 메이지 국가 건설

구성원들을 국민으로 균일화한 뒤 병역이라는 동일한 의무를 부과함으로써 신분제 군대를 극복한 국민군을 편성할 뿐만 아니라 국민 국가를 건설하고자 한 것이다.

그런데 징병고유에서 사민이 평등하게 병역을 부담하는 것을 "자유의 권리"나 "인권"으로 설명한 것처럼 적어도 야마가타 자신은 병역을 국민의 의무임과 동시에 권리라고 인식하고 있었던 것으로 보인다. 예를 들어 징병령에서 도형徒刑 1년 이상을 복역한 자는 병역이 면제된다고 정한 것에 대해 이는 형기를 마친 자는 무죄라는 당시의 형법에 저촉된다고 태정관의 실무자가 육군성 측에 이의를 제기하였다. 하지만 야마가타는 전과자가 병역에 복무하는 것에 반대하면서 "통상의 법률에서는 일단 형기를 마친 자는 무죄이지만 각 부의 법령 내에 선거조항에는 일찍이 어떠한 형벌에 처해진 자는 어떠한 관직에 보임하는 것을 금한다는 등의 정해진 규정이 있어서 조금도 저촉되는 의미는 아니"라고 반박하여 결국 이를 관철하였다.[16] 이를 통해 그가 병역 수행을 단순한 의무가 아닌 일종의 공무담임권과 같은 권리로 국민들에게 제시하고자 하였음을 알 수 있다.

그리하여 1873년 1월에 징병령이 제정되었고 지역에 따라 점진적으로 징병이 실시되었다. 당시 실제로 입대한 자는 극소수에 불과하였지만 그럼에도 불구하고 육군은 징병 제도 도입

---

16) 『公爵山縣有朋傳 中卷』, pp.220-223;「刑餘者を軍務に就かしむることを不可とする建議」『山縣有朋意見書』, p.56(1873년 7월 20일).

을 통해 국민개병주의라는 원칙을 유지하면서 동시에 전국의 장정들에 대해 신체검사를 실시한 뒤 그중 가장 우수한 소수를 선발할 수 있는 '자유'를 획득하게 되었다. 또한 징병령 제정 직후 근위병의 대부분은 해임되고 전국의 진대병 중에서 선발된 자들로 대체되면서 기존의 몇몇 유력 번 출신자들이 근위병에 대해 지니던 영향력은 감소하였다. 게다가 1875년부터 전국적으로 징병이 실시됨과 동시에 옛 번병을 재편한 진대병도 해임되었다. 이처럼 신정부가 처음에 과도기적 조치로 편성한 사족 중심의 군대는 서서히 전 국민으로부터 징집한 군대로 탈바꿈하게 되었다.

한편 야마가타는 징병령이 제정된 지 반년 뒤에 초대 육군경으로 취임하였고 이듬해인 1874년에는 내각의 일원으로서 국가의 중요 정책 결정에 참여할 수 있는 참의參議를 겸하게 되었다. 이리하여 그는 명실공히 신정부 내에서 육군 세력을 대표하는 유력자로 인정받게 된다.

하지만 징병 제도 도입에 대한 민중들의 반응은 대체로 우호적이지 않았다. 수백 년간 일본의 농민들은 자신들의 의무는 납세이고 국방은 어디까지나 무사들의 의무라고 인식하고 있었다. 그러다 보니 근대화 추진에 필요한 재원 마련을 위해 이전과 다를 바 없는 무거운 세금에 시달리고 있던 민중들에게 징병이란 집안의 소중한 노동력까지 신정부가 빼앗아가는 것으로 인식되었다. 게다가 "생피로 나라에 보답한다"라는 '혈세'라는 말에 대한 오해와 두려움까지 겹치면서 각지에서 징병

기피 혹은 징병 반대 봉기가 빈발하였다. 이에 대해 신정부는 주모자를 즉결 처형하는 등 강경하게 대응하였다.

그런데 당시 민중들이 징병 제도 도입에 반발한 데는 다른 이유도 존재하였다. 근세 일본에는 '에타穢多'·'히닌非人'이라고 불리면서 도축, 가죽 가공, 염색, 청소, 범죄인 체포 및 사형수 시체 처리 등에 종사하던 피차별민이 존재하였다. 그런데 신정부는 1871년에 이들에 대한 차별적인 호칭을 폐지하고 평민과 동일한 신분을 부여한다는 해방령解放令을 선포하였다. 하지만 민중들은 옛 피차별민들과 동등하게 병역에 복무한다는 것에 불만을 품었고 그 결과 징병 반대 봉기 참가자들은 피차별민들의 집단 거주지를 습격하기도 하였다. 그럼에도 불구하고 야마가타는 국민개병주의의 원칙하에 피차별민에 대한 징집을 중단하지 않았고 이들이 부대 내에서 예전의 생업에 따라 군화 수선 및 제작 등에 종사할 수 있도록 배려하였다고 한다.[17]

또한 민중들 이상으로 불만을 품었던 것은 사족들이었다. 이들은 자신들이야말로 무력으로 막부를 타도한 주역이고 또 수백 년간 무예를 갈고닦았기에 진정한 군인이 될 자격이 있다고 보았다. 따라서 신정부가 자신들을 '방약무인하고 놀고먹는 존재'라고 비난하고 전 국민에게 무를 개방한 것에 대해 강하게 반발하였다. 그뿐만 아니라 1876년에는 무사 신분을 상징하는 칼을 차는 것을 금지하는 폐도령廢刀令과 사족들에게 녹봉의 몇 년 치 금액에 해당하는 공채를 발급하는 대신 더 이상의 녹봉

---

17) 『公爵山縣有朋傳 中卷』, pp.225-226.

3.3 징병령 제정과 국민 국가 건설

지급을 중단하는 질록처분秩祿處分이 단행되었다. 결국 불평 사족들은 각지에서 무장 반란을 일으켰고 신정부는 신식 군대를 동원하여 이들을 단호하게 진압하였다.

앞서 말한 것처럼 야마가타는 징병령안의 단계에서는 사족을 우선 입대시킬 것을 제안하는 등 이들의 불만을 다소 배려하고 있었다. 하지만 보다 철저한 국민개병주의에 입각한 징병령이 제정된 뒤에는 이에 반발하는 사족들에게 더 이상 동정을 보이지 않았다. 예를 들어 그는 1875년 말에 '폐도廢刀 건언서'라는 의견서에서 다음과 같이 말하였다.

> 지금 전국을 훑어보건대 화족華族·사족들 중 여전히 낡은 관습을 고수하여 칼을 허리에 차는 자가 적지 않다. 참으로 이 자들은 모두 완고하고 무식하여 시세의 변천과 병제의 변혁을 깨닫지 못하고 스스로 말하기를 "적을 막는 것은 여전히 내가 그 일부를 책임지고 또 내 몸을 지키려면 반드시 칼이 필요하다"고 한다. … 이와 같아서 그치지 않을 때는 정치상 다소의 방해를 낳는 것은 물론이고 군대 외에 병기를 휴대하는 자가 있는 것은 육군의 권한에 관계되는 바도 적잖다. 아무쪼록 속히 폐도령을 내려서 전국 인민으로 하여금 점차 개명開明의 경지로 나아가도록 할 것을 희망한다.[18]

여기서 그는 칼을 차는 것을 고집하는 사족들을 "완고하고 무식하여 시세의 변천과 병제의 변혁을 깨닫지 못하"는 자들이라고 비판하고 있는데 이는 앞서 살펴본 징병고유의 논리와

---

18) 「廢刀建言書」『山縣有朋意見書』, p.66(1875년 12월 7일).

유사하다. 또한 군인이나 경찰이 아닌 일반 사족들이 칼을 차도록 내버려 둘 경우 국내 질서가 어지러워질 뿐만 아니라 중앙정부의 육군이 군사력을 독점한다는 원칙이 무너질 수 있다고 지적하였다. 더 나아가 폐도령을 통한 국민들의 "개명", 곧 문명개화文明開化 촉진을 강조한 것이다.

그리고 1877년에는 사쓰마의 불평 사족들이 사이고 다카모리를 옹립하여 서남전쟁西南戰爭을 일으켰다. 최대이자 최후의 사족 반란인 서남전쟁 당시 야마가타는 황족 총사령관을 보좌하는 참군參軍으로 출정하여 현지에서 군대를 사실상 지휘하였다. 그런데 개전 초기에 정부군이 병력 부족 사태에 직면하자 신정부 내에서는 사족을 군인으로 모집해야 한다는 의견이 제기되었다. 이에 대해 야마가타는 어디까지나 전 국민에 대한 징병 제도에 의할 것을 주장하면서도 임시로 사족을 순사로 채용하여 순사대를 편성한 뒤 군대에 편입하는 데는 동의하였다. 여기서도 원칙을 중시하면서도 현실적인 대응을 하는 그의 모습을 확인할 수 있다. 결국 8개월간의 격전 끝에 서남전쟁은 사이고의 죽음과 신정부군의 승리로 끝났고 이것으로 사족 군대에 대한 징병제 군대의 우위가 확립되었다.

한편 1878년 말에는 육군성 참모국參謀局이 참모본부參謀本部로 독립하였고 야마가타는 초대 참모본부장參謀本部長으로 취임하였다. 정부로부터 독립한 천황 직속의 군령 기관이 생겨난 것에 대해 종래에는 특히 1930년대에 뚜렷해지는 군의 독단적 행동과 정치 개입의 출발점으로 평가하는 것이 일반적이었다. 하지만 최근에는 서남전쟁 당시 정부군 지휘의 혼란을 반영하여 천황 아래에 군 지휘 계통을 일원화하고 정부와 군을 분리하여 정변이나 유력 정치가의 의사가 군에 영향을 미치지 못하도록 하기 위한 조치였다는 새로운 평가가 내려지고 있다. 즉 훗날의 역사 전개와는 무관하게 적어도 참모본부 설치 당시 야마가타의 주된 의도는 정군 분리를 통한 군의 전문화였다는 것이다.

이처럼 신정부 초기에 야마가타가 군사 면에서 메이지 국가 건설에서 수행한 역할을 정리하면 다음과 같다. 첫째로 최초의 신정부 직속 군대인 어친병을 편성한 뒤 이를 배경으로 폐번치현을 단행하고 각 번의 군사력을 신정부가 진대병으로 흡수·재편함으로써 정치와 군사의 양면에서 중앙 집권화를 달성하는 데 기여하였다. 둘째로 사민평등 및 국민개병주의에 입각한 징병 제도를 도입함으로써 신분제 군대를 극복한 국민군, 더 나아가 국민 국가를 건설하고자 하였다. 셋째로 어친병 편성 및 참모본부 설치를 통해 군대와 출신 번 혹은 자기 번 출신 정치가와의 유대 관계를 끊고 이를 천황과 국가에 봉사하는 전문 군사 조직인 '국군'으로 탈바꿈하고자 한 것이다.

3.4 민권파에의 대항과 입헌제 구상

지금까지 살펴본 바와 같이 야마가타는 '일개 무인'이라는 자의식에 걸맞게 군제 통일, 신정부 직속 군대 편성, 징병 제도 도입 등을 통해 당시 신정부의 슬로건인 '부국강병富國强兵' 중 강병

제 3 장 야마가타 아리토모와 메이지 국가 건설

건설을 주도하였다. 이와 동시에 그는 '무인'으로서 일본을 위협하는 '적'을 설정하고 이에 맞서 메이지 국가를 수호하는 데 누구보다 민감하였다. 이는 단지 외부뿐만 아니라 내부에 대해서도 마찬가지였는데 이때 그가 내부의 적으로 인식하고 끊임없이 경계한 것은 자유민권운동 세력 즉 민권파였다.

일찍이 1874년에 도사번 출신의 전 참의 이타가키 다이스케板垣退助(1837~1919) 등은 '민선의원 설립 건백서民撰議院設立建白書'를 정부에 제출하여 국민으로부터 선출된 대표로 구성된 의회를 설치할 것을 주장하였다. 그리고 서남전쟁의 경험을 통해 더 이상 신정부에 무력으로 맞설 수 없다는 것이 명백해지자 불평 사족들은 언론·출판·집회·결사 활동을 통한 정부 비판에 나섰다. 여기에 중·상층 농민, 도시·농촌 지식인, 몰락 농민 등이 참가하면서 자유민권운동은 전국적으로 활성화하였다.

이처럼 다양한 출신의 사람들이 참가한 만큼 이들이 운동에 대해 기대한 것도 제각각이었다. 유력 정치가의 경우에는 정권에의 복귀 기회를 엿보고 있었고 막부 타도에 공을 세운 사족이나 평민은 더 높은 관직과 녹봉 혹은 사족 신분 획득 등을 기대하였다. 한편 무거운 세금과 물가 변동으로 인해 몰락한 농민들은 조세 감면, 징병 면제 등을 요구하였다. 다만 이들은 몇몇 유력 번 출신 정치가들의 권력 독점을 비판하면서 헌법 제정 및 국회 개설, 참정권을 비롯한 국민의 각종 권리 보장, 지방 자치 및 조세 부담 경감, 서구 열강과 체결한 불평등 조약의 개정을 통한 국권 회복 등을 요구하였다는 점에서는 공통적

3.4 민권파에의 대항과 입헌제 구상

이었다고 할 수 있다.

그런데 야마가타는 이러한 국내의 정치적 변동의 조짐을 이미 외국에서 발견하고 있었다. 앞서 말한 것처럼 그는 1869년부터 1년간 유럽 각국의 군사뿐만 아니라 문물·제도·산업·종교·풍속 등도 폭넓게 시찰하였다. 그리고 그해 11월에 런던에서 조슈번의 최고 실력자인 기도 다카요시木戶孝允(1833~1877)에게 서한을 보내어 유럽의 정치적 상황을 관찰한 소감을 다음과 같이 전하였다.

> 세계에 합중정合衆政을 바라는 것은 인정人情이 그렇게 하도록 하는 바이고 용의주도한 영국의 정체政體조차 오늘날에는 왕의 위엄이 땅에 떨어질 정도여서 한탄할 만한 일입니다. 성질과 풍토는 다르지만 움츠르드는 것은 마찬가지입니다. 한 번 새롭게 만든 천하이니 만세에 흔들리지 않는 통찰과 참작參酌이 가장 필요하지 않을까 합니다.

여기서 그는 대중의 정치적 대두와 공화주의의 확산 등 '합중정'이 세계의 대세가 되고 있고 입헌 군주국의 모범으로 손꼽히는 영국에서도 국왕의 권위가 눈에 띄게 실추하였다고 한탄하였다. 그러면서 일본에서는 "부디 정政·교敎가 한길로 나아가도록" 하고 "왕의 위엄이 쇠퇴하지 않도록 점차 개혁"할 것을 기도에게 당부하였다.[19] 이처럼 그는 천황의 권위를

---

19) 1869년 11월 17일부 기도 다카요시 앞 야마가타 아리토모 서한,『公爵山縣有朋傳 中卷』, p.29.

유지하면서 그를 중심으로 통합된 신국가 건설을 목표로 점진적인 개혁을 추진한다는 입장이었음을 알 수 있다.

이처럼 세계와 일본의 정치적 앞날에 대해 야마가타가 품은 불안감은 그 자신이 직접 육성한 군대 내에서 현실이 되었다. 즉 서남전쟁 당시 가장 큰 전공을 올렸음에도 불구하고 논공행상이 지연되고 급여가 삭감된 것 등에 불만을 품은 근위포병대대가 1878년에 반란을 일으켜서 지휘관을 살해하고 천황에게 직접 호소하려 한 다케바시竹橋 사건이 발생한 것이다. 이 사건은 징병 제도를 도입하여 군대를 전 국민에게 개방한 이상, 국민의 사상적 동향이 군대 내에 유입하는 것은 불가피하다는 것을 그에게 일깨워주었다.

이에 대해 그는 사건 주모자 다수를 사형에 처하는 등 강경하게 대응하는 한편, 그해 10월에는 군인훈계軍人訓誡를 반포하여 군인 정신 유지에서 충실·용감·복종의 중요성을 강조하였다. 특히 군인은 자유민권운동에 관여하지 말고 그 본분인 정치적 중립을 지킬 것을 요구하면서, 다음과 같이 구체적인 지시를 내리고 있다.

> 조정 정치의 옳고 그름을 논하고 헌법을 사사로이 논의하며 태정관과 성省 등의 포고 및 각종 규칙을 비난하는 등의 거동은 군인의 본분과 배치되는 것이다. … 수다스럽게 제멋대로 의견을 말하고 걸핏하면 시사에 비분강개하여 '민권' 등이라고 칭하면서 본분이 아닌 것을 자임하고, 무관이 처사處士의 제멋대로인 논의나 서생의 미친 짓거리를 흉내 냄으로써 스스로 과장하는 것은 애초에

3.4 민권파에의 대항과 입헌제 구상

있어서는 안 될 일이다. … 또한 신문·잡지에 익명으로 투고하여 시사를 논하는 것 등도 본분에 어긋나는 일이다.[20]

한편 정부는 1875년에 점차 입헌 정체를 수립한다는 메이지 천황 명의의 조칙詔敕을 발포하였고 정부의 입법 자문 기관인 원로원元老院을 설치하여 헌법 초안을 기초하도록 하였다. 또한 자유민권운동이 고조되자 정부 수뇌부는 1879년부터 각 참의에게 입헌제 도입에 관한 의견서를 제출하도록 하였는데 이에 가장 먼저 응한 것이 바로 야마가타였다.

즉 그는 1879년 12월에 '국회 개설에 관한 건의'에서 당시 일본은 안으로는 민심이 이반하고 밖으로는 인접국과의 관계 및 조약 개정 등의 문제를 안고 있다고 진단하였다. 따라서 정치의 기축을 강고히 하기 위해서는 "행정·의정議政·사법의 3권을 정립"하는 것이 급무이고 또 민심이 정부로 돌아오도록 하는 길은 헌법 즉 "국헌國憲을 확립하는 데 있을 뿐"이라고 지적하였다. 또한 이미 점차 입헌 정체를 수립한다는 조칙이 내려졌고 지방 의회인 부현회府縣會가 설치된 이상 "민회民會" 즉 국회를 개설하는 것도 적당하다고 보았다. 그러면서도 "이른바 민회는 곧 군주와 국민의 권한을 분할하는 곳"이고 이것이 실현되는 것은 "국헌 제정의 두뇌를 만드는" 것과 같으므로 신중을 기해야 한다면서,[21] 다음과 같이 말하였다.

---

20) 「軍人訓誡」『山縣有朋意見書』, pp.79-80(1878년 8월 기초).
21) 「國會開設に關する建議」『山縣有朋意見書』, pp.86-87(1879년 12

> 특선 의회特撰議會를 개설하는 것은 참으로 현재 정략상의 득책이다. 무릇 '특선'일 때는 지혜롭고 현명한 자를 골라 이를 선발할 수 있기 때문이다. 지금 다행히도 부현회가 설립되어 있고 그중 뛰어난 자는 어느 부·현에서도 보기 쉽고 알기 쉬운 바이다. 따라서 이들 중 덕식이 있는 자를 선발하여 이들로 하나의 의회를 열어 우선 국헌의 조건을 논의하도록 하고 아울러 천하의 각종 입법 사항에 관여하도록 하며, 이를 몇 년간 경험하여 과연 여기에 입법 대권을 맡기기에 족하다고 한다면 그때에 이르러 민회로 고쳐도 가하다. 혹은 '특선 의회'라는 이름을 두지 않고 부현회에서 투표로 두세 명을 골라 하나의 의회를 설치하는 것도 시의時宜에 따라야 한다. …
> 이러한 의회는 물론 처음부터 '민회'라는 이름을 부여하지 않고 그 집합·해산권은 처음에는 여전히 정부의 손에 남겨 두며, 그 의결한 바도 반드시 행하지는 않는다고 정해야 한다.[22]

여기서는 그의 다음과 같은 입헌제 구상을 알 수 있다. 첫째로 국민이 직접 선출한 대표로 구성된 "민회"에 앞서 부현회 의원 중 학식과 덕망이 있는 이를 정부가 선발하거나 부현회로 하여금 선출하도록 하여 "특선 의회" 혹은 "의회"를 설치한다. 둘째로 이들에게 헌법안을 논의하도록 하고 또 몇 년 동안 입법 사항에 관여하도록 한 뒤 그 성적 여하에 따라 정식으로 입법부로 인정하고 '민회'로 전환한다. 셋째로 '민회'가 성립하기 전까지는 정부가 '특선 의회' 혹은 '의회'를 소집하거나 해산할

월).
22) 「國會開設に關する建議」, pp.87-88.

권한을 보유하고 또한 그 의결 내용에도 구속받지 않는다. 이처럼 그는 민권파의 즉시 국회 개설 요구에 응하지 않고 지방의 유능한 인재를 중앙으로 흡수하여 일종의 회의체를 만든 뒤 몇 년간의 시험 기간을 거쳐 정식 국회로 전환하고 그 전까지는 정부가 우위에 있어야 한다고 주장하였다는 점에서 기본적으로 보수적이고 점진적인 입헌제 구상을 지니고 있었다고 할 수 있다.

그런데 1881년에 히젠번^{肥前藩} 출신의 참의 오쿠마 시게노부^{大隈重信}(1838~1922)가 영국식 의원 내각제에 입각한 헌법 제정 및 국회 개설의 조기 단행을 주장하는 의견서를 제출하면서 입헌제의 내용 및 그 도입의 주도권을 둘러싸고 정부 내에서 갈등이 빚어졌다. 특히 그해 7월에 정부 고관이 홋카이도^{北海道} 관유물을 동향 출신의 어용상인에게 헐값에 불하하려는 계획이 발각되면서 민권파의 정부 비판은 최고조에 달하였다. 그리고 정부 내에서 유일하게 오쿠마가 관유물 불하에 반대하자 이토 히로부미 등은 이를 오쿠마가 민권파와 손잡고 정부를 전복한 뒤 정권을 차지하려는 음모로 간주하였다. 결국 이들은 그해 말에 오쿠마 일파를 정부에서 추방하는 '메이지 14년 정변'을 일으킴과 동시에 성난 민심을 달래기 위해 관유물 불하 중단을 선언하고 1890년까지 국회를 개설하겠다는 메이지 천황의 칙유^{勅諭}를 내려야 했다.

이와 같은 정치적 격변은 야마가타에게도 심각한 위기로 받아들여졌다. 자유민권운동이 군대 내에 유입되어 병사들에게

제3장 야마가타 아리토모와 메이지 국가 건설

영향을 미칠 가능성은 여전히 존재하였다. 또한 육군 내 비주류파로서 야마가타와 대립하던 미우라 고로三浦梧樓(1847~1926) 등 이른바 '4장군'이 정부의 관유물 불하에 반대하는 상주문을 천황에게 제출하는 사건도 일어났다. 따라서 그는 한편으로는 정변 등 정치 질서의 동요가 군대에 파급되지 않도록 하고 다른 한편으로는 기정사실이 된 국회 개설에 대비하여 군주의 권한을 수호할 수 있도록 천황과 군의 관계를 한층 더 강화할 필요성을 절감하게 되었다.

이러한 인식은 1881년 10월에 야마가타를 비롯한 참의들이 연명하여 오쿠마의 파직 요청과 함께 올린 상주문에서 확인할 수 있다. 여기서 이들은 국회 개설 시기를 국민들에게 명시하되 충분한 준비 기간을 두고 개설할 것, 구미 각국 헌법의 장점은 받아들이되 일본 국체國體의 아름다움을 잃지 않고 왕실의 대권을 실추시키지 말 것 등을 주장하였다. 그러면서 입헌 군주국의 기틀을 강고히 하는 길로서 원로원을 장래의 상원으로 개편하는 것과 함께 "육·해군은 제왕이 친히 통수하는 것"을 들었다. 즉 "천자는 병마의 원수이고 군인은 왕실의 수족입니다. 따라서 군인인 자는 오로지 나라를 사랑하고 임금에게 충성하는 의義를 맺으며 정치를 의논할 권리가 없습니다. 이제 마땅히 그 기율을 제정하고 폐하 역시 친히 이를 고무·진작하시며 그 의를 보이시어 그것을 전하여 풍습을 이룸으로써 국가의 간성이 되도록 해야 합니다"라고 설명한 것이다.[23]

---

23) 「國會開設の奏請」『公爵山縣有朋傳 中卷』, pp.873-874(1881년 10

● 3.4 민권파에의 대항과 입헌제 구상

그리고 '천황이 직접 고무·진작하는 군대의 기율'로서 야마가타의 주도하에 이듬해 1월에 발포된 것이 바로 군인칙유^{軍人勅諭}이다. 여기서는 전에 발표한 군인훈계의 논리를 더욱 발전시켜 군인의 본분으로서 충절·예의·무용^{武勇}·신의·검소를 중시할 것을 요구하였다. 그중 '신의'에서 "하급자는 상관의 명을 받드는 것이 실은 곧 짐의 명을 받드는 것이라고 이해하라"라고 하여 상급자에게 천황의 권위를 부여한 것은 경직된 위계질서와 잘못된 명령에 대한 무조건 복종 강요 등 일본군 특유의 악습을 낳은 원인 중 하나로 악명이 높다.

다만 여기서는 자유민권운동에의 대응으로서 군인칙유의 형식과 내용에 주목하고자 한다. 우선 칙유의 주어가 일관되게 '짐^朕'이라는 점에서 알 수 있듯이 여기서는 군 최고 통수권자인 천황이 직접 장병들을 타이르는 형식을 취하고 있다. 또한 서문에서는 "짐은 너희들 군인의 대원수이다. 그러므로 짐은 너희들을 수족으로 의지하고 너희들은 짐을 머리로 우러르니 그 친밀함은 특별히 깊을 것이다"라고 하였고 또 다섯 가지 본분 중 으뜸인 '충절'에서는 "여론에 현혹되지 말고 정치에 관여하지 말며 오로지 한길로 자신의 본분인 충절을 지"킬 것을 강조하였다. 즉 야마가타는 천황과 군을 직결하여 '천황의 군대'로서의 성격을 더욱 분명히 함으로써 정변이나 정권 이동과는 상관없이 정치적 중립을 고수할 것을 군인들에게 재차 요구한 것이다.

월 11일).

이와 같은 그의 의도는 군인칙유의 발포 절차에서도 확인할 수 있다. 그는 칙유 발포 한 달 전인 1881년 12월에 정부의 최고 수반인 태정대신太政大臣 산조 사네토미三條實美(1837~1891)에게 다음과 같이 특별히 요청하였다.

> 육·해군에 내리시는 칙유는 폐하께서 친히 군대를 통솔하시면서 특별히 장졸들에게 훈고訓告를 내리시는 것이므로 다른 조칙과 같이 태정관의 선봉宣奉을 거쳐 시행될 것이 아닙니다. 따라서 태정대신이 칙敕을 받드는 예와는 무관하게 폐하께서 친히 서명하신 뒤 곧바로 군대에 하사하실 것을 희망합니다.[24]

즉 그는 천황이 조칙을 내리면 이에 대해 책임을 지는 태정대신 등의 보필자가 받들어 선포하는 일반적인 경우와는 달리 군인칙유는 "머리"인 '대원수' 천황이 "수족"인 장병에게 직접 하사하는 절차를 밟을 것을 주장한 것이다. 또한 천황으로부터 칙유를 하사받아 이를 육·해군에 전달하는 과정에는 오로지 육군경과 해군경海軍卿만 관여하도록 할 것을 요청하였고 실제로 이에 따라 칙유 발포 및 전달이 이루어졌다. 여기서도 자유민권운동이나 정변 등으로부터 군을 지키기 위해 천황과 군을 직결하고 정부와 군을 분리하고자 한 그의 의도를 확인할 수 있다.

---

24) 「陸海軍に賜る敕諭に關し奏上」『山縣有朋意見書』, pp.104-105(1881년 12월 27일).

3.5 국회 개설 대책으로서의 지방 자치 제도 설계

한편 1882년에 이토가 서구의 헌법 및 입헌제 운영 실태 등을 시찰하기 위해 유럽 순방에 나서자 야마가타는 그를 대신하여 참모본부장에서 참사원參事院 의장으로 이동하였다. 그리고 이듬해에 이토가 귀국하자 내무경內務卿이 되었고 1885년에 이토가 태정관 제도를 근대적인 내각 제도로 개편하고 초대 수상으로 취임하자 내무대신內務大臣으로 입각하여 장기간 재직하였다. 이처럼 그는 점차 '일개 무인'을 넘어 문관 경력도 쌓으면서 정치가로 성장하게 되었고 또 기존의 육군을 넘어 행정·경찰 관료 등으로 자신의 파벌망을 더욱 확대해나갔다.

그런데 참사원은 오늘날의 내각법제국內閣法制局과 같은 법률안 기초·심사 업무뿐만 아니라 지방관과 지방 의회 간의 권한 다툼 등에 대한 심리도 담당하였다. 또한 내무성은 지방 일반 행정에서 경찰·토목·위생·종교 등에 이르기까지 광범위한 업무를 총괄하는 기관이었다. 이러한 기관의 장관직을 경험한 것은 야마가타에게 지방 문제의 중요성을 일깨워주었다고 평가된다. 즉 그는 집회조례 개정·보안조례 제정 등 각종 법령을 통해 지방을 근거지로 활동하는 민권파를 탄압하는 한편 조만간 다가올 국회 개설에 대비하여 지방 자치 제도 정비에 나선 것이다.

지방 자치에 대한 그의 초기의 인식은 1882년 5월에 제출한 '시폐時弊를 논하고 정강政綱을 떨쳐 일으킬 방법을 논한다'라는 의견서에서 확인할 수 있다. 여기서 그는 오늘날의 정당은 "법과 기강을 피하고 규칙을 깨며 심할 때는 함부로 말하고 제멋대로 논의하여 정부에 저항하고 질서를 어지럽히며 예절을 파괴하고 법률의 범위 내에 있으면서도 그 영역을 넘는 것을 자유·자치의 백성이라고 오인한다"라고 격렬하게 비난하였다. 그러면서 정부는 정당에 대해 법에 따라 엄정하게 대처할 것, 지방관을 정리하고 기강을 바로잡아 국민의 신용을 얻을 것, 지방의 실정에 맞게 행정 구역을 개정할 것 등을 건의한 뒤, 다음과 같이 지방에 대해 행정·재정 면에서 어느 정도의 자치를 허용할 것을 주장하였다.

> 정町·촌村 등은 법률 내에 세세한 일에 간섭하는 권한을 해제하고 그 자치를 허용하며 경제를 각지에 위임해도 가하다. 그뿐만 아니라 지방 경제에서 국고로부터 지출해야 할 것과 지방으로부터 지출해야 할 것 혹은 연대해야 할 것 등의 경계를 분명하게 하여 인민으로 하여금 의혹이 없도록 해야 한다.[25]

또한 그는 1883년 6월에는 구미 시찰 중인 이토에게 보낸 서한에서 지방 제도 개정은 "소생의 평소의 주된 논의"라고 하면서 강한 의욕을 보였다.[26] 그 후 그는 이토 내각의 내무대신으로서 1887년에 지방제도편찬위원地方制度編纂委員을 설치하고

---

25) 「時弊を論じ政綱を振起せんとする方法を論ず」『山縣有朋意見書』, p.112(1882년 5월).
26) 1883년 6월 16일자 서한, 伊藤博文關係文書研究會 編『伊藤博文關係文書 8』塙書房, 1980, p.106.

스스로 위원장이 되었으며 독일인 내각 법률 고문의 조언하에 내무 관료들과 함께 지방 자치 제도 정비에 나섰다. 그 결과 1888년 4월에는 시제市制·정촌제町村制가, 헌법 제정 이듬해인 1890년 5월에는 부현제府縣制·군제郡制가 각각 공포되었다. 1890년 말에 제국의회가 처음으로 소집되기 전에 그가 관련 법률 제정을 완료한 것은 민권파가 다수를 차지할 것으로 예상되는 의회에서 동 법률안이 심의되는 것을 막기 위해서였다. 또한 국회 개설이 우선이고 지방 자치 제도는 나중 일이라고 본 이토에게 대항하는 측면도 있었다.[27]

이처럼 야마가타가 주도하여 정비한 지방 자치 제도는 오늘날과 비교하면 참정권 및 자치의 범위에 많은 제약이 있었다. 예를 들어 시회市會 및 정촌회町村會의 선거·피선거권은 만 25세 이상의 남성으로서 일정 금액 이상의 직접 국세를 납부하는 자에게만 부여되었다. 또한 시회는 지방세 납부 총액을 삼등분, 정촌회는 이등분하여 각각의 등급에 속하는 유권자가 같은 수의 의원을 선출하는 등급 선거제를 도입하였고 군회郡會 의원은 정촌회 의원 및 대지주 중에서 호선하는 등 유산 계급에 특권을 부여하였다. 그리고 내무성 및 지방관은 부府·현縣지사 및 군장郡長을 임명하고 지방 의회에 대한 감독·인가·해산권을 지니는 등 관 주도의 지방 자치 제도라고 평가할 수 있다.

이와 같은 제도를 설계한 야마가타의 의도는 1888년 11월에 그가 원로원에서 행한 연설에 잘 드러나 있다. 당시 그는

---

[27]「徵兵制度及自治制度確立の沿革」『山縣有朋意見書』, p.394.

"시제·정촌제 및 군제·부현제는 특히 [국회 개설] 준비 중 가장 크고 중한 것"이라고 평가하면서 전자가 이미 제정된 만큼 원로원에 회부된 후자도 신속히 의결해줄 것을 요청하였다. 그러면서 이 제도에 따라 지방 의회 선거를 치를 경우에는 다음과 같은 효과가 있을 것이라고 설명하고 있다.

> 참으로 재산을 지니고 지식을 갖춘 유력한 인물이야말로 의원의 지위를 차지할 것이다. 이러한 인민은 국가와 평안함과 근심을 함께 하는 자이므로 사회 질서를 중시하는 것은 당연하다. 따라서 그 지방 공동 사무를 처리하는 데 힘쓰고 오늘날과 같이 멋대로 헛된 논의를 주장하고 천하의 정치를 논의하는 폐단을 일소할 것이다. 그뿐만 아니라 스스로 책임을 지고 실제로 지방 공동 정무를 맡을 때는 그 자신이 실제 사무에 숙련되고 정치 경험이 풍부해지기에 훗날 제국의회가 설립될 때에 이르러 그 의원 될 자는 자연히 이러한 자들 중에 있다고 봐야 한다. … 과연 이처럼 노련하고 착실한 인사가 제국의회를 조직하기에 이른다면 그 의사議事는 원활하게 진행되고 정부와 의회의 알력을 보는 일이 없으므로 국헌을 위태롭게 하는 바 없이 상하가 공동으로 국부를 증진하고 제국의 안녕을 영원히 보호·유지할 것이다.[28]

여기서 알 수 있는 그의 의도를 정리하면 다음과 같다. 첫째로 등급 선거제 도입 등을 통해 학식과 재력이 있는 유력자들을 지방 의회 의원으로 흡수한다. 둘째로 지방에 일정 수준의

---

28) 「市制町村制郡制府縣制に關する元老院會議演說」『山縣有朋意見書』, p.191(1888년 11월 20일).

자치를 허용하여 유력자들이 중앙 정치에 관여하지 않고 지방 입법·행정 업무에 전념하도록 한다. 셋째로 이리하여 지방에서 실무 경험을 쌓은 이들이 훗날 중앙 즉 제국의회에 진출하도록 함으로써 정부와 의회 간의 충돌을 예방한다. 이처럼 그가 설계한 지방 자치 제도는 머잖아 개설될 의회와 그 다수를 차지할 민권파에 맞서 지배 질서를 유지하는 데 중점을 두고 있었다. 다만 한편으로 그가 "사람의 지식이 날로 개화하고 학문이 달로 진보함에 따라 인민은 점점 더 참정 사상 및 자치 정신이 풍부해지는 것은 자연히 면할 수 없"다는 점을 인정하면서 "오히려 오늘날 미리 지방 자치·분권 제도를 시행"해야 한다고 주장한 것은 주목된다.[29]

이러한 야마가타의 의도는 훗날 그의 회고에서도 확인할 수 있다. 즉 자신이 일찍이 입헌 정치의 기초로서 지방 자치 제도 도입을 주도한 것은 "자치제의 효과는 단지 민중들로 하여금 그 공공심을 계발하고 아울러 행정에 찬조하는 지식과 경험을 얻도록 하기에 입헌 정치 운용에 이바지하는 바가 지극히 클 뿐만 아니라 중앙 정국 이동異動의 여운이 지방 행정에 파급되지 않도록 하는 이익도 결코 적지 않다"고 보았기 때문이라는 것이다.[30] 이처럼 지방과 중앙의 정치는 엄격하게 분리하되 지방에서 실무 경험을 쌓은 유력자를 중앙으로 흡수하여 인적 연계는 강화한다는 점은 앞서 살펴본 1879년의 입헌제 구상과

---

29) 「市制町村制郡制府縣制に關する元老院會議演說」, p.193.
30) 「徵兵制度及自治制度確立の沿革」, p.394.

동일하다.

또한 그가 지방 자치 제도를 일찍이 자신이 주도하여 도입한 징병 제도의 연장선에서 인식한 것도 주목된다. 그는 최하급 지방 자치 단체장인 정·촌장은 주민들이 직접 선출하되 무급의 명예직으로 할 것을 강력하게 주장하여 이를 관철하였다. 이에 대해 시제·정촌제에 첨부되어 함께 공포된 이유서에서는 국민들이 지방 행정을 담당하도록 하여 자치의 성과를 완수하고자 하려면 "대체로 지방 인민으로 하여금 명예를 위해 무급으로 그 직무를 집행하도록 할 것을 요한다. 그리고 이를 담임하는 것은 그 지방 인민의 의무라고 본다. 이는 국민 된 자가 나라에 진력하는 본무이고 장정이 병역에 복무하는 것과 같은 원칙이며 한 걸음 더 나아간 것이다"라고 설명하고 있다.[31] 즉 그는 일찍이 병역 수행이 국민의 권리이자 의무라고 하였던 것처럼 지방 자치도 지역 주민의 명예이자 의무라고 하면서 이를 통해 국가에 봉사하도록 함으로써 국민 국가를 완성하고자 한 것이다.

한편 야마가타는 1888년 말부터 1년 가까이에 걸쳐 두 번째 구미 순방에 나섰다. 그 목적은 유럽 각국의 군사 시설과 함께 지방 자치 제도의 시행 상황을 시찰하기 위해서였다. 이를 위해 프랑스·이탈리아·독일·오스트리아·러시아·영국 등 각국을 순방하는 한편 베를린대학의 그나이스트 Rudolf von Gneist(1816~1895), 빈대학의 슈타인 Lorenz von Stein(1815

---

[31] 「徵兵制度及自治制度確立の沿革」, p.410.

~1890) 등 이미 이토에게 헌법을 강의한 적이 있던 저명한 학자들로부터 지방 행정, 의회 대책, 외교·국방 등에 관한 지도를 받기도 하였다.

그런데 야마가타가 유럽에 머무르던 당시 프랑스에서는 불랑제$^{Georges\ Boulanger}$(1837~1891) 장군을 옹립하여 정부를 전복하려는 대중 운동이 최고조에 달하였고 독일에서는 광산을 중심으로 대규모 노동 쟁의 및 파업이 발생하였다. 앞서 말한 것처럼 그는 첫 번째 구미 순방 당시 '합중정'이 세계의 대세가 되는 것을 경계하였다. 그리고 이번 순방에서 대중의 정치적 대두와 사회주의의 유행 그리고 각국 의회 정치의 실상을 목격하면서, 내년으로 예정된 국회 개설과 그 이후의 정치 양상에 대해 더욱 우려하게 된 것으로 보인다. 예를 들어 그는 1889년 4월에 요시카와 아키마사^{芳川顯正}(1842~1920) 내무차관에게 보낸 서한에서 다음과 같이 말하였다.

> 소관이 순유巡遊 중에 한두 곳의 상·하원 회의 정황부터 선거 방법을 목격하였더니 침착하고 노련한 논의는 물론 갈채를 받지 못하고 조급하고 과격한 헛된 논의를 주장하는 무리는 점차 명망을 얻는 영향은 학문의 발달에 따라 한 걸음 더 나아가는 정세입니다. … 행정 권력을 중앙에 거두어 잡고 그 운용은 오히려 입법부에 존재하니 상호 이기주의를 주장하여, 그 사이 일국의 손해는 헤아릴 수 없습니다. 국회는 문명의 과실이자 정치가의 정신이라고도 할 것입니다만 그 폐단이 국가를 우롱하기에 이르러서는 실로 개탄을 금할 수 없습니다. 오늘날 우리나라의 형세를 장래에 미루어 생각하건대 상당히

예상 밖의 곤란을 야기할 것입니다. 지금부터 각오해야 한다고 생각합니다.[32]

그리고 야마가타는 구미 순방을 마치고 귀국한 직후인 1889년 12월에 처음으로 수상으로 임명되어 내각을 조직하였다. 이미 그해 2월에 헌법이 제정되었고 이듬해에는 최초의 총선거를 통해 제국의회가 소집될 것이 예정되어 있었다. 이처럼 국민의 대표로 구성된 입법부의 출현에 대응하기 위해 그가 택한 방법은 천황과 군 주류파 간의 안정적인 관계를 구축하여 정부 내 결속력을 강화하는 것, 그리고 천황이 의회 등을 경유하지 않고 군인 및 국민과 직결하도록 하는 것이었다.

메이지유신 이후 '군사 군주'라는 새로운 성격을 띠게 된 천황은 군부대신의 상주 재가에서부터 군대 사열, 부대 연습 지휘, 신설 연대에 대한 연대기聯隊旗 수여, 군 학교 졸업식 및 군함 건조식에의 행차 등에 이르기까지 다양한 군무를 수행해야 했다. 하지만 자신이 깊이 신뢰하던 사이고 다카모리를 서남전쟁에서 죽게 한 것을 계기로 메이지 천황은 야마가타를 비롯한 군 주류파와 점차 거리를 두기 시작하였다. 그 결과 일상적인 군무를 소홀히 할 뿐만 아니라 미우라 고로 등 비주류파의 의견을 중시하고 이들을 중용하고자 하면서 천황과 군 간의 관계가 동요하게 되었다. 이에 대해 야마가타는 수상으로 내정된 직후 다음과 같이 상주하여 천황의 반성을 촉구하였다.

---

[32] 1889년 4월 5일부 요시카와 아키마사·다나카 미쓰아키(田中光顯) 앞 야마가타 아리토모 서한, 『公爵山縣有朋傳 中卷』, pp.1051-1052.

유럽 각국의 제왕은 육·해군 사관을 마치 자제子弟와 같이 보고 그 대우가 은혜롭고 친절한 것은 말로 다할 수 없습니다. 어떨 때는 갑자기 군대에 임하고 어떨 때는 친히 환자를 위문하며 또 사관을 불러들여 회식의 영예를 내리는 등 실로 군인으로 하여금 경애하고 존숭하도록 하는 길은 이미 갖추어졌습니다. 그리고 돌이켜 우리나라의 형세를 보면 동서의 철도가 이미 이어져서 하룻밤 사이에 1000리의 먼 거리에 도달하는 편리함이 열렸음에도 불구하고 아직 어가御駕가 오사카大阪·나고야名古屋·센다이仙臺의 각 사단을 돌지 않으시고 오히려 신하가 행차하시기를 부탁드리는 것 같아서는 헌법상에 육·해군을 통수하시는 폐하의 천직에 부족함이 없겠습니까. … 입헌 군치君治의 성과를 거두고 자손인 백성들 위에 군림하여 폐하께서 황위를 이으신 이래의 큰 계획을 완수하실지의 여부는 오로지 폐하의 천직을 다하실지의 여부에 달려 있습니다.[33]

이를 계기로 메이지 천황은 이듬해인 1890년부터 다시 군무에 적극적으로 임하였을 뿐만 아니라 군인만을 대상으로 하는 훈장 제도를 마련하고 육·해군의 대규모 연습을 현지에서 감독하게 되었다. 또한 야마가타는 사이고에 이어 두 번째로 육군 대장으로 임명되었다. 이는 천황이 야마가타 등 군 주류파의 보필에 따라 행동하는 '대원수'의 역할을 받아들임으로써 양자의 관계가 안정되었다는 것을 의미한다. 또한 천황이 전공을 세운 군인에게 훈장을 수여하고 군사 연습을 직접 감독하며

---

[33] 이상, 1889년 10월의 야마가타 상주문 내용은 坂本一登『伊藤博文と明治國家形成』講談社, 2012, pp.407-408에서 재인용하였다.

제 3 장 야마가타 아리토모와 메이지 국가 건설

연습 종료 후 장병들에게 연회를 베푸는 것은 군인칙유에서 머리와 수족의 관계로 비유된 '대원수' 천황과 군인 간의 관계를 더욱 긴밀하게 하는 데 기여하였다.

마지막으로 야마가타 내각 시기인 1890년 10월에는 메이지 천황의 명의로 교육칙어^{敎育敕語}가 발포되었다. 이는 천황의 선조가 덕을 세우고 신민들이 대대로 이를 준수한 것이 바로 일본의 국체이자 교육의 연원이라고 하면서 국민들에게 효도·우애·화목·신의 등의 유교적 덕목을 비롯하여 근검절약, 근면 성실, 공공·준법 정신, 애국심 등을 강조하는 내용이다. 그런데 교육칙어 작성에 깊이 관여한 이노우에 고와시^{井上毅} (1843~1895) 내각법제국 장관은 이를 신하의 조언에 따른 정치적인 명령이 아니라 천황 개인의 의사표시로서 정치를 초월하여 국민을 직접 타이르는 형식을 취해야 한다고 강력하게 주장하였다.

그 결과 교육칙어에는 천황의 명령에 대한 책임 소재를 명확히 하기 위해 보필자가 함께 서명하는 부서^{副署}가 이루어지지 않았을 뿐만 아니라 천황이 칙어 원본을 직접 문부대신^{文部大臣}에게 하사하는 형식으로 발포되었다. 이는 앞서 살펴본 바와 같이 야마가타가 주도한 군인칙유의 발포 형식과 매우 유사하다. 즉 그는 국회 개설에 대비하여 군주의 권위를 유지하기 위해 '대원수' 천황과 군인뿐만 아니라 '도덕의 체현자'로서의 천황과 국민도 직결하여 유대 관계를 강화하고자 한 것이다.

이처럼 중앙 집권화 및 국민 국가 건설이라는 최초의 목적이 어느 정도 달성된 가운데 새롭게 내부의 '적'으로 등장한 민권파 및 입헌제 도입에 대한 야마가타의 인식과 대응을 정리하면 다음과 같다. 첫째로 세계적인 '합중정'의 추세를 경계하면서 일본 국내의 민권파와 그 후신인 정당을 일관되게 혐오하였다. 둘째로 헌법 제정 및 국회 개설의 필요성 자체는 인정하되 이를 점진적으로 추진하고 가능한 한 정부를 우위에 둘 것을 주장하였다. 셋째로 국회 개설에 대비하여 지방 자치 제도를 도입함으로써 지방과 중앙의 정치는 분리하되 인적 연계는 강화하고자 하였다. 넷째로 군인칙유·교육칙어 제정 등을 통해 천황이 의회 등을 경유하지 않고 군인 및 국민과 직결하도록 한 것이다.

3.6 현실주의와 침략주의가 공존하는 외교·국방론

지금까지 야마가타가 어친병 편성과 징병령 제정을 통해 신정부의 중앙 집권화 및 국민 국가 건설에서 수행한 역할, 또 그가 내부의 적으로 인식한 민권파에 맞서 제시한 입헌제 구상 및 지방 자치 제도 등을 살펴보았다. 그런데 '일개 무인'을 자처한 그의 본분은 역시 일본을 위협할 수 있는 외부의 '적'에 맞서는 것이었다. 육군의 최고 실력자이자 더 나아가 행정부의 수반으로서 그가 국제 정세와 주요 인접국을 어떻게 인식하고 이에 어떻게 대응하고자 했는가는 메이지 국가의 외교·국방 정책에 큰 영향을 미쳤다고 할 수 있다.

야마가타가 서양을 원체험한 것은 1864년의 시모노세키下關

전투에서였다. 에도 막부 말기에 존왕양이 세력의 본거지였던 조슈번이 서양 선박에 기습 포격을 가하자 이에 대한 보복으로 구미 4국 연합 함대가 시모노세키 포대를 파괴하고 점령하는 사건이 일어났다. 야마가타는 기병대를 이끌고 이에 맞서 싸웠지만 패배하였고 그 자신도 부상을 입었다. 이처럼 쓰라린 패배의 경험은 그에게 서양과 일본 간에 엄연한 힘의 격차와 함께 서구 열강이 연합하여 쳐들어올 경우의 위험성을 일깨워 주었다.

또한 앞서 말한 바와 같이 그는 무진전쟁 직후인 1869년 첫 번째 구미 순방에 나섰고 이를 통해 서양과 일본 간 '문명'의 격차를 절감하게 되었다. 이러한 경험은 그의 신중한 성격 및 '무인'으로서의 자의식과 맞물리면서 국제 정세와 각국의 군사력을 면밀하게 계산하고 열강에 맞설 수 있는 군비를 갖추는 데 주력하면서 그때까지는 가능한 한 충돌을 피하되 일단 전쟁이 벌어지면 반드시 승리를 기해야 한다는 외교·국방론으로 이어지게 된다.

그런데 그가 일관되게 가장 큰 경계 대상으로 삼은 것은 바로 러시아였다. 그는 구미 순방 중에 기도 다카요시에게 보낸 서한에서 러시아가 오쿠에조奧蝦夷(오늘날의 홋카이도 북동부)를 습격해 왔다는 소식을 들었다면서 사실 여부를 확인하고 있다.[34] 또한 이듬해에 귀국한 직후 입궐하여 메이지 천황에게

---

34) 1869년 11월 17일부 기도 앞 야마가타 서한, 『公爵山縣有朋傳 中卷』, p.29.

3.6 현실주의와 침략주의가 공존하는 외교·국방론

상주한 것은 바로 러시아의 형세에 관해서였다.[35] 그리고 1871년에 제출한 '군비 의견서'에서는 상비병 및 예비병을 마련하고 전함을 만들며 포대를 쌓는 등의 대비를 해야 한다고 주장하면서 그 이유로 러시아의 위협을 다음과 같이 강조하였다.

> 현재 러시아는 매우 교만하게 창궐하여 일전에 세바스토폴의 맹약을 깨뜨리고 흑해에 전함을 매어 두고 남쪽으로는 이슬람 각국을 빼앗고 인도에 손을 대며 서쪽으로는 만주의 경계를 넘어 아무르 강黑龍江을 오르내리려 한다. 그 의도는 말하자면 동쪽으로는 아직 갑자기 움직일 수 없으므로 다시 병력을 에조蝦夷로 파견하여 북풍을 타고 따뜻한 땅으로 나아가고자 하는 것이다. … 하물며 북문北門의 강적이 날로 닥쳐오려 하는 때에 어찌 이러한 [국방상의] 대계를 세우지 않을 수 있겠는가?[36]

한편 신정부는 수립 직후부터 에도 막부 시대의 외교 방식 및 외교 문서상의 표현을 일방적으로 변경함으로써 조선 측과 갈등을 겪고 있었다. 또한 1871년에는 청과 일본 양측에 복속하고 있던 류큐琉球의 어민이 대만에 표착한 뒤 원주민에게 살해당하는 사건이 일어났다. 이를 계기로 신정부 내에서는 조선과 대만에 대한 군사력 행사를 주장하는 정한론征韓論과 정대론征臺論이 대두하였다. 그중 전자는 지금은 외정보다 내치가 우선이라는 결정이 내려지고 사이고 다카모리 등 정한론자들이 이에 반발하여 일제히 하야하는 '메이지 6년 정변'(1873)

---

35) 「徵兵制度及自治制度確立の沿革」『山縣有朋意見書』, p.381.
36) 「軍備意見書」『山縣有朋意見書』, p.46.

제3장 야마가타 아리토모와 메이지 국가 건설

을 통해 일단 수습되었다. 하지만 후자는 이듬해 5월에 사족 군대가 대만으로 출병하여 원주민에 대한 보복 살인·방화 등을 자행함으로써 청·일 간에 전쟁의 기운이 고조되었다.

당시 야마가타는 육군경이었지만 참의는 아니었으므로 위와 같은 정책 결정에 직접 관여하지는 못하였다. 다만 그는 다음의 세 가지 점에서 이른바 '대만 출병'에 불만을 품었다. 첫째로 육군 군무를 담당하는 육군성이 배제된 채 태정관의 최고 관청인 정원正院에서 비 조슈번 출신 참의들의 주도로 출병이 결정되었다는 점이다. 둘째로 출병을 위해 사족을 군대로 편성함으로써 자신이 공들여 도입한 징병 제도가 유명무실해질 수 있다는 점이다. 셋째로 아직 군비가 완비되지 않은 시점에서 동아시아의 전통적 강국인 청과의 전쟁을 초래할 우려가 있다는 점이다. 이에 그는 몇 번이나 사표를 제출하였고 또 천황이나 정부 고관에게 의견서를 제출하여 사태의 조기 해결을 주장하였다.

예를 들어 1874년 7월에 상주한 '외정 3책'에서는 "진무천황神武天皇께서 창업하신 지 2500여 년의 천하와 일본 백성 3000만 명의 희망이 하루아침에 매우 위급함에 이르렀으니 어찌 지극히 통분하지 않겠습니까"라고 한탄하였다. 그러면서 오늘날 택할 수 있는 계책은 병력을 철수시키고 외교로 뒷일을 수습하는 것, 청과 일전을 불사하면서 외국의 중재를 바라는 것, 이러지도 저러지도 못한 채 지원 병력을 대만에 파견하는 것의 세 가지뿐이라고 단언하였다. 그리고 결론적으로 "첫 번째 계책이 으뜸이라고 봅니다. 하지만 일이 만약 기회에 이르지 못한다면 두 번째 계책에 그쳐야 합니다. 세 번째 계책 따위는 병가兵家에서 가장 꺼리는 바이고 신은 죽더라도 폐하를 위해 이러한 하책下策에 나설 수 없습니다"라고 하였다.[37]

또한 같은 시기에 제출한 '정번征蕃 문제에 대한 상주'에서도 오늘날의 일본은 장교는 학술이 부족하고 병사는 절제가 부족하며 기계는 갖추어지지 않았고 해안 방어책 및 시설은 마련되지 않은 등 군비에 결점이 있다고 지적하였다. 그러면서 대만 출병은 "지극히 불가"한 일이고 "이번에 설령 한때의 요행으로 성공하는 일이 있더라도 국가 양병養兵의 전 국면에 관하여 이를 논하자면 일시에 장교를 천거하고 일시에 병력을 늘리는 속성速成을 바라는 폐단은 퇴보를 초래할 뿐만 아니라 조정은 반드시 그 폐단을 제지하지 못하는 바가 있을 것입니다"라고 경고하였다.[38] 결국 영국이 알선하여 청·일 간에 외교 교섭이 이루어진 결과 그해 말에 청은 일본의 출병을 '의거義擧'라고 인정하고 약간의 배상금을 지급하는 대신 일본은 대만에서 철병하는 선에서 문제가 해결되었다.

이처럼 대만 출병을 사례로 하여 야마가타의 외교·국방론의 특징을 정리하면 다음과 같다. 첫째로 그는 일본의 국력과 군사력을 냉정하게 평가하고 군비가 완전히 갖추어질 때까지는 충돌을 피하고 외교를 통한 문제 해결을 추구하였다. 둘째

---

37) 「外征三策」『山縣有朋意見書』, pp.57-58(1874년 7월).
38) 「征蕃問題に對する封事」『山縣有朋意見書』, pp.63-64(1874년 7월).

로 동아시아의 강국으로서 청을 비교적 높게 평가하고 섣부른 무력 충돌을 감행하지 않았다. 셋째로 '정번征蕃 문제에 대한 상주'에서 대만 출병에 반대하는 이유 중 하나로 "러시아의 경계가 우리 북변에 접하고 그 뜻하는 바를 헤아릴 수 없음은 온 세상이 아는 바입니다"라고 한 것처럼 여전히 러시아에 대한 강한 위기감을 품고 있었다.[39]

하지만 '외정 3책'에서 살펴본 것처럼 외교를 통한 문제 해결이 불가능할 경우에는 단호하게 무력 행사에 나서는 것도 그의 선택지에 포함되어 있었다. 예를 들어 1875년 9월에 일어난 운요호雲揚號 사건을 계기로 강화도에서 조선과 일본 간에 외교 교섭이 벌어지고 있었다. 그러한 가운데 야마가타는 이듬해 1월에 시모노세키에 파견되었는데 이는 만약 양국 간의 교섭이 결렬될 경우 구마모토熊本·히로시마廣島 등 서일본의 진대병을 조선에 출동시킬 준비를 하기 위해서였다. 이처럼 '무인'을 자처하는 그에게 일본의 국익을 위해 외교적 수단과 군사적 수단은 언제든지 병행할 수 있었다는 점에 유의할 필요가 있다.

한편 조일수호조규朝日修好條規 즉 강화도 조약 체결을 통해 일본이 조선을 개항하고 '자주국'이라고 선언함으로써 기존의 종주국인 청과 일본 간에 조선의 지배권을 둘러싸고 서서히 긴장이 고조되었다. 당시 야마가타는 참모본부장으로서 전시 군령 사항이나 평시 육군 제도 및 부대 편제·배치 등과 함께 외국 정보 수집도 주관하고 있었다. 따라서 주재 무관이나 어

---

39) 「征蕃問題に對する封事」, p.62.

● 3.6 현실주의와 침략주의가 공존하는 외교·국방론

학 연구생 등의 자격으로 육군 장교들을 청에 파견하여 정보를 수집한 뒤 1880년 11월에 제출한 의견서가 바로 '인방병비략表隣邦兵備略表를 올림'이다.

그는 첫머리에서 "오늘날 만국이 대치하고 각각 그 강역을 구획하여 스스로 지킵니다. 군대가 강하지 않으면 그것으로써 독립할 수 없습니다"라고 하여 군비의 중요성을 강조하였다.[40] 그리고 이를 정당화하기 위해 러시아의 동방 진출의 위험성과 함께 든 것이 바로 '인방', 즉 인접국인 청의 군사강국화의 가능성이었다. 그는 청은 아직 제도 개혁이 이루어지지 않았고 국민들의 풍속도 낡았으며 구식 무기가 많은 등의 결점이 있지만 최근에는 서양식 무기의 장점을 이해하고 군비 근대화에 힘쓰고 있다고 지적하였다. 그러면서 "청국이 참으로 최근 상황과 같이 병제를 개혁하여 거침없이 그치지 않는다면 마침내 만국에 횡행橫行할 수 있을 것입니다. 어찌 특히 강국을 동양에서 칭할 수 있는 것뿐이겠습니까"라고 전망하였다.[41]

다만 여기서 주목되는 것은 그가 청의 군사강국화를 반드시 우려해야 할 사태로만 인식하지는 않았다는 점이다. 그는 위 내용에 이어서 곧바로 다음과 같이 주장하고 있다.

> 무릇 인접국의 군비가 강한 것은 한편으로는 기뻐해야 하고 한편으로는 두려워해야 합니다. 이를 아시아 동방의 강한 원군으로 삼는다면 물론 기뻐하기에 족하고 이와

---

40) 「進隣邦兵備略表」『山縣有朋意見書』, p.91(1880년 11월 30일).
41) 「進隣邦兵備略表」, p.97.

개전하기에 이른다면 또한 두려워하고 삼가야 합니다. 만약 인접국이 피폐하고 쇠퇴하여 유럽 각국의 먹이가 되도록 한다면 입술과 이의 정세상 우리도 따라서 그 압박을 받을 것입니다. 서로 동방에서 대치하면서 영원히 화평을 유지하는 것이 가장 좋습니다.[42]

즉 그는 서구 열강의 압박을 공통으로 받는 가운데 청·일 양국이 독립을 유지하기 위해서는 청의 군비 근대화와 양국 간의 우호 관계 유지가 필요하다고 본 것이다. 물론 그는 청이 지나치게 군사강국이 되는 것은 경계하였고 "인접국의 병비가 점점 더 견고해진다면 우리나라의 병비도 소홀히 할 수 없습니다. … 북쪽 땅의 강국 러시아와 경계를 접하는 것은 새삼 말할 것도 없고 서쪽 인접국이 과연 강해진다면 우리나라와 조선은 그 사이에 끼어서 마치 춘추 시대의 정鄭·위衞의 진晉·초楚에 대한 관계와 같을 것입니다"라고 경고하는 것을 잊지 않았다.[43] 이처럼 청을 경쟁자이자 장래의 협력자로 인식하고 그 자체적인 근대화 가능성을 비교적 높게 평가한 것이 야마가타의 특징이었다고 할 수 있다.

한편 1882년 7월에 임오군란이 발발하자 이토가 구미 시찰로 부재중인 가운데 야마가타는 참의 겸 참사원 의장으로서 일본 정부의 대응 방침 결정에 관여하였다. 또한 청이 조·일 양국 간을 조정할 것을 제안하자 '조선 사변에 즈음한 대청 방

---

42) 「進隣邦兵備略表」, p.97.
43) 「進隣邦兵備略表」, p.98.

침 의견'을 산조 사네토미 태정대신에게 제출하여 이번 사건에 대한 청의 개입을 일관되게 거절하고 조선과의 직접 담판으로 문제를 해결할 것을 주장하였다. 그리고 "조선이 중국을 구실로 삼아 시간을 끄는 수순으로 나오더라도 우리는 시일을 정하여 신속히 결단하여 대답할 것을 요구하고 만약 회답이 없을 때는 즉시 육·해군으로 강제 배상 처분에 착수해야 한다"라고 결론지었다.[44]

그리고 청이 군사력을 동원하여 임오군란을 진압하면서 조선을 둘러싼 청·일 간의 갈등은 더욱 고조되었다. 이듬해인 1883년 6월에 야마가타는 '대청 의견서'를 제출하여 청은 서양식 군제를 모방하고 서양인 교사를 고용하며 최신식 갑철함甲鐵艦을 포함한 다수의 서양 군함을 구입하였다면서 청의 군사강국화의 가능성에 대해 재차 경고하였다. 그러면서 일본도 갑철함을 신속히 완성하고 해안 포대를 쌓으며 수뢰를 준비하는 것 외에 "외교 정략은 가능한 한 평화롭고 온당한 침로를 택할 것. 만일 불행히도 저들이 평화를 깨뜨리기에 이른다면 우리는 전력을 다하여 승패를 결정하고자 하는 데 비상한 정략이 있어야 한다"라고 주장하였다.[45] 여기서도 그는 기본적으로는 수세 전략 및 청·일 우호를 추구하되 일단 전쟁이 벌어지면 반드시 승리해야 하고 이를 위해 평소에 군비를 갖출 것을 주장하였다는 점, 또 일본의 국익과 밀접한 관련이 있고

---

44) 「朝鮮事變に際する對淸方針意見」『山縣有朋意見書』, pp.117-118(1882년 8월 7일).
45) 「對淸意見書」『山縣有朋意見書』, pp.137-138(1883년 6월 5일).

제3장 야마가타 아리토모와 메이지 국가 건설

상대적으로 국력이 약하다고 본 조선에 대해서는 신중함보다 공격적인 자세가 두드러진다는 점을 확인할 수 있다.

그리고 야마가타가 1886년부터 기초하여 1888년 1월에 완성한 '군사 의견서'는 그의 본격적인 외교·국방론의 초안에 해당하는 것이다. 내무대신이자 육군 교육·검열 책임자인 감군監軍을 겸임하던 시기에 작성된 이 의견서는 단순히 개별 사건에 대한 대응 차원이 아닌 세계의 대세와 일본을 둘러싼 국제 정세를 분석하고 이를 통해 외교 목표를 설정한 뒤 그 실현 수단으로서 국방을 정비해야 한다는 논리를 전개하는 것이 특징이다.

여기서 그는 일본을 위협하는 세 가지 경우의 수를 상정하고 있는데 그중 첫 번째는 영국과 러시아의 충돌이다. 그는 첫머리에서 다음과 같이 말하였다.

> 곰곰이 천하의 오늘날의 형세를 살피건대 아시아에서 영·러 양국이 마찰하여 동양의 일대 파란을 일으키는 것은 바야흐로 몇 년을 넘지 않으려 하고 있다. 사정을 이처럼 절박하게 한 것은 무엇인가? 캐나다 태평양 철도와 시베리아 철도 부설에 의해 영국의 동양 항로를 단축하고 러시아 군대의 동진을 신속하게 한 것이 그것이다. 그뿐만 아니라 남아메리카의 파나마 지협地峽에 개통될 운하는 몇 년 내에 대서양과 태평양을 연락하려 하고 있다. 이는 우리나라가 태연하게 방관해버릴 수 없다. 곧 우리의 안위와 관계되는 바이고 병비를 완전히 갖추는 것은 하루도 소홀히 할 수 없는 바이다.[46]

---

46) 「軍事意見書」『山縣有朋意見書』, p.175(1888년 1월).

즉 그는 영국과 러시아가 전 세계를 무대로 제국주의 경쟁을 벌이는 가운데 새로운 철도와 운하의 개통으로 장거리 병력 수송이 신속하고 편리해지면서 동아시아에서 양국이 충돌하고 일본이 이에 휘말릴 가능성도 그만큼 커졌다고 경고한 것이다. 구체적으로는 영·러 양국이 개전할 경우 "러시아는 시베리아 철도에 의해 신속하게 대군을 파견하여 조선을 침략하여 전략상 긴요한 각지를 점유"하려 할 것이고 이에 맞서 영국은 "반드시 우선 블라디보스토크항을 공격하고 중국과 동맹하여 러시아군을 그 경계선상에서 괴롭히려 할 것이다"라고 예상하였다. 특히 그는 "무릇 러시아의 뜻은 침략에 있다"라고 하여 러시아의 위험성을 재차 강조하였다.[47]

다음으로 두 번째는 청과 일본의 충돌이다. 앞서 본 것처럼 그는 청의 군비 근대화 가능성을 비교적 높게 평가하고 있었다. 또한 여기서도 청은 영국과 동맹을 맺고 러시아에 맞서는 등 제국주의 경쟁의 주체가 될 수 있다고 보았고 또 청·일 양국 간에는 조선과 류큐 문제가 아직 완전히 해결되지 않은 상태라고 지적하였다. 따라서 그는 "중국이 만약 병제를 개혁하고 병비를 정돈하는 날에 이른다면 어쩌면 저들 쪽에서 우리를 이용하여 대국의 위세를 보이고자 하는 행동이 없다고 보장할 수 없다. … 동양에 파란을 일으키는 것이 어찌 단지 영·러뿐이겠는가?"라고 주의를 환기하였다.[48]

---

[47] 「軍事意見書」, pp.177–178.
[48] 「軍事意見書」, p.179.

마지막으로 그가 가장 크게 경계한 세 번째는 러시아의 조선 침략이다. 즉 러시아는 시베리아 철도가 완성되면 철도와 해운을 연계하여 수송 능력을 극대화하기 위해 블라디보스토크를 대신할 부동항不凍港을 확보하려 할 것이라고 보았다. 그러면서 "이와 같은 좋은 항구는 과연 어디에 있는가? 저들이 조선을 엿보는 것은 참으로 하루 이틀 일이 아닌 것이다. 따라서 해당 철도가 준공되는 날은 곧 러시아가 조선을 향하여 침략을 개시하는 날일 것이고, 그들이 조선을 향하여 침략을 개시하는 날은 곧 동양에 일대 파란을 일으키는 날일 것이다"라고 강조하였다.[49]

이처럼 세 가지 경우의 수를 상정한 뒤 그는 러시아와 영국·청이 개전할 경우 일본은 국외 중립을 지키거나 혹은 어느 한쪽에 가담하여 참전하는 것 중 양자택일을 해야 할 것으로 보았다. 그리고 어느 쪽을 선택하더라도 군비를 완전히 갖추는 것이 필요하다면서 "만약 동양에 일대 파란이 일어나는 때가 몇 년을 넘지 않는다고 한다면 물러나서 지키거나 나아가서 싸우는 어느 것을 막론하고 병비를 완전히 갖추는 것은 실로 우리나라의 최대 급무라고 해야 한다"라고 강조하였다.[50] 다만 외정을 위한 부대를 신설하는 것이 아니라 국내 수비를 위해 기존의 6개(근위 사단을 포함하면 7개) 사단을 서둘러 완성하고 해안 포대에 배치할 요새포병 및 공병을 편성할 것을 주장하였다는

---

49)「軍事意見書」, p.180.
50)「軍事意見書」, p.181.

점에서 그의 군비 목표는 비교적 제한적이고 수세적이었다고 할 수 있다.[51]

또한 여기서 야마가타는 일관되게 조선을 열강 대립의 원인이자 충돌의 무대로 간주하였다. 그에게 조선은 영국과 러시아의 "충돌의 기원"이자 "중·일 양국 간 분쟁의 씨앗"이었다.[52] 따라서 그는 "참으로 우리나라의 정략은 조선으로 하여금 완전히 중국과의 관계를 벗어나 자주 독립국으로 만듦으로써 유럽의 어떤 강국이 일을 틈타 이를 침략하여 차지할 우려가 없도록 하는 데 있다"라고 하여 조선에서 청의 영향력을 배제하고 서구 열강이 조선을 독점하지 못하도록 할 것을 주장하였다.[53] 이처럼 조선의 주체성이나 독립 유지 능력을 철저하게 부정하고 열강의 각축 및 일본의 간섭 정책의 대상이자 객체로 인식한 것은 그의 외교·국방론의 또 하나의 특징이라고 할 수 있다.

그런데 야마가타는 이 '군사 의견서'를 곧바로 제출하지 않고 두 번째 구미 순방 중이던 1889년 6월에 빈대학의 슈타인에게 제시하고 의견을 구하였다. 이에 대해 슈타인은 야마가타의 주장을 대체로 높게 평가하면서도 시베리아 철도는 광대한 땅에 단선單線을 부설할 뿐이기에 수송 능력에 한계가 있고 또 캐나다 횡단 철도는 영국 육군이 불완전하기 때문에 두 철도의 개통은 일본에 직접적인 위협이 되지 않을 것이라고 보았다.

---

51) 「軍事意見書」, pp.182–184.
52) 「軍事意見書」, p.177·179.
53) 「軍事意見書」, p.179.

제3장 야마가타 아리토모와 메이지 국가 건설

그러면서 러시아가 시베리아 철도를 통해 조선을 점령하고 동아시아 지역에 해군을 일으키는 경우에만 일본에 문제가 될 것이라고 지적하였다.

하지만 슈타인 의견서의 가장 큰 의의는 야마가타에게 외교·국방론 핵심 개념의 원형을 제시하였다는 데 있다. 그는 다음과 같이 말하였다.

> 무릇 어느 나라를 막론하고 또 이유 여하를 불문하고 병력으로 외적을 막아서 보호하는 주권 구역을 권세 강역權勢疆域이라고 한다. 또한 권세 강역의 존망과 관계되는 외국의 정치·군사상의 상태를 가리켜 이익 강역利益疆域이라고 한다. 따라서 군사 조직은 두 개의 기초에 근거해야 한다. 즉 첫째로 자국의 독립을 보호하고 자신의 권세 강역 내에서 타인의 습격을 배제해야 한다. 둘째로 위급 존망의 시기에 즈음하여 만일 부득이할 때는 병력으로 자신의 이익 강역을 방호할 준비를 해야 한다.

이처럼 그는 한 나라의 주권이 미치는 "권세 강역" 뿐만 아니라 그 국익과 밀접한 관련이 있는 주권 영역 밖의 "이익 강역"도 지켜야 하고 이를 위해 부득이한 경우에는 군사력 행사도 불사해야 한다고 주장한 것이다. 더 나아가 그는 일정한 외교 방침을 정하고 이익 강역을 설정한 나라만이 국제 관계에서 독립한 행위자로 인정받을 수 있고 이익 강역에 대한 외교·군사상의 간섭은 국제법상으로 허용된다고 설명하였다. 이처럼 슈타인의 의견은 제국주의 외교 논리를 통해 외국에 대한 정치·

3.6 현실주의와 침략주의가 공존하는 외교·국방론

군사적 간섭을 정당화하는 근거를 제공함으로써 야마가타가 외교·국방 전략을 수세에서 공세로 전환하는 계기가 되었다.

그리고 슈타인이 본 일본의 이익 강역은 바로 조선이었다. 다만 그는 "일본이 조선을 점령하는 것이 아니라 각 육·해상 교전국에 대해 조선의 중립을 유지하는 것이 필요하다. 참으로 조선의 중립은 일본의 권세 강역을 보전하기 위해 발생하는 모든 이익을 충족하는 것이다"라고 하여 일본은 조선 점령이 아닌 "조선의 현상을 보존"함을 추구해야 한다고 보았다. 하지만 이는 동시에 "일본의 이익 강역은 조선의 중립을 인정하는 데 있으므로 적어도 이를 방해하려 하는 자가 있을 때는 힘을 다하여 이를 간섭해야 한다"라는 조선에 대한 간섭을 정당화하는 논리이기도 하였다. 또한 그는 "조선은 적군의 통행 또는 일부 영토 점령도 저지할 수 없을 것이다. 그럼에도 불구하고 일본은 이러한 경우에 전력을 다하여 막아야 하기 때문에 항상 병력을 파견해둘 수밖에 없다"라고 하여 조선의 독립 유지 가능성을 부정하고 일본이 조선에 군대를 상주시킬 필요성까지 언급하였다. 이는 앞서 '군사 의견서'에서 확인한 야마가타의 대조선 방침 및 조선 인식과 일맥상통한다고 할 수 있다.[54]

그리하여 야마가타가 구미 순방을 마치고 1889년 말에 수상으로 취임한 뒤 이듬해 3월에 '군사 의견서'와 함께 각료들에게

---

54) 이상, 슈타인 의견서의 내용은 村中朋之「山縣有朋の「利益線」概念—その源泉と必然性—」『軍事史學』42-1, 2006, pp.85-86에서 재인용.

제3장 야마가타 아리토모와 메이지 국가 건설

제시한 것이 바로 '외교 정략론'이다. 여기서는 기존의 세계 정세 분석에 슈타인의 권세 강역·이익 강역 개념을 접목하여 일본이 택해야 할 외교 방침을 보다 구체적으로 제시하고 있다. 그는 서두에서 "나라로서 자위의 계책이 없을 때는 그것은 나라가 아니다"라고 단언한 뒤 다음과 같이 말하였다.

> 국가의 독립·자위에는 두 가지 길이 있다. 하나는 이른바 주권선主權線을 수비하여 타인의 침해를 받지 않는 것이고, 또 하나는 이른바 이익선利益線을 방호하여 자신의 요충지를 잃지 않는 것이다. 무엇을 주권선이라고 하는가? 바로 강토疆土이다. 무엇을 이익선이라고 하는가? 바로 인접국과 맞닿아 있는 형세가 우리 주권선의 안위와 긴밀한 관계가 있는 구역이다.[55]

여기서 그는 슈타인의 권세 강역과 이익 강역을 각각 '주권선'과 '이익선'으로 표현하였다. 다만 '권세'를 보다 직접적인 '주권'으로 또 '강역'을 자국과 타국이 대치하는 '선'으로 바꾸어 옮겼다는 점, 그리고 이익 강역은 "외국의 정치·군사상의 상태"라는 다소 추상적인 내용이었던 반면 이익선은 '구역'이라는 명확한 지리적 개념으로 정의하였다는 점에서 동아시아 정세에 대한 그의 위기감을 엿볼 수 있다. 또한 그는 "무릇 국가로서 주권선이 없는 곳은 없고 또 마찬가지로 그 이익선이 없는 곳은 없다. … 오늘날 각국의 곁에 서서 국가의 독립을 유지하고자 한다면 단지 주권선을 수비하는 것으로는 충분하

---

[55] 「外交政略論」『山縣有朋意見書』, p.196(1890년 3월).

다고 할 수 없다. 반드시 더 나아가 이익선을 방호하여 항상 요충지의 위치에 서 있어야 한다"[56]라고 하여 주권선 너머에 이익선을 설정하고 수호할 수 있는 나라야말로 진정한 독립국이라는 슈타인의 논리를 차용하고 있다.

그리고 이러한 주권선·이익선 개념을 이용하여 그는 조선에 대한 간섭을 정당화하였다. 즉 "우리나라의 이익선의 초점은 실로 조선에 있다"라고 명시하면서 시베리아 철도와 캐나다 횡단 철도 개통이 초래할 위험성과 조선의 독립을 유지할 보장이 존재하지 않는다는 점을 지적하였다.[57] 특히 "조선의 독립은 시베리아 철도가 완성을 고하는 날과 함께 박빙의 운명에 다가가려 한다"라고 한 뒤, 만약 조선이 독립을 유지하지 못할 경우에는 "우리 쓰시마^{對島} 제도의 주권선은 머리 위에 칼을 걸어놓은 정세에 처하려 할 것이다"라고 경고하였다.[58]

다만 이전의 '군사 의견서'나 슈타인 의견서와 마찬가지로 여기서도 그는 일본이 군사력 등으로 조선을 독점할 것이 아니라 각국이 연맹하여 조선의 중립을 약속할 것을 제안하였다. 그리고 이에 관하여 "지금 우리나라가 앞장서서 각국을 유도하여 스스로 연맹과 약속의 맹주가 되는 것은 정세상 허용되지 않는 바이다. 다만 다른 한 나라로서 주창자가 있다고 가정한다면 우리나라는 그 연맹자가 되는 위치를 택하는 것은 참으로 필수

---

56) 「外交政略論」, pp.196–197.
57) 「外交政略論」, p.197.
58) 「外交政略論」, p.199.

이고 불가피한 일인 것 같다"[59])라고 하여 일본은 현실적으로 조선 중립화를 주도할 수 없음을 솔직하게 인정하였다. 그 대신 그는 청과의 교제를 두터이 하고 영국이나 독일 혹은 두 나라 모두가 청·일을 중재하도록 함으로써 조선 중립화를 실현할 것을 구상하였다. 이처럼 일본과 청·영국·독일이 공동으로 조선의 중립을 보장함으로써 러시아의 남하에 맞선다는 것이 '외교 정략론'의 핵심이라고 할 수 있다.

한편 야마가타는 조선 중립화에 성공할 경우 "청·일 양국은 조선의 공동 보호주이기에 동양의 세력 균형을 낳고 양국은 장래에 한배를 타서 상무의 기풍을 고무·진작해야 하는 것이지 위축시켜서는 안 된다"라고 하여 청·일 제휴 실현을 그 간접적인 이익으로 들었다.[60] 또한 러시아의 남하로 조선이 독립을 상실한다면 그 직접적인 위험을 입는 것은 청과 일본이고 또 청은 최근 "참으로 전력을 다하여 타인의 점유에 항거할 결의가 있는 것 같다"라고 높이 평가하였다. 따라서 러시아에 맞서기 위해서는 갑신정변 이후 청·일 양국의 조선 동시 철병을 규정한 톈진 조약天津條約을 고수할 것인지 아니면 "한 걸음 더 나아가 연합 보호책에 나서서 조선으로 하여금 공법상 항구 중립의 지위를 갖도록 해야 하는지"를 결정해야 할 것이라고 보았다.[61] 이처럼 그는 조선의 중립을 공동으로 보장함으로써

---

59)「外交政略論」, p.198.
60)「外交政略論」, p.198.
61)「外交政略論」, p.199.

3.6 현실주의와 침략주의가 공존하는 외교·국방론

청·일 관계를 긴밀하게 하고 또 류큐를 둘러싼 양국 간의 오랜 갈등도 해소할 수 있다고 보았다.

그리고 그는 이익선을 지키는 데 필수 불가결한 요소로 군비와 교육을 들었다. 우선 현재의 7개 사단으로 주권선을 지킴과 동시에 점차 사단을 완전히 충원하고 예비 병력 등을 합쳐서 기정 병력 목표인 20만 명을 갖추게 된다면 이익선도 지킬 수 있다고 보았다. 다음으로 국가의 강약은 국민의 애국심에 달려 있다면서 교육의 중요성을 강조하였는데 이것이 바로 그가 교육칙어 발포를 추진한 이유 중 하나였다고 할 수 있다. 다만 여기서도 그는 외정 부대의 신설이 아닌 기존 부대의 충실을 주장하였고 또 주권선과 이익선을 지켜서 독립을 유지하기 위해서는 "앞으로 이십 수년을 기하여 조금씩 조금씩 쌓아서 성적을 보는 경지에 도달해야 한다. 그리고 이 이십 수년간은 곧 우리가 와신상담하는 날이다"라고 한 것이다.[62]

이처럼 그는 '외교 정략론'에서 일본의 주권이 미치지 않는 외국인 조선을 일방적으로 이익선으로 설정하고 이를 지키기 위해서는 군사력 행사도 불사해야 한다고 함으로써 기존의 수세 전략을 공세 전략으로 전환하였다. 하지만 이와 동시에 일본은 조선을 군사적으로 독점하기는커녕 조선 중립의 공동 보장을 주도하는 것조차도 현실적으로 어렵다고 보고 청을 비롯한 여러 나라와 제휴할 것을 주장하였다. 또한 이익선을 지키기 위한 군비 목표도 제한적이었고 이를 장기간에 걸쳐 점진적으

---

62)「外交政略論」, p.200.

제3장 야마가타 아리토모와 메이지 국가 건설

로 달성하고자 하였음을 알 수 있다.

마지막으로 청일전쟁 발발 직전의 야마가타의 외교·국방론을 확인하겠다. 그는 1891년에 수상 자리에서 물러난 뒤 제2차 이토 히로부미 내각의 사법대신을 거쳐 1893년에는 천황의 최고 자문 기관인 추밀원樞密院 의장으로 취임하였다. 그해 10월 즉 청과의 전쟁이 발발하기 채 1년도 남지 않은 시기에 작성한 것이 바로 '군비 의견서'이다.

여기서 야마가타는 러시아의 남하에 대한 종래의 경계심과 함께 청이 서구 열강에 의해 분할될지도 모른다는 강한 위기감을 드러내고 있다. 우선 러시아는 "침략을 대외 정책으로 삼"고 있다고 전제한 뒤 "지금으로부터 10년 뒤에 시베리아 철도가 완전히 개통된다면 러시아는 반드시 몽골을 침탈하기에 이를 것이고 어쩌면 더 나아가 중국 내지에 이를지도 모른다"라고 지적하였다.[63] 그리고 러시아가 남하를 개시한다면 "프랑스는 반드시 수수방관하지 않고 그 군대를 가지고 광시廣西·윈난雲南 접경지에 손을 댈 것은 의심할 나위가 없다"라고 하였다.[64] 한편 영국은 러시아에 맞서 청과 제휴하고자 하지만 만약 러시아와 프랑스가 침략에 나선다면 역시 좌시하지 않을 것이며 "듣자 하니 영국은 이미 윈난을 원하고 쓰촨四川 충칭부重慶府로 나아가서 장강長江의 이권을 지배함으로써 시베리아

---

63) 「軍備意見書」『山縣有朋意見書』, pp.216-217(1893년 10월).
64) 「軍備意見書」, p.217.

철도에 맞서고자" 할 것이라고 설명하였다.[65]

그런데 이에 맞서야 할 청의 군사력에 대해 야마가타는 예전과는 다른 평가를 내리고 있다. 즉 그는 "1874년의 대만 출병 이래 몰래 청국의 동정을 관찰하건대 이후 몇 년간은 그 병제가 착착 진보하여 매우 볼 만한 것이 없지 않았지만 1886~1887년 이후에는 다소 쇠퇴하는 상황에 빠진 것 같다"라고 하면서 청의 군대 내 아편 흡입 유행과 이로 인한 사기 저하를 들었다.[66] 또한 무연 화약의 발명 등 유럽의 무기와 기계는 최근 눈에 띄게 진보하였다면서 "만약 청국의 병제가 오늘날과 같고 기계가 오늘날과 같아서는 설령 철도와 전신을 의외로 진보시킨다고 하더라도 도저히 그것을 가지고 러시아·프랑스에 맞서기에 족하지 않다고 해야 한다"라고 지적하였다.[67] 1890년대 초에는 참모차장을 비롯한 일본 육군 군인들이 청을 방문하고 시찰하였는데 이때 수집한 정보가 야마가타의 대청 인식에 영향을 미친 것으로 보인다.

마지막으로 일본의 군비에 대한 인식에서도 다소의 변화를 발견할 수 있다. 그는 "조선과 관련된 것 같은 사단이 발생하는 것이 언제가 될지 예측하기 힘들다"라고 지적한 뒤 "앞으로 8~9년 동안 충분히 그 병력을 갖추어 일단 유사시에도 이것에 의해 화를 입지 않을 뿐만 아니라 이용할 기회가 있다면 나아

---

65) 「軍備意見書」, p.218.
66) 「軍備意見書」, p.218.
67) 「軍備意見書」, p.218.

가서 이익을 거둘 준비를 해야 한다"라고 강조하였다. 다만 오늘날의 일본 군비는 이른바 "진취進取"는 물론 "퇴수退守"에도 충분하지 않지만 "육군은 그 조직에 대체로 착수하여 만약 일단 유사시에는 곧 수만 명의 병력을 내기 어렵지 않을 것이다"라고 자신감을 드러냈다. 그러면서 "오늘날의 최대 급무는 해군을 정돈하는 데 있다"라고 강조하였다.[68] 즉 이 시점에서 그는 청의 군사력을 부정적으로 평가하고 자신이 육성한 육군의 전쟁 대비 태세에 자신감을 가지게 되었다. 그리고 바로 이것이 이듬해 동학 농민 운동을 계기로 청·일이 결정적으로 대립하였을 때 그가 청과의 개전을 결단한 배경이라고 할 수 있다.

이처럼 일본의 독립과 국익을 위협하는 외부의 '적'이 될 수 있는 주요 인접국에 대한 야마가타의 외교·국방론을 정리하면 다음과 같다. 첫째로 그는 서구 열강과 일본 간의 힘의 격차를 절감하였고 그중에서도 러시아의 남하를 가장 경계하였다. 둘째로 청일전쟁이 일어나기 얼마 전까지도 청의 군사강국화의 가능성을 비교적 높게 평가하고 이를 경계함과 동시에 청과의 제휴도 모색하였다. 셋째로 조선의 주체성을 인정하지 않고 일본을 포함한 열강의 동아시아 정책의 철저한 대상이자 객체로 보았다. 넷째로 러시아나 청에 맞서 국내 수비 혹은 국외의 이익선 수호를 위해 군비를 갖출 것을 일관되게 주장하면서도 그 목표는 제한적이었고 또 이를 점진적으로 달성하고자 하였

---

[68]「軍備意見書」, p.219.

다. 이처럼 일본과 각국의 국력을 냉철하게 계산하고 섣부른 충돌보다 제휴를 우선하면서도 조선에 대한 간섭만큼은 결코 포기하지 않았고 이를 위해서는 전쟁도 불사하였다는 점에서 그의 외교·국방론에는 현실주의와 침략주의가 공존하고 있었다고 할 수 있다.

3.7 끝없는 '적'에 맞서서

지금까지 살펴본 메이지 국가 건설에서 야마가타 아리토모가 수행한 역할을 정리하면 다음과 같다. 먼저 군사 면에서는 어친병을 편성하고 징병령을 제정함으로써 신정부의 중앙 집권화와 국민 국가 건설에 기여하였으며 그 과정에서 무사의 신분적 특권이나 출신 번과의 유대 관계를 철저하게 부정하였다. 다음으로 내정 면에서는 민권파 및 정당을 내부의 '적'으로 간주하고 탄압하는 한편, 다가올 국회 개설에 대비하여 관 우위의 지방 자치 제도를 설계하고 천황을 군인 및 국민과 직결하고자 하였다. 마지막으로 외교·국방 면에서는 외부의 '적'으로서 러시아나 청을 경계하면서도 충돌보다는 제휴를 우선하고 군비 확충도 점진적으로 추진하되 결코 조선만큼은 포기하려 하지 않았다.

그런데 1890년대 전반은 근대 일본 역사의 전환점이었다고 할 수 있다. 우선 1889년에 헌법이 제정되고 이듬해에 국회가 개설됨으로써 근대 일본의 국가 제도는 대체로 완비되었다. 다음으로 1894~1895년의 청일전쟁에서 승리하고 처음으로 해외

식민지를 획득함으로써 일본은 끝없는 대외 팽창으로의 첫발을 내디뎠다. 그러한 가운데 야마가타의 문제 관심도 서구 열강과 동등한 근대 국가를 건설하는 것에서 자신이 공들여 만든 국가를 국내외의 적으로부터 지켜내는 것으로 옮겨가게 되었다. 여기서는 지면 관계상 다루지 못한 야마가타의 후반생을 간략하게 서술하는 것으로 맺음말을 대신하고자 한다.

우선 청일전쟁을 거국일치 체제로 치러서 승리를 거두고 그 후 러시아와의 전쟁을 준비하는 과정에서 점차 정부와 정당은 대립보다 협조를 모색하게 되었다. 그런데 이토 히로부미는 스스로 정당을 조직하고 여당으로 삼음으로써 정국을 안정적으로 운영하고자 한 반면 야마가타는 이에 반대하고 정부는 정당 밖에 있어야 한다는 초연주의超然主義를 고수하였다. 그리고 1898년에 두 번째로 수상으로 취임한 뒤 그는 육·해군대신 임용 자격을 현역 무관으로 한정하고 문관 임용령을 개정함으로써 정당원이 육·해군 및 관료계에 진출하는 것을 저지하였다. 그리고 정계 일선에서 물러난 뒤에도 겐로이자 야마가타벌山縣閥의 수장으로서 정당 세력에 끝까지 저항하였다. 하지만 러일전쟁 이후 특히 제1차 세계대전 종결을 전후하여 국내외적으로 민중이 정치적으로 활성화하고 민주주의·사회주의·공산주의 등이 대두하자 결국 그는 입헌정우회 총재인 하라 다카시原敬(1856~1921)의 수상 취임을 용인하고 그와 제휴할 수밖에 없게 되었다.

다음으로 청일전쟁 당시 야마가타는 자신이 건설한 근대

적 육군을 지휘하여 청의 군대를 격파하는 쾌감을 맛보았고 또 최대한의 전과를 거두기 위해 전선을 더욱 확대할 것을 주장하였다. 하지만 전쟁 종결 직후 삼국 간섭으로 랴오둥 반도遼東半島를 청에 반환하게 되고 또 러시아가 '만주'로 남하를 개시하면서 그는 연합한 서구 열강 및 러시아에 대한 자신의 두려움을 다시 떠올리게 되었다. 다만 그는 러시아와의 전쟁에 대비하여 군비를 확대하면서도 한반도에서의 권익을 확보하기 위해 러시아와의 협상이나 영국과의 동맹 등 외교 수단도 병행하였고 이는 일본이 러일전쟁에서 승리한 이후에도 마찬가지였다. 한편 서구 열강의 중국 분할이 본격화하면서 마침내 청이 멸망하고 중화민국이 수립된 이후에도 그는 국가로서의 중국을 긍정하고 일본이 우위에 있는 중·일 '제휴'의 필요성을 주장하였다. 이러한 자세는 앞서 살펴본 청일전쟁 이전의 그의 외교·국방론과 기본적으로 일치한다.

이처럼 야마가타는 육군의 지도자이자 정치가로서 메이지 국가의 중앙집권화, 국민국가화 및 입헌국가화에 기여함과 동시에 자신들이 만들어낸 국가를 위협하는 내·외부의 적을 끊임없이 설정하고 이에 맞서고자 하였다. 그 적은 시기에 따라 불평 사족, 민권파 및 정당, 민중, 이념, 러시아를 비롯한 서구 열강 등 다양하였다. 그가 제국 일본의 중심인 궁중에서 말단인 식민지에 이르기까지 거대한 파벌망을 구축한 것도 적어도 그의 입장에서는 이러한 적에 대해 '일개 무인'으로서 메이지 국가를 수호하는 방어벽을 쌓기 위한 것이었다고 할 수 있다.[69] 이 점에서 그의 국가 의식은 기본적으로는 수세적이었지만 적어도 조선(한국)에 대해서만큼은, 그리고 일단 전쟁이 일어나면 대단히 공세적인 모습을 보였다는 점에서 이중성을 띤 것이다.

주요 참고 문헌

- 伊藤博文關係文書研究會 編『伊藤博文關係文書 8』塙書房, 1980.
- 大山梓 編『山縣有朋意見書』原書房, 1966.
- 德富猪一郞 編『公爵山縣有朋傳 上·中卷』山縣有朋公記念事業會, 1933.
- 가토 요코, 박영준 역,『근대 일본의 전쟁 논리』, 태학사, 2003. (원저는 加藤陽子『戰爭の日本近現代史』講談社, 2002)
- 박영준,「청일전쟁 전후 일본의 대외전략과 군사정책」,『한국정치외교사논총』36-1, 2014.
- 방광석,「일본의 근대입헌체제 수립과 서양체험―야마가타 아리토모의 제2차 유럽시찰을 중심으로―」,『사총』92, 2017.
- 최덕수,「야마가타 아리토모의 제국주의론과 조선」,『제국주의 유산

---

[69] 이노우에 가오루는 자신의 소개로 야마가타를 처음 방문하는 이에게 "야마가타는 병법으로 사람을 상대하여 우선 첫 번째 성곽을 열고 다음으로 두 번째 성곽에 이르며 세 번째, 네 번째로 서로 알게 됨에 따라 차츰 성곽을 걷어치우니, 처음부터 흉금을 열고 이야기하지는 않을 것이야"라고 주의를 주었다고 한다. 또한 야마가타의 심복 중 한 명인 내무 관료 출신의 기요우라 게이고(淸浦奎吾, 1850~1942)도, 야마가타는 "정략을 병략처럼 안배하여 혹은 척후도 써보고 정찰도 충분히 해보며 … 혹은 '첫 번째 보루가 돌파되었을 경우에는 두 번째 보루를 지키면서 이렇게 해야 한다'"라고 말하였다고 회고하였다(岡義武『山県有朋―明治日本の象徵―』岩波書店, 1958, p.46·81-82). 물론 이는 야마가타의 조심스럽고 신중한 대인 관계나 정치 수법을 말해주는 것이지만, 이와 동시에 지금까지 검토한 그의 국가 의식과도 일맥상통한다고 할 수 있다.

과 동아시아』동북아역사재단, 2014.
- 伊藤隆 編『山縣有朋と近代日本』吉川弘文館, 2008.
- 伊藤之雄『山縣有朋―愚直な權力者の生涯』文藝春秋, 2009.
- 井上壽一『山縣有朋と明治國家』日本放送出版協會, 2010.
- 大島明子「1873年のシビリアンコントロール」『史學雜誌』117-7, 2008.
- 岡義武『山縣有朋―明治日本の象徵―』岩波書店, 1958.
- 岡義武『近代日本の政治家』岩波書店, 1990(文藝春秋新社, 1960).
- 加藤陽子『徵兵制と近代日本 1868~1945』吉川弘文館, 1996.
- 坂本一登『伊藤博文と明治國家形成』講談社, 2012(吉川弘文館, 1991).
- 淸水唯一郞「山縣有朋」『明治史講義 人物編』筑摩書房, 2018.
- 瀧井一博『文明史のなかの明治憲法』講談社, 2003.
- 長井純市「山縣有朋と地方自治制度確立事業―明治二一年の洋行を中心として―」『史學雜誌』100-4, 1991.
- 長井純市「山縣有朋と地方自治制度確立事業―參事院議長就任を中心として―」『法政史學』45, 1993.
- 藤村道生『山縣有朋』吉川弘文館, 1961.
- 村中朋之「山縣有朋の「利益線」概念―その源泉と必然性―」『軍事史學』42-1, 2006.

(昭和三年三月寫)　最近の肖像

다카무라 고운(1928년)

제4장

다카무라 고운과 국가 건설기 일본미술

오윤정[†]

4.1 '국가를 위한 미술'과 직인의 에토스

결국 아버지 고운은 일개의 막말–메이지초기에 걸친 전형적 직인이었다. 이른바 '목조사木彫師'였다. 보다 좁혀 말하면 '불사佛師'였다. 일의 종류로 말해 불사의 범위를 꽤 돌파한 듯이, 예를 들어 《난코동상》이나 《사이고다카모리동상》과 같은 것을 만들어도 그 제작의 기조는 역시 불사적이었다. 또 그 기질이나 인품에 있어서도

[†] 이 글은 오윤정,「메이지 국가 건설기 일본 미술과 다카무라 고운」,『일본역사연구』58, 2022을 수정·가필한 것이다.

제 4 장 다카무라 고운과 국가 건설기 일본미술

완전히 직인의 좋은 점과 약점을 다 지니고 있었다. 그 직인적 인생관은 만년에 이르도록 변하지 않았다. 일에 관해서는 어떤 권력에도 인정人情에도 지지않는 직인 기질의 철저함이 있는 동시에, 세간의 영예에 관해서는 몹시 민감하고 본인의 제실기예원종삼위훈이등帝室技藝員從三位勳二等과 같은 직함을 대단히 중요하게 여겨 조각의 하코가키箱書에 하나하나 그것을 적는 조닌町人 근성을 갖고 있었다.[1]

메이지유신은 불사 다카무라 고운高村光雲(1852~1934)에게서 종래의 일거리를 앗아가는 동시에 새로운 일자리를 마련해 주었다. 1852년 에도 시타마치에서 태어난 고운은 열두 살에 아사쿠사 간논지 부근에서 공방을 운영하던 불사 다카무라 도운高村東雲(1826~1879)의 도제로 들어갔다. 그러나 고운이 십여 년의 수련을 마치고 한 명의 직인으로 독립해야 할 때는 폐불훼석廢佛毀釋[2] 바람으로 불사의 일거리가 급감한 시기였다. 고운은 불상 대신 수출용 공예품과 역사적 위인들의 동상 등을 제작하게 되었다. 메이지 시대 목조 작품으로는 최초로 중요문화재로 지정된 《늙은 원숭이》(도쿄국립박물관소장)는 고운이 1893년 시카고 만국박람회 출품을 위해 제작한 작품이며, 일본 근대 모뉴먼트를 대표하는 황거 앞 광장의 《구스노키마사시게

---

1) 高村光太郎「父との關係」『高村光太郎全集』第10券, 筑摩書房, 1994, pp.225-226.
2) 폐불훼석은 1868년 메이지 정부가 신불분리령(神佛分離令)을 발령한 것을 발단으로 일본 각지에서 불교를 배척하고 불당, 불상, 불구, 불경 등을 파괴한 활동을 일컫는다.

4.1 '국가를 위한 미술'과 직인의 에토스

상(난코상)»과 우에노 공원의 «사이고다카모리상»은 고운이 그 제작을 총괄했다. 고운의 '불사'에서 '조각가'로의 변신은 미술을 식산흥업의 수단이자 국가정체성 구축과 내셔널리즘 강화의 장치로 이용한 메이지 정부의 미술행정과 긴밀히 연동한다. 그러나 고운의 작업은 그의 아들이자 다이쇼 일본의 대표적 모더니스트 다카무라 고타로^{高村光太郎}(1883~1956)로서는 결코 미술가의 일이라 여길 수 없는 것이었다.[3] 미술은 자율적인 개인의 자기표현의 장이 되어야 한다는 모더니즘 예술관의 세례를 받은 고타로에게 고운은 예술가로서의 자의식이 결여된 인물이자 직인의 에토스로 근대를 살아가는 시대착오적 인물로 보였다. 고타로는 「아버지와의 관계」라는 글에서 "아버지의 작품에는 대단한 것은 없었다. 전부 직인적, 불사적 또 에도적이었다"라고 말한다.[4]

고운의 직인적 에토스란 그가 도제 훈련을 받으며 습득한 불사로서의 기질·윤리·관습 등을 말한다. 불사의 일은 개인의 창작이 아닌 주문받은 작품을 스승과 제자들로 구성된 공방을 통해 공동제작하는 것이며, 공방이 의뢰인의 기대에 부응하는 작품을 일정한 수준으로 변함없이 생산해내기 위해서 제자들은

---

[3] 시인이자 조각가인 고타로는 1906년 도쿄미술학교를 졸업하고 4년간 미국과 영국, 프랑스에서 유학했다. 귀국 후에는 예술의 자율성을 주장하는 평론 「녹색의 태양(綠色の太陽)」을 『스바루(スバル)』에 1910년 발표하고 문예잡지 『시라카바(白樺)』 등을 통해 인상파 이후의 서구 예술사조를 활발히 소개했다. 유학 이전부터 로댕에 깊이 경도되어 1916년에는 『로댕의 말(ロダンの言葉)』을 출간하기도 했다.

[4] 高村光太郎「父との關係」, p.229.

제4장 다카무라 고운과 국가 건설기 일본미술

스승의 작업을 반복적으로 모방하며 자신의 기술을 연마한다. 의뢰인 역시 주문한 작품에서 만든 이의 독창성보다는 높은 완성도와 기술적 정교함을 기대한다. 따라서 불사의 일에서 요구되는 직인의 에토스는 고타로가 이상적으로 생각하는 근대적 예술가의 그것과는 완전히 다른 것이었다. 고운은 일본을 대표하는 '조각가'로서 박람회 출품용 조각이나 동상을 맡아 제작할 때에도 변함없이 직인의 에토스를 지켰다. 선행연구들에서는 고운의 정체성을 직인과 예술가로 양분하고, 전자에서 후자로의 이행을 진보 혹은 성숙으로 이해하는 경향이 있다.[5] 이 같은 이분법적 구도 하에서는 고운의 삶과 작업 전반에서 지속된 직인의 에토스가 "일본 근대조각의 시조" 고운이 결국 극복하지 못한 전근대적 한계로 비춰진다.

이 글은 고운의 근대적 예술가로의 이행에 장애가 된 것으로 여겨지는 직인의 에토스가 오히려 그가 근대화를 목표로 한 메이지 정부에 필요한 미술가가 되는 데 도움되지 않았는가라는 가설에서 시작한다. 고운의 대표 작업들은 메이지 일본의 국가 만들기 프로젝트와의 밀접한 관계 안에서 진행되었다. 미술가가 국가건설에 기여한다는 것은 분명 메이지적 현상이며 에도 불사도 다이쇼 모더니스트도 하지 않은 일이다. 메이지 일본에 있어서 지상 과제는 근대 국민국가 건설이었으며 정부는 위로부터의 제도적 근대화의 급속한 진행을 통해 이를 실행했다.

---

5) 毛利伊知郎「髙村光雲: その二面性」『髙村光雲とその時代』三重縣立美術館, 2002, pp.13-16.

4.1 '국가를 위한 미술'과 직인의 에토스

미술 역시 그 외부에 있지 않았다. '미술'이라는 단어 자체가 1873년 빈 만국박람회 참가를 준비하는 과정에서 정부에 의해 만들어졌고 그렇게 탄생한 '미술'의 의미와 역할 역시 관제미술 제도를 통해 구축되어 갔다.[6] 메이지 일본에서 고운은 국가가 필요로 하는 미술을 가장 잘 구현해낸 인물 중 하나였다. 《늙은 원숭이》, 《구스노키상》 등의 대표작을 제작한 고운의 조각가로서의 전성기가 메이지 20년대로 일본의 근대국가 체제가 확립되는 시기와 겹치는 것은 우연이 아니다. 도쿄미술대학 교수, 제실기예원[7] 등을 역임하며 당대 미술가 최고의 영예를 누린 고운은 고타로의 평가와 달리 시대착오적이 아니라 실은 일본의 근대국가 건설기에 가장 시대부합적인 미술가였다. 이 글에서는 메이지라는 새 시대가 요구하는 '국가를 위한 미술'을 제작하는 데에 고운의 한계이자 구시대의 잔재로 여겨져 온 직인의 에토스가 실제로 어떻게 작동했는지 추적해 볼 것이다.

고운은 미술가로서 생전에 얻은 명성에 비해 미술사적으로는 크게 주목받지 못했다. 탄생 150주년을 기념하여 2002년 미에현립미술관에서 열린『다카무라 고운과 그 시대 高村光雲とその時代』전이 최초의 회고전일 정도로 고운의 미술을 종합적으로

---

[6] '미술'이라는 단어는 1873년 빈 만국박람회 출품 구분 분류명 중 독일어 Kunstgewerbe의 번역어로 조어되었다. 北澤憲昭『眼の神殿:「美術」受容史ノート』美術出版社, 1989, pp.140-145.

[7] 제실기예원은 1890년 황실의 일종의 궁정미술가제도로서 마련되었는데 고운은 회화, 조각, 공예 각 분야에서 선발된 초대 '제실기예원' 열 명 중 한 명으로 임명되었다. 전후 폐지된 제도로 궁내성 관계의 다른 미술 정책과 마찬가지로 전후 근대미술사 서술에서 제실기예원 역시 한동안 언급되지 않았다.

제4장 다카무라 고운과 국가 건설기 일본미술

진지하게 검토한 전시와 연구가 오랜 기간 부재했었다. 이는 고운이라는 한 미술가 개인에 대한 평가와 관련된 문제이기도 하지만 일본 근대미술사학사라는 큰 맥락과 연결된 문제이기도 하다. 전전까지 주로 비평의 대상이었던 근대미술의 역사화歷史化 작업은 전후 본격적으로 시작되었다. 그 결과 근대미술사 서술의 가치기준 또한 전후 패러다임을 공유하게 되었다. 사토 도신佐藤道信은 "전쟁 이후 일본미술사에서의 역사화는 국가주의를 축으로 만들어진 근대미술을 전쟁 이후의 민주주의와 새로운 모더니즘이라는 '현대'의 맥락에서 해석하였다"고 정리한다.[8] 패전 후 민주주의 체제를 수립하는 과정에서 일본의 지식인 사회는 군국주의적·국가주의적 이데올로기 비판에 열중했으며, 미술사 서술에서도 정치적·경제적 어떤 외부 목적으로부터도 자유로운 미술의 절대적 자율성을 주장하는 모더니즘의 순수주의 미학이 주류를 이루게 되었다. 모더니즘의 가치체계를 기준으로 일본근대미술의 역사가 서술되면서 고운이 관계한 식산흥업에 초점을 둔 수출용 미술공예품이나 예술이 아닌 정치의 산물로 간주된 동상은 그 역사에서 삭제되거나 주변화되었다.[9] 작가의 내면이 예술의 유일한 근원이자 목적이며, 예술은 이데올로기나 상징과 같은 외적 요소와 관계해서는 안 된다는 모더니즘적 가치관이 지배적인 상황에서

---

8) 사토 도신, 「'近代 日本美術史'의 形成과 그 硏究動向」, 『미술사논단』 10, 2000, p.214.

9) 근대 동상을 일본조각사의 일부로 검토한 연구는 최근에 와서야 이루어졌다. 木下直之『銅像時代: もうひとつの日本彫刻史』岩波書店, 2014.

● 4.1 '국가를 위한 미술'과 직인의 에토스

'국가를 위한 미술'이란 결코 미술사적으로 높은 평가를 받을 수 없었다.

전후 진행된 모더니즘 예술관의 가치체계와 질서를 따른 순수미술 중심의 일본근대미술사 연구에 1990년대 들어 패러다임 전환이 일어났다. '미술'이 일본의 근대화 과정에서 서양으로부터 이식한 개념을 근거로 구축된 제도라는 사실을 밝힌 기타자와 노리아키^{北澤憲昭}의 연구를 시작으로 그간의 근대미술사 서술을 반성하고 해체하는 연구들이 등장했다.[10] 서구의 근대미술 체제를 기준으로 했을 때 몰이해, 불완전, 미성숙이라 평가되어 미술사에서 지워졌던 대상들을 발굴해 근대 일본의 '미술'로서의 의미를 밝히는 연구가 진행되었다. 예를 들어 사토 도신은 근대미술사에서는 왜 문부성 관련 미술만 다루며 농상무성 혹은 궁내성 계통의 미술은 삭제되었는지 따져 묻고 기노시타 나오유키^{木下直之}는 생인형^{生人形}[11]처럼 미술사에서는 완전히 잊힌 미세모노^{見世物}들이 메이지 초기까지도 유화, 사진 등과 구별 없이 생산되고 소비되었음을 상기시켰다.[12] 조각사에서는 로댕의 영향을 받은 오기와라 모리에^{荻原守衞}(1879~1910), 다카무라 고타로 등의 출현으로 비로소 근대적 조각이 일본에서 시작되었다는 기존 시각을 수정하려는 연구와

---

10) 北澤憲昭『眼の神殿』.
11) 실제 살아있는 인간처럼 보일 정도의 정교하게 만들어진 등신대 인형으로 에도시대 후기부터 메이지초기에 걸쳐 미세모노로 인기를 끌었다.
12) 佐藤道信『≪日本美術≫の誕生: 近代日本の「ことば」と戰略』講談社, 1996과『明治國家と近代美術: 美の政治學』吉川弘文館, 1999; 木下直之『美術という見世物: 油繪茶室の時代』平凡社, 1993.

제4장 다카무라 고운과 국가 건설기 일본미술

전시가 등장했다.[13] 모더니즘 중심의 일본근대미술사 서술을 상대화하는 연구의 계보를 따르는 이 글은 선행연구들과 마찬가지로 근대 일본에서 '미술'이라 불린 것이, 그것이 'fine art'에 부합하는 것이었는가 아닌가와 관계없이 무엇이었는지를 살피는 데 관심을 두고 있다.[14] 선행연구들은 이 문제를 관련 제도와 '미술'을 소비한 사회의 집단 욕망에 주목해 재구성한 반면 미술가들이 어떤 생각과 태도로 '미술'을 만들었는지에는 큰 관심을 보이지 않았다. 이는 창작하는 개인에게 과도하게 무게를 두는 기존 미술사 연구방법론에 대한 저항에서 기인하는 것일 수 있다. 본 연구 역시 전후 작가론 중심의 연구 방법을 부활시켜 고운을 '근대적 예술가'로 재평가하는 데에는 관심을 두고 있지 않다. 이 글은 사토 도신이 『메이지국가와 근대미술: 미의 정치학明治國家と近代美術 美の政治學』에서 그 전모를 정치하

---

13) 일본근대조각사에서 배제되었던 상아조각사, 인형사, 대공, 도공, 석공, 금공 직인들이 제작한 입체조형까지 포함하는 조각사 서술이 시도되고 있다. 田中修二『近代日本最初の彫刻家』吉川弘文館, 1994; 田中修二 編『近代日本彫刻集成　幕末·明治編』國書刊行會, 2010; 田中修二『近代日本彫刻史』國書刊行會, 2018. 전시로는 2004년 시즈오카현립미술관에서 개최된『「彫刻」と「工藝」: 近代日本の技と美』와 2007년 도쿄국립근대미술관·미에현립미술관·미야기현립미술관을 순회한『日本彫刻の近代』등이 있다.

14) "오역에서 출발한 일본의 '미술'은 제작상에 있어서도 표현사상으로서도 가지가지의 오역으로 가득 차 있다 … 그러나 설령 오역이었다 하더라도 또는 편파라 하더라도 그것이 다른 것과 바꿀 수 없는 근대 일본의 '미술'이라는 사실에는 조금의 흔들림도 없다. 바로 이 점에서 그 역사는 탐구되고 해명되어야 할 가치를 잃지 않았다. 또한 오해, 편파라는 판단이 서양미술을 기준으로 한 판단이라는 확집에 있어서 그러한 탐구는 조형의 미래에 얼마간의 기여를 할 것이 틀림없다." 기타자와 노리아키,「'美術' 개념의 형성과 리얼리즘의 轉位: 메이지·다이쇼期의 '미술' 인식에 대하여」,『미술사논단』2, 1995, pp.77-78.

게 분석한 메이지 미술행정을 고운을 통해 그 실행에 참여한 미술가의 측면에서 재구성해 볼 것이다. '국가 유용의 기술'로 '미술'을 실천한 당시 메이지 일본에서 고운이 어떻게 자신의 '기술'을 발휘해 국가에 기여하고 입신출세했는가를 살펴보는 중에 미술을 넘어 메이지 일본을 이해하는 연구로 확장될 수 있기를 희망한다.

고운이 어떠한 생각과 태도로 메이지 미술관련 정책들에 참여했는가를 추적하는 데에는 1922년 당시 만 70세의 고운이 아들 고타로와 소설가 다무라 쇼교田村松魚(1874~1948)를 상대로 자신의 일생을 회고한 내용을 정리해 출판한 『고운회고담光雲懷古談』을 주로 참고했다. 막말에서 메이지에 걸친 변혁기를 살아간 고운과 주변인의 삶과 사회의 모습이 담겨있는 회고담은 1923년 『중앙공론』에 연재된 이후 여러 차례 재간행되었다.[15] 더불어 고운의 두 아들이 아버지에 대해 회상한 글도 고운이 작업에 임하는 방식이나 작업 시에 했던 고민들을 구체적으로 전하는 자료로서 참고했다.[16] 고운 본인과 측근들이 남긴 회고담은 개인의 사적 기록으로 사료로서 취급할 때 주의할 부분이 물론 있으나 이 글에서 주목하고 있는 직인의

---

15) 『光雲懷古談』萬里閣書房, 1929; 『木彫七十年』中央公論美術出版, 1967; 『高村光雲懷古談』新人物往來社, 1970; 『幕末維新懷古談』岩波文庫, 1995; 『高村光雲 木彫七十年』人間の記錄 124, 日本圖書センター, 2000.

16) 다카무라 고타로의 「아버지와의 관계」는 1954년 5월 잡지 『신조(新潮)』에 처음 실렸다. 高村豐周 「あとがき」 『木彫七十年』 中央公論美術出版, 1967, pp.432-442.

에토스를 확인하는 데에 유효한 자료로 활용했다.

4.2 박람회와 수출공예품

메이지 일본에서 '미술'이라는 제도를 작동시킨 가장 강력한 행위자는 국가였다. 미술학교, 박람회, 박물관이 정부에 의해 설립되었으며 최초의 미술단체가 관료들에 의해 조직되었고 일본미술사 역시 정부가 편찬에 적극 관여했다.[17] 사토 도신의 분석에 따르면 메이지 정부의 미술행정은 크게 식산흥업, 고미술보호, 미술교육 및 창작이란 세 가지 영역에서 실시되었다.[18] 첫 번째 영역은 내무성과 농상무성이 주체가 되어 만국박람회 참가 및 내국권업박람회 개최 등을 통해 미술을 주요한 수출산업으로 진흥했으며, 두 번째 영역에서는 내무성과 궁내성 주도로 일본국을 상징하는 역사문화유산으로 고미술을

---

17) 일본 최초의 미술학교인 공부미술학교(工部美術學校)는 1876년 메이지 정부의 철도·광산·제철·토목·조선·통신 등 공업 관련 정책을 총관하던 공부성(工部省)의 공학료(工學寮) 안에 서양미술 전문 교육기관으로 설치되었다. 1872년 도쿄 유시마성당에서는 내각 직속의 '박람회사무국'이 빈 만국박람회 참가 준비의 일환으로 출품물을 국내에 사전 소개하기 위해 박람회를 개최했다. 1872년 유시마 박람회로부터 탄생한 문부성 박물관은 우치야마시타초를 거쳐 우에노로 이전 일본 최초의 종합박물관으로 1882년 개관했다. 일본 최초의 미술단체인 용지회(龍池會)는 식산흥업 정책 관련 관료와 무역상들이 고미술을 수집, 보호, 전시하여 사람들을 계몽하고 그것으로 양질의 미술공예품을 생산하여 수출하는 것을 목표로 1879년 결성되었다. 제국박람회이 1900년 파리 만국박람회에 출품하기 위해 임시박람회사무국의 의뢰로 *Histoire de l'art du Japon*를 편찬하고 이를 다음해 일본어로 번역하여 『고본일본제국미술약사(稿本日本帝國美術略史)』로 출간했다.

18) 佐藤道信『明治國家と近代美術』, pp.28-29.

발굴・조사・보호하는 사업이 실시되었다. 마지막으로 문부성은 도쿄미술학교 및 문부성미술전람회를 통해 근대국민국가에 걸맞는 당대 미술 생산을 장려했다. 메이지기 이름을 알린 미술가 대부분이 정부가 시행한 미술정책에 관계했으나 고운만큼 거의 모든 영역의 주요 사업에 참여한 이는 드물다. 이는 고운 개인의 세대적 조건 그리고 공예와 조각 제작이 모두 가능한 목조라는 장르의 특성이 맞물려 가능했다.

다카무라 고운은 1874년 십 년 간의 도제 훈련에 일 년의 오레이 봉공お禮奉公을 마치고 어린시절 이름 '고조光藏'와 스승의 이름 '도운東雲'에서 한 글자씩 딴 '고운'이라는 아호를 스승에게 받았다. 본래대로라면 그해 독립했어야 하나 폐불훼석으로 불사의 일이 줄어든 시점이라 스승 밑에 남아 일을 돕는 사이 징병을 피하기 위해 스승의 누나에게 양자로 들어가고 다카무라라는 성을 얻게 되었다.[19]

고운은 1877년 개최된 제1회 내국권업박람회에 출품을 의뢰받은 스승을 대신해 《백의관음》을 제작했다. 스승의 이름으로 출품한 이 작품은 최고상인 용문상龍紋賞을 수상했으며 박람회 폐회 후 요코하마의 서양인 상인에게 70엔에 판매되었다. 처음 박람회가 열렸던 당시의 상황을 고운은 아래와 같이 회고한다.

> 메이지 10년 4월에 우리나라에서 처음으로 내국권업박람회가 개최되었다. 그런데 박람회라는 것이 어떤 것인

---

19) 고운의 본명은 나카시마 고조(中島光藏)이다.

지 아직 그즈음의 일반 사회에서는 전연 그 상황을 이해하지 못했다. 실제로 그것을 이상할 정도로 몰랐다. 지금은 또 이상할 정도로 널리 알려져 있지만, 당시는 도무지 어떤 것인지 의미를 몰랐다. 그래서 정부 측으로부터 권유하러 나온 관계자들이 상점, 공인 등의 집집을 찾아 박람회의 취지 등을 설명하고, 출품 순서, 절차와 같은 것을 상세하게 안내하고, 모르는 것은 번거롭게 여기지 않고 설명도 하고 권유도 하는 식으로 돌아다녔던 것이다.[20]

10년의 박람회도 순조롭게 폐회했는데, 처음에는 박람회라는 것이 무엇인지 일절 알지 못했던 시민 일반도 우선 박람회가 어떤 것인지 알게 됨과 동시에, 출품인 중에도 영문을 몰라 성가셔 하고 곤란해 하던 이들도 매우 잘 이해하게 되어 "과연 박람회라고 하는 방식은 좋은 것이다"라는 등 크게 찬사를 바치는 결과를 낳았다. 당시 정부도 여러 가지를 고려한 것으로 보이는데, 정부로부터 출품자에 대한 보조가 있었다. 70엔 매가의 물건에 대해서는 약 3분의 1의 보조금이 나오는 것에 더해, 폐회 후 입장료를 정산한 잉여금을 출품인들에게 나눠 돌려준 까닭에 출품 정도에 따라 10엔에서 15엔이 각각에게 주어졌다.[21]

제1회 내국권업박람회의 진열품은 총 6개의 카테고리[22]로 구분되었다. 메이지 정부는 수출확대에 의한 국력증강을 도모

---

20) 『高村光雲懷古談』, pp.93–94.
21) 『高村光雲懷古談』, p.97.
22) 제1구 광업 및 야금술, 제2구 제조물, 제3구 미술, 제4구 기계, 제5구 농업, 제6구 원예.

했으나 기계공업이 발달하지 않은 가운데 수출품의 중심이 된 것은 청동이나 차, 생사 등의 농·광업 원재료와 재래기술로 생산이 가능한 수공업제품이었다. 수공업제품 중에서도 19세기 후반 서구에 불기 시작한 일본미술 붐, 자포니슴을 배경으로 수요가 증가한 도자기, 칠기, 금속품, 칠보 등의 미술공예품이 수출품목으로 주목받았다. 메이지 초기 정부의 박람회 행정을 담당했던 사노 쓰네타미佐野常民(1823~1902)에 따르면 실제 메이지 10년대 후반에서 20년대 총 수출액의 10%를 미술공예품 수출이 차지했다.[23] 내국권업박람회의 개최 자체가 수출증대를 최종목적으로 하고 있었던 만큼 미술공예품은 박람회의 중요한 주제로 '제3구 미술'의 핵심을 이루었다. 우에노 박람회장에는 각 카테고리 별로 전시관이 마련되었고 농업관, 기계관, 원예관 등과 함께 미술관도 설치되었다. 박람회장 중앙의 벽돌 건물에 일본에서 처음으로 '미술관'이란 명칭이 붙었다. 즉 당초 미술관은 순수예술의 장이 아니라 식산흥업의 장으로 탄생했다. 고운의 《백의관음》이 진열된 곳이 바로 이 일본 최초의 '미술관'이었다.

고운의 데뷔작이라고도 할 수 있는 《백의관음》이 스승의 대작代作이었다는 사실은 근대적 예술가상의 부재의 증거로 종종 언급된다.[24] 미술가 개인의 내면 표현과 개성의 발휘를 중시하는 현재의 일반적인 예술관으로는 고운의 대작 활동을

---

23) 佐藤道信『《日本美術》の誕生』, p.175.
24) 田中修二『近代日本彫刻史』, p.98.

제4장 다카무라 고운과 국가 건설기 일본미술

이해하기 곤란하다. 그러나 내국권업박람회의 '미술관'이란 개인 창작의 예술품을 전시하기 위한 공간이 아니었으므로 전시된 작품이 대작이라는 사실은 박람회 개최 측에게도 출품자 측에게도 아무런 문제가 되지 않았다. 박람회 참가 의뢰를 받고 무엇을 출품해야하느냐 묻는 스승 도운의 질문에 박람회 관계자는 "종래에 제작하고 있는 것과 같은 것이면 좋다"고 답했다는 고운의 회고에서도 확인할 수 있듯이 박람회에서 찾는 공예품은 신발표의 예술품이 아니었다.[25] 수출 가능성이 높은 수공업품 중 하나로 '미술'에 접근한 박람회사무국에서는 완성도 높은 제품을 안정적으로 제작할 수 있는 각 분야 직인을 찾아 출품을 의뢰했다. 이때 직인은 개인 창작자가 아니라 그와 그의 도제들로 구성된 제작집단의 대표로서 의뢰를 받은 것이다. 본래 직인은 자신이 속한 유파나 공방의 스타일을 지켜 다음 세대에 전달하는 것을 소임으로 여기고 그 소임을 다하기 위해 전 세대의 작품을 모방하며 기술을 단련한다. 따라서 작품 제작에 있어 개인 스타일의 표출은 장려되기 보다 금지되는 경우가 많았고 완성품 역시 개인이 아닌 공방의 작품으로 판매되었다. 불사를 포함한 직인들에게 서구에서 수입된 박람회라는 제도는 새롭고 낯선 것이었지만, 공동제작 혹은 대작한 작품을 스승의 이름으로 다시 말해 공방 대표의 이름으로 발표하는 것은 아주 익숙하고 당연한 일이었다. 메이지유신으로 패트런을 잃고 위기에 처한 직인들에게 기존의 공방 운영방식을 그대로

---

25) 『高村光雲懷古談』, p.94.

유지하며 생산할 수 있는 작품을 의뢰하는 박람회라는 근대적 제도의 등장은 반가운 것이 아닐 수 없었다. 박람회사무국측도 직인들의 작업 방식을 존중하여 작품 제작에 필요한 보조금을 선지급하는 등의 방안을 마련했다.

1877년 내국권업박람회에서 《백의관음》이 호평을 받은 이후 다카무라 공방에는 쓰키지 아렌스 상회를 비롯 무역상들로부터 해외수출용 목조 제작 주문이 들어오기 시작했다. 한편 독일공사관과 같이 일본 주재 외국인이 직접 작품을 의뢰해오는 경우도 있었다. 또한 요코하마 무역상 미카와야 고자부로 三河屋幸三郎(1823~1889)의 의뢰처럼 수출용 금속공예품의 목조 원형을 제작하는 것도 당시 고운에게 중요한 일거리 중 하나였다. 1886년 고운은 용지회龍池會 주최의 제7회 관고미술회에 자신의 이름으로 처음 작품을 발표하여 '고운'이란 이름을 알리게 되었고, 이를 계기로 1887년 황거조영사무국의 명을 받아 황거 화장방에 설치할 거울 테두리와 란마欄間를 제작했다.

1889년 기립공상회사起立工商會社의 와카이 겐자부로若井兼三郎(1834~1908)가 고운에게 찾아와 다음해 파리에서 열릴 만국박람회 출품용 작품을 의뢰한다. 기립공상회사는 막말 개국 이래 개항지의 외국인 상관을 통해 행해지던 거류지무역을 일본인이 직접 해외에 나가 무역하는 해외직판으로 바꾸려는 직수출장려책의 일환으로 정부가 육성한 무역회사 중 하나이다. 일본 공예품의 외화획득 수단으로서의 가능성은 1867년 파리 만국박람회와 1873년 빈 만국박람회를 통해 확인되었고 이에 정부는 자포니슴을 타고 미술공예품 수출을 촉진하기 위해 1874년 기립공상회사 설립에 30만엔을 투자했다. 미술공예품에 대한 해외의 수요와 국내의 공급을 원활히 연결하기 위해 회사는 1877년 뉴욕, 1878년 파리 등에 지점을 열고 서구시장의 취미를 분석해서 그에 맞는 주제, 양식 등을 개발하고 각 장르별로 최고의 기술을 가진 직인들을 물색하여 작품을 의뢰했다. 고운이 기립공상회사의 의뢰를 받았다는 사실은 당시 목조에 있어 일본을 대표하는 직인 중 한 명으로 고운이 인정받았음을 반증한다. 고운은 와카이가 작품을 의뢰하며 남긴 말을 다음과 같이 회고한다.

> 무엇이든 이번에는 일본의 미술을 대표하는 걸작 세트를 출품하고 싶습니다. 세계 미술의 본고장 프랑스라 관람객의 눈도 높기 때문에 만약 시시한 물건을 출품해서는 우선 저희 상점의 명성과도 관계되므로, 이익을 따지지 않고 좋은 물건만을 선발해 한 번 칭찬을 들어 볼 계획입니다, 그쪽 취향이 있으므로 [그것을 고려해] 저 스스로 여러 안을 생각해본 결과, 일본의 새를 주제로 여러 작가에게 제작을 부탁하고 있습니다. 일본의 미술을 대표하려고 생각해 낸 것으로 딱히 소재로서 재미있는 것은 아니지만, 그저 일본의 새라면 출품이 될 만하기 때문에 그런 생각이 났습니다. 그래서 마키에蒔繪·도자기·주물·상아 … 무엇이든 새를 주제로 제작을 요청했는데, 목조 방면에서는 고운 씨 당신이 대표로 새를 하나 만들어 주시면 좋겠습니다.[26]

---

26) 『高村光雲懷古談』, p.225.

4.2 박람회와 수출공예품

그림 4.1 다카무라 고운, «왜계»(矮鷄), 1889년, 목조, 산노마루상장관(三の丸尚蔵館) 소장

'세계 미술의 본고장'인 프랑스 현지인들의 취향을 고려해 '일본의 새'라는 주제를 정했으니 이를 제작해 달라는 내용이다. 즉 만들어야 할 작품의 주제가 의뢰하는 측으로부터 명확히 제시되었다. 작품의 주제가 만드는 측이 아닌 의뢰하는 측에 의해 결정된다는 점은 고운을 자율적이지 못한 전근대인으로 평가하는 근거가 되기도 한다. 아들 고타로가 아버지 고운의 작품 중에 가장 높이 평가하는 것이 고운이 주문에 따라서가 아니라 도제 훈련기 오로지 본인의 호기심에서 제작한 «서양개의 머리»란 습작이라는 점도 주문제작에 대한 고타로의 거부감을 드러낸다.

제4장 다카무라 고운과 국가 건설기 일본미술

주제선정을 중심으로 자율성의 발휘를 가늠할 경우 직인은 의뢰자의 주문에 종속된 수동적인 존재로만 보일 수 있다. 그러나 작품의 주제를 구상하고 사상을 넣는 것은 불사를 비롯한 직인에게 요구되는 능력이 아니었다. 직인 직분의 핵심이 무엇인지는 고운이 처음 도제로 들어갔을 때 스승 도운이 고운에게 남긴 말에 잘 담겨있다.

> 학문手習은 하지 않아도 좋다. 글자는 필요 없다. 직인은 그것으로 충분하다 … 주산도 필요 없다. 직인은 돈 계산 하려 하면 안된다. 조각사로서 훌륭해지면 글도 주산도 가능한 사람을 쓰는 것도 가능하다. 오직 열심히 조각을 공부해라.[27]

주제를 창안해 내는 것이 아니라 주어진 주제를 숙련된 기술과 재료에 대한 깊은 이해를 통해 조형적으로 완벽하게 구현해내는 데에 몰두하는 것이 직인의 에토스이다. 주문에 따른다는 것이 직인에게는 자율성 훼손으로 결코 여겨지지 않았으며 자기 직능을 마스터한 직인은 근대 산업사회가 요구하는 전문기술자와 같은 역할을 해냈다. 기립공상회사는 시장분석, 상품생산, 유통, 판매로 사업을 세분해 각 분야별로 전문가를 고용해 운영하는 근대적 시스템을 갖추고 있었고 미술상인 와카이 겐자부로와 직인인 고운은 맡은 업무에서 각자의 전문성을 발휘한 것이다.[28]

---

27) 『高村光雲懷古談』, p.24.
28) 와카이는 당시 파리에 자신의 매장을 갖고 있던 미술상으로 기립공상회

직인의 에토스는 흔히 서구 근대 예술관이 강조하는 독창성이나 개성을 중시하지 않는다. 그러나 직인의 작업이 오로지 모방과 반복에만 있다고 할 수는 없다. 만약 그랬다면 불상은 처음 만들어진 이래 그 모습이 변하지 않고 같아야 한다. 그러나 시대에 따라 양식적인 변화도 있었고 표현기법상의 진보도 있었다. 의뢰 받는 주문의 성격이 변한다면 그에 맞는 새로운 작업 방식을 찾아 최선의 결과물을 내야한다는 마음가짐 역시 직인에게는 있다.

수출공예품에 대한 수요의 증가로 익숙한 주제인 불상이 아닌 동물상動物像제작을 의뢰 받게 되면서 고운은 새로운 작업 방식을 도입했다.

> 종래대로의 수법으로 불상을 오래 만들어온 까닭에 그 습관상 무역품이 될 물건을 제작하려고 해도 무슨 수를 써도 불상냄새가 나 어찌할 도리가 없다. 불상을 만드는 데 불상냄새가 나는 것은 어쩔 수 없지만 무역품적인 물건에서 불상냄새가 나는 것은 별로다. 어떻게 해서든 이 불상냄새를 버리고 사생寫生적으로 새롭게 해보고 싶다는 생각이 마음속에 떠올라 왔다.[29]

여기서 말하는 종래대로의 수법이란 데혼手本에 따라 제작하는 방식을 말한다. 불사에게 주문되는 불상이란 대개 정해진 데혼이 있어 그대로 제작하면 되었다. 고운은 동물상이란 새로

사의 중역으로도 활동했다.
29) 『高村光雲懷古談』, pp.130-131.

제 4 장 다카무라 고운과 국가 건설기 일본미술

운 주제를 의뢰받고 기존의 작업 방식 대신 실물사생을 토대로 한 제작 방식을 채택했다. 『고운회고담』에 개, 닭, 원숭이 등 제작을 의뢰 받은 동물의 이상적인 실물을 구하기 위해 애쓰는 에피소드가 여러 번 길게 등장할 정도로 고운은 실물사생에 심혈을 기울였다. 고운의 실물사생 도입을 직인의 관습을 탈피한 '근대적' 사생관의 발현으로 읽어내는 해석도 존재한다.[30] 그러나 이를 전적으로 서양 미술에서 촉발된 변화로 읽는 것은 다소 무리가 있다. 실물 관찰을 토대로 한 사실적 조각에 대한 고운의 관심은 그가 서양 미술을 경험하기 훨씬 전인 도제 시절 이미 시작되었다. 도제 훈련을 받은 지 3, 4년차 그간 쌓아온 실력을 발휘해 보고 싶던 고운은 스승 몰래 실물 쥐를 데혼 삼아 조각했는데, 이 쥐 조각이 실제 쥐로 착각할 정도로 사실적이었던 탓에 일어난 해프닝을 회고담에서 전한다.[31] 고운 스스로도 앞의 인용구에 바로 이어 다음과 같이 자신의 실물사생에 대한 관심의 시작을 이야기한다.

> 그렇다고는 하지만 이 생각은 새삼스러운 것이 아니라 나의 도제 시절부터 이미 싹튼 것으로, 기회가 있을 때마다 유의하고 있었다. 그러다 드디어 사회의 요구가 생겨 사생적으로 가는 방식을 실행해 보고 싶게 된 것이다.

---

30) "고운이 서구의 회화표현이나 공부미술학교의 양풍 조소 교육에 촉발되어 서구적인 의미에서의 근대적 사생관을 스스로 싹틔운 것은 하나의 사실이기는 하다" 大熊敏之「「前近代」なのか、「近代」なのか：高村光雲をめぐる錯誤—「高村光雲とその時代展」」『美術フォーラム21』7, 2002, p.173.

31) 『高村光雲懷古談』, pp.57-61.

즉 나 자신으로서는 제작 태도나 방법을 일변해 새롭게
해보자는 마음을 일으킨 것이다.[32]

만국박람회에서 인기를 얻은 일본 공예품들은 재료를 불문
하고 초절기교를 발휘해 동식물을 극사실주의적으로 묘사한
작품이 많았다. 서구 관객을 열광시키는 일본미술의 사실성은
후루타 료古田亮가 지적한 바와 같이 촉각적 표면의 사실성을
극대화한 표현으로 서양 조각에서 발견되는 입체감이나 양감을
통해 보이는 사실성과는 구별된다.[33] 고운이 동물의 실물을
구해 곁에 두고 직접 관찰하며 작업한 것은 서구 관객이 기대
하는 일본 공예품의 모습에 부응하기 위한 노력으로 이해된다.
주문에 합당한 결과물을 만들어내야 한다는 직인의 에토스가
여기서도 예외 없이 작용하고 있는 것이다.

4.3 도쿄미술학교와 '일본미술'

1880년대에 들어서면서 메이지 정부의 미술행정이 산업진흥
수단에서 국가정체성 구축과 내셔널리즘 강화 장치라는 관점
으로 이동해 가기 시작한다. 이 변화의 영향으로 고운에게도
수출용 공예품 제작 주문 외에 도쿄미술학교 교수직 제안 등이
들어오게 되었다. 미술의 경제적 효과에 집중되어 있던 정부의
미술행정을 문화적 차원으로 확장하는 데에는 오카쿠라 덴신

---

[32] 『高村光雲懷古談』, p.131.
[33] 古田亮「明治の彫刻」『日本彫刻の近代』淡交社, 2007, pp.10–12.

岡倉天心(1862~1913)이라는 메이지 관료의 활약이 컸다.[34] 오카쿠라는 도쿄대학 재학시절 만난 미국인 교수 어네스트 페놀로사Ernest Fenollosa(1853~1908)의 통역으로, 일본미술에 관심이 높았던 스승을 따라 교토·나라의 오래된 신사와 사찰을 방문하면서 일본 고미술의 미에 눈뜨게 된다. 1880년 도쿄대학을 졸업하고 문부성에 취직한 오카쿠라는 페놀로사와 함께 본격적으로 메이지유신 이후 방치되었던 고미술 조사 및 보호 사업을 추진하는 한편 메이지유신으로 패트런을 잃은 가노 호가이狩野芳崖(1828~1888), 하시모토 가호橋本雅邦(1835~1908)와 같은 가노파 화가들이 작업을 지속할 수 있도록 지원했다. 오카쿠라가 이처럼 일본의 미술 전통을 지키기 위해 노력한 것은 미술잡지 『곳카國華』의 창간사에 그가 남긴 "미술은 나라의 정화다"라는 문장에 압축적으로 보이듯 국가의 정수가 미술을 통해 드러난다고 인식했기 때문이다.[35] 일본이 문명국으로 서기 위해서는 '일본'이란 국가의 역사적 연속성, 문화적 고유성, 민족적 동일성을 보증하는 '일본미술'의 정립이 필요했다. '역사'나 '전통'과 마찬가지로 '일본미술' 역시 국민국가건설 과정에서 '발명'되어야 했다.

'일본미술'의 정립을 위한 제도적 정비는 미술 교육에서부

---

[34] 국민 국가 형성기 일본 미술사를 체계화하는 데에 있어 오카쿠라의 역할을 검토한 연구로 김용철,「오카쿠라 텐신(岡倉天心)과 일본미술사의 성립」,『일본사상』7, 2004, pp.177-197 참조.

[35] 岡倉天心「『國華』發刊ノ辭」『岡倉天心全集』3, 平凡社, 1979, p.42. 『곳카』는 1889년 10월 오카쿠라가 내각관보국장 다카하시 겐조(高橋健三, 1855~1898)과 함께 창간한 월간 미술잡지이다.

터 시작되었다. 오카쿠라는 페놀로사와 1886년 10월부터 1년간 구미의 미술학교와 박물관을 시찰하고 돌아와 그 조사 내용을 참고하여 도쿄미술학교 설립을 추진했다. 1889년 개교한 도쿄미술학교는 서구의 미술아카데미를 모델로 설립했음에도 불구하고 흥미롭게도 교육 내용은 서양미술을 배제하고 일본 전통미술을 중심으로 했다. 이는 메이지 초기의 구화주의와 식산흥업 중심의 미술행정이 겹쳐 탄생한 일본 최초의 미술학교인 공부미술학교(1876~1883)가 이탈리아인 미술가들을 초빙해 서양미술만을 교육했던 것과는 대조를 보이는 의식적 선택이었다. 관립미술학교 교육 내용의 극변은 메이지 10년대 후반의 국수주의 대두와 연동하는 것으로 유사한 변화가 제국대학 공과대학 조가학과造家學科 커리큘럼에도 일어났다. 서구건축 교육에만 초점을 맞추고 있던 조가학과에서 1889년 대공大工 기코 기요요시木子淸敬(1845~1970)를 교수로 임용하고 '일본건축' 교육을 시작했으며 같은 해 일본건축사 과목을 신설하고 나라·교토 지역의 신사와 사찰 답사를 실시했다.

이 같은 시대적 분위기를 고려하면 고운이라는 불사가 정부가 설립한 근대적 미술학교의 교수로 임용된 것이 특별히 예외적인 일은 아니었다. 따져볼 필요가 있는 것은 입체조형을 다루는 다양한 직인 중 왜 인형사人形師나 주물사鑄物師가 아닌 불사가 조각과의 교수로 초빙되었느냐 하는 점이다. 내국권업박람회의 진열품구분만 하더라도 다양한 재료로 제작된 입체조형물이 목조·아조牙彫·금공金工·각조角彫·칠공漆工·도조陶彫

구별없이 하나의 카테고리 하에 분류되었었다. 그러나 도쿄미술학교가 구미 미술학교의 학제를 따라 회화·조각·공예로 전공을 구분하면서 조각과 공예가 분리되고, 조각과의 커리큘럼은 목조를 중심으로 구성되었다.36) 여기에는 학교 설립을 계획하고 개교 다음해 교장에 취임한 오카쿠라의 '일본조각'에 대한 구상이 결정적으로 작용했다. 사실 수출공예품으로 서구에서 인기를 끌고 있는 것은 목조상보다 상아나 금속으로 만든 입체조형물이었다. 그러나 아조나 금공은 회화·조각의 순수미술과 응용미술인 공예의 위계를 엄격하게 구별하고 있는 서구미술체계 하에서 하위의 공예로 분류될 수밖에 없는 한계를 갖고 있었다. 일본미술이 순수미술이 아닌 공예로 대표되는 것이 불만스러웠던 오카쿠라는 일본 전통미술 중에서 서구 sculpture에 상응할 수 있는 가능성을 불상에서 발견했고 이에 도쿄미술학교 조각과에서는 일본 불상을 만드는 중요한 기술인 목조의 전통을 계승하고 발전시키게 되었다.

오카쿠라가 '일본조각'의 전통을 불상을 중심으로 구축하게 된 데에는 본인 스스로 "일생의 가장 기쁜 일이라해야 마땅하다"라고 언급한 결정적 사건이 있었다.37) 1884년 문부성 출장으로 페놀로사와 함께한 교토·나라고사사古社寺 조사 중 호류지를 방문한 오카쿠라는 유메도노夢殿에 오랫동안 비장되어온 구세관음을 승려들의 강한 반대를 무릅쓰고 꺼내 포장을

---

36) 개교 당시 회화과·조각과·도안과로 분류되었으나 다음해인 1890년 도안과를 미술공예과로 변경하고 금공과 칠공을 교육했다.
37) 岡倉天心 『日本美術史』平凡社, 2001, p.58.

4.3 도쿄미술학교와 '일본미술'

풀었다. 모습을 드러낸 관음상의 아름다움에 감격한 오카쿠라는 세계미술사에 남을 '일본미술'로 불상에 주목하게 된다. 그는 교토와 나라의 불상에서 서양미술의 정수로 여겨지는 고대 그리스·로마 조각에 필적하는 고전미를 발견할 수 있다고 주장하며 일본미술의 우수성에 대하여 역설했다. 불상이 불교의 '예배상'에서 일본을 대표하는 '조각'으로 재정의 되면서 고운은 불사로서가 아니라 목조각가로서 '일본조각' 교육을 담당하게 된 것이다.

이제 막 개교한 도쿄미술학교 조각과의 교수로 와 달라는 요청을 처음 들은 고운은 곤란해 하며 다음과 같이 사절했다.

> 그렇습니까, 저는 그런 학교가 생겼는지 전혀 몰랐습니다. 지금 해주신 이야기로 사정은 잘 이해했습니다만 아무래도 저는 그런 학교라고 하는 곳에 나가 교사의 역할을 맡는 것이 제게는 맞지 않는다고 생각합니다. 다시 말해 저는 그러한 중요한 역할에 맞는 사람이 아니라고 생각합니다. 집에서 일을 하며 제자들을 가르치는 것이라면 하겠습니다만, 학교라면 제게는 짐작도 가지 않습니다. 아시는 것처럼 저는 그런 식으로 살아오지 않았기 때문에 … 섣부르다고 할까, 분수에 맞지 않는 일에 손을 대 본인도 곤란해지고 남에게도 폐라 생각합니다. 그래서 사양하고 싶습니다.[38]

도제식 교육 경험만 있는 본인에게 학교라는 제도는 맞지 않는다며 교수직을 수락하지 않는 고운을 오카쿠라는 다음과

---

38) 『高村光雲懷古談』, p.261.

제4장 다카무라 고운과 국가 건설기 일본미술

같이 설득한다.

> 고운 씨 그것은 당신이 생각을 너무 하신 것입니다. 학교를 그렇게 어렵게 생각할 필요가 없습니다. 당신은 글도 모르고, 학문도 모르기 때문에 학교에는 부적합하다고 말하지만, 오늘 당신에게 이러한 일을 부탁하기까지는 내 쪽에서도 충분히 당신에 대해 인지하고 하는 일이니 그런 점은 만사 걱정하지 않기를 부탁합니다. 당신이 할 수 있는 일을 해주시면 되는 것으로 당신이 잘하지 못하는 일을 해달라고 하는 것이 아닙니다. 많은 생도를 상대하는 것이 성가시다면 생도와 접촉하지 않아도 좋습니다.[39]
>
> 당신이 댁의 작업장에서 하는 것을 학교에 와서 해 주세요. 학교를 하나의 작업장이라 생각하고… 다시 말해, 댁의 작업장을 학교에 옮겨왔다는 식으로 생각해주시는 것으로 좋으니 그렇게 당신의 작업을 학생들이 견학하면 충분합니다. 하나하나 학생에게 가르칠 필요 없이 학생들이 당신 작업의 진행을 보는 것으로 좋으며, 단적으로 말해서 그것이 당신이 학생들을 가르치는 것이 됩니다.[40]

이 에피소드를 통해 우리는 고운이 직인의 에토스를 버리지 못하고 근대를 시대착오적으로 산 것이 아니라 오히려 근대가 고운에게 직인적 작업 방식과 태도의 유지를 요청했음을 확인할 수 있다. '일본미술'의 근대적 교육을 목표로 설립된

---

[39] 『高村光雲懷古談』, p.262.
[40] 『高村光雲懷古談』, p.263.

도쿄미술학교였지만 서구 미술아카데미를 따른 학제나 근대적 시설과 장비만으로 '일본미술'이 교육될 수 없었다. 다나카 슈지田中修二의 지적처럼 「도쿄미술학교교칙」에 명시된 커리큘럼은 서구의 미술교육 방식을 참고하여 설계된 것으로 직인의 도제제도와는 그 체계가 완전히 다른 것이었다.[41] 오카쿠라가 교칙과 상충하는 파격적인 제안을 하면서까지 고운에게 교수직을 부탁한 것은 '일본미술'의 교육을 위해 고운이 반드시 필요한 인물이라 판단했기 때문이다. '글도 모르고 학문도 모르는 것은 문제되지 않으며 당신이 할 수 있는 것을 해 주는 것으로 족하다'고 고운을 설득하는 대목에서 오카쿠라가 조각과 교수에게 요구하는 자질이 무엇인지 드러난다. 불사인 고운이 할 수 있는 일, 잘하는 일이란 나무를 깎아 상을 만드는 일이었다. 오카쿠라 본인이 일본미술사의 고전으로 자리매김한 고대 불상을 만들어낸 목조 기술을 구사하고 가르칠 수 있는 능력이 고운에게는 있었다.

직인의 일에서 주제는 외부로부터 주어질 수 있지만 기술을 발휘해 주제를 표현하는 것은 외부가 개입할 수 없는 직인의 배타적 전문 영역이다. 직인에게는 자신이 다루는 재료에 대한 충분한 이해와 그 재료를 가공하는 데 필요한 도구를 완전히 마스터하는 것이 가장 기본이고 중요하다. 재료와 도구를 자유자재로 다룰 수 있는 경지에 이르도록 기술을 숙련하는 데에는 절대적 시간의 축적이 필요하며 말과 글로는 가르칠 수도 배울

---

41) 田中修二『近代日本最初の彫刻家』, p.41.

제4장 다카무라 고운과 국가 건설기 일본미술

수도 없는 지점이 존재한다. 장기간의 도제 훈련을 통해 완성된 직인은 독자성을 확보하게 되는데 직인에게 자기 존재의 절대적인 독립성을 부여하는 것은 특정 재료를 다루는 탁월한 기술이다.

아이러니하게도 사실 평생 에도를 벗어나본 적이 없는 고운은 오카쿠라가 일본미술사의 전범으로 꼽는 나라나 교토의 걸작들을 실제로 본 적이 없었다. 무학인 고운이 불상을 미술사적으로 공부한 적도 물론 없었다. 일본 고대 불상에 대한 식견은 오카쿠라 쪽이 훨씬 높았다. 1889년 3월 도쿄미술학교에 부임하고 일주일 만에 고운은 나라·교토 방면의 고미술을 시찰견학하고 오라는 출장 명령을 받는다. 고운은 이를 고도에 남아있는 뛰어난 고미술을 견학하게 해서 앞으로 선생으로서 필요한 역사적 식견을 얻게 하기 위한 오카쿠라의 배려였다고 회고한다.

> 3월 12일 임명되고 얼마 있지 않아 오카쿠라 간사는 나에게 나라를 구경하고 오라고 했습니다. 오카쿠라 씨라고 하는 사람은 여러 가지로 생각이 깊은 사람으로 내가 이제까지 나라를 본 적이 없다고 하는 것을 알고 있었기 때문에 나에게 그쪽 견학을 하게 하기 위한 것이었다고 생각됩니다.[42]
>
> 나의 이 나라도 구경은 태어나서 처음 하는 것이며 전부터 보고 싶다 희망하던 것으로 큰 도움이 되기에 더 열심히 보았습니다. 그 후 고사사보존회古社寺保存會의 용건으

---

42) 『高村光雲懷古談』, p.268.

로 나는 몇 차례나 더 나라, 교토에 출장했는지 모르겠지만 그 첫 여행 때 가장 열심히 보고 왔습니다. 여러 가지 그 때에 스케치 등을 했던 것이 지금도 남아있어 그것을 보면 꽤 열심히 보았다는 것을 알 수 있습니다만 모든 것은 제일 처음에 봤던 것이 가장 머리에 깊이 남아있기 마련이라 생각됩니다.[43]

첫 출장 이후 고운은 『곳카』 2호에 「나라의 조각물을 보고奈良の彫刻物を觀て」라는 글을 발표하는 한편 정부의 고미술 조사 및 보호 사업에도 차차 참여하게 되었다.[44] 내무성으로부터 1897년에는 고사사보존회위원에 임명되고 1899년에는 고사사보존계획조사를 촉탁 받았다. 조각과 교수채용에서 기술을 가장 우선시하여 적임자를 구하고 미술사적 지식은 이후에 곁에서 도와 보충하도록 한 오카쿠라의 결정은 고운에게 "조각사로서 훌륭해지면 글도 주산도 가능한 사람을 쓰는 것도 가능하다. 오직 열심히 조각을 공부해라"고 한 스승의 조언을 떠올리게 했을 것이다.

메이지유신 이후의 격동기에 다른 많은 일본인과 마찬가지로 직인들도 자신이 해오던 일을 지속하는 것이 쉬운 일이 아니었다. 폐불훼석으로 일자리를 상실한 불사들 중 다수는 당시 수출공예품 중에서도 특히 상아로 만든 네쓰케根付 등이 크게 유행하면서 아조로 옮겨갔다. 일거리가 줄어든 고운에게

---

43) 『高村光雲懷古談』, p.269.
44) 高村光雲 「奈良の彫刻物を觀て」 『國華』第二號, 1889.

제4장 다카무라 고운과 국가 건설기 일본미술

도 상아를 조각하라는 권유가 주변으로부터 들려왔다. 그러나 고운은 끝까지 목조를 고집했다.

> "좋아, 나는 나무에 조각하는 것이라면 무엇이든 조각하겠다. 그리고 의뢰가 들어온 것이라면 무엇이든 조각하겠다"고 결심했다. 나무라면 무엇이든 조각하겠다고 하니 주문이 상당히 있었다. 주문에 따라 무엇이든 조각했다. 아무리 시시한 물건이라도 조각했다. 그래서 양산대를 조각하고 하리코張子의 틀을 조각했다.[45]

고운은 악전고투의 시간을 보내면서도 아조로 전업하지 않고 목조를 지킨 데에 대단한 자부심을 보였다.[46] 고운 스스로 자랑스럽게 기억하는 이 일화에서 직인의 자기정체성의 근원이 어디에 있는지 엿볼 수 있다. 직인은 자신이 다루는 재료와 기법을 통해 정체성을 구축한다. 불사는 예외적이나 직인의 명칭 대부분이 다루는 재료 혹은 기법을 지칭하는 것도 이와 무관하지 않다. 직인의 정체성의 규정에 주제보다도 재료와 기법이 결정적으로 작용한 까닭에 '불사'인 고운도 불상 외의 주제를 조각하는 것에는 저항감이 없었지만 다루는 재료를 바꾸는 것은 끝내 거부했다.

미술사상에서 본다면, 메이지 초기 [일본 조각의] 쇠퇴

---

[45] 『高村光雲懷古談』, p.141.
[46] 고운에 따르면 메이지 10년대 아조가 한창 유행하던 시기 만들어진 「조각사 인명록」에 실린 상아조각사는 400여 명에 달했던 반면 목조사는 자신과 자신의 제자 두 명뿐이었다. 高村光雲 「明治初年の彫刻に就いて 下」 『國華』 第四三〇號, 1926, p.255.

> 기에 아버지의 직인 기질이 조각의 기술면에서 본질을 완고하게 지켜내어 간신히 그 절멸을 막게 했다. 조각의 기술상의 본질에 관해서 아버지는 무의식중에 전통의 다리가 되었다. 예를 들어 조각의 다루는 법こなし나 재목의 마름질, 살집, 균형 등은 작품의 고하에 관계없이 조각에 내재하기 마련인 것으로 이를 까다롭게 아버지가 전달한 것만으로도 아버지의 역할은 다했다고 볼 일이다.[47]

고타로가 보기에도 고운의 직인 기질은 '근대적 예술가'가 되는 데에는 마이너스가 되었을지 모르지만 일본조각 기술의 계승에는 큰 역할을 했다. 도쿄미술학교를 통해 '일본미술'을 정립해 교육하겠다는 목표를 갖고 있는 오카쿠라에게는 우선 기술의 본질을 지키는 직인이 필요했다.

직인의 정체성과 마찬가지로 도쿄미술학교에서 교육하는 '일본미술'의 정체성도 재료와 기법에 근거해 구축되었다. 회화과에서는 서양화의 주재료인 유화 교육을 배제하고 막부의 어용화사였던 가노파의 화가들을 교수로 초빙해 '니혼가日本畵'를 창출하고 교육을 실시했다. 조각과에서도 마찬가지로 서양조각의 주재료인 석고·점토·대리석·브론즈 대신 목조 교육에 집중했다. '니혼조日本彫'라는 용어와 개념은 만들어지지 않았지만 목조가 조각에 있어 회화의 니혼가 역할을 했다. '일본미술'은 '서양미술'에 대한 상대개념으로 정의되었고 '서양미술'과 차이를 보이는 '일본미술'의 일본성을 일차적으로 재료와

---

47) 高村光太郎 「父との關係」, pp.228–229.

기법에서 찾았다. 한편 재료를 다루고 기법을 구사하는 기술은 '일본'이라는 민족집단 내에서 세대를 이어 계승되는 것으로 과거와 현재 그리고 미래를 연결해 일본을 통합하는 것으로 간주되었다. 서양과 구별되는 재료와 기법이 일본의 역사를 관통하며 지속되는 기술을 만나 조형화하여 탄생한 조형물이 일본이라는 국가·민족을 증거하는 '일본미술'로 정립되었다.

도쿄미술학교의 교수가 된 고운은 '일본미술'을 대표하는 인물로 새로운 공적 임무를 맡게 되었다. 우선 박람회와 관련된 것으로는 내국권업박람회(제3회 1890년, 제4회 1895년, 제5회 1903년) 심사관에 임명되었으며 1893년 시카고에서 개최되는 만국박람회에 출품할 작품을 의뢰받았다. 앞서 살펴본 것처럼 고운에게 만국박람회 출품 의뢰가 들어온 것은 이번이 처음이 아니다. 그러나 이 출품이 특별한 것은 일본이 만국박람회에 참가한 이래 처음으로 일본미술이 박람회장의 '미술관$^{Palace\ of\ Fine\ Arts}$'에 전시되었다는 점에 있다. 만국박람회라고 하는 국가간 경쟁의 장에서 '미술관'은 서구 '문명국'들이 산업 기술에서뿐 아니라 문화 예술에 있어서도 자신들이 비서구 국가들보다 우월하다 과시하는 중요한 공간이었다. 조형물을 회화, 조각, 건축의 순수미술과 공예의 응용미술로 나누고 '미술관'에서는 서구미술체계를 기준으로 순수미술에 해당하는 것만 전시했다. 자포니슴에도 불구하고 이제까지 만국박람회에 출품된 일본미술은 순수미술로 인정받지 못하고 산업관 혹은 제조관 등에 수공예품으로 전시되었었다. 식산흥업의 목적이

라면 일본미술이 어디 전시되어도 크게 상관없었지만 '일본'이 '문명국'으로 인정받기 위해서는 일본미술이 '미술관'에 전시되는 것이 매우 중요했다. 1891년 시카고 만국박람회 참가가 결정되자 정부는 곧 임시박람회사무국을 설치하고 일본미술의 미술관 입성을 이번 박람회 참가의 큰 목표로 설정했다. 사무국 평의원이자 출품작품 선정을 담당하는 감사원으로 임명된 오카쿠라는 「시카고박람회 출품에 바라다シカゴ博覽會出品に望む」라는 강연 등을 통해 '미술관' 전시의 중요성을 역설하는 한편 미국측 박람회사무국에 일본미술을 순수미술로서 인정해 미술관 전시에 초대해 달라 요구하는 사전교섭을 실시할 것을 제안했다.[48] 일본측의 집요한 설득에 시카고박람회사무국은 일본미술의 '미술관' 전시를 허가했고 일본은 '미술관'에 작품을 전시한 유일한 비서구 국가가 되었다.

임시박람회사무국은 5만엔 가량의 예산을 들여 시카고 만국박람회 '미술관'에 전시할 작품의 제작을 출품자를 엄선해 의뢰했다.[49] 고운 역시 사무국으로부터 출품 요청을 받아 상수리나무로 《늙은 원숭이》를 제작했다. 《늙은 원숭이》는 이제까지 고운이 제작한 동물상과 차이를 보이는 데 우선 작품의 크기가 확대되었다. 기립공상회사로부터 파리 만국박람회 출품 의뢰를 받아 제작한 《왜계》가 높이 30센티 정도의 크기였

---

48) 岡倉天心「シカゴ博覽會出品に望む」『岡倉天心全集』3, 平凡社, 1979, pp.187-190.
49) 古田亮「閣龍世界博覽會獨案內」『海を渡った明治の美術: 再現! 1893シカゴ・コロンブス世界博覽會』東京國立博物館, 1997, p.92.

제4장 다카무라 고운과 국가 건설기 일본미술

그림 4.2   다카무라 고운, «늙은 원숭이»(老猿), 1893년, 목조, 높이 108.5cm, 폭 103.5cm, 도쿄국립박물관소장

던데 비하여 «늙은 원숭이»는 그 세배인 높이 1미터에 달하는 크기로 제작되었다. 작품의 크기가 공예와 조각을 나누는 중요한 기준 중 하나임을 고려하면 이 같은 크기의 확대는 '미술관' 전시를 염두에 둔 선택임을 알 수 있다.[50] 한편 «늙은 원숭이»에는 이전의 동물상에서는 보이지 않던 드라마가 삽입되었다. 바위 위에 허리를 구부리고 상체를 틀어 앉은 원숭이가 왼손에

---

[50] «늙은 원숭이»의 크기가 서양 조각을 의식해 결정되었으리라는 추정에 대해서는 志邨匠子「髙村光雲作＜老猿＞をめぐる彫刻と工藝」, p.31 참조.

는 독수리 깃털을 쥐고 오른쪽 위를 응시하고 있다. 원숭이의 동세와 시선이 보는 이로 하여금 자연스럽게 이 원숭이에게 무슨 일이 일어났을 지를 상상하게 한다. 깃털 하나하나까지 극도로 정교하게 재현한 «왜계»가 마치 박제처럼 눈 앞에 닭 한 마리가 서있는 듯한 사실감을 전하지만 그 이상의 상상을 불러내지 않는 것과 대조적이다. «왜계»가 초절기교의 세공을 선보이는 장식적 공예품이었다면 «늙은 원숭이»는 이야기를 담은 조각으로 제작되었다.

시카고 만국박람회에서 목조 작품을 '미술관'에 전시한 나라는 일본이 유일했는데 고운의 «늙은 원숭이»는 우등상을 수상하며 높은 평가를 받았다. 요미우리 신문은 "고운 씨의 «늙은 원숭이»는 이탈리아 미술의 대리석 [조각]과 동일시된 것이나 다름없다는 말을 듣는다"라며 박람회 현지 소식을 전하는 기사에서 고운의 작품을 언급했다.[51] 고대 그리스·로마 조각의 전통을 계승하고 있는 이태리 대리석 조각에 고운의 작품이 비견되었다. 고운은 오카쿠라가 일본미술사의 고전으로 정전화한 고대 불상의 목조 기술을 계승해 서양미술과 구별되는 재료와 기법으로 서구미술과 당당히 겨룰 수 있는 '일본미술'을 만들어내는 데 성공했다. 오카쿠라가 도쿄미술학교 조각과를 통해 목조의 부흥을 시도하며 기대한 성과를 직인의 에토스로 고집스럽게 목조 기술을 지킨 고운이 이루어 낸 것이다. 현지

---

51) 「シカゴ大博覽會の審査に於ける本邦人の感情」『讀賣新聞』, 1893. 12. 2., 조간 2면.

언론에서도 일본의 '미술관' 전시를 호평했다.

> 만국박람회 미술관에서 일본은 살아있는 미술가들의 작품을 선보이며 처음으로 미국, 유럽과 직접 경쟁했다. 그 작품들에서 우리가 많이 들어온 두드러진 해외 영향은 거의 찾아볼 수 없었다. 실로 일본은 프랑스를 제외하고는 뚜렷한 내셔널 스타일을 가졌다고 말할 수 있는 유일한 나라이다. 몇몇 회화 작품은 중세적 방식의 고수를 보이지만, 다른 작품들은 우리가 우리의 작품에, 특히 가장 모던하며 가장 활기 있는 작품에 적용하는 것과 같은 기준으로 평가하는 것이 가능하다.[52]

결과적으로 '미술관'에 전시된 작품에 수여된 총 648개의 상 중 48개의 상을 일본 작품이 수상하며 일본은 미국, 영국, 독일에 이어 4위에 올랐다.[53]

4.4 《구스노키마사시게상》과 《사이고다카모리상》

도쿄미술학교를 통해 구축된 '일본미술'이 대외적으로 문명국 일본을 증명하는 역할을 했다면, 대내적으로는 내셔널리즘을 강화하는 장치로 활용되었다. 도쿄미술학교는 교육기관이었지만 동시에 외부로부터 의뢰 받은 조형물을 제작하는 위촉 제작사업도 시행했다. 오카쿠라는 도쿄미술학교 설립을 준비

---

52) "Japanese Art at the World's Fair", Art Amateur 29:3, 1893, p.57.

53) *Japan goes to the World's Fairs: Japanese Art at the Great Expositions in Europe and the United States*, Los Angeles County Museum of Art; Tokyo National Museum; NHK Promotions Co., 2005, p.78.

4.4 《구스노키마사시게상》과 《사이고다카모리상》

하는 기획과정에서 미술학교부설제조소를 함께 설치할 것을 계획하고 있었다.[54] 이는 오카쿠라가 페놀로사와 구미 시찰 중 도쿄미술학교의 모델로 참고한 프랑스의 국립미술학교와 국립제조소가 결합된 형태를 하고 있다. 미술학교부설제조소에는 미술학교 졸업생을 입소시켜 작가로 독립할 수 있을 때까지 제작 의뢰받은 작품을 생산하며 실습하게 할 계획이었다. 비록 현실화되지는 못했으나 오카쿠라의 미술학교부설제조소 설치 구상에서 그가 근대 국가 건설에 필요한 미술 관련 프로젝트의 실행 기관으로 도쿄미술학교를 염두에 두고 그 인력을 활용할 계획을 일찌감치 하고 있었음을 알 수 있다.

교장으로 취임한 오카쿠라는 미술학교부설제조소를 설치하는 대신 교원들의 제작활동을 촉진하고 그것을 견학하는 학생들에게는 교육적 효과를 갖는 동시에 긴축예산으로 인한 학교운영상의 제약을 극복한다는 취지로 위촉제작사업을 개시했다. 관립미술학교인 도쿄미술학교 교원이 제작한 조형물은 사회에 '일본미술'의 모범으로 보이게 되리라는 기대도 있었다. 위촉제작사업은 의뢰가 들어온 작품을 교수가 책임자로 강사, 학생들과 공동 제작하고 그 과정에서 수련이 이루어지는 방식으로 직인의 공방과 유사하게 운영되었다. 위촉을 받은 사업 중에는 정부와 관련한 대규모 프로젝트가 다수 포함되어 있었는데 그 중 하나는 제국박물관의 의뢰로 진행한 고미술

---

54) 『東京藝術大學百年史: 東京美術學校編第一券』ぎょうせい, 1987, pp.177-178.

제4장 다카무라 고운과 국가 건설기 일본미술

그림 4.3 다카무라 고운 외, «구스노키마사시게상»(楠木正成像), 1900년 준공, 브론즈, 황거 앞 광장

모사·모각사업이며, 다른 주요 프로젝트로는 공공 모뉴먼트 제작사업이 있다.[55] 고운은 후자 중 황거 앞 광장의 «구스노키마사시게상»과 우에노 공원의 «사이고다카모리상» 제작에 참여했다.

일본에서 처음 모뉴먼트로서의 동상 건립이 논의되기 시작한 것은 1870년대이다.[56] 1874년 1월 4일 자 『도쿄니치니치신문東京日日新聞』 1면에 실린 기사 「호국대명신화기공동상

---

55) 1890년 제국박물관 미술부장을 겸임하고 있던 오카쿠라가 발안해서 박물관이 도쿄미술학교에 모조를 촉탁했다. 박물관 진열품을 확충하고, 고미술의 원본 상실을 대비하며, 당대 미술가의 고전 학습을 돕는다는 것을 목표로 한 사업이었다.
56) '동상'이란 개념과 실체의 등장에서 관해서는 木下直之 『銅像時代』, pp.18–24 참조.

護國大明神和氣公銅像」에서는 와케노 기요마로^{和氣淸麻呂}(733~799)의 열덕위공을 후세에 전하기 위해 신사 창건을 희망하는 측과 동상 건립을 희망하는 측의 양론을 소개하고 있다.[57] 앞서 1868년 메이지 천황은 근왕의 공신 구스노키 마사시게^{楠木正成}(1294~1336)의 신사 창건을 명했으며 1872년 메이지 정부는 별격관폐사^{別格官幣社[58]}를 제도화하고 미나토가와신사^{湊川神社}를 시작으로 국가・천황에 충성을 다한 인물들의 제사를 지내는 신사를 창건했다. 위에 소개한 1874년 기사는 동상이 별격관폐사의 역할을 대신할 수 있다는 생각이 공론화되기 시작했음을 보여준다. 1876년 교부성이 태정관에 제출한 「관사 동석상건립에 관한 문의^{官社ヘ銅石像設立之儀ニ付伺}」에는 "서양 모뉴먼트의 형체를 모방해 제신의 동석상 등을 설립하여 해당 신의 공적을 영세불후하게 기억하고 우러러보게 하는 것을 건의하는 바이다"라는 표현이 등장하고 1878년 출판된 『미구회람실기^{米歐回覽實記}』에는 이와쿠라사절단이 방문한 구미 각국의 동상 삽화가 12건 이상 소개되어 있다.[59] 기노시타 나오유키가 지적하듯이 일본에 불상 외에 인물의 초상조각을 만드는 전통이 전혀

---

[57] 「護國大明神和氣公銅像」『東京日日新聞』(1874. 1. 4.), 木下直之『銅像時代』, p.19에서 재인용.

[58] 별격관폐사란 신사의 사격(社格)중 하나로, 신화에 나오는 신이나 천황・황족의 제사를 지내는 신사 다음으로 격이 높은 신사이다.

[59] 「官社ヘ銅石像設立之儀ニ付伺」(『公文錄』明治十年第十八券、國立公文書館藏), 木下直之『銅像時代』, pp.22-23에서 재인용; 구메 구니타케, 정애영 외 역, 『특명전권대사 미구회람실기』1-5, 소명출판, 2011.

제4장 다카무라 고운과 국가 건설기 일본미술

없었던 것은 아니다.[60] 그러나 공공 공간에 인물상을 세우는 전통은 에도시대까지 없었다. 군중이 모이고 통과하는 광장과 공원에 위인의 상을 건립하는 문화는 서구로부터 수입되었다. 전례가 없던 수입 문화임에도 불구하고 '충신을 모범으로 한 국민의 육성'이라는 동상 건립의 목적은 이미 별격관폐사 제도 시행에서 보이듯 일본 내에서도 공유되고 있었기 때문에 동상은 애국충신을 기리는 모뉴먼트로 비교적 빠르게 이해되었다.

동상 건립이 구체적으로 검토되기 시작한 것은 메이지 20년대에 들어서이다. 헌법이 제정되고 국회가 개설하는 1889년에서 1890년 역사화歷史畵와 동상에 대한 관심이 급증한 것은 기타자와 노리아키의 지적처럼 천황을 기축으로 한 국가체제 확립이라는 정치적 상황과 무관하지 않다.[61] 존황론의 역사관을 세우는 데 중요한 테마로 일본의 신화, 신화 속의 천황, 천황에 충성을 다하는 영웅을 그린 역사화 제작이 활발해지는 것과 나란히 위인 동상 제작도 본격화되었다. 일본 황조가 정통성을 유지하는 데 기여한 공신들이 신화적 인물이건, 역사적 인물이건 관계없이 동상의 주인공으로 고려되었.

1889년 구가 가쓰난陸羯南(1857~1907)이 창간한 일간지『니혼日本』에서 기원 2550년을 맞는 다음해 기원절을 기일로 《일본역사상인물회화혹은조각현상모집》을 실시했다. 요시다 치

---

60) 木下直之『銅像時代』, pp.37–38.
61) 北澤憲昭「裏返されたモニュメント: 彫刻の近代化と銅像」『境界の美術史—「美術」形成史ノート』ブリュッケ, 2000, p.245.

4.4 《구스노키마사시게상》과 《사이고다카모리상》

즈코吉田千鶴子에 따르면 오카쿠라가 이 현상모집 발안에 깊이 관여했는데 모집요강에 조각은 "진무천황상·모리나가친왕상·구스노키상"을 제재로 "목재, 금속 혹은 석재류를 사용해 제작하고 (석고·점토·밀랍 금지), 육 척 이상 전신의 조상으로 공원 혹은 거대한 회당에 장치하기 적절할 것을 요한다"라는 조건이 명시되었다.[62] 1등에는 도쿄미술학교 조각과 교원인 다케우치 규이치竹内久一(1857~1916)의 《진무천황입상》이, 2등에는 같은 도쿄미술학교 조각과 교원 야마다 기사이山田鬼齋(1864~1901)의 《모리나가친왕마상상護良親王馬上像》이 당선되었다.[63] 당선작이 실제로 공공장소에 건립되지는 않았지만 목조 원형은 제3회내국권업박람회에 출품되었다. 1890년에 개최된 제3회내국권업박람회에는 일본화, 양화를 불문하고 역사화 출품이 쏟아지며 메이지 역사화 제작 붐이 절정에 달하기도 했다.

《구스노키상》의 건립 사업은 재벌 스미토모住友 가문이 벳시동광산別子銅山 조업 200주년을 기념해 벳시의 동으로 만든 동상을 천황에게 헌납하고 싶다는 뜻을 밝히면서 시작되었다. 스미토모 가문은 당시 미술행정의 핵심 관료인 제국박물관 총장 구키 류이치久鬼隆一(1852~1931)에게 자문을 구했고 이에 구

---

[62] 吉田千鶴子「竹内久一レポート: 岡倉天心の彫刻振興策と久一」『東京藝術大學美術學部紀要』16號, 1981, pp.12-13.
[63] 1등 상금 3백엔, 2등 상금 1백엔으로 당시 고운의 도쿄미술학교 교수 연봉이 5백엔이었음을 고려할 때 상금의 액수가 상당했음을 확인할 수 있다.

키는 1889년 두 차례의 동상도안현상모집을 실시했다. 1차에서는 진무천황의 기마상을 황거 정면의 니주바시二重橋 입구에 설치하는 안이 채택되었다. 그러나 이 안은 아무리 진무천황상이라 하더라도 메이지 천황이 말의 발 밑을 다니는 것이 불경하다하여 취소된다. 재공모에서 도쿄미술학교 회화과 재학생 오카쿠라 슈스이岡倉秋水(1867~?)와 교원 가와바타 교쿠쇼川端玉章(1842~1913)의 구스노키승마상 도안이 채택되었다. 1890년 상의 제작 의뢰가 도쿄미술학교로 들어오고 다음해 고운이 제작주임을 맡아 목조 원형 제작이 시작되었다. 대규모 프로젝트였던 만큼 도쿄미술학교 교원이 분야별로 총동원 되었다. 우선 형태를 만들기에 앞서 도쿄미술학교에서 강의하고 있던 국학자 구로카와 마요리黒川眞賴(1829~1906)와 미술사학자 이마이즈미 유사쿠今泉雄作(1850~1931)가 구스노키라는 인물에 대해 고증했고, 니혼가화가 가와사키 지토라川崎千虎(1837~1902)가 갑옷과 투구를, 금공가 가노 나쓰오加納夏雄(1828~1898)와 도검감정가 이마무라 나가요시今村長賀(1837~1910)가 칼을 조사했다. 목조 원형은 조각과 교원이 공동으로 제작했는데 구스노키의 몸체는 이시카와 고메이石川光明(1852~1913)와 야마다 기사이가, 말은 고토 사다유키後藤貞行(1850~1903)가 담당했다. 고운이 실제 조각한 부분은 구스노키의 머리부분 정도였다. 1893년 3월 완성된 목조 원형을 공예과 교수 오카자키 셋세이岡崎雪聲(1854~1921)가 주물 작업을 해 1896년 최종적으로 상을

4.4 《구스노키마사시게상》과 《사이고다카모리상》

그림 4.4 다카무라 고운 외, 《사이고다카모리상》(西鄕隆盛像), 1898년 준공, 브론즈, 우에노 공원

완성했다.[64] 상이 놓일 좌대는 건축가 가타야마 도쿠마^{片山東熊}(1854~1917)가 제작했다. 상은 제작에 착수한지 10년만인 1900년 준공되었다.

한편 《사이고상》의 건립은 상대적으로 이른 시기부터 논의되었는데 1883년 사이고의 7주기에 맞춰 사이고상 건립 운동이

---

64) 오자키 역시 사전에 작업해 본 적이 없는 크기의 작품이었던 관계로 1893년 분해 주조를 공부하기 위해 시카고에 다녀오기도 했다.

시작되었다. 후쿠자와 유키치^{福澤諭吉}(1835~1901)도 그해 8월 25일 『지지신포^{時事新報}』에 논설[65]을 게재했다. 그러나 세이난 전쟁으로 조적이 된 사이고의 동상이 건립되는 것에 대한 반대 의견이 제기되면서 건립 운동은 고전했다. 동상 건립 추진은 1889년 2월 1일 기원절, 대일본제국헌법 발포를 기해 사이고가 정삼위로 추증되어 명예를 회복하면서 본격화되었다. 같은 해 3월 시바코엔 야요이관에 동상 건립을 위한 사무소를 설치하고 전국적으로 기부금 모집을 시작했으며 10월에는 가바야마 스케노리^{樺山資紀}(1837~1922)와 구키 류이치의 이름으로 「사이고상도안현상모집」광고를 발표했다.[66] 당초 모집공고에서는 육군대장 군복을 입은 기마상 형태로 상을 건립할 것을 조건으로 했으나 예산 문제와 반대 여론 등으로 인해 제작과정에서 계획이 대폭 변경되었다. 1892년 상의 제작 의뢰가 도쿄미술학교로 들어오고 고운이 역시 목형 제작주임을 맡았다. 비용상의 문제로 기마상에서 입상으로 안이 변경되면서 말의 제작은 필요 없어지고 사이고 상의 목조 원형은 고운과 제자 하야시 비운^{林美雲}이 담당했다. 《구스노키상》과 마찬가지로 각 분야 교원들이 자료를 조사해 상의 형태를 고증했다. 1893년 육군 정복을 입은 목조 원형이 완성되었으나 명예회복 후에도 여전히 역신의 이미지를 상기시킬 위험이 있는 군인의 모습으로 사이고가 재현되는 것에 대한 우려로 인해 일단 계획이

---

65) 「南洲西鄉隆盛翁銅像石碑建設主意」.
66) 「贈正三位西鄉隆盛君銅像圖案懸賞募集廣告」『東京日日新聞』, 1889. 10. 11.

양복차림으로 변경되었다. 최종적으로 평상복 차림으로 개를 끄는 모습으로 안이 수정되면서 1897년 다시 평상복 원형이 제작되고 개 부분의 조각은 고토가 담당했다. 완성된 목조 원형의 주조는 오카자키가 맡아 1898년 5월 최종적으로 상이 완성되었고 12월에는 제막식이 열렸다.

도쿄미술학교의 위촉제작사업 중에서도 «구스노키상»과 «사이고상»은 정치적 목적이 가장 두드러진 프로젝트로 관료와 미술가의 이인삼각 협업이 요구되었다. "누구의 상을 어디에 설치할 것인가?"는 동상 건립에 있어 일차적으로 고려되는 중요한 문제이다. 동상의 주인공으로 누가 적합할지를 판단하는 데에는 미적 감각이 아닌 정치적 감각이 요구된다. 여기서 동상 건립이 미술 프로젝트이기 이전에 정치 프로젝트임이 분명해진다. «구스노키상»의 경우 충신으로서의 정체성이 분명했기 때문에 별 문제없이 상의 주인공으로 선택되었지만, «사이고상»의 경우 앞서 살펴본 바와 같이 역신의 이미지를 지우는 과정이 필요했다. «사이고상»을 군복을 입은 기마상으로 할 것인가, 평상복을 입고 개를 끄는 모습으로 할 것인가는 미학적 이유가 아니라 전적으로 정치적 이유에 근거해 결정된 것이라 할 수 있다. 이 결정에 미술가는 관여하지 않았으며 정해지는 대로 상을 제작했을 따름이다.

동상 건립에 있어 상의 주인공 선택만큼이나 까다롭고 어려운 결정이 상을 어디에 설치하느냐 하는 문제이다. «구스노키상»과 «사이고상»의 경우에도 상이 설치된 장소가 상의 의미를 규정하게 되었는데 특히 두 인물과 천황과의 관계가 장소를 통해 구체화되었다. 『고운회고담』에 따르면 «구스노키상»의 주제는 오카쿠라가 고민 끝에 결정한 것인데 유배지인 오키에서 돌아오는 고다이고 천황을 구스노키가 고베에 마중 나가 맞이하는 장면을 표현했다.[67] 구스노키가 천황의 봉련을 마주보고 있는 설정으로 현실에서는 상이 향하고 있는 황거가 곧 천황을 대신한다. 구스노키 마사시게라는 고다이고 천황의 충신과 도쿄 황거에 머무는 현재의 천황 사이의 시간적 불일치는 문제되지 않는다. 오히려 역사 속 충신의 신체를 통해서 '신민공동체'를 초역사적으로 확장하는 효과를 낼 수 있다. «구스노키상»의 구역은 좌대가 차지하는 면적으로 제한되지 않으며 상과 황거 사이의 공간에 '천황·국가'와 그에 충성하는 '신민·국민'으로 구성된 의미의 장이 형성된다. «구스노키상»의 자리인 황거 앞 광장에 서는 모두는 '천황·국가'에 충성하는 '신민·국민'이 되는 것이다.

«사이고상»의 경우 복장과 마찬가지로 건립 장소 결정에도 곤란을 겪었다. 사이고라는 영웅의 대중적 인기에도 불구하고 '역신'의 이력이 있는 그의 상이 공공장소에 등장하기 위해서는 그의 '충신'으로서의 정체성이 뚜렷이 환기 될 수 있는 세팅이 필요했다. 동상건설 발기인 총대를 맡은 구키가 1890년 궁내대신에게 '황거 정문 앞 광장'에 «사이고상»의 설치 허락을 요구하여 1891년 수락되었으나 궁내성은 1892년 이 결정을 철회

---

[67] 『高村光雲懷古談』, p.276.

하는 동시에 우에노 공원을 새로운 장소로 제안했다. 우에노 공원은 도쿠가와 쇼군가의 보다이지菩提寺[68]였던 간에이지寬永寺가 위치한 막부의 성지였다. 사이고는 무혈개성 이후에도 간에이지에 칩거하며 저항하는 구 막신들과의 전투에서 황군의 승리를 이루어 내었다. 차선의 선택이었지만 결과적으로 우에노 공원에 상이 설치됨으로써 사이고를 '유신의 원훈'으로 기려야 할 명분이 확실해졌다. 우에노 공원은 사이고의 천황에 대한 충성을 가장 잘 드러내는 장소로 역신의 이미지를 충신의 이미지로 덮기에 적절했다.

동상 건립에서 누구의 상을 만드느냐 만큼 어디에 상을 세우느냐를 심각하게 고민하는 것은 이처럼 설치 장소가 상의 의미를 생성하고 고정할 수 있기 때문이다. 동상은 매체의 속성상 화면 안에 여러 인물을 등장시키고 배경을 설정할 수 있는 회화에 비교하면 내러티브 전달에 한계를 지닌다. 대신 동상이 놓이는 장소를 통해 맥락을 만들고 이야기를 보충하는 것이 가능하다. 《구스노키상》과 《사이고상》 모두에서 천황은 보이지 않는 주인공이다. 천황은 장소를 통해 비가시적으로 존재하며 상의 인물과 관계 맺었다. 두 상은 천황을 조각하지 않고도 천황을 중심으로 한 메이지 일본의 국체를 표상하는 데 성공했다.

정확히 말하면 조각할 인물과 상을 설치할 장소가 결정되면서 두 상을 보는 사람들로 하여금 천황과 충신의 관계를 통

---

[68] 보다이지는 선조 대대의 위패를 모신 절을 말한다.

제4장 다카무라 고운과 국가 건설기 일본미술

해 국체를 상상하게 할 조건이 마련되었다. 이 상상이 실제로 일어나기 위해서는 구스노키와 사이고가 설득력 있게 형상화되어야 한다. 여기서부터가 미술가의 일이다. 초상이 남아있지 않은 구스노키를 구스노키처럼 보이게 하기 위해 투구와 갑옷과 칼과 말의 고증에 심혈을 기울였고 고증 결과에 충실한 재현을 했다. 고다이고 천황을 마중하는 장면을 실감나게 전하기 위해, 천황의 봉련을 발견한 구스노키가 오른손으로 고삐를 세게 당겨 급히 달려온 말을 멈추고 머리를 숙여 경례하는 순간을 표현했다. 왼 다리를 가슴 앞까지 힘차게 들어올린 말의 모습은 빠른 속도로 달리다 급정거할 때 생기는 역동적 긴장을 잘 전달하고 있으나, 말 조각을 담당했던 고토는 말이 실제로는 취할 수 없는 자세라는 이유로 이를 조각하는 데에 강하게 반대했다. 이에 고운은 다음과 같은 말로 고토를 설득했다.

> 아, 예술이라는 것은 그런 것이 아니다. 때로는 허구여도 좋은 것이다. 허구임을 알면서 만드는 편이 진짜처럼 보이기도 한다. 진짜 말처럼 만들면 역으로 조금도 말의 자세가 나오지 않고 말의 동세라고 하는 것이 나타나지 않는다. 그러면 아무것도 되지 않는다. 허구가 진짜처럼 보이면 그것으로 좋으니 그 기분을 이해하지 않으면 안된다.[69]

말에 관해선 누구보다 전문가이지만 조각 경험이 부족한

---

69) 高村豐周「あとがき」『木彫七十年』中央公論美術出版, 1967, pp.435-436.

4.4 《구스노키마사시게상》과 《사이고다카모리상》

고토가 미처 이해하지 못한 박진감의 작동원리를 노련한 고운은 파악하고 있었다. 《구스노키상》의 목형 제작주임으로서 고운이 맡은 일은 이처럼 전체 주제를 염두에 두고 각각의 조각가가 작업한 내용을 조율해 가장 진짜처럼 보이는 조형물로 종합하는 것이었다.

두 동상은 고운의 작품 가운데 가장 널리 알려진, 규모도 가장 큰 대표 업적으로 꼽힌다. 그러나 앞서 확인한 것처럼 고운이 직접 제작한 부분은 상의 일부에 한정된다. 두 프로젝트에서 고운의 주 역할은 참여 인력이 각각의 부분에서 최고의 기량을 발휘할 수 있도록 분담하여 맡은 작업을 종합해 전체의 균형 등을 살피고, 앞서 살펴본 것처럼 필요한 경우 수정을 지시하는 등 제작을 관리·감독하는 것이었다.[70] 통솔력과 종합적인 판단력을 요하는 이일은 공방의 대표로서 직인 고운이 해오던 일과 크게 다르지 않았다. 오카쿠라는 오랜 기간 공방을 운영해온 고운에게 공동 작업을 총괄하는 역량을 기대하며 제작 책임을 맡겼고 고운은 그에 부응했다.

그러나 고운의 역량과 관계없이 목조 전문가인 고운에게 동상의 원형 조각을 맡긴 것은 사실 자연스러운 결정은 아니었다. 동상이라는 명칭에서부터 드러나듯이 공공장소에 건립되는 위인상의 주재료는 브론즈이다. 대부분의 서양 동상은

---

[70] 고운은 회고담에서 《구스노키상》의 전 제작과정에서 누가 무엇을 담당했는지 상세히 서술해 두었다. 목형제작 뿐 아니라 상의 기획, 자문 내용에 대해서도 상술되어 있다. 『高村光雲懷古談』, pp.275-186.

제 4장 다카무라 고운과 국가 건설기 일본미술

그림 4.5 《구스노키마사시게상》 목형, 1893년 완성

점토로 원형을 빚어 석고로 틀을 뜬 후 청동으로 주조하는 방식으로 제작된다. 일본에서도 도쿄미술학교에 앞서 서양미술 교육을 위해 설립되었던 공부미술학교 조각과에서는 점토와 석고를 주재료로 소조상을 만드는 수업을 했다. 따라서 동상은 제작방식상 공부미술학교 출신들에게 더 익숙한 장르였다. 《구스노키상》과 《사이고상》보다 앞서, 도쿄에 설치된 최초의 동상인 야스쿠니신사의 《오무라마스지로상》(1893 준공)은

4.4 《구스노키마사시게상》과 《사이고다카모리상》

공부미술학교 출신 오쿠마 우지히로^{大熊氏廣}(1856~1934)가 석고 원형을 이용해 제작하였다. 단단한 덩어리를 깎아서 상을 만드는 목조보다 부드러운 덩어리를 빚고 붙여서 상을 만드는 소조가 대규모 동상의 원형으로 제작하기에 훨씬 수월하다. 기술적인 측면만 생각한다면 목조 전문가인 고운과 도쿄미술학교 교원들에게 상의 원형 제작을 맡기는 것은 모험이었다. 그럼에도 불구하고 《구스노키상》과 《사이고상》의 제작을 모두 목조 중심의 도쿄미술학교에 위촉한 것은 앞장에서 논의한 '일본미술'을 대표하는 목조의 상징성 때문이라고 해석할 수 있다. 《구스노키상》 제작이 도쿄미술학교로 위촉되기 한 해 전인 1889년 오카쿠라는 "미술은 나라의 정화다"라는 말을 남긴 『곳카』창간사 뒷부분에서 "조초^{定朝}가 아미타나 불보살의 얼굴표정에 진력한 정신을 가지고 그것을 충신의사의 초상에 응용해야 하고, 승가람마를 장식한 교묘한 솜씨로 공당공원을 장식해야 한다"고 주장했다.[71] 조초는 뵤도인^{平等院} 봉황당^{鳳凰堂} 본존인 아미타여래좌상을 조각한 헤이안 중기 불사이다. 한편 앞서 살펴 본 『니혼』의 《일본역사상인물회화혹은조각현상모집》에서 '석고·점토·밀랍'의 사용을 금지한 것도 비록 동상이 서구에서 수입된 장르이기는 하지만 국체를 시각화하는 조형물인 만큼 서양미술의 흔적을 지우겠다는 의지로 읽을 수 있다. '일본조각'의 전통을 목조를 중심으로 세우기로 결심한 이상 오카쿠라는 메이지 최대 공공미술 프로젝트인 두 상의

---

71) 岡倉天心「『國華』發刊ノ辭」, p.46.

제작을 양풍 조각가의 손에 맡길 수 없었다.

새로운 주제에 기술적으로도 난해한 주문이었지만 목조의 가능성을 증명해 내야 하는 도전을 고운은 기꺼이 받아들였다. 그리고 그 작업은 고운 개인이 아닌 도쿄미술학교의 동료, 제자들과의 공동 제작을 통해 이루어졌다. 고운에게 주문대로 작품을 완성해 내는 것은 직인으로서 당연히 해야 하는 일이며 무수히 반복한 일이었지만, «구스노키상» 목조 원형의 완성은 고운에게도 특별한 사건이었다. 특히 이를 천황이 직접 관람한 천람天覽은 고운의 긴장과 흥분이 가장 두드러지게 묘사된 순간으로 『고운회고담』에 기록되어 있다. 우에노에 위치한 학교에서부터 황거까지 목조 원형을 분해해 가져가 재조립하는 과정, 제작에 참여한 교원이 전원 도열한 중에 천황의 관람을 오카쿠라가 옆에서 안내하며 질문에 답하는 모습 등이 30년 전의 사건임에도 생생하게 묘사되어 있다.[72]

4.5 메이지 일본의 '국가 미술가'

> 천황의 신격은 아버지의 신앙으로, 메이지 천황이 우에노의 전람회에 행행行幸할 때마다 아버지는 자주 어전제작이라고 하는 것을 하게 되었으나, 필시 메이지 천황의 무릎 위는 올려보지 못했다. "본래 뵈면 눈이 먼다"고 자주 이야기했다. 그런 일로 종삼위에 서위되었을 때에는 "종삼위라고 하면 태정관 차관으로 고몬黃門님과

---

[72] 『高村光雲懷古談』, pp.286-291.

동격이다"라며 기뻐했다. 이 서위서훈은 국가가 예술에 대해서 주는 것이 아니라 단지 학교에 매우 오래 교직을 맡았기 때문에 연수의 위에서부터 기계적으로 높은 사람이 된다는 것을 깨닫지 못한 것 같았다.[73]

고운 스스로 자신의 삶과 작업에서 큰 영예로 여기는 장면은 황실과 관련된 것들이었다. «구스노키상»의 천람뿐 아니라 황거조영사업에 참여한 것을 시작으로 황후 앞에서 조각 작업을 시현한 일이나 천황이 직접 관람하고 칭찬한 자신의 작품을 궁내성이 구매한 일 등이 『고운회고담』에 자세히 소개되어 있다. 한편 고운은 자신에게 붙여진 여러 직함 중에서 '제실기예원'이라는 타이틀을 가장 중시한 것으로 보인다. 고운은 자신의 작품을 포장하는 하코가키에 제실기예원이라 서명했을 뿐 아니라 신문 등에 인터뷰하거나 글을 발표할 때에도 늘 '제실기예원 다카무라 고운'이라 소개했다. 고타로는 아버지가 궁내성으로부터 받은 제실기예원 직함 등을 중시하는 것을 조닌 근성이자 전근대적인 것으로 폄하하지만 고운 본인은 궁내성의 인정, 곧 천황의 인정을 통해 자신이 일본의 미술 발전에 기여하고 있음을 실감했다.

메이지 국가 건설기 일본을 부국으로 만들기 위해서, 일본이 문명국임을 증명하기 위해서, 일본이란 국체를 시각화하기 위해서 미술이 소환되는 중요 장면마다 고운이 등장한다. 그리고 그는 국가가 필요로 하는 미술가로 인정받아 태정관 차관과

---

73) 高村光太郎「父との關係」, p.230.

동격인 종삼위의 벼슬에 올랐다. 그러나 그에게 '국가 미술가'라는 호칭을 붙이기 조심스럽다면, 그것은 그에게 '국가란 무엇인가'에 대한 뚜렷한 의식이 부재하기 때문일 것이다. 그러나 그렇다고 하여 그가 국가 건설에 기여한 바가 없다고 할 수는 없다.

무학의 직인 고운에게서 '국가'에 대한 인식은 선명하게 드러나지 않는다. 고운이 자신의 출생부터 1922년 현재까지의 70세 인생을 정리한 350쪽 분량의 『고운회고담』에서 "국가"라는 단어는 징병과 관련한 에피소드에서 단 한 번 등장할 뿐이다. 그러나 고운은 추상적인 관념으로서의 '국가'를 형상화하여 그것을 상상하고 실감할 수 있도록 하는 역할을 했다. 그리고 그 작업은 선명한 국가의식을 갖고 있다 하더라도 오카쿠라나 구키와 같은 관료들이 직접 할 수 있는 일은 아니었다. '국가'가 무엇인지 이해하고 있지 못한 직인의 작업이 '국가의식' 형성에 기여하는 것은 어떻게 가능한가? 국가에 필요한 것은 국가를 이성적으로 이해한 국민이 아니라 국가가 무엇인지 정확히 이해하지 못하고도 충성하는 국민이기 때문이다. 신을 모르고도 신앙을 키우는데 불상이 기여하는 바와 같이 국가를 모르고도 애국심을 기르는 데 고운의 조각이 천황을 매개로 기여한 것이다.

주요 참고 문헌

- 高村光雲『高村光雲懐古談』新人物往来社, 1970.
- 기타자와 노리아키,「'美術' 개념의 형성과 리얼리즘의 전위: 메이지·다이쇼期의 '美術' 인식에 대하여」,『미술사논단』2, 1995.
- 사토 도신,「'近代 日本美術史'의 形成과 그 研究動向」,『미술사논단』10, 2000.
- 木下直之『銅像時代: もうひとつの日本彫刻史』岩波書店, 2014.
- 佐藤道信『明治国家と近代美術: 美の政治学』吉川弘文館, 1999.
- 田中修二『近代日本最初の彫刻家』吉川弘文館, 1994.
- 田中修二編『近代日本彫刻集成 幕末・明治編』国書刊行会, 2010.
- 田中修二『近代日本彫刻史』国書刊行会, 2018.
- 東京国立近代美術館, 三重県立美術館, 宮城県美術館 企画・監修『日本彫刻の近代』淡交社, 2007.
- 三重県立美術館 編『高村光雲とその時代』三重県立美術館, 2002.
- 池上香苗「江戸後期から明治初期にかけての彫刻制作者に内在する師弟観について」『美術科教育学会誌』18, 1997.
- 池上香苗『『光雲懐古談』の世界 : 近代日本彫刻の形成に関する考察』建帛社, 1997.
- 庵原理絵子「「彫刻」へのまなざし: 高村光雲と近代美術制度」『学習院大学人文科学論集』19, 2010.
- 恵美千鶴子「西郷隆盛銅像考: その建設過程を中心に」『文化資源学』第三号, 2005.
- 大熊敏之「「前近代」なのか、「近代」なのか: 高村光雲をめぐる錯誤—「高村光雲とその時代展」」,『美術フォーラム21』7, 2002.
- 芝山昌也「近代日本彫刻考(一)『光雲懐古談』をめぐって」『金沢工芸大学紀要』63, 2019.
- 志邨匠子「高村光雲作<老猿>をめぐる彫刻と工芸」『美学』46券 4号, 1996.
- ティルタラ, アリン ガブリエル,「近現代日本彫刻史における仏

師の位置付け: 高村光雲の評価とその含意」『日本語・日本文化研究』30, 2020.
- 千葉慶「帝都の銅像: 理念と現実」『美術フォーラム21』18, 2008.
- 吉田千鶴子「竹内久一レポート: 岡倉天心の彫刻振興策と久一」『東京芸術大学美術学部紀要』16号, 1981.
- Guth, Christine M. E. "Takamura Kōun and Takamura Kōrato: On Being a Sculptor", In *The Artists as a Professional in Japan*, edited by Melinda Takeuchi, Stanford University Press, 2004.
- Kitazawa, Noriaki, "The Evolution and Modernization of the Sculpture Genre in East Asia According to the Japanese Example." In *East Asian Art History in a Transnational Context*, edited by Eriko Tomizawa-Kay and Toshio Watanabe, Routledge, 2019.

4.5 메이지 일본의 '국가 미술가'

우치무라 간조(1924년)

제 5 장

우치무라 간조와 근대 일본

박은영[†]

5.1 우치무라 간조라는 인물

1889년 2월 메이지정부는 대일본제국헌법을 통해 법적으로 보장된 천황제 시스템을 확립하고 천황의 권위 아래 모든 것을 복속시켰다. 헌법의 모두冒頭에서 천황의 주권이 '신들'의 계보에 선 만고불변의 교의라는 이른바 만세일계에 기초한 천황의 신성성과 불가침성을 내걸었듯이,[1] 헌법의 중심에는 천황의

[†] 이 글은 박은영, 「우치무라 간조와 근대 일본」, 『일본역사연구』 제60집, 2023을 수정·가필한 것이다.

[1] 大日本帝國憲法, 第1條「大日本帝國ハ萬世一系ノ天皇之ヲ統治ス」第3條「天皇ハ神聖ニシテ侵スヘカラス」(國立公文書館デジタルアーカイブ, https://www.digital.archives.go.jp).

제5장 우치무라 간조와 근대 일본

절대성이 정신적·정치적 축으로서 자리 잡고 있었다. 따라서 국민에 대해 보편적으로 타당한 인간으로서의 권리를 인정하지 않고 '신민臣民'으로서의 권리만을 용인한다. 헌법이 천황의 은혜에 의해 주어진 '흠정헌법'이었듯이 이 권리도 또한 천황의 은혜에 의해 주어졌던 것이다.[2] 여기서 일본 근대 국가의 형성이 애당초 종교적 권위와 아무런 상극相剋 없이 이루어졌음을 이해할 수 있다.

나아가 이 시스템을 강력하게 뒷받침하기 위한 국가윤리 장치로서 1890년 10월 '교육에 관한 칙어教育ニ關スル敕語', 곧 교육칙어를 제정하여 천황의 이름으로 국민도덕의 규범을 보이고 천황이 친히 국민이 살아갈 길을 결정하는 권위를 갖는다는 점을 분명히 하였다. 그것은 천황 통치의 긴 전통과 유래를 바탕으로 천황의 덕치와 신민의 충효를 국체의 정화로 강조하고 '천양무궁天壤無窮의 황운皇運을 부익扶翼하기' 위해 충성을 다할 것을 요구한다.[3] 그리고 단순히 외면적인 복종에만 머무르는 것이 아니라 신민의 자발적인 신종을 통해 한층 적극적인 봉사와 헌신의 정신을 고취할 것을 의도한 것으로 학교 교육의 근간으로 자리 잡았다.[4] 이처럼 교육칙어는 법령으로 반포된 헌법과 달리 직접적으로 법적 구속력을 갖지 않음에도 불구하

---

2) 宮田光雄『國家と宗教』岩波書店, 2010, p.271.
3) 「教育ニ關スル敕語」(國立公文書館デジタルアーカイブ, https://www.digital.archives.go.jp).
4)『國家と宗教』, pp.271-272·307-308; 同志社大學人文科學研究所編, 土肥昭夫·田中眞人 編著『近代天皇制とキリスト教』人文書院, 1996, p.18.

고 반포 당시부터 오히려 초법적 지위에 놓였다. 메이지 정부가 의도했던대로 이는 절대적 천황상의 창출을 통해 국가 권력에 의한 국민 교화를 꾀하고자 한 천황제 국가 지배 이데올로기의 중핵으로 기능하였다.

그런데 이 과정에서 천황제 국가에 대한 무조건적인 소속의식에 문제를 제기한 인물도 존재했다. 교육칙어 반포 직후에 발생한 '우치무라 간조內村鑑三 불경사건'은 천황제 국가의 가치와 개인의 가치가 정면에서 대립한 상징적인 사건이었다. 1891년 1월 당시 도쿄제일고등중학교의 촉탁교원이었던 우치무라는 교육칙어 봉독식에서 메이지 천황의 서명이 들어 있는 칙어에 대해 가볍게 머리만 숙인 채 최경례最敬禮는 하지 않고 단상을 내려왔다. 이에 대해 교원과 학생이 격렬하게 비난하고 나아가 전국을 들끓게 하는 커다란 문제로 확대되어 우치무라는 불경한不敬漢으로 몰리게 된다. 이로부터 '교육과 종교의 충돌'[5] 논쟁으로 발전하여 국가와 종교의 충돌 문제가 공식적

---

[5] 우치무라 간조 불경사건 이후 그리스도교가 일본의 전통적 습속이나 국체 관념과 신민 도덕 등에 부합되지 않는다며 공격하는 사례는 빈번하게 일어났다. 이러한 가운데 1892년 11월 도쿄제국대학 교수였던 이노우에 데쓰지로가 『교육시론(教育時論)』에 「종교와 교육과의 관계에 대한 이노우에 데쓰지로의 담화」를 발표하며 본격적인 '교육과 종교의 충돌' 논쟁이 시작되었다. 이노우에는 1893년 단행본 『교육과 종교의 충돌』을 간행하여 그리스도교 배격 운동에 더욱 불을 붙였는데 여기에서 그는 칙어의 정신이 현세에 중점을 두는데 반해 그리스도교는 미래에 중점을 두고 또 그리스도교는 '자타(自他), 친소(親疎), 원근(遠近)의 차별 없이' 사랑하는 박애를 말하나 칙어의 박애는 '우리 부모를 부모로서, 그런 다음 인간의 부모에 미치는 것 같이 차별적인 사랑'이므로 양자가 충돌이 생기는 것을 피할 수 없다고 말한다. 나아가 이노우에는 그리스도교의 최대 결점으로서 충효의 결여를 지적했는데, 이에 대해 혼다 요이쓰(本

제5장 우치무라 간조와 근대 일본

으로 표면화되었다. 이 논쟁을 이끌었던 이노우에 데쓰지로井上哲次郎는 종교적 가치를 국가 도덕보다 위에 두는 것이 일본의 실정에 맞지 않는다고 비판하였고, 이후 국가적 충성과 종교적 충성의 긴장 관계는 그리스도교를 둘러싸고 본격적으로 전개된다. 때문에 우치무라 간조 불경사건은 메이지 이후의 '국가 대 종교' 문제의 기원으로서 반드시 언급되는 사건이며 종교적 신념에 따른 개인의 자율적 판단에 의지해 천황제 국가의 의식을 거부한 행위로서 높은 평가를 받았다.

또한 우치무라는 러일전쟁기 비전론非戰論을 주창한 것으로도 잘 알려져 있다. 메이지 일본이 마주했던 시대는 국제법상 전쟁 자체가 위법이 아니었고 오히려 외교 문제 해결 수단으로서의 전쟁은 필수불가결하다는 인식이 지배적이었다. 따라서 주권국가는 교전 규칙을 지키는 한 자유롭게 전쟁을 선택하고 승전국은 배상금이나 영토를 얻는 것이 당연하다고 여겼다.[6] 이처럼 전쟁이 국가의 영광과 깊이 연결되어 가치를 인정받았던 시기에 전쟁 반대의 목소리를 냈던 우치무라의 비전론은 일

多庸一)나 요코이 도키오(橫井時雄) 등은 '그리스도교는 진정한 애국심을 양성하고 어떠한 국체 속에서도 숨 쉬며 양민이 될 수 있음을 믿는다'라고 반론을 제출하기도 했다. 이처럼 '교육과 종교의 충돌' 논쟁은 당시 일본 사회 전반에서 왕성하게 행해졌고 관련 문서는 헤아리기 어려울 만큼 많이 전한다. 다음의 연구를 참고할 것. 塚田理『天皇制下のキリスト教』新教出版社, 1981, pp.16-18; 土肥昭夫『日本プロテスタントキリスト教史』5版, 新教出版社, 2004, p.116; 박은영, 「「교육과 종교의 충돌」 논쟁에 관한 일고찰—이노우에 테츠지로(井上哲次郎)와 요코이 도키오(橫井時雄)의 논쟁을 중심으로」,『인문연구』73, 2015 등.

6) 야마무로 신이치, 박동성 역,『헌법9조의 사상수맥』, 동북아역사재단, 2010, pp.169-170.

본 평화주의의 원류로서 많은 관심을 받았다. 물론 우치무라가 생래적 비전론자였던 것은 아니다. 애초 우치무라는 '동서양의 중재인', '신문명의 소개자'로서의 역할을 일본에 기대하며 청일전쟁을 동양의 진보를 위한 전쟁으로서 '의전義戰'으로 긍정했다. 이러한 인식은 문명개화와 부국강병을 통해 근대화를 달성하는 것을 진보이자 선善으로 여겼던 일본의 근대화 이데올로기의 전형으로 당시 그리스도교계를 포함해 사회 전체에 널리 공유되고 있던 입장이었다. 그러나 우치무라는 청일전쟁 후 '전쟁국가'로서의 아이덴티티를 비판적으로 재고하고 제국주의 전쟁의 침략적 본질을 직시하는 가운데 비전론자로서의 입장을 확립해 나가게 된다.

이와 같이 우치무라는 동시대의 내셔널리즘과 여러 차례 충돌하며 천황제 국가와 대결한 돌출자로 보인다. 그런데 우치무라는 그의 유명한 '두 개의 J(Jesus와 Japan)'에 대한 사랑에서 알 수 있듯이 그리스도교인이면서 일평생 일본을 사랑한 애국자이기도 했다. 다시 말해 우치무라에게 '두 개의 J'는 그리스도교가 내셔널리즘과 분리될 수 없다는 것을 강력하게 드러내는 요소라는 점에서 그가 '두 개의 J'에 강하게 집중할수록 여기에서 오는 모순 또한 필연적으로 내포할 수밖에 없다. 따라서 우치무라라는 인물을 내셔널리즘과의 단순한 대립에서만 파악할 수 없으며 또 불경사건으로 내셔널리즘이 좌절했다는 평가 등에도 주의를 기울일 필요가 있다.

물론 그리스도교와 내셔널리즘의 결합은 우치무라만의 문

제 5 장 우치무라 간조와 근대 일본

제는 아니었고 당시 그리스도교인에게 공통적으로 볼 수 있는 현상이었다. 주지하듯이 대부분의 그리스도교인들은 내셔널리즘과 그리스도교라는 이중 구조 속에서 현실의 문제와 종교를 '분리'하여 국가의 적극적인 협력자가 되었다. 즉 이들은 그리스도교를 통한 신 일본 건설에의 공헌을 꿈꾸고 있었던 것으로, 문명의 종교인 그리스도교의 사명과 국가의 목적이 본질적으로 일치한다고 여겼다.7) 다만 우치무라는 그의 '두 개의 J'라는 독자적 표현에서 알 수 있듯이 '그리스도교인이면서 일본인' 이라는 선언을 둘러싼 긴장 관계를 끊임없이 의식하는 가운데 그가 처해 있던 근대 일본이라는 시공간 속에서 평생 부침을 거듭했다. 곧 우치무라에게 '두 개의 J'는 그의 내셔널리즘을 이해하는데 있어서 매우 상징적인 표현이라고 말할 수 있을 것이다. 이와 관련하여 일본그리스도교는 '적응하는adaptive' 또는 '응용적인applied' 자세를 가졌으면서, 동시에 '프로테스트'하고 '레지스트'하는 태도를 견지하려는 입장도 존재했다는 지적은 당시 일본 그리스도교인들의 내셔널리즘의 문제를 이해하는데 도움을 준다.8)

이에 따라 이 글은 일본근대사에서 우치무라의 충성관이 차지하는 독특한 지위를 재고해 보는데 목적이 있다. 구체적으로 우치무라의 사상이 그가 처해 있던 상황과 밀접하게 관련되어 있었다는 점을 염두에 두고 그의 국가적 충성 문제, 곧 대對국

---

7) 原誠『國家を超えられなかった教會—15年戰爭下の日本プロテスタント教會』日本基督教團出版局, 2005, pp.23-24.
8) 杉井六郎『明治期キリスト教の研究』同朋舎, 1984.

가관이라는 측면에서 그의 사상을 살핀 후 그 의미를 생각해 보고자 한다.

5.2 사상형성의 계기들

에도 막부의 붕괴와 메이지유신

우치무라 간조는 1861년 3월 23일 다카사키 번사高崎藩士였던 우치무라 요시유키內村宜之와 야소ヤソ 사이에서 6남 1녀 중 장남으로 태어났다. 이러한 우치무라에게 있어 사상형성의 첫 번째 계기라고 할 수 있는 것은 1868년 메이지유신을 통한 막번체제의 붕괴였다. 메이지 신정부는 천황을 정점으로 한 강력한 중앙집권국가를 목표로 했고 이 과정에서 신도神道는 천황의 권위와 통치권을 정당화하는 것으로서 적극적인 역할을 부여받게 된다. 메이지유신 후 소년기의 우치무라는 만연한 '경신敬神' 애국의 분위기를 느꼈고, 어려서부터 배양된 강렬한 종교적 감수성은 신사 앞을 지날 때마다 매번 경례를 할 정도였다. 물론 그 아버지가 신봉했던 기존 유교적 가치관도 우치무라에게 영향을 주었다.[9] 우치무라가 메이지 초기의 사상적 상황에 깊

---

9) 우치무라는 그의 저서 『나는 어떻게 기독신도가 되었는가』 *How I Became a Christian*, 1895에서 다음과 같이 언급하고 있었다. "나의 아버지는 완전한 공자학자셨고 성인의 글과 말씀을 거의 대부분 암송하고 계셨다. 따라서 나의 초기 교육은 자연스럽게 그 선상에 있었다. 그리고 나는 지나의 여러 성현의 윤리적, 정치적 교훈을 모두 이해할 수 없었다고는 해도 그러한 가르침의 일반적인 정서는 깊이 받아들이고 있었다. 봉건영주에 대한 충의, 부모와 스승에 대한 성실과 존경은 지나 도덕의 중심주제였다." (內村鑑三 著, 鈴木俊郎 譯 『餘は如何にして基督信徒となりし乎』岩波書店, 1960, pp.14-15) 이를 통해 알 수 있듯이 우치무라

은 영향을 받았음은 그가 미국 유학 중 아버지에게 썼던 편지, "번정을 벗어나 왕정에 복귀했을 때 우리의 목적은 다카사키번 8만 2천석에서 일본 전국으로 퍼져나갔다"[10]라는 내용에서도 짐작할 수 있다.

또한 메이지 정부는 일본의 '근대화'를 목표로 부국강병·식산흥업 등의 슬로건을 내걸고 서구 문명을 적극적으로 도입하여 구미 열강의 위협으로부터 독립된 국가를 건설하는데 힘을 쏟았다. 이와 같은 상황에서 우치무라 역시 서양 문명에 대해 많은 관심을 기울였다. 그는 1873년 아리마有馬학교 영어과에 입학하여 1년간 공부한 후 도쿄외국어학교에 편입하였고, 여기서 그의 평생의 친구라고 말해도 좋을 니토베 이나조新渡戶稻造와 미야베 긴고宮部金吾와 동급생이 되었다. 그리고 이들은 홋카이도北海道 지역 개발을 담당할 인재 양성을 목표로 설립된 삿포로농학교에도 함께 진학하게 된다. 물론 이들의 삿포로농학교 진학 이유는 우치무라를 비롯해 니토베도 몰락한 무사가의 자제였다는 점, 미야베 역시 에도의 가난한 집안에서 태어나 경제적 어려움에 놓였다는 점에서 전액 장학금을 제공하는 삿포로농학교 진학 특전이라는 직접적 동기가 있었다. 그러나 입신출세하여 국가를 위해 도움이 되는 인재가 되려는

역시 유년기에 습득했던 유교적 교훈, 곧 유교적 충효관에 큰 영향을 받고 있었음을 짐작할 수 있으며 이는 나아가 그의 독특한 애국적 기독교의 형성에 있어 무관하지는 않았을 것으로 여겨진다. 한편 이러한 유교적 충효관이 신도에 적대적인 것이 아니었다는 점에도 유의할 필요가 있다.

10) 內村鑑三「12月1日 內村宜之宛」, 1885.12.01.『內村鑑三全集』36, 岩波書店, 1981~1984, p.218(이하『全集』).

열망은 몰락한 무사 집안 청년 학생들에게 보다 중요한 동기였다. 1877년 우치무라는 삿포로농학교 제2기 관비 장학생으로 입학하였고 여기에서 그의 사상형성의 중요한 두 번째 계기를 맞이하게 된다.

삿포로농학교 입학

1876년 개교한 삿포로농학교는 메이지 신정부의 홋카이도 개척을 위한 거점으로서 농업을 중심으로 한 인재 양성을 목표로 했다. 이에 미국 매사추세츠 농업대학 학장 윌리엄 클라크$^{William\ S.\ Clark}$를 초빙하여 체계적인 농학 전문 교육 기관으로 체제를 정비하고 초대 교감으로서 학생들을 육성하도록 하였다. 그는 채 1년이 되지 않는 짧은 기간 동안 삿포로에 체류한 것에 불과했지만 그가 학생들에게 미친 영향은 적지 않았다. 특히 클라크는 전공인 자연과학 지식의 전달 외에도 성서를 가르치고 그리스도교를 소개하는 데 적극적이었는데 그런 그의 노력으로 1기생 전원이 그리스도교 입신을 서약했다. 그리고 이제 막 입학한 우치무라를 비롯한 2기생에게도 개종의 압력이 닥쳤다.

우치무라는 애초에 이국의 종교인 그리스도교에 들어가는 것이 일본을 배반하는 행위가 된다고 생각하며 매우 완강하게 입신을 거부했다. 당시 열여섯 살의 우치무라는 신입생에 대한 일사불란한 공격으로 다른 동급생들이 잇따라 '적에게 항복'하는 상황 속에서 '절대로 이교도의 종교 따위 믿지 않겠다'라

제5장 우치무라 간조와 근대 일본

고 결심하기도 했다. 그러나 그는 결국 학교 전체의 분위기에 대항하지 못하고 클라크가 남긴 '예수를 믿는 자들의 서약'에 서명한 후 그리스도교인이 되었다. 이는 우치무라의 표현에 의하면 자신보다 덩치가 훨씬 큰 소년들의 '강요'에 의한 양심에 반한 행위였다.[11] 따라서 우치무라에게 그리스도교와 일본을 어떻게 관계 지을 것인가의 문제는 처음부터 중요한 과제였다. 물론 서명 후 그는 그리스도교의 교리를 공부하기 시작했고 초월적인 신 하나만이 존재한다는 것을 인식함으로써 오히려 기존에 가지고 있던 다신적 신앙으로 인한 여러 갈등에서 해방되어 어떠한 잡념도 없이 공부에 집중할 수 있었다. 다음과 같은 회고도 흥미롭다.

> 새로운 신앙의 실제적 이익은 곧 명백해졌다. 전력을 다해 그것을 나에게서 물리치려고 하는 동안에도 나는 그것을 느끼고 있었다. 우주에는 하나의 신이 있을 뿐이고 이전에 믿었던 것처럼 다수―800만 이상―가 아님을 나는 배울 수 있었다. 기독교적[12] 유일신교는 내 모든 미신의 뿌리를 도끼로 내리찍었다. … 새로운 신앙에 의해 주어진 새로운 영적 자유는 나의 마음과 몸에 건전한 감화를 주었다. 나의 공부는 더한층 집중해서 이루어졌다. 새로이 부여받은 육체의 활동력을 받아 나는 산과 들판을 밟으며 계곡의 백합, 하늘의 새를 관찰하고

---

[11] 『餘は如何にして基督信徒となりし乎』, p.22.
[12] 본고에서는 Protestant Christianity(개신교)에 대한 한국어 표기를 '그리스도교'로 하였다. 다만 원문에 나오는 '基督敎'의 경우에는 원문 한자 표기 그대로 '기독교'로 사용하였다.

천연天然을 통해 천연의 신과 교제하기를 원하였다.[13]

당시 아직은 미개척 상태였던 삿포로의 자연을 마주 대하는 가운데 우치무라는 자신만의 '자연의 법칙'을 구축해 나가며, 우주 만물의 창조자로서 신의 주권과 자연법칙의 근본원리를 연관 지어 생각하게 된다. 우치무라가 삿포로농학교에서 배웠던 자연과학에 대해 훗날 언급했듯이 그가 자연과학의 장자長子인 농학을 배운 것에 대해 신에게 매우 감사하는 이유는 농학 연구를 통해 자연 현상을 있는 그대로 이해하고 무익한 의문을 품지 않아도 되었기 때문이었다.[14] 우치무라에게 자연은 보이지 않는 영원에 도달하기 위한 유일한 계단이라는 점에서 자연을 아는 방법과 신을 아는 방법은 밀접하게 연결되어 있고[15] 이러한 자연과학적 지식과 종교적 탐구는 그의 비전론을 뒷받침하는 데에도 효과적으로 사용되었다.

1881년 7월 우치무라는 삿포로농학교를 졸업하면서 니토베, 미야베와 더불어 자신들을 '두 개의 J(Jesus와 Japan)'에 바칠 것을 서약했다.[16] 우치무라에게 이 '두 개의 J'는 일평생 이상적 일본에 대한 비전과 사명을 형성하기 위한 신념으로서

---

13) 『餘は如何にして基督信徒となりし乎』, pp.25-26.
14) 「神學耶農學耶―實驗的に科學と宗教との關係を論ず」『聖書之研究』80號, 1906.10.10.;『全集』14, pp.289-291.
15) 「神學耶農學耶―實驗的に科學と宗教との關係を論ず」;『全集』14, p.294.
16) 스즈키 노리히사, 김진만 역,『무교회주의자 우치무라 간조』, 소화, 1995, pp.25-26.

지속되었다. 물론 그리스도교에 바탕을 둔 서구 문명과 동양 문명의 중재자가 되는 것을 일본의 사명으로 생각했던 초기의 낙관적인 희망과 기대는 청일전쟁을 거치며 수정되었으나 그리스도교를 통한 일본에 대한 비전은 일평생 지속되었다.

미국 유학

우치무라의 사상형성에 영향을 미치게 되는 세 번째 계기는 미국으로의 유학이다.[17] 우치무라는 1884년 11월 말 샌프란시스코에 도착한 데 이어, 다시 기차를 달려 12월 필라델피아에 도착하였다. 거기서 위스터 모리스 Wister Morris 부부를 만나 엘윈 Elwyn 지적장애아학교를 소개받고 약 7개월에 걸쳐 정신장애 아이들을 돌보는 일을 하게 된다. 우치무라는 이곳에서의 고된 생활을 도덕적 훈련으로 적극적으로 받아들이는 가운데 심각한 죄의식으로부터 마음의 평화를 어느 정도 되찾은 것으로 보인다. 또한 이곳에서의 경험을 통해 자선과 박애, 교육을 고귀한 종교적 목적으로 이해하는 계기가 되었다고 회고하고 있다.[18]

---

17) 우치무라의 미국행과 관련하여 유학을 결심하게 된 직접적인 원인은 정확하게 알기 어렵다. 다만 어머니의 강력한 반대를 무릅쓰고 강행했던 아사다 다케(淺田タケ)와의 결혼이 반년도 되지 않아 파경을 맞게 되자 우치무라는 그 자신의 미성숙을 크게 자책하였는데, 이러한 무너진 그의 정체성을 재구성하기 위한 유학이었다는 설명이 유력하다(미우라 히로시, 오수미 역, 『우치무라 간조의 삶과 사상』, 예영커뮤니케이션, 2000, pp.45-46 참조). 그러나 물론 그리스도교인이 된 우치무라에게 그리스도교국의 실재를 탐색하고 경험한다는 목적도 중요했을 것이다.

18) 여기서 우치무라가 말하는 죄의식은 주로 미국 유학 전 실패한 결혼에 대한 것이었다는 점에서 예컨대 진정한 종교적·그리스도교적 죄의식의 성찰 등과는 거리가 있다. 『餘は如何にして基督信徒となりし乎』, p.146.

5.2 사상형성의 계기들

이후 우치무라는 엘윈에서의 생활을 끝내고 1885년 9월 애머스트대학에 입학하게 되는데, 여기서 줄리어스 실리$^{Julius\ H.\ Seelye}$ 총장과 만나게 되면서 자신의 중요한 두 번째 회심을 경험하게 된다. 우치무라는 다음과 같이 적고 있다.

> 내 인생에서 매우 중대한 날이다. '그리스도'의 속죄의 힘이 오늘처럼 명료하게 나에게 계시된 적은 일찍이 없었다. 신의 아들이 십자가에 달리신 사건에 지금까지 나의 마음을 괴롭히던 모든 어려움에 대한 해결책이 존재한다. '그리스도'는 나의 모든 빚을 지불해 주셨고 나를 타락 이전의 태초의 사람이 가졌던 청정함과 결백함으로 돌아갈 수 있게 하셨다. 이제 나는 신의 자녀이며 나의 의무는 '예수'를 믿는 것에 있다. 그를 위해 신은 내가 원하는 모든 것을 주실 것이다. 그는 그의 영광을 위해 나를 사용하실 것이며 결국에는 나를 천국으로 인도해 주실 것이다.[19]

즉 실리 총장은 자기 자신을 정화하려는 노력, 이른바 '도덕적 훈련'을 중시하던 우치무라에게 십자가 위의 그리스도가 주는 구원과 평안에 온전히 의지할 것을 권유한 것이다. 우치무라는 이러한 속죄에 대한 믿음을 통해 인간의 행위성에 대한 성찰을 시도하고 도덕성을 넘어선 그리스도교의 근본적 본질에 대해 깊이 깨닫게 되었다. 이처럼 우치무라에게 두 번째 회심 체험은 그리스도교에 입신한 이후 계속되었던 이기심과 죄의식에 대한 진정한 해방과 인간의 유한성을 철저히 인정하고

---
19) 『餘は如何にして基督信徒となりし乎』, p.163.

신에게 자신을 의탁하는 자기초월적 계기가 되었다고 할 수 있다.

또한 모스^{A. D. Morse} 교수의 강의는 우치무라의 역사관 형성에 큰 영향을 미쳤다.[20] 모스의 영향을 받은 우치무라는 인류의 진보라는 관점에서 역사를 이해했고 나아가 이러한 진보의 과정을 통해 궁극적으로 하나의 선으로 나아가는 것이 신의 섭리라는 인식에 이를 수 있었다. 이런 점에서 미국을 문명화의 전형으로 보는 당시 대부분의 그리스도교 지식인들처럼 우치무라 역시 문명 중심적인 유신론적 진보사관을 견지하고 있었다. 물론 미국의 세속주의와 심각한 범죄율, 물질만능주의와 같은 비그리스도교적 현실은 우치무라에게 실망을 안겨주기도 하였으나 그리스도교 정신에 바탕을 둔 미국적 가치관의 중요성은 변함없이 유지되었다.[21] 실제로 우치무라는 미국의 비그리스도교적인 현실에 대항해 종종 '청교도주의'를 인용하거나 영웅적 그리스도교인, 익명의 선한 그리스도교인들을 언급하며 미국을 옹호하였다.[22]

우치무라는 애머스트대학 졸업과 동시에 본격적인 신학 공부를 위해 하트포드신학교에 진학했다. 그러나 신학교에서의 학업은 얼마 가지 못했고 건강상의 문제로 1888년 약 3년 반에

---

20) 「流竄錄」『國民之友』233-251號, 1894.8.23~1895.4.23.;『全集』3, pp.82-84.
21) 『餘は如何にして基督信徒となりし乎』, pp.212-215.
22) 시부야 히로시·치바 신 외, 양현혜·한송희 역, 『우치무라 간조의 사회사상과 신학 사상』, 홍성사, 2018, p.73.

걸친 미국 유학을 마치고 귀국하게 된다.[23] 우치무라에게 미국에서의 생활은 그리스도교와 일본이라는 두 축을 재인식하게 한 중요한 계기였다. 다음의 글에서 알 수 있듯이 우치무라는 유학 생활 중 신의 섭리 속에서 이루어질 일본의 독자적인 사명을 확신하고 있었다.

> 신의 섭리가 우리 국민 가운데 있다는 사상을 통해 많은 감동을 받았다. 만일 모든 선한 선물이 그로부터 나온 것이라면 우리나라 사람들의 칭찬할 만한 국민성 중에 저 위로부터 온 것도 있다. 우리는 우리 자신에게 특유한 천부의 선물로써 우리 신과 세계를 섬기기 위해 노력해야 한다. 신은 20세기 동안의 단련으로 도달한 우리 국민성이 구미사상에 의해 완전히 대체되는 것을 바라지 않으신다. 기독교의 아름다움은 신이 각 국민에게 주신 모든 특수성을 거룩하게 만들어 주는 데 있다. 얼마나 복되고 격려가 되는 사상인가. 일본도 또한 신의 국민이라니.[24]

따라서 우치무라는 "나의 생애를 그가 인도해 주심을 안다. 나는 많은 공포와 전율의 마음을 가지고 조국에 돌아오지만 화를 두려워하지 않는다. 왜냐하면 그는 나에게 더 많은 것을

---

[23] 우치무라는 신학 공부를 계속할 수 없었던 이유로, "지난 3년간의 격렬한 정신적 긴장은 나의 신경에 안정감을 잃게 했고 매우 두려운 만성 불면증이 나를 사로잡았다. 휴식·최면약·기도도 마침내 소용없었고 지금 나에게 열린 유일한 길은 고국으로 가는 것이었다"라고 적었다. 『餘は如何にして基督信徒となりし乎』, p.191.

[24] 『餘は如何にして基督信徒となりし乎』, pp.172-173.

보여주셨기 때문"[25] 이라고 말하며 일본 땅을 밟았던 것이다.

악전고투를 통해 그리스도교와 일본을 발견한 우치무라에게 일본은 신이 가라고 명한 '전장戰場'이었고 우치무라는 일본인으로서 그 일본을 위해 그리스도를 전해야 한다는 강한 책임의식을 가졌다. 즉 우치무라에게 조국 일본에 대한 애국심은 신의 섭리라는 믿음을 바탕으로 구체화되었던 것이다. 우치무라가 애머스트대학 시절 애용하던 성서 앞장에 적어둔 유명한 구절이자 그의 묘비에 새겨진 'I for Japan, Japan for the World, The world for Christ, And all for God'라는 말은 그의 '두 개의 J'에 대한 평생의 신념에 다름 아니었다. 이상과 같이 우치무라의 사상형성에 영향을 주었던 계기들은 향후 그의 독자적인 사상을 세워나가는데 기본적인 지표가 되었다.

5.3 일본국의 천직

우치무라의 '그리스도 애국Christo-national'[26]의 자세는 불경사건으로 시험을 맞게 된다. 일반적으로 '우치무라 간조 불경사건'은 권력의 우상화에 대한 그리스도교의 예언자적 부정의 정신이 일본 정신사에 접맥되는 순간으로 높이 평가되었다.[27] 요컨대 막스 베버식의 '합리적·윤리적 예언자'의 모습에 근사近

---

25) 이 글은 우치무라가 일본에 도착한 1888년 5월 16일 자에 기록된 일기이다.『餘は如何にして基督信徒となりし乎』, p.229.
26) 「ベル宛」, 1888.6.20.;『全集』36, p.295.
27) 양현혜,「우치무라 간조와 '두 개의 J'」,『장신논단』47-1, 2015, p.110.

似하다는 것이다.[28] 그러나 이 사건은 천황제 국가의 문제성을 관통하지 못했던 '그리스도 애국'자가 직면한 딜레마적 상황을 노정하는 것이기도 했다. 우치무라가 불경사건 직후 미국에 있던 친구 벨에게 보낸 편지에서 스스로의 행동을 여러 차례 '주저hesitation'[29]로서 설명한 것은 애당초 그가 칙어에 대해 절을 하는 것도 절을 하지 않는 것도 불가능했던 상황을 이야기하는 것은 아닐까. 결국 우치무라는 '주저' 끝에 최경례가 아닌 조금 머리를 숙이는 정도를 택했고 이로 인해 전국적으로 '불경한'이라는 비난을 받게 된다. 그러나 이 부정적 경험 또한 그의 내셔널리즘을 좌절시키기보다는 오히려 신의 뜻을 실현하는 자신의 사명을 환기하는 계기가 되었다.

> 정치적 자유liberty와 신교의 자유freedom of conscience는 어떠한 나라에 있어서도 그 헌신하는 사람들 사이에 이러한 시련 없이는 얻을 수 없다는 것을. 그리하여 나는 신이 나에게 그러한 무거운 짐을 짊어지도록 선택해주신 것을 감사드려야 하지 않겠는가.[30]

우치무라에게 일본에 대한 자신의 사명은 세계에 대한 일본의 사명으로 확장되는 것으로, 각각 자신과 일본의 '천직天職'으로 연결된다. 곧 우치무라의 구도 속에서 그리스도교와 내셔널리즘은 결코 필요에 따라 분리해 낼 수 있는 요소가 아니며

---

28) 마루야마 마사오, 박충석·김석근 역, 『충성과 반역』, 나남출판, 1998, p.294.
29) 「ベル宛」, 1891.3.6. 『全集』36, pp.331-336.
30) 「ストラザース宛」, 1891.7.9. 『全集』36, p.338.

제 5 장 우치무라 간조와 근대 일본

오히려 매우 강력하게 결합되어 있어 분리될 수 없다. 우치무라의 '두 개의 J'에 대한 사랑은 이를 드러내는 명제인 것이다. 그러면 우치무라는 구체적으로 일본이라는 국가, 일본의 사명을 어떻게 이해하고 있었는가. 청일전쟁 발발 2년여 전인 1892년 4월 『육합잡지六合雜誌』에 발표한 「일본국의 천직」[31]을 통해 그의 견해를 확인할 수 있다.[32] 이 글에서 우치무라는 일본의 지리, 민족, 역사상 특징이라는 세 가지 항목으로 일본에 부여된 천직을 말하고 있다.

> 일본국의 천직은 하나로 부족하지만 내가 지명하는 이 한 가지 점은 그중 가장 중요하다고 생각한다. 동서 양안兩岸의 중재인, 기계적인 구미를 이상적인 아시아에 소개하려 하고, 진취적인 서양으로 하여금 보수적인 동양을 열기를 바란다. 이것이 일본제국의 천직이라고 믿는다. 신문명의 소개자로서 일본국의 아시아에 대한 관계는 옛적 희랍의 유럽 대륙에 대한 관계와 같다. 우리 일본 인민은 동서의 사이에 서서 우리들의 동쪽 이웃되는 서양으로부터 문명을 수입하여 이를 소화하고 이를 변환·개량하여 우리들의 서쪽 이웃되는 아시아 여러 나라에 이것을 전해야 한다.[33]

---

31) 이 글은 "JAPAN'S FUTURE AS CONCEIVED BY A JAPANESE. 〔JAPAN: ITS MISSION〕"라는 제목으로 1892년 2월 5일자 『The Japan Daily Mail』에 게재했던 것을 일본어로 번역하여 재차 게재한 것이다.

32) 1892년 발표된 「일본국의 천직」 외에도 1924년 발표된 「일본의 천직」이라는 유사한 제목의 두 편의 글은 우치무라의 국가 인식과 관련하여 자주 언급되는 글이다. 이 두 편의 글은 '천직'이라는 말이 제목에 사용된 것 외에도 30여 년이라는 간격을 두고 작성되었다는 점에서 그 공통점과 차이점을 살펴보는 것도 의미가 있을 것이다.

33) 「日本國の天職」『六合雜誌』136號, 1892.4.15.;『全集』1, p.293.

우선 '동서 양안의 중재인'이라는 표현은 일본의 지리적 위치에 대한 주목에서 나온 것이다. 우치무라는 일본이 "오른손으로 구미의 문명을 취해 왼손으로 지나支那[34]와 조선에 이를 전해주는 위치에 있고 공화적 서양과 군주적 지나의 중간에 서서 기독교적 미국과 불교적 아시아의 매개인의 지위에 있다"[35]라고 말하며 일본의 지정학적 가치를 강조한다.

또한 우치무라에게 일본 민족만이 가진 특징도 일본의 천직 수행에 중요한 의미가 있었다. 우치무라는 일본 민족이 "2천 년 동안 일계一系의 천자를 받들고 동일한 언어·습관·풍속"[36]을 지님으로써 한 민족의 연쇄를 이루고, 또 "국민의 기질상으로도 우리들은 외물外物에 감염되기 쉬워 타국의 문명을 흡수하는 데 있어 일본인을 능가하는 국민은 없다"[37]라고 말하며, 일본의 문화적·정치적 통일성과 기질상의 특징을 강점으로 내세운다. 따라서 우치무라는 동양의 여러 민족 중에서 일본인만이 구미의 문명을 이해할 수 있고, 또 문명국 중에 일본만이 동양 사상을 올바로 이해할 수 있으므로 일본인이 동양과 서양의 매개인이 되는 것이 마땅하다는 민족적 자부와 확신을 가졌던 것이다.[38]

---

[34] 본고에서는 중국을 가리키는 호칭으로서 '지나'라는 용어를 우치무라의 표현 그대로 사용하였다.
[35] 「日本國の天職」;『全集』1, p.290.
[36] 「日本國の天職」;『全集』1, p.290.
[37] 「日本國の天職」;『全集』1, p.291.
[38] 「日本國の天職」;『全集』1, p.291.

제 5 장 우치무라 간조와 근대 일본

　마지막으로 우치무라는 역사상으로 보더라도 일본은 천직을 가진다고 말한다. 예로부터 지금까지 문명은 항상 서쪽을 향해서 나아갔는데, 특히 19세기 중반 미국의 서부에 도달한 문명은 수년 후 바다를 건너 서쪽 일본에 전해졌고 30년이 지나지 않아 유치한 일본을 문명국의 반열에 오르게 하였다.[39] 물론 우치무라는 인도·티벳·중국으로 향하는 문명의 동쪽 흐름도 전제하지만 역사상 두 종류의 "문명의 흐름을 흡수하고 소화할 수 있는 힘에 대한 충분한 단련과 경험을 거쳤다는"[40] 점에서 동서양의 중매자가 되기에 가장 적당한 교육을 받은 나라 일본의 특별한 사명이 있다는 것이다.

　우치무라가 이 글을 쓴 목적은 "전심전력을 다해 진실로 신과 국가를 위해 최선을 다하려는"[41] 마음에서였다. 즉 우치무라는 이 세상을 창조한 신이 문명의 확산에 무한한 관심을 가진다는 점에서 한 사람의 그리스도교인으로서 자신의 천직을 환기하고 나아가 장차 동양의 발전을 위해 문명을 전하는 일본의 천직을 중시했다고 말할 수 있다. 따라서 동서양 중재인의 사명을 가진 일본에 있어 야만을 교화하고 문명을 전파하기 위한 전쟁은 부정되어야 할 것이 아니라 '정의의 문명전쟁'으로 오히려 적극적으로 권장해야 하는 것이었다. 이후 비전론자가 된 후 작성한 다음의 글을 보아도 이 시기 우치무라는 적극적인

---

39)「日本國の天職」;『全集』1, p.292.
40)「日本國の天職」;『全集』1, p.293.
41)「日本國の天職」;『全集』1, p.284.

전쟁 긍정론자였음을 알 수 있다.

> 나도 무사의 집에서 태어난 자로 전쟁은 내게 있어 조상 대대로의 직업입니다. 그러므로 내가 유소년기부터 듣던가 읽던가 했던 것은 전쟁에 관한 것이었습니다. … 전쟁에 관한 책을 많이 읽은 결과 나도 모르게 이 무렵까지는 전쟁이 악하다는 것이 도저히 이해되지 않았고 기독교를 믿은 이래 이제 23, 4년이 지났음에도 나도 가히 전론자의 한 사람이었습니다. … 칼라일의 『크롬웰전』을 성서 다음의 책으로 여겼던 나에게 정의는 이 세상에 있어서 검으로 결행해야 하는 것이라고만 생각했습니다.[42]

이런 점에서 1894년 출간된 『지리학고地理學考』[43]는 우치무라의 청일전쟁에 대한 관점을 분명하게 보여준다. 이 책은 앞선 「일본국의 천직」을 보완 발전시킨 것으로 지리학적으로 동서양의 매개자인 일본이 가진 세계사적 역할, 궁극적으로 인류 역사의 진보라는 보편적 가치를 실현하는 것이 일본의 천직이라는 것을 재차 강조하는 데 그 목적이 있었다.[44] 우치무라에게 당시 일본과 중국의 관계는 '신문명을 대표하는 소국'

---

42) 「餘が非戰論者となりし由來」『聖書之研究』56號, 1904.9.22.; 『全集』12, p.423.

43) 『지리학고』는 1897년 재판부터 『지인론(地人論)』으로 서명을 바꿨다. 서명 변경과 관련하여 19세기 말~20세기 초 당시 전 세계적으로 왕성하게 발간되던 지리서들이 '지인(地人)'의 상관관계를 표현하는 제목으로 출판되었던 점과, 우치무라의 『지리학고』에 많은 영향을 준 것으로 보이는 지리학자 기요(A. Guyot)의 서명이 *The Earth and Man*(1849)이었다는 점도 염두에 둘 수 있다.

44) 『地理學考』警醒社書店, 1894.5.10.; 『全集』2, pp.463-464.

과 '구문명을 대표하는 대국'의 관계로 인식되었고 그리스와 페르시아의 충돌에 비유할 만한 것이었다.[45] 우치무라는 다음과 같이 말했다.

> 그리스-페르시아 전쟁의 결과는 수數와 양量에 대한 정精과 질質의 승리이고 육肉에 대한 영靈의 승리이며 금수禽獸의 힘에 대한 인지人智의 승리이다. … 희랍의 승리는 인류 진보를 위해 필요하며 페르시아의 패배는 진보 역사가 요구하는 바이다. 그리스는 진보 역사의 추세에 따라 승리하고 페르시아는 이에 거슬러 패한 것이다. … 진보를 촉진하는 자는 승리하고 이를 방해하는 자는 패한다.[46]

우치무라가 일본을 그리스에 비유한 것은 과거 그리스가 유럽에서 했던 것처럼 일본이 아시아에서 그리스의 역할을 할 것이라는 확신에서였다. 따라서 "동양과 서양은 우리에게서 합해진다"[47]라고 단언하는 우치무라의 자신감은 그 합해진 '새로운 문명'으로써 동양과 서양에 널리 떨치겠다는 장대한 비전으로까지 이어질 수 있었다. 여기에서 우치무라가 일본의 천직을 언제나 세계에 대한 일본의 사명이라는 견지에서 바라보고 있었다는 점은 중요하다. 다만 이러한 견해는 일본을 위한 애국과 신의 섭리로서 문명론적 진보사관이 매우 낙관적

---

45) 「世界歷史に徵して日支の關係を論ず」『國民新聞』, 1894.7.27.;『全集』3, p.30.
46) 「世界歷史に徵して日支の關係を論ず」;『全集』3, pp.33-34.
47) 『地理學考』;『全集』2, p.468.

으로 전제되어 어느 쪽도 전쟁에 대한 비판적 성찰의 관점은 결여되어 있었다.

5.4 주전론과 비전론

청일전쟁과 의전론

1894년 6월 갑오농민전쟁의 진압을 구실로 무력 개입한 청·일 양국은 조선에서의 자국의 이익과 주도권을 두고 충돌하였고 마침내 청일전쟁으로 이어졌다. 일본이 '청국에 대한 선전의 조칙淸國に對する宣戰の詔'에서 공표하고 있는 전쟁의 목적은 다음과 같았다. 즉 청은 항상 조선을 속방으로 여겨 그 내정을 간섭하며 조선을 독립국으로 인정해 조약을 체결한 일본을 몽매하다고 여겼으므로 일본은 조선의 내정을 개혁하여 치안을 유지하고 조선의 독립을 확보하기 위해 전쟁을 한다는 것이었다.[48] 이처럼 서구 문명의 대표자인 일본과 야만을 대표하는 청국 간의 전쟁이라는 논리는 아직 천황제적 국체론 이데올로기가 국민에게 깊숙이 침투해 있지 않았던 청일전쟁 단계에서 민중들 사이에 소박한 국가 의식을 불러일으키는 역할을 하며 대외전쟁에 대한 자발적 협력을 가능하게 하는 지렛대가 되었다.[49]

우치무라 역시 선전 조칙이 발표되고 열흘 후인 8월 11일

---

[48] 大谷正·原田敬一 編『日淸戰爭の社會史―「文明戰爭」と民衆』フォーラム·A, 1994, p.53.
[49] 『日淸戰爭の社會史―「文明戰爭」と民衆』, pp.196-197.

제5장 우치무라 간조와 근대 일본

"JUSTIFICATION FOR THE KOREAN WAR"를 *THE JAPAN WEEKLY MAIL*에 발표하고 세계를 향해 청일전쟁이 '의로운 전쟁'이라는 점을 호소했다. 영문으로 작성된 이 글은 한 달여 후인 9월 3일자 『국민지우國民之友』에 「청일전쟁의 의」라는 제목으로 번역 게재되었다. 우치무라는 다음과 같이 말한다.

> 나는 믿는다. 청일전쟁은 나에게 있어서 실로 의전義戰이라고. 이 의라는 것은 법률적으로만 의인 것이 아니라 윤리적으로도 또한 그러하다. … 지나는 사교율社交律의 파괴자이고 인정의 해적害敵이며 야만주의의 보호자이다. … 우리가 조선 정치에 간섭하는 것은 그녀50)의 독립이 지금 위태함에 빠졌기 때문이다. 세계 최대 퇴보국이 그 마비적 반굴蟠屈 속에서 그녀를 파괴하고, 문명의 광휘가 이미 그녀의 문 앞에 도달했음에도 불구하고 참학망행慘虐妄行이 여전히 그녀를 지배하기 때문이다.51)

앞에서 언급했듯이 일본은 "동양 진보주의의 전사"52)로서 '사교율의 파괴자', '인정의 해적', '야만주의의 보호자'라고 할 수 있는 세계 최대의 퇴보국인 중국을 쳐서 깨우치는 것은

---

50) 우치무라는 논설 곳곳에서 조선을 지칭하며 '그녀[彼女]'라는 표현을 사용하고 있었는데, 이는 무능하고 보호해야 하는 존재로서 조선을 바라보던 당시 일본의 인식과 동일하다. 곧 우치무라의 조선에 대한 입장은 기본적으로 동정적인 태도로 일관하는 것이었다. 예를 들어 1903년 발표한 「평화의 실익(平和の實益)」이라는 글에서 우치무라는 문명에 뒤처진 조선은 자립할 힘이 없고, 나아가 독립의 가능성도 없을 것이라고 단언하며, 일본이 러시아와 '전쟁 없이 평화롭게' 한국을 경영할 수 있는 방법을 구체적으로 제시하기도 하였다.

51) 「日淸戰爭の義」『國民之友』234號, 1894.9.3.;『全集』3, pp.105-108.

52) 「日淸戰爭の義」;『全集』3, p.111.

우치무라에게 지극히 당연한 이치였다. 우치무라는 미국이 일본을 처음 문명의 광휘光輝로 이끌었듯이 지금 일본은 조선을 유도誘導해 나가기 위한 전쟁을 펼치고 있다고 말하면서,[53] 이 전쟁이 동양에 영구한 평화와 진보를 가져오기 위한 정의로운 전쟁 곧 '의전'이라고 확신했다.[54] 우치무라는 다음과 같이 글을 맺었다.

> 우리는 조선전쟁을 의전이라고 단정한다. … 우리의 목적은 지나를 각성시키는 데 있고 우리의 천직을 알리는 데 있으며 저들로 하여금 우리와 협력하여 동양의 개혁에 종사하도록 하는 것에 있다. 우리는 영구한 평화를 목적으로 싸우는 자이다. 하늘이여 이 같은 의전에서 죽음을 당하는 우리 동포 병사를 긍휼히 여겨 주시기를. 일본국이 세워지고 나서 국민은 이때까지 전혀 오늘날과 같이 고상한 목적으로 타오른 적이 없다. 우리는 하나가 되어 우리의 원수와 대적하기를 바란다.[55]

이 글은 우치무라의 서구 문명에 대한 강한 신뢰는 물론 국가의 가치와 존재 의미를 문명화의 정도에 따라 판단하려는 사고가 바탕이 되어 있었고 일본과 중국의 충돌은 불가피하다는 그의 입장을 잘 보여주고 있다. 그리고 이러한 우치무라의 유신론적 문명사관은 미국의 그리스도교인들 사이에서 큰 관심

---

53) 「日淸戰爭の義」;『全集』3, p.110.
54) 청일전쟁에 대한 도덕적 정당화는 비단 우치무라에만 한하는 것이 아니라 동시대의 여러 지식인에게도 널리 공통하는 경향이기도 했다. 宮田光雄『平和の思想史的硏究』創文社, 1978, p.77.
55) 「日淸戰爭の義」;『全集』3, p.112.

제5장 우치무라 간조와 근대 일본

을 불러일으켰다. 예컨대 청일전쟁에 대해 미국은 공식적으로 중립적인 태도를 보였지만 일본에 대한 호의적 여론이 강해지는 데 큰 영향을 미쳤던 것이다.[56]

그런데 우치무라에게 청일전쟁이 '의전'이 아닌 단순한 침략전쟁임을 의심하게 되기까지는 그다지 많은 시간을 필요로 하지 않았던 것으로 보인다.

> 그렇지만 우리들은 논자에게 묻고 싶다. 지나의 토벌은 실로 우리의 목적이 되는가 라고. 우리는 지나를 멸망시키고자 하는가 진실로 지나를 구하고자 하는가. 지나를 쓰러뜨리려고 하는가 지나를 일으키려고 하는가. 지나를 죽이려고 하는가 지나를 살리려고 하는가.[57]

일본어역「청일전쟁의 의」가 발표되고 정확히 한 달 후인 10월 3일 발표된 이 글은 중국에 대한 지배 확대 및 '토벌'에만 급급한 주전론자들에 대해 질문을 던지고 있었다. 우치무라는 "조선의 독립은 지나의 폐퇴廢頹에서 오는가. 일본의 흥기와 안전이란 지나의 쇠약함에서 바랄 수 있는가. 동양의 평화는 지나의 멸망에서 생기는 것인가. … 동양의 평화는 지나를 세우는 데서 온다. 조선의 독립과 일본의 진보 모두 지나 발흥勃

---

56) William L. Neumann, *America Encounters Japan from Perry to MacArthur*, The Johns Hopkins University Press, 1963, pp.104–105. 당시 일본 선교사였던 데이비드 스펜서 등은 아예 대놓고 일본의 입장을 지지하며 보고서를 제출하기도 했다.(『우치무라 간조의 사회 사상과 신학 사상』, p.75).
57)「日淸戰爭の目的如何」『國民之友』237號, 1894.10.3.;『全集』3, p.141.

興의 결과로서 올 수 있는 것"58) 이라고 말하며 전쟁의 목적이 중국의 토벌로만 치닫게 되는 상황을 우려했다. 우치무라의 다음 비유는 흥미롭다.

> 우리는 외과의가 재단기로 병체 치료에 종사할 때의 생각으로 청국에 임해야 하는 것으로 강도가 칼을 들고 부자를 해할 때의 마음으로서 하지 않는다. 우리들은 살리기 위해서 자르는 것으로 죽이기 위해서 찌르는 것이 아니다.59)

요컨대 우치무라는 동서양의 매개자로서의 사명을 가진 일본이 모든 판단 기준으로서 문명을 이상으로 삼아야 할 것을 재차 촉구하는 한편, 인애적 대이상大理想 없이는 대국민이 일어날 수 없으므로 세계의 대국민이 되고자 하는 일본이 '아시아에 독립과 문화를 제공'하는 대이상을 품을 것을 주장하고 있었다.60) 이처럼 청일전쟁이 의전임을 굳게 믿으며 도덕적 자세를 가질 것을 거듭 요청했던 우치무라였지만 이 전쟁의 모순과 한계는 전쟁 종료 후 그 스스로 가장 먼저 깨달을 수밖에 없었다. 1895년 4월 17일 시모노세키조약의 조인으로 막을 내린 청일전쟁은 단순한 침략전쟁이었음을 드러냈고 여기에 실망한 우치무라는 다음과 같은 편지를 미국의 친구 벨에게 보냈다.

---

58) 「日清戰爭の目的如何」;『全集』3, pp.141–142.
59) 「日清戰爭の目的如何」;『全集』3, p.143.
60) 「日清戰爭の目的如何」;『全集』3, pp.145–147.

지나와의 분쟁은 끝났습니다. 아니, 끝나지 않으면 안 된다고 말합니다. 전쟁은 우리 국민성 가운데 내재한 선함과 대담함을 아주 분명하게 해주었고, 동시에 은혜로운 섭리는 우리들의 국민성 중의 이 대담함을 저지해 주셨습니다. '의로운 전쟁'은 약탈전 비슷하게 변했고 그 '정의'를 외쳤던 예언자는 지금은 치욕 속에 있습니다.[61]

또한 1년여 후의 다른 글에서도, 우치무라는 일본 정부가 청일전쟁을 의전이라고 주장한 것에 대해 "나처럼 바보 같은 자는 저들의 선언을 진심으로 받아들여 나의 부족한 구문歐文으로 '청일전쟁의 의'를 세계에 호소"[62] 했다고 후회하며 전쟁의 중요한 목적이었던 조선의 독립은 제쳐두고 신영토의 개척과 신시장의 확대에만 급급한 현실을 지적했다. 실제로 전승의 결과 새롭게 얻게 된 식민지와 거대한 배상금은 일본의 급속한 공업화를 촉진했다. 그리고 가장 우선적인 목적을 국방에 두고 정부의 손으로 보호 육성되었던 일본의 자본주의는 국가의 침략정책과 일체화하여 전쟁에서 이윤을 얻으려는 경향을 드러내기 시작한 것이다.[63]

의전론에서 비전론으로

청일전쟁을 계기로 우치무라의 전쟁관은 큰 틀에서 변모하게 되지만 곧장 비전론자로 바뀐 것은 아니며 여전히 의전의 가능

---

61) 「ベル宛」, 1895.5.22.;『全集』36, p.414.
62) 「時勢の觀察」『國民之友』309號, 1896.8.15.;『全集』3, p.233.
63) 宮田光雄『平和の思想史的研究』創文社, 1978, p.78.

성을 인정하고 있었던 점에 주의해야 한다. 우치무라는 1898년 4월 발발한 미국-스페인 전쟁에서도 여전히 의전론을 전개하고 있었다. 우치무라는 다음과 같이 말하였다.

> 미국은 인도人道를 위해 스페인은 명예를 위해 맹렬하게 무장하려고 하고 있다. … 인도 대 명예! 만일 스페인-미국전쟁이 시작된다면 아마도 과거 3백 년간 세계가 경험하지 못했던 가장 이타적인 전쟁이 될 것이다.[64]
>
> 미국은 승리하고 스페인은 패배하며 쿠바는 자유롭게 될 것이다. 그리고 선하고 고귀한 목적의 다른 전쟁의 경우와 마찬가지로 이 전쟁을 통해 지구상에 보다 더 많은 정의가 초래될 것이다.[65]

이와 같이 우치무라는 미국-스페인 전쟁을 미국이 쿠바에게 자유를 주기 위한 '정의로운 전쟁', '선하고 고귀한 목적의 전쟁'으로 여겼고 이 전쟁을 의전으로 간주하며 전쟁을 부정하지 않았다. 아울러 우치무라가 미국을 '신문명의 개신교 국가'의 대표자로, 스페인을 '비인도적이고 구문명의 가톨릭 국가'라는 도식 속에서 파악하고 있었음도 간과할 수 없다.[66] 그러나 1898년 12월 10일에 조인되었던 파리조약에서 미국은 필리핀·괌·푸에르토리코를 비롯한 스페인 식민지의 대부분을

---

64) 「JOTTINGS.」『萬朝報』, 1898.4.19.;『全集』5, pp.388–389.
65) 「AMERICA'S MOTIVES FOR WAR.」『萬朝報』, 1898.5.14~15.;『全集』5, p.414.
66) 大山綱夫「內村鑑三―日淸·日露の間」『內村鑑三硏究』第27號, 1989.9, p.70.

획득하였고 쿠바를 보호국으로서 사실상 지배하에 두는 등 이 전쟁이 침략주의 전쟁이었음을 여실히 드러냈다. 우치무라가 미국-스페인 전쟁을 의전으로 간주한 것은 미국이 문명과 진보의 관점에 모범이라는 생각에서였다. 그러나 이제 우치무라는 미국이 "청교도적이지도 크롬웰적이지도 않으며",[67] "미국이 이웃 나라를 돕는다는 명목으로 마침내 필리핀 군도를 병유한 것은 확실하게 도적의 일"[68]이라고 비판한다. 다만 필리핀 병합 반대운동을 전개한 소수의 미국인들에 대해 청교도 정신이 남아 있는 '양심'으로 소개하며 인류의 평화와 자유를 위한 '양심'적 미국인들에 대한 기대를 견지한 것도 주목할 수 있다.[69]

나아가 남아프리카 전쟁으로도 알려진 제2차 보어Boer 전쟁 (1899.10.11~1902.5.31)은 우치무라가 '의전'의 가능성을 완전히 포기하는 계기였다. 이 전쟁은 네덜란드계 보어인이 세운 트란스발 공화국 및 오렌지 자유국의 연합군과 영국과의 전쟁으로 이 지역에서의 다이아몬드 및 금광에 관한 이익 때문에 발발했다. 우치무라는 이 전쟁에서 보어의 작은 두 나라를 지지했는데 장기에 걸친 전쟁은 영국의 승리로 끝났고 이들은 영국의 식민지가 되었다. 우치무라는 이 전쟁이 마지막을 향해 치닫고 있던 1902년 1월 말 '영일동맹'이 체결되자 익월『만조보萬朝報』지상에 3회에 걸쳐「영일동맹에 관한 소감」을 발표

---

[67]「1899. NOTES.」『東京獨立雜誌』20號, 1899.1.25.;『全集』6, p.398.
[68]「當世倫理」『東京獨立雜誌』23號, 1899.2.25.;『全集』6, p.432.
[69]「MR. HOAR'S GREAT SPEECH.」『萬朝報』, 1899.2.27.;『全集』6, pp.434-436.

하고, 당시 대부분의 사람들이 영일동맹을 지지하고 환영하고 있는 현실을 비판하며 그 동맹의 불의함을 지적하였다.

> 세상에 약한 의인을 실망시키는 정도의 죄악은 없다. 하늘은 이익을 위해 강한 자와 한패가 되어 약자를 비경에 빠뜨린 자를 벌하지 않을 수 없다. 지금 일본국은 메이지정부 하에서 남아프리카의 미약한 의인 한 단체로부터 저들이 기다려 마지않던 유일한 희망을 제거했다. 따라서 하늘은 결코 일본국의 이 무정을 잊지 않을 것이다. 일본국은 그 무자비 때문에 벌을 받을 수밖에 없다. 이미 조선·요동·대만에서 대 죄악을 범한 일본국은 이제는 영국과 동맹하여 죄악 위에 더욱 죄악을 더했다. … 나는 오늘 영일동맹의 죄악됨을 명언한다.[70]

전술했듯이 우치무라는 문명과 진보의 관점에서 역사를 인식했다. 그런데 우치무라의 기대와는 반대로 문명국 영국이 불의한 전쟁을 강행하는 모습은 그에게 재차 심한 분노를 안겨주었고 노골적으로 드러난 침략적 전쟁에 대한 환호로 들끓고 있던 세상을 보며 의전이 없음을 통감하게 된다. 더욱이 그 불의의 연장선상에 있는 영일동맹을 강행하며 군비를 확장해 나가는 일본의 현실을 특히 개탄하지 않을 수 없었다.[71] 우치

---

70) 「日英同盟に關する所感」『萬朝報』, 1902.2.19.;『全集』10, pp.47-48.
71) 「ボーアを慰む」『萬朝報』, 1902.6.5.;『全集』10, pp.182-183. 우치무라는 다음날인 1902년 6월 6일 「日本國の大罪惡」(『萬朝報』;『全集』10, pp.184-185)을 비롯하여, 같은 날 영문으로 「DEATH OF REPUBLICS.」(『萬朝報』, 1902.6.6.;『全集』10, pp.186-187)을 기고하는 한편, 8일 마찬가지 영문으로 「IMPOSTURE.」(『萬朝報』, 1902.6.8.;『全集』10, pp.188-189)를 게재하여 비판을 멈추지 않고 있다.

무라의 비판이 의전 자체에 대한 문제 제기를 넘어 자국 일본에 대한 비판으로 향한 것은 세계에 대한 일본의 사명이라는 포기할 수 없는 일본의 천직을 견지했기 때문이다.

> 신은 정의의 신, 인애仁愛의 신이므로 그 신이 만드신 이 일본국을 언제까지라도 불의의 도구로 남겨두실 리가 없습니다. … 이 일본국은 정의의 신이 정의를 행하기 위해 만드신 것이므로 이 나라에서 정의는 반드시 행해질 것입니다. … 일본국은 세계의 반쪽을 다른 반쪽과 잇기 위한 위대한 천직을 가지고 있습니다. 일본국은 아시아의 문입니다. 일본국에 의하지 않고는 지나도 조선도 인도도 페르시아도 터키도 구할 수 없습니다. 인류의 반수 이상의 운명은 일본국의 어깨에 달려있습니다. 일본국은 지나의 4억여 만과 인도 2억 5천여 만과 기타 대륙의 억조를 구하기 위해 만들어진 것입니다. 그와 같은 중대한 천직을 띤 나라가 금일과 같이 실로 추외醜猥가 지극한 상태에 언제까지라도 있으리라고는 도저히 생각되지 않습니다.[72]

우치무라에게 현재 일본 사회는 타락한 암흑사회로 느껴졌지만 일본에 대한 희망을 놓을 수 없었다. 왜냐하면 "우리들의 신앙은 나라를 위해서이며, 우리들의 애국심은 그리스도를 위해서"이며 "그리스도를 떠나서 진심으로 나라를 사랑할 수 없듯이, 나라를 떠나서 열심히 그리스도를 사랑할 수 없다"[73]라

---

[72] 「失望と希望(日本國の先途)」『聖書之研究』33號, 1903.2.10.;『全集』11, pp.56-58.
[73] 「失望と希望(日本國の先途)」;『全集』11, p.49.

는 그의 '두 개의 J'에 대한 강한 확신 때문이다. 곧 우치무라에게 일본에 대한 희망은 일본의 천직과 밀착되어 있는 것이다. 여기서 우치무라의 문명사관에 대한 회의는 서구적 그리스도교와 거리를 둔 "황색인종의 기독교국"[74] 이 됨으로써 일본의 천직을 다할 수 있다는 종교적 측면의 사명을 부여하는 것으로 전환되고 있었다.[75]

비전론의 심화

1903년 러시아와 갈등이 격화되는 가운데 개전론이 여론을 지배하고 전국이 전쟁열에 넘치던 시기에 우치무라는 「전쟁 폐지론」을 발표한다. 이 글에서 자신을 '전쟁 절대적 폐지론자'라고 밝힌 우치무라는 전쟁을 '대죄악'으로 보고 전쟁의 이익을 '강도의 이익', '훔친 자의 일시적 이익'이라고 규정했다. 또한 검으로써 국운의 진보를 꾀하는 것이야말로 세상에서 가장 어리석은 일이라고 단언하는 등 청일전쟁 이후 깊어진 자기 자신에 대한 반성과 제국주의적 침략전쟁 자체에 대한 비판적 자세

---

[74] 「失望と希望(日本國の先途)」; 『全集』11, p.58.
[75] 우치무라는 일찍부터 일본을 구하는 그리스도교는 일본인의 손으로 된 것이어야 한다고 생각했다. "구미 여러 나라에서 이미 부패의 징조를 보이는 기독교를 채용하여 우리는 이것을 일본에서 이를 부활시키고 여기에 신생명을 제공하여 재차 세계에 전하는 천직을 가지고 있다. … 기독교는 인류의 종교로서 영국인 또는 미국인의 종교가 아니다. 우리는 이것을 취하여 우리의 종교로 해야 한다. 외국적 종교는 우리에게 필요 없다." 「日本を救ふの基督教」『東京獨立雜誌』30號, 1899.5.5.; 『全集』7, p.60.

를 취했다.[76] 그리고 우치무라의 에너지는 이제 '절대적 평화'를 요구하는 단계로 나아간다. 그 방법은 성서 속 그리스도의 길을 택하는 것이었다. 우치무라는 "만일 예수 그리스도가 바리새인이나 제사장 등에 공격받으셨을 때 그 자위책을 취해 제자 한 사람에게 명해 그 검을 뽑아 적을 쓰러뜨리라고 하셨다면 인류의 자유는 어떻게 되었겠는가"[77]라고 반문한 뒤 순순히 자신의 몸을 드렸던 그리스도의 길을 취할 것을 언명했다.

> 자유와 평화와 독립과 일치에 도달하는데 최고의 첩경은 그리스도 그 자신이 취했던 길인 무저항주의입니다. 이것은 성서가 가장 명백하게 드러내는 주의로서 자칭 기독교국이라는 나라가 이러한 이상과 거리가 서로 심히 요원함은 실로 탄식해야 할 바입니다. 무장한 기독교국? 그런 괴물은 세상에 존재할 터가 없습니다. 무장한 나라는 기독교국이 아닙니다. 무장한 자는 강도입니다. 기독교국은 예언자 이사야의 말에 따라 '칼을 쳐서 보습을 만들고 그 창을 쳐서 낫을 만들고, 이 나라는 저 나라를 향해 검을 들지 않고 전쟁을 다시는 배우지 않는' 나라이

---

76) 「戰爭廢止論」『萬朝報』, 1903.6.30.;『全集』11, pp.296-297. 또한 「의전의 미신」이라는 글에서도 "나도 한때는 세상에 의전이라는 것이 있다고 생각했다. 그러나 지금은 그와 같은 미신을 나의 마음에서 완전히 배제했다. '의전(義戰)!' 어째서 '의죄(義罪)'라고 말하지 않는가. 만일 세상에 의로운 죄가 있다면 의로운 전쟁도 있을 것이다. 그러나 정의의 죄악이 없는 한은 (그러한 것이 있을 터가 없다) 정의의 전쟁이 있을 리가 없다. 나는 지금에 이르러 일찍이 '청일전쟁의 의'라는 것을 영문으로 내어 우리나라의 의를 세계를 향해 호소한 것을 깊이 마음에서 부끄러워하는 자이다"라고 적고 있다. 「近時雜感―義戰の迷信」『萬朝報』, 1903.9.27.;『全集』11, pp.424-425.

77) 「平和の福音(絶對的非戰主義)」『聖書之研究』44號, 1903.9.17.;『全集』11, p.407.

지 않으면 안 됩니다.(이사야 2:4) 성서에 비추어 볼 때 영국도 미국도 러시아도 프랑스도 기독교국이 아닙니다. 저들은 금박을 두른 위선국입니다.[78]

우치무라는 일본을 비롯한 문명 각국, 특히 그리스도교국이라고 여겨지는 나라들의 부조리를 바라보며 전쟁으로 평화에 도달하려는 방법에 대한 근본적인 물음을 던지고 평화란 결코 전쟁을 통해 오지 않으며 평화의 시작은 전쟁을 폐하는 것, 무기를 내려놓는 것을 통해 도달할 수 있다고 말한다.[79] 그리고 무장에만 급급하며 전쟁을 반복하는 그리스도교국과 전쟁을 찬성하는 그리스도교인의 위선적 행위는 '진심으로' 신을 경외하지 않는 데에서 온 것이라고 인식했다.[80] 따라서 우치무라는 주전론의 기치를 들고 국가의 전쟁에 적극적으로 협력 중이던 일본 그리스도교계와 그 지도자들을 향해 그리스도의 근본적 교의까지 왜곡한 '타락하고', '쓸모없는' 존재라며 격렬한 비판을 가했다.[81] 이것은 '전쟁' 그 자체에 대한 깊은 통찰과 그리스도의 십자가 복음이 전쟁을 결코 정당화할 수 없다는 확신에서 나온 것이었다. 우치무라는 러일전쟁이 끝나자 다음과 같은 글을 남겼다.

전쟁은 전쟁을 멈추기 위한 것이라고 말합니다. '무武'

---

[78] 「平和の福音(絕對的非戰主義)」;『全集』11, p.408.
[79] 「平和の福音(絕對的非戰主義)」;『全集』11, p.409.
[80] 「罪界の時事」『聖書之硏究』46號, 1903.11.19.;『全集』11, pp.505-506.
[81] 「戰時に於ける非戰主義者の態度」『聖書之硏究』51號, 1904.4.21.;『全集』12, p.156.

라는 글자는 '창戈'을 '멈춤止'이라는 의미라고 합니다. 그렇지만 전쟁은 실제 전쟁을 멈출 수 없습니다. 아니, 전쟁은 전쟁을 만듭니다. 청일전쟁은 러일전쟁을 낳았습니다. 러일전쟁은 또다시 어떠한 전쟁을 낳을지 모릅니다. 전쟁에 의해 군비는 조금도 줄 수 없습니다. 아니 전쟁이 끝날 때마다 군비는 점점 확장됩니다. 전쟁은 전쟁을 위해 싸우는 것이므로 평화를 위한 전쟁 등은 일찍이 단 한 번도 있던 적이 없습니다. 청일전쟁의 명분은 동양 평화를 위해서였습니다. 그런데 이 전쟁은 더욱 큰 러일전쟁을 낳았습니다. 러일전쟁도 명분은 동양 평화를 위해서였습니다. 그러나 이는 다시 더욱더 큰 전쟁을 낳을 것이라고 생각합니다. 전쟁은 굶주린 야수입니다. 그는 인간의 피를 마시면 마실수록 더욱 많이 마시고자 욕망하는 것입니다. 그리하여 국가는 이러한 야수를 키우고 해마다 달마다 생피를 마시고 있는 것입니다.[82]

우치무라는 사회를 근저에서 파괴하고 사람을 금수화하는 전쟁이 제국주의 국가를 지탱하는 구조적 본질이라고 간파하고 당시 우승열패의 입장에서 전쟁을 긍정하는 진화론의 원칙과 배치되는 일종의 '역逆진화론'을 제시하여 제국주의 국가의 침략전쟁을 부인하고자 했다. 우선 우치무라는 자연계의 원리는 강자인 사자가 사슴을 잡아먹는 것을 당연하게 보지만 이것은 자연을 불완전하게 이해하는 것이라고 말한다. 사자는 분명 사슴을 잡아먹을 수 있다. 그런데 사자는 멸종되어도 사슴은

---

[82]「日露戰爭より餘が受けし利益」『新希望』69號, 1905.11.10.;『全集』13, p.404.

공동으로 서식하며 서로를 돕기 때문에 멸종되지 않으며 재생산의 측면에서는 오히려 사슴이 승리자가 될 수 있다. 즉 우치무라는 전쟁을 하면 사자는 사슴을 이기지만 번식에서는 사자가 사슴에게 진다는 점에서 자연계가 결코 강자는 반드시 번성하고 약자가 반드시 망하는 세계가 아니라는 것을 명백하게 증명한다고 말한 것이다.[83] 따라서 "신이 명하고 자연이 요구"[84]하듯이 인류가 전쟁을 멈추고 평화를 추구하면 추구할수록 세계는 더욱 조화롭게 번영해나갈 수 있다는 것이 우치무라의 결론이었다.

이처럼 우치무라의 비전론은 성서적 역사관에 근거하여 신앙적 신념이 구체적인 현실에서 분출하는 형태를 이루고 있었다. 우치무라가 서구와 그리스도교를 분리해 내 '그리스도교국 일본'이라는 이상을 제시한 것은 "문명이 이 세상을 구할 수 없다. 문명의 최후는 역시 파멸이다. 이 세상을 구하는 것은 오직 그리스도"[85]라는 확신에 기반하여 종교적 양심을 깨우치는 것이 자신의 신앙적 사명이라고 인식했기 때문이었다. 물론 현실에서 우치무라의 비전론은 국가가 지향하는 방향과 일치하지 않았지만 우치무라는 침략전쟁의 확대가 국가의 번영과 이어지지 않는다는 점을 단호히 지적하고 종교적 양심을

---

83) 「非戰論の原理」『聖書之研究』101號, 1908.8.10.;『全集』16, pp.21-22.
84) 「非戰論の原理」;『全集』16, p.27.
85) 「初代基督敎の要義—キリスト再來の信仰」九月十日十七日兩日亘り柏木聖書講堂に於ける講演の大意『聖書之研究』195號, 1916.10.10.;『全集』22, pp.457-458.

제5장 우치무라 간조와 근대 일본

전하는 도구로 일본의 천직을 자리매김함으로써 신앙과 애국심을 재차 통합했다. 이런 점에서 우치무라에게 이상적 국가는 다음과 같은 나라였다.

> 나라는 전쟁에 져도 망하지 않습니다. 실로 전쟁에 이기고 망한 나라는 역사상 결코 적지 않습니다. 나라의 흥망은 전쟁의 승패에 기인하지 않습니다. 그 백성의 평소의 수양에 의합니다. 선한 종교, 선한 도덕, 선한 정신이 있어서 나라는 전쟁에 져도 쇠하지 않습니다. … 덴마크는 실로 그 선한 실례입니다. … 대륙의 주인이 꼭 부자인 것은 아닙니다. 작은 섬의 소유자가 꼭 가난한 것은 아닙니다. 선하게 이를 개발하면 작은 섬도 능히 대륙에 버금가는 산물을 생산합니다. 따라서 나라가 작은 것이 결코 한탄할 만한 일은 아닙니다. 이에 대해 나라가 큰 것은 결코 자랑할 만한 것이 아닙니다. … 나라의 실력은 군대가 아닙니다. 군함이 아닙니다. 돈이 아닙니다. 은도 아닙니다. 신앙입니다. 세상을 이기는 힘, 땅을 정복하는 힘은 역시 신앙입니다.[86]

우치무라에게 덴마크는 대국주의보다 소국주의, 침략전쟁보다 농업과 임업을 통한 부흥, 그리스도교 신앙을 통한 평화롭고 공고한 국가를 완성한 모범적인 사례였다. 그리고 이러한 국가관은 미래의 그리스도교국 일본에 대한 그의 애국심이자 사명감으로서 생애 후반까지 변하지 않았다.[87] 즉 우치무라는

---

86) 「デンマルク國の話—信仰と樹木とを以て國を救ひし話」『聖書之研究』136號, 1911.11.10.;『全集』18, pp.313-314.
87) 생애 후반기인 1924년 시점에도 「倣ふべき國」(『國民新聞』,

비전론을 주장하며 사회적으로 고립되었으나 그의 '두 개의 J'에 대한 사랑, 곧 '그리스도 애국'의 자세는 변함없이 유지되고 있었다.

5.5 허위의 애국과 진정한 애국

애국의 종류와 방법

그리스도와 애국심이 불가분의 것으로 연결되어 있던 우치무라에게 애국이란 '허위의 애국'과 '진정한 애국'의 두 종류로 구분할 수 있었다. 우선 개인의 명예와 영달을 목적으로 하는 애국은 설령 군국君國을 위해 몸을 바치더라도 실제로는 허위의 애국이고, 진정한 애국이란 그 자신이 국적國賊이라는 이름을 받아 죽을지언정 자기를 전혀 고려하지 않고 진심으로 나라를 위해 진력하려는 것을 의미했다.[88] 우치무라는 당시 '애국'이란 이름으로 행해지는 국가에 대한 무조건적이고 열광적인 호응을 목도하며 자칫 국가 그 자체가 숭배의 대상으로 귀결될 상황을 우려하지 않을 수 없었다. 따라서 우치무라에게 '애국'이란 국가에 그저 열렬한 호응을 보내는 것이 아니었고 오히려 국가가 잘못된 길을 걷고 있다고 여겨질 때 정의와 진리의 길로

1924.8.19·20·21), 「西洋の模範國デンマ-クに就て」(『國民新聞』, 1924.9.19·21) 등의 글을 통해 소국주의와 자급자족적 농업국가를 지향해야 하며, 이를 '평화적 문명국'으로 부르는 등 국가관의 기본은 전혀 변화하지 않았다.

88) 「奇跡の信仰」『聖書之研究』54號, 1904.7.21.;『全集』12, p.259.

인도하는 것이야말로 진정한 애국이었다.[89] 왜냐하면 우치무라에게 일본은 애당초 일본인의 나라가 아니라 신의 나라이며 일본인은 일본이라는 나라를 신으로부터 받은 것에 지나지 않으므로,[90] 신이 보기에 바르고 정의로운 나라를 만드는 것이 중요했기 때문이다. 우치무라는 다음과 같이 말했다.

> 나는 나의 사랑하는 이 나라를 오늘 당장 구할 수 없다. 그렇지만 나는 백 년 또는 천년 후에 이를 구하는 기초를 놓기를 원한다. … 나는 우리나라를 세세의 반석되는 우리 신에게 맡기고, 세상의 정치가 하듯이 하는 것이 아니라 예언자처럼, 사도처럼, 대시인처럼, 대철학자처럼 영원한 진리를 이야기하고 영원히 우리나라를 구할 길을 놓고자 한다.[91]

즉 우치무라는 정신적 기초로서 그리스도교를 통해 정의와 진리를 실행하는 길을 닦고 이를 통해 일본을 구하는 것을 진정한 애국이라고 여겼던 것이다. 그리고 우치무라에게 구체적인 애국심의 발현이라는 측면에서 모범이 될 만한 이는 성서 속 예수의 애국심이었다.

> 예수에게 높고 깊고 강한 애국심이 있었다. 때문에 그의 제자인 우리도 또한 이것이 없으면 안된다. 우리 또한

---

89) 「興國史談」『東京獨立雜誌』43-71號, 1899.9.15~1900.6.25.;『全集』7, p.326.
90) 「所感—神の日本國」『聖書之硏究』92號, 1907.10.10.;『全集』15, p.208.
91) 「所感—我が愛國心」『聖書之硏究』95號, 1908.1.10.;『全集』15, p.318.

우리나라를 사랑하지 않으면 안된다. 게다가 예수처럼 사랑해야 한다. 즉 외적外敵보다도 내적內敵을 증오해야 한다. 우리 중에도 또한 많이 존재하는 학자와 바리새인과 같은 부류에 대해 저들의 얼굴을 두려워하지 않고 '위선자여, 독사의 무리여'라고 부를 용기를 가져야 한다. 곧 검으로써 하지 않고 의로써 나라를 구하는 행위에 나아가야 한다. 우리의 애국심을 이렇게 사용하여 우리 또한 예수가 그 나라 사람에게 미움받았던 것처럼 우리도 우리나라 사람들에게 틀림없이 미움을 받을 것이다. … 그렇지만 나라에 이와 같은 애국자가 나오지 않으면 그 나라는 영원히 존속할 수 없다. 우리가 만일 진심으로 우리의 국가를 사랑한다면 우리들은 십자가에 못 박히더라도 예수처럼 우리나라를 사랑해야 한다.[92]

우치무라에게 있어 그리스도교인으로서 따라야 하는 예수의 애국심은 국외보다도 국내에 눈을 두고 내부의 적과 싸우는 것이었다. 즉 우치무라는 '예수'가 가르친 애국심에 따라 그 자신 역시 '일본'에 대한 비판적 자세를 견지하고자 한 것이다. 우치무라에게 예수의 애국심은 '최우등의 것'이자 그리스도 없는 애국심이란 '사막의 신기루'와 같을 뿐이었다.[93] 다음의 인용을 통해서도 우치무라에게 '애愛'란 무조건적으로 사랑한다는 의미가 아니라 정의와 진리를 수반하지 않으면 안되는 적극적 개념이라는 것을 확인할 수 있다.

---

92) 「イエスの愛國心」『聖書之研究』122號, 1910. 8.10.;『全集』17, pp.308-309.
93) 「所感―キリストと愛國心」『聖書之研究』39號, 1903.5.14.;『全集』11, p.244.

제 5 장 우치무라 간조와 근대 일본

> 신은 애愛[사랑]이다. 때문에 불쌍히 여기시고, 용서하시고, 은혜를 베푸신다. 신은 의義이다. 때문에 노하시고, 책망하시고, 벌을 내리신다. 신은 의에 거하며 사랑해 주신다. 사랑하기 때문에 노하시고 또한 채찍질 하신다. 신의 사랑을 떠나서 그 의는 없는 것과 같고 신의 의를 떠나서 그 사랑은 없다.[94]

> 사랑, 사랑이라고 말하며 사랑만을 고조하면 사랑은 식는다. 사랑은 정의가 없는 곳에서 번성하지 않는다. 정의가 없는 사랑은 햇빛이 없는 습기와 같다. 곰팡이를 생기게 하고 만물을 부패시킨다. 만일 신이 사랑만으로서, 동시에 또한 빛이나 의로서는 있어 주시지 않으면 우주는 병으로 멸망하고 잃고야 말 것이다. 진정으로 만일 기독교가 사랑만을 설파하는 종교라면 이 이상 나쁜 것은 세상에 없다. 예수가 가르치시기를 '너희 마음속에 소금을 가져야 한다. 또한 서로 화목해야 한다'라고 말씀하셨다. 매서운 정의의 소금이 없는 곳에 진정한 화목이 없음을 알아야 한다. 사랑의 단맛만을 요구하고 정의의 소금이 빠진 곳에서 사랑은 평화의 열매를 맺지 않는다.[95]

이와 같이 우치무라에게 애국심의 실체는 예수로부터 배운 '의'에 기반한 '애'의 실천이라는 형태로 이루어진 것으로 그것은 이상적 국가를 만들기 위해 우선 일본 국내에 존재하는 악을 발견하고 비판하려는 자세였다. 이것이 우치무라의 평생의 과제였던 '두 개의 J'에 대한 구체적인 헌신의 방법이었고 그의

---

94) 「愛と義」『聖書之硏究』226號, 1919.5.10.;『全集』24, p.555.
95) 「愛と義」『聖書之硏究』269號, 1922.12.10.;『全集』27, p.255.

일본에 대한 사명과 일본의 천직은 이로부터 환기되었다.[96] 이런 점에서 우치무라의 애국심은 신의 섭리 속에 일본이, 그리고 그 일본이 세계를 위해 존재한다는 목적론적 세계관을 전제하고 있었다고 말할 수 있다.

복종과 저항

그렇다면 우치무라는 애국의 대상인 일본이라는 국가에 대해 어떠한 태도를 취해야 한다고 생각했는가. 이 문제를 확인하기 위해서 우치무라가 약 2년여에 걸쳐 심혈을 기울여 수행한 「로마서 연구」[97]를 통해 그가 국가 또는 정부에 대해 어떠한 입장을 가졌는지 살펴보자.

우선 우치무라는 국가를 사랑해야 한다고 말한다. 설사 자기를 괴롭히는 국가라고 해도 사랑해야 하는데 왜냐하면 이 세상의 모든 정치적 권능은 신이 세운 것이기에 그리스도교인이라면 반드시 이 세상의 정치적 권능에 복종해야 한다.[98]

---

[96] "예수는 일본에 대한 나의 사랑을 강화하고 정화하며, 일본은 예수에 대한 나의 사랑을 명확히 하고 객관화한다. … 예수는 나를 세계인이자 인류의 친구로 만들고, 일본은 나를 애국자로 만든다. 이를 통해 나를 지구와 단단히 연결시켜 준다. 「TWO J'S」, *The Japan Christian Intelligencer*. Vol.I, No.7., 1922.12.10.;『全集』30, pp.53-54.

[97] 미야타 미쓰오는 우치무라의 「로마서 연구」를 일본인 그리스도교인의 손에 의해 수행된 최초의 본격적인 '로마서 연구'라고 말하며 국가주의적 풍조에 편승하지 않은 소수파 그리스도교인의 가장 체계적인 신앙의 표명으로서도 주목할 만한 가치가 있는 노작이라고 평가한다. 宮田光雄『國家と宗敎』岩波書店, 2010, p.337.

[98] 「羅馬書の研究」(第五十三講　政府と國家に對する義務　第十三章一節-七節の研究　五月廿八日)『聖書之研究』247-268號, 1921.2.10~1922.11.10.;『全集』26, pp.401-402.

그리고 그 구체적 실행 방법은 다음과 같은 것이었다.

> 바울의 이 국권복종론은 12장의 사랑 및 애적愛敵의 가르침에서 자연스럽게 나온 것이다. 즉 어떠한 사람이라도 사랑하고 적이라도 사랑하는 것이 기독자의 길인 이상 좋은 국가에 대해서도 악한 국가에 대해서도 복종과 사랑으로써 대하고, 설령 폭압 치하에 있더라도 나를 학대하는 권능자에게 복종하고 동시에 이를 사랑하는 마음을 품어야 한다고 말하는 것이다. 따라서 바울의 이 국권복종의 근저에 가로놓인 것은 그리스도적 사랑의 대정신이다.[99]

우치무라는 로마서에서 바울이 권면했듯이 국민이 '그리스도적 사랑의 대정신'을 가지고 이 세상의 정치적 권능에 복종하는 것은 일국의 평화로운 질서를 유지하기 위해 꼭 필요하다고 여겼다. 그런데 현실에 존재하는 국가 권력의 기원과 정당성의 근거로서 '신으로부터 나온 권위'라는 점이 전제가 되어 있다는 사실에 주의를 기울일 필요가 있다. 이는 바울이 말한 세속적 권위에 대한 복종이 무조건적인 복종이 아니라 이 세상의 궁극적 근거가 되는 신의 뜻을 염두에 둔, 곧 '양심에 따른 복종'이 되도록 하는 지점이다. 이에 따라 우치무라가 국가에 대한 무조건적인 복종이 아닌 양심에 따른 복종을 상정하고 있던 것이라면 양심에 어긋나는 복종이란 존재할 수 없으므로 양심에 따른 저항이라는 시점이 자연스럽게 도출될 수 있다. 그러면

---

99) 「羅馬書の硏究」(第五十三講); 『全集』26, pp.403-404.

5.5 허위의 애국과 진정한 애국

우치무라에게 저항의 행위는 구체적으로 어떠한 상황에서 가능했는가. 우치무라는 만일 정부의 부패가 지극하여 명백하게 백성의 적이 되었을 경우 혹은 자국이 압제국의 판도에 속하여 폭력과 횡포로 괴로운 경우와 같은 상황을 전제하고, 이러한 경우에 이에 반항하여 혁명 독립의 깃발을 펄럭이는 것이 타당한지 질문을 던진 뒤 다음과 같이 대답한다.

> 이 문제에 대해 우선 주의해야 하는 것은 이와 같은 경우가 심히 드물다는 것이다. 그리고 드문 어떤 경우에 어느 정권에 반항하는 것이 정당하다고 해서 그로 인해 보통 때에도 반항이 정당하다고 말할 수는 없다. 바울은 여기서 기독자의 평소 마음을 가르쳤던 것으로 평소에는 정권에 복종해야 한다는 원리를 말한 것이다. 그렇다면 위와 같은 특별한 경우에 있어서는 어떠한가. … 즉 정치의 비위非違가 극에 달하여 백성이 모두 괴로울 경우에도 기독자는 평화적 수단으로만 호소해야 한다. 우선 겸손과 정화靜和로서 권능자에게 항의(프로테스트)해야 한다. 몇 번이라도 반복해서 항의하고 그 밖의 평화를 넘지 않는 범위에서 모든 길을 취해야 한다. 백절불요百折不撓의 마음으로 목적의 관철을 기도해야 한다. 그러나 그 목적이 달성되지 않는다고 해서 무기에 호소하는 반란을 일으켜서는 안된다. 평화적 수단으로만 하고 성패成敗는 모두 대능大能한 손에 맡겨야 한다.[100]

다시 말해 우치무라는 매우 드물다는 것을 전제하였지만 국가가 부패하여 압정을 행하는 특별한 경우에는 국가를 향해

---
100) 「羅馬書の硏究」(第五十三講); 『全集』26, pp.405-406.

항의해야 한다고 말한 것이다. 단 이때 무력에 의하지 않고 어디까지나 평화적 수단으로만 호소해야 하며 이것이 그리스도교인이 취해야 할 최상의 길로서 그 이외의 모든 성패는 전능한 신의 손에 의탁해야만 했다. 다음의 글에서도 우치무라의 복종과 저항의 시점을 잘 확인할 수 있다.

> 정치가 부패하여 불합리를 멈추지 않는 경우에는 어떠한가? 기독자는 가능한 한 인내한다. 그렇지만 불의와 부정이 극도에 달해 인내할 수 없기에 이른다면 어쩔 수 없이 항의한다. 우리는 불의를 불의하다고 명언한다. … 그러나 이 이상으로 저항하지 않는다. 기독자는 검을 빼서까지 생명과 재산을 보호하려고 하지 않는다. 생명을 걸고 정의를 외친다. 그리하여 정의를 외치는 것 때문에 이 세상의 권력자가 죽이려고 한다면 신을 믿고 자기를 그[권력자]가 하는 대로 맡긴다.[101]

이처럼 우치무라에게 불의를 불의하다고 명언하는 행위는 신앙자로서 양심에 따른 저항을 의미한다. 단 저항의 방식은 결코 무력을 사용하지 않고 나아가 자신을 억압하는 압제자까지도 사랑으로 용서하는 태도야말로 그리스도교인이 궁극적으로 취해야 할 진정한 태도였다. 이러한 우치무라의 비폭력 논리는 그의 비전론에서도 확인되었던 것으로 전쟁으로 평화에 도달하려는 방법을 일체 거부하며 평화를 위한 최고의 길은 예수가 취했던 무저항주의라고 언명한 것을 통해서도 알 수 있다.

---

101) 「羅馬書講演約說」(第五十三講約說　政府と社會)『聖書之研究』 258–269號, 1922.1.10~1922. 12.10.;『全集』27, pp.84–85. [ ]는 인용자.

왜냐하면 무력의 행사는 또 다른 무력을 초래할 뿐으로 무력을 행사한 시점부터 그리스도교인으로서 가져야 하는 '애적愛敵'의 정신을 잃어버리게 되기 때문이다. 이런 점에서 우치무라는 국가의 압제에도 불구하고 비폭력 저항의 길을 간 인도의 간디를 애적의 실례로 들고 그리스도교적이라고 평하기도 했다.[102] 이상을 정리하면, 우치무라는 예수를 모범으로 둔 애국심과 '의義'와 '애愛'의 개념을 기반으로 형성된 국가에 대한 자세를 가지는 것을 통해, 국가가 잘못된 길을 걸어갈 가능성이 있다는 사실을 인지할 수 있었던 것이다.

'일본'에 대한 기대

우치무라는 일본인이 그리스도교에 입신하기 어려운 이유로서 일본인은 일본이라는 나라를 떠나서는 종교도 철학도 없으며 오직 국가에 이익이 되기만을 바라기 때문이라고 언급한 적이 있다.[103] 이런 가운데 우치무라가 그리스도교를 통해 국가에 대한 거리를 유지하는 한편 국가에 대해 양심에 따른 복종과 저항의 시점 둘 다를 전제했다는 점은 분명 근대일본사상사에 있어서도 독특한 지위를 차지하는 지점이다. 우치무라가 신이 부여한 사명에 따라 현실을 비판하고 종교적 신념을 통한 보편적 윤리 실천의 자세를 이끌어 낸 것은 지금도 여전히 많은

---

102) 「羅馬書の研究」(第五十二講基督敎道德の二愛(四) 第十二章十九—廿一節の研究 五月廿一日)『聖書之研究』247–268號, 1921.2.10~1922.11.10.;『全集』26, pp.399–400.

103) 「談話—日本人と基督敎」『聖書之研究』55號, 1904.8.18.;『全集』12, p.349.

시사를 준다.

그런데 우치무라가 "로마서 13장의 권능에 대한 복종의 말은 실제로는 로마 정부에 대한 복종을 권한 것이다. 역사가들이 인정하듯이 로마제국의 정치는 지상의 정치로서는 가장 완비된 정치였다", "이 정치는 기독교의 세계적 전파에 큰 역할을 했다" 등을 언급하며 로마제국이 신의 섭리 속에서 나타났다고 지적할 때,[104] 그의 자세가 일본제국의 현상에 대한 긍정적 태도로 쉽게 이어질 위험성도 있다. 즉 우치무라가 '두 개의 J'에 집중할수록 필연적으로 따라올 수밖에 없는 모순, 예컨대 일본이 신의 섭리 속에 있다는 강한 확신을 가진 만큼 그의 '섭리사관'이 현실 국가 권력에 대한 정당화로 향하는 유혹은 존재할 수밖에 없을 것이다. 우치무라는 다음과 같이 언급했다.

> 우리는 일본의 정치에 대해 어떻게 생각해야 하는가. 물론 몇몇 병폐는 통탄해야 하겠지만 대체로 보아 비교적 양정良政이라고 인정해야 한다. 이것은 외국을 돌아다니고 고국으로 돌아온 일본인이 대개 인정하는 바이다. 또한 일본에 체재하는 외국인으로서 이를 인정하는 사람도 적지 않다. 생명·재산의 안전, 신앙의 자유, 어느 정도까지의 사상의 자유 등은 확실히 이 나라에 있다. 이 나라에 있어서 우리는 평화 가운데 복음을 연구하고 또한 선전할 수 있다. 만일 바울이 오늘날 우리나라에 태어났다면 이 나라에서의 복음 선전의 자유와 편의라는

---

[104] 「羅馬書の研究」(第五十三講); 『全集』 26, p.407.

점 때문에 깊이 일본 정부를 덕으로 여길 것이다.[105]

우치무라는 국가 권력에 대해 '양정良政'이라는 입장을 가졌고 사회의 구성원으로서 양심을 가지고 마음으로부터 나오는 복종의 덕을 가질 것을 권하고 있었다. 여기서 당혹감을 느끼게 되는 사람은 오히려 강연에 참석한 청중이었을지 모른다. 우치무라는 강연 당일의 일기에 다음과 같이 적었다.

> 중앙강연회에는 또 많은 사람들이 참석했다. 로마서 13장 1-19절, 정부 복종의 문제에 대해 강연했다. 일본 정부의 장점을 열거했을 때 청중 가운데 기이한 느낌을 받은 사람도 있었던 듯하다. 그러나 나 자신은 오랜만에 일본국이 결코 악한 나라가 아니며 많은 장점을 갖춘 나라라는 것을 공공연하게 말하면서 매우 유쾌하게 느껴졌다. 찬미가 373번 '우리 야마토의 국가를 지켜주시고'를 합창하고 폐회했다. 변함없이 환희가 넘치는 성일이었다.[106]

이 글에서 볼 수 있듯이 우치무라는 자신이 의도하지 않은 방향에서 강연을 이해한 청중들에 대해 어리둥절해하고 있다. 따라서 우치무라가 그리스도교인은 "이 세상의 혁명자가 아니며 정치나 사회에 관해서는 본질상 보수가保守家"[107] 라고 언급한 것은 세속 권력을 신의 섭리 아래에서 이해함으로써 사회

---

105) 「羅馬書の研究」(第五十三講);『全集』26, pp.407-408.
106) 「五月二十八日日」『聖書之研究』264號.;『全集』34, p.51.
107) 「〔羅馬書〕講演約說」(第五十三講約說 政治と社會)『聖書之研究』258-269號, 1922.1.10~1922.12.10.;『全集』27, p.83.

제5장 우치무라 간조와 근대 일본

질서를 중시하고 국가 권력을 존중하는 복종의 자세를 강하게 견지하고 있었음을 보여준다. 그러므로 일본의 세계사적 사명에 대한 기대가 현저할수록 우치무라의 국가에 대한 태도는 '많은 장점을 갖춘 나라'와 같은 매우 적극적인 긍정의 자세로 귀결될 수밖에 없게 된다.

일찍이 일본의 천직을 문명의 확산에서 종교적 사명으로 이동시킨 우치무라는 일본 사회를 구성하는 각 개인의 정신성을 중요하게 생각했다. 1924년 발표한「일본의 천직」을 보면 철저하게 종교적인 면을 견지하고 있음을 알 수 있다. 세계를 위한 일본이 되기 위해 우치무라는 일본을 '신국', 일본인을 '정신적 민족'으로 부르며 일본인들의 종교성을 강조한다.

> 일본인은 특별히 어떠한 백성인가. 나는 대답하기를 종교의 백성이라고 말한다. 이렇게 말하는 것이 아전인수격으로 말하는 것은 아니다. 일본의 역사와 일본인의 성질을 생각해 이렇게 말하지 않을 수 없다. … 세계는 재차 순신앙의 부흥을 기다리고 있다. 소위 서양 문명은 전성에 달하여 세상을 구하는 것이 아니라 도리어 망하게 하는 것이 판명되었다. … 지금은 인류 전체가 동경의 눈을 순신앙에 기울이게 되었다. 누가 이것을 제공할까. 일본인이지 않을까. 불교가 인도에서 망한 후에 일본에서 이를 보존하고, 유교가 지나에서 쇠퇴한 후에 일본에서 이것을 천명한 일본인이, 금번은 또한 구미 여러 나라에서 쇠퇴한 기독교를 일본에서 보존하고·천명하고·부흥하여 재차 이것을 새로운 형태로 세계에 전파하는 것은 아닌가. 일본은 신국이고 일본인이 정신

적 민족이라는 것은 자화자찬의 말이 아니다. 수치를 알고 명예를 중시하는 점에서 일본인은 세계 제일이다.[108]

우치무라에게 현실의 일본은 허위의 애국이 가득한 나라지만 진정한 애국자로서 우치무라는 각 개인의 정신성을 바탕으로 일본에 대한 기대를 품고자 했다. 우치무라는 일본의 종교적 전통 속에서 뛰어난 영적인 인물들—헤이안 시대의 승려 겐신源信으로부터 호넨法然·니치렌日蓮·도겐道元은 물론 신도의 모토오리 노리나가本居宣長·히라타 아쓰타네平田篤胤 등—을 언급하며 이스라엘 민족에게 예언자를 준 것과 같은 의미라고 주장했다. 그리고 우치무라는 미국과 영국과 같은 그리스도교국이 순신앙을 방기하고 이른바 '서양 문명'이 오히려 세계를 혼란하게 만들고 있으므로 일본인, 나아가 일본은 세계를 위한 사명을 갖게 되었다고 여겼다.[109] 이와 같이 우치무라는

---

[108] 「日本の天職」『聖書之研究』292號, 1924.11.10.;『全集』28, pp.403-407.

[109] 「日本の天職」;『全集』28, pp.404-406. 우치무라가 이 글의 말미에 '부록'으로 붙인 글도 흥미롭다. "일본인 속에 유대인의 피가 흐르고 있다는 것은 일찍부터 학자들이 주장하는 바이다. … 일본인의 습관 중에 유대인의 그것과 비슷한 것이 많고 또한 신도와 유대교 사이에 많은 현저한 유사점이 있다고 한다. 이번에 미국의 일본인 배척에 대하여 그 나라 일파의 기독신자가 '일본인 이스라엘론'을 외치며 크게 일본인을 위해 변론한 것을 우리는 알고 있다. 일본인의 경신(敬神)에 유대인적인 열성이 있는 것은 능히 알만한 일이다. 기독교 선교 역사에서 일본인처럼 진실하게 이 종교를 받은 자는 없다고 믿는다. 선교 개시 이래 60년이 지난 오늘날 기독교는 이미 일본인의 종교가 되었다. 기독교는 일본에서 다른 나라에서는 볼 수 없는 발전을 이룰 것이다. 서양 선교사가 일본인을 교화할 수 없는 것은 일본인에게 종교심이 부족해서가 아니라 그것이 서양인 이상으로 훨씬 더 많기 때문이다."

어쩌면 배타적인 내셔널리즘으로도 읽힐 수 있는 개념들을 통해서라도 자신과 일본의 사명을 환기하였고 자신이 살아가는 구체적인 장소로서 일본이라는 국가에 대한 복종이라는 지극한 사랑, 애국심을 강하게 전제하고 있었다.

5.6 근대 일본의 내셔널리스트

우치무라 간조가 살았던 시대는 근대 일본이 서구 제국주의의 충격을 받고 개국한 이래 국가적 통일을 달성한 시기로, 그는 청일-러일 양대 전쟁과 승리를 잇달아 경험하였고 그 이후 급속하게 높아간 일본군국주의 하에서 생을 보냈으며 마지막으로 일본 파시즘이 정치적 지평선에 모습을 나타내기 시작한 시기에 세상을 떠났다.[110] 이러한 시대를 살았던 우치무라는 그리스도교를 통해 새로운 세계관을 구성해 나갔다. 특히 우치무라에게 서구 종교로서 그리스도교와 조국 일본을 어떻게 양립시킬 것인지는 그의 평생의 사상적·실천적 과제였다.

우치무라는 그리스도교에 입신한 이래 그의 정체성의 원점을 이루는 예수와 일본이라는 '두 개의 J'에 대한 사랑을 강하게 표명했다. 미국 유학을 통해 그리스도교의 본질과 조국 일본을 재발견한 우치무라는 신의 섭리라는 믿음을 바탕으로 일본에 대한 사명을 구체화하게 된다. 우치무라의 '그리스도 애국'이라는 자세는 불경사건으로 부침을 겪게 되지만 그의 애국심이

---

110) 宮田光雄『平和の思想史的研究』創文社, 1978, pp.75-76.

좌절되기보다는 자신의 사명을 환기하는 계기가 되었다. 또한 우치무라는 청일전쟁에서 동서양의 중재인으로서 일본의 천직을 확신하고 의전론을 외쳤으나 이후 전쟁 자체에 대한 성찰을 통해 비전론을 주장하는 한편, 이상적 국가로 그리스도교에 바탕을 둔 식산적 소국주의를 상정하고 종교적 양심을 전하는 도구로 일본의 천직을 자리매김했다. 이러한 그의 애국심은 당시 무조건적으로 국가에 영합하고 국가에 대해 열광적인 상찬을 보내는 '허위의 애국'심이 아니었다. 우치무라는 국가가 잘못된 길을 취할 가능성이 있다는 점을 인식함으로써 국내적 불의를 비판하고 '진정한 애국'을 발견했다. 그리고 궁극적으로 우치무라는 '두 개의 J'로부터 촉발된 자신의 사명, 조국 일본을 위해 헌신하는 것을 통해 신이 기뻐하는 일본의 종교적 사명을 달성할 것을 요청했다. 물론 우치무라가 국가 권력을 신의 섭리 아래에서 이해하고, 지극히 존중하고 복종의 자세를 견지했던 것 또한 사실이다. 말년의 우치무라는 다음과 같은 글을 남겼다.

> 나는 두 개의 J를 사랑하고 세 번째는 없다. 하나는 예수이고 다른 하나는 일본이다. 예수와 일본중 어느 쪽을 더 사랑하는지 나는 모르겠다. 나는 예수 때문에 사람들로부터 미움을 받고 일본 때문에 외국 선교사들로부터 국가적이고 협소하다고 미움을 받는다. 이로 인해 나는 친구를 잃을지도 모르지만 예수와 일본을 잃을 수 없다. 예수를 위해 어떤 다른 신을 나의 신이나 아버지로 삼을 수 없고, 일본을 위해 외국인의 이름으로 된 신앙을 받아들일 수 없다. 굶주림이 오고 죽음이 와도 나는 예수와

제 5 장 우치무라 간조와 근대 일본

> 일본을 버릴 수 없다. 선교사들이 그 이름을 싫어하는 것을 알지만 나는 결단코 일본의 크리스천이다. 예수와 일본, 나의 신앙은 중심이 하나인 원이 아니라 두 개의 중심을 가진 타원이다. 내 마음은 이 두 가지 소중한 이름을 중심으로 돌고 있다. 그리고 한쪽이 다른 쪽을 강하게 만든다는 것을 알고 있다. 예수는 나의 일본에 대한 사랑을 강하게 하고 순수하게 하고, 일본은 나의 예수에 대한 사랑을 명확히 하고 객관화한다. 만약 이 두 가지가 없었다면 나는 단순한 몽상가, 광신자, 부정형의 보편적인 인간이 되었을 것이다.[111]

이처럼 우치무라에게 '두 개의 J'라는 말 자체가 매우 상징적이며 그리스도교 신앙과 내셔널리즘이 불가분이라는 것을 잘 드러낸다. 우치무라가 '두 개의 J'를 분리할 수 없는 것이라고 말했을 때 이는 내셔널리즘을 계속 유지하겠다는 선언으로도 읽힐 수 있으며, 오직 일본만이 세계를 향한 사명을 가질 수 있다는 일본의 특수성을 드러내는 명시적 표어가 될 수도 있다.

이 글에서는 우치무라가 처해 있던 근대 일본이라는 시공간 속에서 그의 사상이 어떻게 형성되었고, 그의 근본적인 문제의식은 어디에 있었는지를 국가와의 관련성에 주로 초점을 맞추어 살펴보고자 하였다. 주지하듯이 우치무라에 대한 관심은 그가 남긴 방대한 양의 저작과 왕성한 활동만큼 비단 종교적 영역에만 머무르지 않고 다양한 영역에 걸쳐있으며 많은

---

[111] 「TWO J'S」, *The Japan Christian Intelligencer*. Vol.I, No.7., 1922.12.10.; 『全集』30, p.53.

연구가 이루어졌고, 평화주의의 주창자·내셔널리즘과 대결한 사상가이자 '일본적 그리스도교'[112]를 주창한 종교가로 매우 적극적으로 평가된다. 우치무라는 분명 근대 일본의 예외적인 인물이었다. 그러나 우치무라에게 그리스도교 신앙과 일본에 대한 사랑이 아무런 모순 없이 공존하고 있었다는 점은 근대 일본의 정치적 정통성을 담보해주는 장치로서 종교적 성격을 띤 천황제 국가의 문제성을 관통하지 못하도록, 또 관통할 수 없도록 했다. 즉 우치무라의 근본적 문제의식은 '일본'을 위한 그리스도교에 방점이 있었던 것이다.

---

[112] 우치무라의 '일본적 그리스도교'가 일본인으로서 서구적 형식과 힘, 권위로부터 독립된 일본적 형식에 그리스도교의 본질을 담고자 한 점은 서구적 근대성의 가치와 체제에 대한 문제 제기로서 충분한 가치를 지닌다.

주요 참고 문헌

- 內村鑑三『內村鑑三全集』岩波書店, 1981~1984.
- 內村鑑三著 鈴木俊郎譯『餘は如何にして基督信徒となりし乎』岩波書店, 1960(15刷).
- 마루야마 마사오, 박충석·김석근 역,『충성과 반역』, 나남출판, 1998.
- 미우라 히로시, 오수미 역,『우치무라 간조의 삶과 사상』, 예영커뮤니케이션, 2000.
- 박은영,「「교육과 종교의 충돌」논쟁에 관한 일고찰—이노우에 테츠지로(井上哲次郎)와 요코이 도키오(橫井時雄)의 논쟁을 중심으로」,『인문연구』73, 2015.
- 스즈키 노리히사, 김진만 역,『무교회주의자 우치무라 간조』, 소화, 1995.
- 시부야 히로시·치바 신 외, 양현혜·한송희 역,『우치무라 간조의 사회 사상과 신학 사상』, 홍성사, 2018.
- 야마무로 신이치, 박동성 역,『헌법9조의 사상수맥』, 동북아역사재단, 2010.
- 양현혜,「우치무라 간조와 '두 개의 J'」,『장신논단』47-1, 2015.
- 大谷正·原田敬一編『日淸戰爭の社會史—「文明戰爭」と民衆』フォーラム·A, 1994.
- 大山綱夫「內村鑑三—日淸·日露の間」『內村鑑三硏究』第27號, 1989.9.
- 杉井六郎『明治期キリスト教の硏究』同朋舍, 1984.
- 塚田理『天皇制下のキリスト教』新敎出版社, 1981.
- 同志社大學人文科學硏究所編, 土肥昭夫·田中眞人編著『近代天皇制とキリスト敎』人文書院, 1996.
- 土肥昭夫『日本プロテスタントキリスト敎史』新敎出版社(5版), 2004.
- 宮田光雄『平和の思想史的硏究』創文社, 1978.
- 宮田光雄『國家と宗敎』岩波書店, 2010.

- 原誠『國家を超えられなかった敎會—15年戰爭下の日本プロテスタント敎會』日本基督敎團出版局, 2005.
- William L. Neumann, *America Encounters Japan from Perry to MacArthur*, The Johns Hopkins University Press, 1963.
- 國立公文書館デジタルアーカイブ, https://www.digital.archives.go.jp 2023.03.10. 검색『大日本帝國憲法·御署名原本·明治二十二年·憲法二月十一日』, 청구기호 : 御00284100 문서.
- 國立公文書館デジタルアーカイブ, https://www.digital.archives.go.jp 2023.03.10. 검색『教育ニ關スル敕語』, 청구기호 : 敕00001100 문서.

津田梅子女史

쓰다 우메코

제6장

쓰다 우메코와 일본의 사이
최초 여자 유학생의 일본 인식과 선택

이은경[†]

6.1 쓰다 우메코와 일본

쓰다 우메코^{津田梅子}(1864~1929)라는 일본 여성의 이름은 한국인에게 낯설 뿐 아니라 발음조차 쉽지 않지만 오래지 않아 한국인 대부분이 그의 이름뿐 아니라 심지어 그의 얼굴에까지 친숙해질 것이다. 2024년 발행되는 일본의 5천엔권 지폐에 그의 얼굴이 사용될 예정이기 때문이다. 지폐에 등장하는 단 세

[†] 이 글은 이은경, 「근대 일본 여성과 국가 — 쓰다 우메코(津田梅子, 1864~1929)와 일본의 사이」, 『일본역사연구』 57, 2022을 수정·가필한 것이다.

제6장 쓰다 우메코와 일본의 사이

명의 인물 중 한 명이 된다는 점에서 다소 비약하면 이제 그는 '일본의 얼굴'이 되는 셈이다. 나아가 세 명 가운데 유일한 여성이라는 점에서는 일본을 대표하는 여성이 되는 셈이기도 하다. 일본 여성 최초로 5천엔권 지폐에 얼굴이 인쇄되어 있는 히구치 이치요樋口一葉(1872~1896)가 20대 중반에 결핵으로 요절한 여성 작가인 것을 떠올리면 쓰다 우메코가 이를 대체하게 되는 것은 의미심장하다. 지금의 일본 사회가 기대하는 여성상의 변화를 짐작할 수 있기 때문이다.

우메코는 일본 최초로 미국에 유학한 여성이자 일본 최초의 사립 여자 고등교육기관인 쓰다주쿠대학津田塾大學(설립 당시는 여자영학숙女子英學塾)의 설립자로 여자교육 부문에서의 그의 존재감은 다른 학교 설립자나 교육자를 압도한다. 우메코는 1차 11년, 2차 3년을 합해 총 14년의 해외 유학 경험을 가진 영어 능통자이자 생물학을 전공한 일류 지식인이었다. 또한 그가 세운 학교는 여자학교로서는 일본여자대학과 더불어 최초로 정부로부터 전문학교 인가를 받았고[1] 그 졸업생에게는 여자 사립학교 중에서는 최초로 영어과 교원 자격을 위한 시험이 면제될 정도로 그 실력을 정부로부터 공인받았다.

쓰다 우메코의 높은 위상은 이상과 같은 여성의 역사 혹은 여자교육의 역사에만 한정되지 않는다. 그가 유명해진 계기가

---

1) 1903년 3월 전문학교령이 발포되었고 일본여자대학과 쓰다주쿠대학은 각각 이듬해 2월과 3월 전문학교 인가를 받았다. 吉川利一『津田梅子』中公文庫, 1990, p.216(초판은 1930년).

7살의 나이로 1871년 최초의 여자 유학생으로 선발되어 미국으로 파견되었다는 사실이니 그의 존재감이 여자교육에 한정될 것 같지만 반드시 그런 것만은 아니다. 남녀를 떠나 메이지 시대 초기 한 명의 일본인으로서의 그의 경험도 눈부시다. 그의 아버지는 일본 농업의 선구자라 할 수 있는 쓰다 센津田仙(1837~1908)이고 사실상 우메코의 인생의 방향을 결정하다시피 한 일본 최초 여자유학생 파견의 계획을 입안한 것은 구로다 기요타카黑田淸隆(1840~1900)였다. 우메코는 이와쿠라 사절단岩倉使節團과 함께 미국으로 출발하기에 앞서 황후를 알현하고 직접 격려를 받았으며 미국 도착까지 이와쿠라 도모미岩倉具視(1825~1883)와 이토 히로부미 등 메이지 정부의 실력자들과 같은 배에서 수십 일 동안의 시간을 보냈고 미국 유학 중에는 모리 아리노리森有禮(1847~1889) 등 현지 일본대사관 직원들로부터 지원을 받았다.

우메코는 귀국 후에도 그러한 인연을 살려 정계 실력자들과 —어린 일본의 여자로서는 드물게— 유대를 지속했다.[2] 귀국 직후 이토 히로부미의 영어 가정교사로서 반년 동안 그 가족과 함께 살았고 이후에는 그의 알선으로 황실 및 화족華族의 지근거리에서 교사로 활동하면서 황후를 비롯한 일본 최고 상류층

---

[2] 1902년에는 이와쿠라 사절단의 30주년을 기념하는 모임이 개최되어 약 100여 명의 사절단 가운데 우메코를 포함한 35명이 참석했다. Tsuda Umeko, Furuki Yoshiko eds., *The Attic Letters: Ume Tsuda's Correspondence to Her American Mother*, Weatherhill, 1991, p.380. 이하, *The Attic Letters*로 약칭하며 페이지 뒤에 해당 편지가 쓰여진 날짜를 추가함.

인사들과 교분을 쌓을 수 있었다. 군부와의 관계도 남달랐다. 유학 동기이자 귀국 후 교육사업에서도 평생의 동지가 된 스테마쓰捨松(1860~1919)와 시게코繁子(1862~1928)의 남편이 모두 현역의 고위 군인으로[3] 각각 육군대신과 해군 대장의 지위에 올랐던 것이다.

그는 그리스도인[4] 이기도 했다. 귀국 후의 그의 행적에서 교회 출석이나 모임 참석 외에 선교를 위한 혹은 그리스도교를 표방한 활동이 두드러지지는 않지만 우메코가 독실한 그리스도인이었음을 입증하기는 어렵지 않다. 그 자신이 일찍이 세례를 받았을 뿐 아니라 그에게 깊은 영향을 미친 주요 인물 대부분이 그리스도인이었다. 쓰다 센을 비롯한 일본의 가족은 물론이고 미국에 유학했던 11년 동안 사실상의 부모와 같은 존재로서 줄곧 보살펴준 미국의 찰스 랜먼Charles Lanman(1819~1895)・애덜린 랜먼Adeline Lanman(1826~1914) 부부, 스테마쓰와 시게코, 평생 교육사업을 위한 동지가 되었던 앨리스 베이컨[5]과 안나

---

3) 귀국 이듬해 스테마쓰는 아내와 사별한 오야마 이와오(大山巖, 1842~1916)의 두 번째 아내가 되었고 시게코는 그보다 앞서 유학중에 만났던 우류 소토키치(瓜生外吉, 1857~1937)와 결혼했다.

4) 이 글에서는 'Christianity'를 번역한 '학술용어'로서 한국에서 사실상 '개신교'와 동의어로 사용되는 '기독교' 대신 '그리스도교'를 사용하고, 'Christian'의 번역어로서 '그리스도인'을 사용하기로 한다.

5) 앨리스 베이컨(Alice Bacon, 1858~1918)은 미국에서 스테마쓰가 맡겨졌던 가정의 딸이었던 인연으로 우메코와 친분이 생겼다. 화족여학교 원어민 강사로서 그리고 우메코가 여자영학숙을 설립한 직후 교사로서 각각 약 2년씩 두 차례에 걸쳐 일본에서 교사로서 근무했을 뿐 아니라, 첫 번째 일본 체류 후 귀국할 때에는 일본인 소녀를 양녀로 입양하여 미국으로 동반했다. 평생 우메코의 교육사업을 지지하고 협력했던 동지였을 뿐 아니라 그의 일본 여성에 관한 저서(*Japanese Girls and Women*,

하츠혼[6] 등이 모두 독실한 그리스도인이었다. 근대 일본의 대표적인 그리스도인 지식인이자 도시샤同志社 설립자인 니지마 조新島襄(1843~1890)와 국제연맹 사무차장을 지낸 니토베 이나조新渡戶稻造(1862~1933) 등과도 가까운 관계였다. 무엇보다 일본 여자교육의 필요성에 공감해서 일본 여성을 위한 장학금을 마련하고 심지어 여자영학숙의 설립과 운영을 위한 재정을 지속적으로 지원해준 이들 대부분이 미국의 그리스도인이었다. 그리스도교와 직접 관련된 우메코의 이력은 1905년 그리스도교여자청년회YWCA 초대 회장에 취임한 것 정도이기는 하지만 이는 그의 독실한 신앙심을 드러내기에는 지나치게 작은 역할로 보일 정도다.

일본에는 이미 쓰다 우메코에 관한 7권 이상의 전기가 나와 있으며 각각이 나름의 특색을 가지고 있다. '쓰다 우메코'라는 제목이 붙은 그에 관한 전기 가운데, 우메코 사망 이듬해인 1930년 출간된 요시카와 도시카즈吉川利一의 전기는 저자가 생전 우메코에게 내용에 대한 교열을 받은 것이라 사실상 일차

1905)의 집필을 돕는 과정에서 우메코의 일본 여성에 대한 인식과 지식도 진일보했던 것으로 여겨진다.

6) 안나 하츠혼(Anna Hartshorne, 1860~1957)과는 그 부친인 헨리 하츠혼(Henry Hartshorne)이 지은 의학서(*Essentials of the Principles of Practice of Medicine*, 1867)가 쓰다 센에 의해 일본에 소개된 것을 계기로 교류가 시작되었다. 독실한 퀘이커교도였던 그는 사별 후 1893년 딸인 안나와 함께 일본을 방문했고 2년 후에는 아예 일본에 정착해서 사회사업에 헌신하다가 여생을 마쳤다.(吉川利一『津田梅子』, pp.207~209.) 안나는 1902년부터 우메코의 사후인 1940년 귀국할 때까지 여자영학숙에서 교사로 헌신했다.

제6장 쓰다 우메코와 일본의 사이

사료로서의 가치를 인정받고 있다. 야마자키 다카코山崎孝子의 전기는 요시카와의 전기를 기초로 하면서 그 외의 사료를 보완하여 쓰다 우메코의 생애를 역사적으로 추적한 것인데 자신도 그리스도인이었던 저자의 관심이 강하게 반영되어 있다고 평가된다.

이후 우메코 연구뿐 아니라 종래의 우메코 인식에 큰 전환이 될 정도의 사건이 발생한다. 1984년 쓰다주쿠대학의 학생들이 우연히 한 건물의 다락에서 우메코의 영문 편지로 가득 찬 상자를 발견한 것이다. 1882년 귀국 무렵부터 미국에서 11년 동안 자신을 보살펴준 랜먼 부부에게 꾸준히 보낸 편지였다. 랜먼 부인의 사후 유품 정리 과정에서 일종의 사료로서 사용하도록 우메코에게 다시 보내졌을 것으로, 그리고 우메코의 사망으로 주인을 잃은 후 전쟁 등이 이어지면서 그 존재를 아는 이들도 뿔뿔히 흩어지거나 망각해갔을 것으로 추측되었다.

후루키 요시코古木宜志子의 전기는 바로 이 영문 편지[7])의 정리·출간에 참여했던 저자가 그 안에 담긴 내용 및 미국의 기사를 추가하여 집필한 것이고 오바 미나코大庭みな子의 전기 역시 소설가이자 쓰다주쿠대학 영문과 졸업생인 저자가 새로운 자료의 발견에 자극을 받아 나름의 우메코상像을 그려낸 것이다.[8])

---

7) 쓰다주쿠대학에서는 위원회를 꾸린 후 이들 편지 가운데 약 1/3 정도의 편지를 추려 영문 그대로의 책으로 출판했다. 앞서 소개한 *The Attic Letters*가 그것이다.
8) 기간 전기에 관한 소개는 가메다 기누코가 정리한 내용에 필자의 의견을 더한 것이다. 龜田帛子『津田梅子: ひとりの名教師の軌跡』雙文社出版, 2005, p.7. 그 외의 각 전기의 출판 정보는 다음과 같다. 吉川利一

그리고 가메다 기누코龜田帛子의 전기는 미국과 일본의 역사적인 관련 자료들을 보완함으로써 우메코의 생애를 더욱 다양한 각도에서 입체적으로 조망하려 시도한 것으로 보인다.[9]

우메코에 관해서는 이상에서 소개한 전기뿐 아니라 학술적인 논문을 통해서도 꾸준히 다루어져 왔다. 대부분은 여자교육과 관련된 것으로 일본 여자 고등교육을 위해 헌신한 그의 행적과 그 성과로서의 쓰다주쿠대학을 일본 고등교육 역사의 측면에서 다룬 것이다. 대체로 우메코와 영어와의 관련성이나 그가 설립한 학교에서의 교육이념과 교습법 등을 다루며,[10] 여자교육을 매개로 영미와 일본 사이에 이루어진 지적 교류에

『津田梅子』中公文庫, 1990(1930); 山崎孝子『津田梅子』吉川弘文館, 1988(1962); 古木宜志子『津田梅子』淸水書院, 1992; 大庭みな子『津田梅子』朝日文藝文庫, 1993.

9) 그 외에도 2022년 초 아래와 같은 쓰다 우메코에 관한 두 권의 책이 거의 동시에 출판되었다. 橘木俊詔『津田梅子: 明治の高學歷女子の生き方』平凡社, 2022; 古川安『津田梅子: 科學への道、大學の夢』東京大學出版會, 2022. 전자는 우메코의 생애를 중심으로 함께 유학했지만 조금씩 다른 길을 선택한 스테마쓰·시게코와 비교한 것으로 각각이 상징하는 여성으로서의 서로 다른 삶의 궤적을 현대의 관점에서 정리한 신서다. 후자는 그가 생물학을 전공했던 사실에 주목하여 '과학연구자'로서의 우메코를 탐구하려 한 것이다.

10) 김영숙, 「근대 일본 여성 고등교육의 발자취: 여자 유학생의 활동을 중심으로」, 『이화사학연구』39, 2009; 이은경, 「근대 일본 여자교육에 대한 비판과 도전: 쓰다 우메코(津田梅子: 1864~1929)와 그의 학교」, 『일본역사연구』50, 2019.12.

관한 연구의 일부로 다루고 있기도 하다.[11]

그를 둘러싼 주변 인물에 관한 연구 비중이 큰 것도 하나의 특징이라 할 수 있다. 그가 접했던 인물 다수가 근대 일본을 설계한 주역으로서 개별 연구대상으로도 부족함이 없는 만큼 그러한 인물들에 대한 연구 과정에서 우메코가 함께 언급되는 경우가 적지 않다.[12] 반면 오로지 우메코 주변에서 그의 생애와 사업에 영향을 미쳤다는 이유에서, 즉 객관적으로는 유명하지 않은 몇몇 미국과 일본의 인물들이 우메코 연구의 일환으로서 연구대상으로 발굴되는 경우들도 있다.[13] 이처럼 우메코 주변의 인물 연구가 많다는 특징은 주변 인물 중 다수가 근대 일본의 역사에서 상당한 역할을 했다는 인간관계의 특수성에 더하여, 그가 설립한 쓰다주쿠대학과 그 주변에서 설립자에 대해 그리고 학교 설립의 경위와 역사에 관해 지속적으로 정리해왔다는 상황의 특수성이 더해져 산출된 결과이기도 하다.

이상에서 살핀 종래의 연구는 대부분 그의 생애의 최종적 그리고 최고의 성과인 여자영학숙 설립을 전제로, 결국은 그에

---

11) 白井堯子『明治期女子高等教育における日英の交流: 津田梅子・成瀬仁藏・ヒューズ・フィリップスをめぐって』ドメス出版, 2018; 佐々木啓子「明治期における女子留學の實態と國際交流: 津田梅子・河井道と新渡戸稻造のネットワークを中心として」『人間科學研究』總合人間學研究會, 2019; 高橋裕子「津田梅子とアメリカ: 初の官費女子留學生の一人として」『歷史評論』(756), 2013.

12) 쓰다 센, 구로다 기요타카, 이토 히로부미, 소헌황후, 니토베 이나조 등이 대표적이다.

13) 飯野正子 等編『津田梅子を支えた人びと』有斐閣, 2000; 寺澤龍『明治の女子留學生: 最初に海を渡った五人の少女』平凡社, 2009.

이르는 경위와 결과 등에 초점을 맞추는 경향이 있다. 여자교육에 뜻을 세우게 된 동기나 학교 설립에 이르게 된 과정과 협력자들 그리고 실제 이루어진 여자교육의 내용 등으로 이어지면서 주로 여자와 여자교육에 관심을 두고 있는 것이다. 이는 당연히 그의 생애가 일본 여자교육의 필요성에 의해 최초의 관비官費 여자 유학생으로 선발되어 파견되었던 사실에서 기인하는 것이다. 하지만 한편으로는 '여자' 혹은 '교육'에 관심이 집중되면서 미·일 양국을 넘나들며 사실상 양국에서 '평행적'으로 공존하는 삶을 지향했던, 그리고 일본 귀국 후에도 그리스도인으로서의 가치관을 유지하려 노력했던 우메코라는 한 인간의 고뇌와 정체성에 대해 소홀했다는 아쉬움이 있다.

이 글에서는 주로 그와 '일본'이라는 국가와의 관계의 추이에 주목할 것이다. 그는 일찌감치 일본 정부에 의해 선택되어 어린 나이에 이미 일본을 위한 사명을 부여받았지만, 이후 11년 동안 —메이지 정부가 고안한 교육이 아닌— 미국 중산층의 교육을 받았을 뿐 아니라 세례를 받고 그리스도인으로서의 깊은 자각을 갖게 되었다. 그러한 우메코가 오랜 미국 생활을 마치고 귀국하여 새로이 '일본'에 정착하려 했을 때 그는 낯선 일본을 어떻게 이해하고 그에 반응했을까? 일본과 일본의 여성을 위한 삶을 살고자 하는 그에게 '미국'은 어떠한 의미였을까? 그리고 그 과정에서 그리스도교는 어떠한 의미와 영향을 갖는 것이었을까?

이상과 같은 관심으로부터 이 글은 아래와 같은 내용으로 구성되었다. 제2장에서는 이 글의 목적을 염두에 두면서 우메코의 생애를 간단히 소개한 후 미・일에 관한 그의 인식의 원점을 소개한다. 제3장에서는 우메코와 일본과의 관계를 황실・정부・전쟁과 애국심 등의 키워드를 중심으로 주로 긍정적인 인식의 양상을 파악할 것이다. 귀국 후 낯설게 접한 일본을 긍정적으로 수용하고 이해하며 접근해 가는 과정을 살피려는 것이다. 반면 제4장에서는 우메코와 일본과의 관계를 그리스도교와 젠더 인식 등의 키워드를 중심으로 다소는 부정적인 인식의 양상을 주로 파악할 것이다. 새로이 접한 일본에 대해 느끼는 불편함 혹은 문제의식 등을 정리할 것이지만 그 모두가 결국은 우메코로 하여금 더 나은 '일본'을 위해 자신의 학교 설립이라는 결의와 행동으로 나아가는 동기로서 작용했다는 사실을 결론에 대신하여 미리 밝혀둔다.

이상과 같은 과정을 통해 일찍부터 일본에 의해 선택되어 일본을 위해 헌신하는 삶을 살았던 위인으로서가 아니라, 낯선 일본과의 관계 설정에 부단히 고민하고 노력하면서 자신의 나아갈 방향을 만들어가야 했던, 그리스도인의 정체성을 가진 한 인간이자 여성, 무엇보다 일본인이었던 쓰다 우메코로서 파악하고자 한다.

6.2 최소한의 전기와 미·일 인식의 원점

최소한의 전기: 미국을 배워 일본을 살다

쓰다 우메코의 생애를 정리하는 데에는 '미국'을 빼놓을 수 없다. 만년의 단기 방문을 제외하더라도 1900년 여자영학숙 설립까지 우메코에게는 세번의 미국 체류 경험이 있었다. 그리고 미국에서 일본으로 돌아올 때마다 우메코는 일본을 떠날 때와 비교해서 크게 변화한, 무엇보다 크게 성장한 사람이 되어 있었다. 이것이 이하에서 쓰다 우메코의 생애를 '미국행'을 중심으로 정리하는 이유다.

첫 번째 미국으로의 출국은 1871년 이와쿠라 사절단과 함께였다. 홋카이도 개척사의 차관이었던 구로다 기요타카의 제안으로 모집된 여자 유학생 5명 중 최연소로 선발되었기 때문이다. 그 가운데 끝까지 예정된 유학을 완수하여 '트리오'라 불리게 된 것은 스테마쓰, 시게코, 우메코 세 명이었다. 우메코는 랜먼 부부의 가정에 맡겨져 중산층 이상의 학생을 소수로 선발하는 워싱턴의 사립학교에서 교육을 받았고 일찌감치 자원하여 그리스도교 세례를 받았으며 1882년 말 귀국 직전까지 미·일의 저명한 인사들을 만나 교류할 수 있었다. 일본 정부에 의해 선발되어 미국으로 파견되었다는 특별한 신분에 더하여 풍성한 인적 자산과 우메코의 교육에 남다른 관심을 기울인 랜먼 부부의 적극적인 지원이 있었기 때문에 가능한 일이었다.

두 번째 미국을 향한 출국은 근무 중이던 화족여학교를 휴

제 6 장 쓰다 우메코와 일본의 사이

직하고 1889년 7월 미국 브린모어 칼리지^{Bryn Mawr College}로 재유학을 떠날 때였다.[14] 첫 유학에서 돌아온 직후 약 1년 동안 적응과 정착에 어려움을 겪던 우메코는[15] 한 파티에서 우연히 이토 히로부미와 재회한 후 그의 주도로 1885년 설립된 화족여학교에서 근무를 시작하면서 경제적으로나 사회적으로나 안정된 생활을 할 수 있었다. 그럼에도 재유학을 결정했던 것은 미국 유학 당시 어린 나이 때문에 고등교육을 받지 못했다는 평소의 아쉬움[16] 그리고 일본에서도 여자 고등교육에 대한 요구가 높아지고 있던 현실을 인식한 결과였다. 대학 진학 후에는 생물학을 전공하여[17] 개구리 알의 부화에 관한 공동연구를

---

14) 그는 화족여학교로부터 2년의 휴직을 받고 브린모어 칼리지에서는 수업료 면제와 기숙사 제공을 약속받고서야 재유학에 나설 수 있었다. 브린모어 칼리지는 개교 4년이 지나지 않은 소규모의 신생학교였지만 경건한 퀘이커 신앙에 기초한 엄격하고 수준 높은 교육과 건실한 학풍을 가진 곳으로 여성 최초로 취리히 대학에서 박사학위를 취득한 페미니스트 케리 토마스(Carey Thomas, 1857~1935)가 학부장을 맡고 있기도 했다.

15) 귀국 직후 우메코가 좌절했던 주된 이유는 결혼에 대한 압박, 자신의 수준과 기대에 걸맞는 직업을 찾지 못한 것 그리고 일본 여성이 처한 불우한 현실과 무력함을 목격한 것 등으로 요약할 수 있다. 특히 평생의 동지가 될 것으로 기대했던 스테마쓰·시게코가 귀국 직후 결혼해버린 것은 우메코를 크게 실망시켰다. 귀국 직후 우메코가 놓인 상황과 좌절에 대해서는 이은경의 논문 「근대 일본 여자교육에 대한 비판과 도전: 쓰다 우메코(津田梅子: 1864~1929)와 그의 학교」을 참고할 것.

16) *The Attic Letters*, p.249(1886.5.6).

17) 전공 선정 이유로서 당시 학계의 유행이나 브린모어 칼리지의 연구 환경, 혹은 일본 최고의 농학자를 아버지로 둔 우메코의 이과적 적성 등을 들기도 하지만(山崎孝子『津田梅子』, pp.124-125; 吉川利一『津田梅子』, pp.158-159), 우메코 자신의 입으로 정확히 그 이유를 설명한 기록을 찾기는 힘들다. 당시 학계의 영향이나 학문적 관심에서 생물학을 전공으로 선택했으리라 추측하기도 하지만 그것만으로는 2~3년 후 복직해야 하는 그가 일본 여자교육의 현장에서 활용할 전망이 없는 생물학을 선택한 이유가 명확히 설명되는 것 같지는 않다. 그가 생물학을 선택한 실제

수행했고,[18] 그중 반년 동안은 이른바 페스탈로치Pestalozzi 교육으로 유명한 주립 오스위고Oswego 사범학교에서 교습법에 관해 수학하기도 했다.

재유학 기간 동안에는 장래 그의 학교의 설립과 운영으로 이어지게 되는 가장 중요한 인적·물적 기반을 확보하는 성과도 거두었다. 훗날 여자영학숙의 설립과 운영에 평생의 동지가 될 안나 하츠혼과 처음 대면했고 자신의 여자교육에 대한 사명을 확신하게 되어 앨리스 베이컨에게 그러한 사실을 나누고 협력을 약속받았다. 뿐만 아니라 강연 등을 통해 일본에서 여자 유학생을 파견하는 데 필요한 장학금 8천 달러를 모금하는 데 성공했고 장래 일본 여자교육을 지원하기 위한 단체American Scholarship for Japanese Women도 결성되었다.

세 번째 미국행은 1898년 여름 미국 콜로라도 덴버에서 개최되는 '만국부인연합대회'에 일본 대표로 파견되었을 때였다. 갑작스레 우메코에게 미국 파견 결정이 내려진 것은 그가 재유학 후 화족여학교 교원으로 복직하여 도쿄여자고등사범학교 등에 출강하던 중의 일이었다.[19] 대회에 참가해서는 '일본에

'이유'는 여전히 모호하지만 여자에게는 최소한의 교육만을 실시하려 하던 당대 일본 여자교육의 풍조에 대한 도전이라는 '의미'를 부여할 수는 있을 것이다.
18) 공동연구를 통해 작성한 논문 "Orientation of the Frog's Egg"는 1894년 영국 학술지(*The Quarterly Journal of Microscopical Science* Vol. 35)에 게재되었다.
19) 재유학을 마친 후인 1890년대 중반 우메코는 그리스도교에 기초하여 자유롭고 대담한 여자교육으로 명성이 높았던 이와모토 요시하루(巖本善治)의 메이지여학교에 출강하기도 했고 청일전쟁에 임하는 일본과

제6장 쓰다 우메코와 일본의 사이

게 주어진 사명과 그를 위한 일본 여자교육의 필요성을 제기'하는 내용을 담은 연설을 성공리에 마쳤지만 세 번째 미국행이 우메코에게 특별히 의미있는 경험으로 남게 된 것에는 다른 이유가 있었다. 대회 참가를 위해 미국에 체류하던 중 영국의 여성단체로부터 초청을 받은 것을 계기로 학교와 정부로부터 예정에 없던 1년의 휴직을 허락받은 우메코는, 영국·프랑스 등지를 방문하여 폭넓게 교류하며 상류층 여성들의 사교계를 엿볼 수 있었고 한편으로는 틈틈이 ―일본과 미국 등 익숙한 환경에서 벗어나― 숙고의 시간을 보낼 수 있었다. 특히 영국에 체류하는 동안에는 평소 존경하던 나이팅게일을 만나 조언을 듣거나 요크^{York}의 대주교를 단독으로 방문하여 면담하는 등 신앙적으로도 유의미한 경험을 할 수 있었다. 그리고 바로 이러한 과정을 통해 마침내 학교 설립이라는 ―오랜 기간 마음에 품어온― 숙원사업의 착수를 결단하게 되었다.[20] 그가 유럽에서의 일정을 마치고 워싱턴으로 돌아와 짧게나마 랜먼 부인과 함께 시간을 보낸 후 요코하마에 도착한 것은 1899년 여름의 일이었고, 화족여학교를 사직하고 '여자영학숙' 설립에 나선 것은 귀국으로부터 약 1년 후인 1900년 7월의 일이었다.

네 번째의 출국은 악화된 건강으로 인해 1907년 요양차

일본 여성에 관한 기사를 해외 매체를 통해 다수 발신하기도 했다. 1897년에는 브린모어 칼리지에서 만나 교분을 쌓았던 하츠혼에게 미래 자신의 학교 설립 계획을 나눈뒤 협력을 약속받았고 그날의 약속은 실제 평생 유지되었다. 山崎孝子『津田梅子』, pp.155-156.

20) 山崎孝子『津田梅子』, p.167.

● 6.2 최소한의 전기와 미·일 인식의 원점

하와이로 출국했을 때였다. 설립 이래 줄곧 전문직 직업여성 양성을 목표로 소수 교육, 엘리트 교육, 영어 교육, 교양 교육, 전원 합숙 등을 특징으로 하는 여자영학숙[21])의 운영과 교육에 매진하던 중의 일이었다. 이후로도 미국을 방문하기는 했지만 이전만큼 큰 의미가 있는 여정은 아니었다. 1917년 건강이 급격히 악화되어 입원과 퇴원을 반복하는 생활이 이어졌고 1919년부터는 학교장塾長마저 사임한 후 요양에 집중하다가 1929년 8월 숨을 거두었다. 다소 돌연한 부고였다.

미·일 인식의 원점

어린 나이에 부모를 떠나 나아가 고국 일본을 떠나 미국에서 유학생활을 시작하게 된 우메코에게 두 나라의 이미지는 어떠한 것이었는지 혹은 두 나라의 관계는 어떠한 것이어야 했을지를 파악하는 데에는 아래의 글이 도움이 될 듯하다. 이 글은 1875년 쓰여진 것으로 만 10세를 갓 넘은 우메코가 미국에서 생활하는 가운데 고국 일본에 대해서는 어떠한 인상과 기대를 가지고 있었는지가 엿보인다.

> 저는 모든 것을 현재 일본에 있는 것과 다르게 만드는 것은 잘못되었다고 생각합니다. 우리는 많은 것들을 있는 그대로 유지해야 합니다. 예를 들어 저는 일본이 고유한 언어, 복장, 문체를 유지하기를 원합니다. 하지만 저는

---

21) 여자영학숙 설립 초기 교육 이념에 대해서는 다음을 참고할 것. 谷岡郁子「近代女子高等教育機關の成立と學校デザイン」神戸藝術工科大學博士學位論文, 1998.

제6장 쓰다 우메코와 일본의 사이

우리나라에서 일본의 학교뿐 아니라 미국의 학교도 보고 싶습니다.

일본인들은 지금까지 해왔던 것처럼 계속해서 중국식 청동 제품과 검을 만들어야 합니다. 하지만 몇 가지 점에서 일본인들은 바뀌어야 합니다. 가위 같은 것을 만드는 데 있어서, 미국인들이 일본을 능가하기 때문입니다. 저는 일본의 모든 사람들이 그리스도인이 되고 모든 절이 교회로 바뀌기를 바랍니다.

…

일본의 몇몇 사람들은 일본을 미국과 똑같이 만들고 싶어합니다. 하지만 저는 프랑스와 영국과 같은 다른 나라들이 ―설령 어떤 면에서 그것을 좋아한다고 해서― 모든 것을 다른 나라(미국)와 같게 하지 않는다고 확신합니다. 그런데 왜 일본이 그래야 할까요?[22] (이하 사료의 ( )는 원문에 따름; 강조와 줄임, [ ]은 모두 인용자)

이 글은 당시까지의 일본의 발전상에 관해 그리고 미래의 발전 방향에 관해 적어보라는, 그리고 사실상의 '미국 어머니'[23] 역할을 하던 랜먼 부인의 요청에 대한 우메코의 대답이었다. 다소 주변적인 내용도 포함되어 있지만 눈길을 끄는 것은 다음과 같은 내용이다. 첫째로 일본에 변화(혹은 미국 모방)만이 능사는 아니며 언어와 의상을 비롯해 일본 전통의 것들을 지킬 필요가 있다. 둘째로 교육에 있어서는 종래의 일본식 교육뿐

---

22) 津田梅子, "A Letter for Mr. Lanman" (1875.5.21.), 津田塾大學 編 『津田梅子文書』 津田塾大學, 1980, pp.17-18.
23) 우메코는 의식적으로 평생 랜먼 부인에게 '어머니'라는 호칭은 쓰지 않았다.

아니라 미국식의 교육도 수입되기를 원한다. 셋째로 모든 일본인이 불교 등 종래의 종교 대신 그리스도교를 믿고 그리스도인이 되길 바란다. 넷째로 미국으로부터 배울 점이 있다고 해서 일본이 반드시 미국과 같아질 필요는 없다.

필자가 이 편지에서 주목하고자 하는 것은 '일본'과 '미국'의 관계 설정과 그것을 향한 우메코의 시선이다. 이미 일본을 대표하는 여자 유학생으로 선발되었던 우메코에게 자신이 유학하고 있던 미국과 고국인 일본을 비교해보라는 주문은 —지금도 해외에서 공부하는 대부분의 유학생에게 그러하듯— 너무도 자연스러운 과제였을 것이다. 랜먼 부인에게 쓴 이 짧은 문장 안에서 확인할 수 있는 것은 생활과 교육을 비롯한 모든 것을 전적으로 미국에 의지하고 있는 상황에서도 우메코가 자신에게 그리고 일본에게도 미국의 의미와 영향을 제한하고 있었다는 사실이다. 미국의 것으로 일본의 것을 대체하는 것이 아니라 기본적으로 '함께' 수용하기를 원했고 일본의 것을 대신하여 전적으로 지지했던 것은 미국이 아니라 그리스도교라는 종교였다. 어린 시절에 적은 우메코의 생각은 놀라울 정도로 그의 전생애에 걸쳐 일관되게 나타나게 되는데 그리스도교에 대해서만큼은 어린 시절에 비해 보다 온건하게 표현하거나 인내하는 방식을 취하는 차이를 보이게 된다는 점은 미리 밝혀둔다.

6.3 '가까운' 일본: 황실·정부·애국심

미국과 일본, 우메코의 선택

1882년 12월 우메코는 11년 만에 고국 일본으로 귀환하지만 그것은 어떤 의미에서 '낯선' 땅으로의 이주였다. 귀국선을 타기 직전부터 랜먼 부인을 향해 적기 시작한 일기에 가까운 편지에 우메코는 낯선 일본의 자연과 날씨 그리고 매일의 의식주나 마주치는 사람과 상황 등에 대한 자신의 인상과 경험을 적고 있었다. 자연과 날씨, 의복과 음식 등과 같은 외적인 조건들에 대해서는 대체로 호의적으로 반응했고 일본식 주거에는 다소 불편함을 느끼면서도 가족의 협조로 서양식을 절충하면서 무난히 적응해가고 있었다. 일본인들의 형식적이고 엄격한 예의범절과 낯선 문화에는 다소 짜증스러운 반응을 보이기도 했지만 그에 대해 부정적으로 기술한 후에는 대개 '이는 일본만이 아니라 미국이나 다른 어느 나라에도 있을 법한 일'이라는 식으로 마무리하며[24] 대체로 긍정적으로 받아들이려 노력하는 모습을 보였다.

그러한 노력을 통해서도 쉽게 만족할 수 없었던, 즉 그와 일본과의 거리를 만들고 심지어 가족과의 사이를 가로막는 큰 장벽 중의 하나는 다름 아닌 일본어였다. "오, 제발 언어(일본어)가 제게 쉽게 돌아올 수만 있다면! 전 손발이 묶인, 그야말

---

[24] *The Attic Letters*, p.203(1885.6.23.)·214(1885.8.26.)·263(1886.9.23.).

● 6.3 '가까운' 일본: 황실·정부·애국심

로 귀머거리이고 벙어리입니다."[25]라는 탄식은 그가 귀국 직후에 적은 문장이지만, 일본어를 공부해도 좀처럼 늘지 않아서 스트레스를 받는다는 고백은 이후로도 오랜 기간 반복되었다.

귀국 이듬해인 1883년 말까지도 우메코는 상당한 스트레스를 받았던 듯하다. 언어의 부자유함도 하나의 이유가 되었지만 그보다는 자신과 같은 길을 가리라 기대했던 시게코와 스테마쓰가 반년 사이로 잇달아 결혼한 반면, 자신은 큰 기대를 품고 돌아온 일본에서 직장도 결혼도 이렇다 할 전망이 없는 상태였기 때문이다. 자신을 미국으로 파견했던 기관은 이미 해산했고 여자 유학생 파견을 주장했던 관료는 현직에서 물러나 있었다. 일본은 자신을 잊은 듯했다. 혼담도 없지 않았지만 10대 중반이면 당사자의 의사와 무관하게 사랑 없는 결혼으로 내밀리는 일본의 전통적인 풍습을, 우메코는 결코 따를 생각이 없었다. 무력함을 호소하며 좌절하고 있던 그를 염려한 주변 지인들과 랜먼 부인 등이 다시 미국행을 권할 정도였다.

그럼에도 불구하고 우메코에게 일본이라는 나라는 결코 선택의 대상이 아니었으며 일본이야말로 자신의 조국이자 당연히 자신이 있어야 할 곳이라는 확신이 있었다.

[미국에서 사는 동안] 저는 제가 다른 인종이자 다른 핏

---

25) *The Attic Letters*, p.23(1882.12.). 점차 일본어로 인한 스트레스에 관한 언급은 줄어가지만 결국 평생 그가 남긴 일본어는 졸업식 등에서의 짧은 공식 인사말이거나 그가 —아마도 영어로 원고를 작성한 후— 일본어로 강연한 내용을 다른 이가 일본어 원고로 작성한 것들뿐이다.

제6장 쓰다 우메코와 일본의 사이

줄이라는 것을, 우리 민족의 특징을 가진 혈육과 혈연관계가 있는 사람은 아무도 없다는 것을 여러 번 느꼈습니다. 그리고 많은 면에서 저는 동양인이었습니다. 또한 아마도 나이가 들면서 저는 미국 소녀들이 가지고 있는 것들을 잃어갈 것이고, 시간이 지날수록 그 차이를 더 크게 느낄 것이며 다소는 고립될 것입니다. 왜냐하면 저는 [그들과] 다르다는 것을 알고 있고, 그것은 간과될 수 없을 것이기 때문입니다. 적어도 여기[일본]에서는 많은 단점에도 불구하고 제 얼굴은 이방인의 얼굴이 아닙니다. 여기는 저의 국가이자 나라이고 저는 일본의 딸들 중 하나이기에, 많은 이들처럼 그렇게 굽실거리지 않을 것입니다. 비록 저의 [미국] 체류가 매우 즐거운 꿈과 같은 것이었지만 저는 미국에 사는 것에 결코 만족할 수 없었습니다. [하지만] 그것은 과거[일 뿐]이며, 언젠가 제가 1, 2년의 [미국] 방문을 적극적으로 즐기지 않을 이유는 없습니다. 하지만 제가 미국에 만족해서 살고 싶어 하지 않는다고 걱정하지 않으셔도 됩니다. 무슨 일이 생기든 제 자리는 여기입니다. 하지만 누가 알겠습니까. 미래는 매우 밝은 것일지도 모릅니다. 과거에 그랬던 것처럼 매우 흥미로운 것일지도 모릅니다. 하나님이 헛되이 나를 인도하시거나 돌보시지는 않으셨을 것입니다.[26]

우메코는 당시 미국의 동년배 소녀들과 비교해서도 더 나은 조건에서 교육을 받았고 ─평생 랜먼 부부를 포함한 미국의 지인들과 깊은 교류를 지속하는 것에서도 확인되는 것처럼─ 풍성한 인간관계의 혜택을 누렸지만, 그것이 그에게 일본 대

---

26) *The Attic Letters*, p.82(1883.6.23.).

신 미국을 선택하게 하는 이유가 되지는 못했다. 귀국 초에는 가족과의 대화에 통역이 필요할 정도로 일본어보다 영어가 더 익숙하고 유창한 언어였음에도 그러했다. 위의 글에도 적혀 있는 것처럼 우메코는 미국에서 사는 동안 남과 다른 자신의 외모를 무시할 수 없었다. 어디에서나 남의 눈에 띄기 때문에 자신의 행실 하나하나가 자신의 부모에 대한 평가로 이어질 것을 의식했고 때문에 어린 시절부터 항상 '착한 딸'이 될 것을 다짐하고 있을 정도였다.[27] 항상 주변의 관심과 시선을 받아 스스로에게 유독 엄격한 도덕적 기준을 적용하도록 만들었던 미국은, 우메코에게 분명 고맙고 그리운 곳이기는 했으나 그럼에도 결코 일본을 대신할 수 있는 것은 아니었다.

권위와 권력: 황실과 정부

우메코를 일본과 이어주는 튼튼한 끈이 된 것 중의 하나는 황실, 특히 황후의 존재였다. 1871년 만 7세의 나이로 일본 최초 관비 여자 유학생으로 선발되었던 우메코는 출발에 앞서 황후昭憲皇太后(1849~1914)를 알현하여 "학업을 마치고 귀국한 후에는 여성의 모범이 되도록 밤낮으로 학업에 정진하라"는 메시지를 받고 미국을 향했다.[28] 사실상 그의 기억이 시작되는 곳에서부터 이미 일본 여성을 위한 삶을 살도록 인생의 목표가

---

27) 吉川利一『津田梅子』, p.85.
28) 津田梅子, "(11) Japanese Women Emancipated"(1897.2.27., *The Chicago Record*)『津田梅子文書』, p.79;「女學御取建の儀に候へば成業歸朝の上は婦女の模範とも相成業心掛け日夜勤學可致事」(吉川利一『津田梅子』, p.49).

제 6 장 쓰다 우메코와 일본의 사이

부여되었던 셈인데, 유학 기간 내내 우메코는 황후로부터 받은 그러한 사명으로부터 자유로울 수 없었다. 그리고 유학을 마치고 귀국한 후에는 자신을 위해 일본 정부가 막대한 금액의 세금을 투입했다는 부담으로부터도 자유로울 수 없었던 듯하다.

> 제가 무엇을 해야 할지 알려면 매우 자주 당황할 것입니다. 얼마나 미국 방식을 유지해야 하고, 얼마나 원래로 돌아가야 할까요. 또한 매우 자주 저는 제가 어떻게 우리나라 여성들에게 좋은 일을 할 것인지, 그리고 어떻게 시작해야 할지 알고 싶습니다. 길은 어둡고 음침합니다. … 얼마 전 아버지는 [일본 정부가] 제게 쓴 돈에 대해 이야기하셨는데, 일본에서는 한 가족을 편안하게 부양하는 것 이상으로 충분한 금액이었을 것이라고 하셨습니다. 또한 국가가 처를 위해 돈을 치불했으니, 저는 그 빚을 갚기 위해 열심히 일해야 한다고 덧붙이셨습니다.[29]

우메코 스스로도 일본 여성을 위해 어떻게 기여할 수 있을지 고민하고 있었지만 귀국 후 오랜만에 마주한 그의 아버지 쓰다 센 역시 국가에 대한 책임 의식이 투철했던 듯하다. 일찍이 어린 우메코를 미국 유학의 길로 인도했던 쓰다 센은 우메코의 미국 생활을 위해 일본 정부가 막대한 비용을 부담했다는 사실까지 굳이 상기시켜 10여 년의 유학을 마치고 이제 막 귀국한 딸에게 휴식이나 방황의 여지를 허락하지 않았던 것이다.

우메코 역시 자신에게 요구되는 책임에 별다른 이의가 없

---

29) *The Attic Letters*, pp.18–19(1882.11.23.).

었다. 앞서 우메코가 귀국 직후 1년 가까이 어려운 시간을 보냈다고 했지만 그 원인의 하나는 귀국 신고를 마친 후로도 정부로부터 그에게 별다른 관심이나 업무가 주어지지 않았기 때문이었다.[30] 그리고 우메코가 생기를 회복하기 시작한 것이 정부가 자신에게 지위를 부여하고 일을 맡길 것이라는 언질을 받았을 무렵이었던 것은 우연이 아니었다.[31]

귀국 후 일정한 직업 없이 몇몇 여학교에서 단기 영어 교사로 시간을 보내던 우메코는, 1885년 이토 히로부미가 오랜 황실 근무 경력을 가진 엘리트 여성인 시모다 우타코下田歌子(1854~1936)와 협력하여 상류층 여자교육을 위해 설립한 화족여학교에서 영어 담당 교사로 근무하게 되었다. 귀국 후 처음으로 자신의 기대를 충족하는 사회적 위상에 만족스러운 보수가 보장된 직업을 갖게 된 것이었지만 우메코에게는 그 이상의 의미가 있었다.

> 여기에서는 일이 빨리 해결되어서 저는 임명 직후부터 이미 일하고 있습니다. … 그분[시모다 우타코]은 보수가 자신이 원하는 만큼 많지는 않지만, 치위가 높고 책임을 지는 자리이며 기회도 많다고 말씀하셨습니다. 게다가 그분께서는 제가 다른 많은 선생님들처럼 학교장에 의해 임명되지 않고, 황실 기관과 국가 기관에 의해

---

30) "가끔은 우리가 왜 미국에 갔는지 궁금합니다. 저는 우리가 무슨 좋은 일을 할 수 있을 것 같지 않습니다. 정부는 우리 일에 대해 무관심한 것 같고 아무래도 우리는 잊혀진 것 같습니다. 우리가 할 수 있는 게 뭘까요?" *The Attic Letters*, p.31(1882.11.23.).

31) *The Attic Letters*, p.106(1883.11.20.).

임명될 것이라고 덧붙이셨습니다. 즉, 저는 단지 학교 소속이 아니라 정부 소속일 것입니다. 물론 이것은 상당한 차이입니다. 일본인들 사이에서는 특히 그렇습니다.[32]

우메코는 신설되는 특별한 학교의 교사로서 정식으로 교육 관련 업무와 지위를 얻었다는 사실뿐 아니라 자신이 다른 교사들과 달리 학교 교장이 아닌 황실의 기관, 즉 궁내성宮內省에 의해 위촉될 것이라는 사실에 특별한 자부심을 느꼈고 거듭 그 기쁨을 표현했다. 직제상으로도 자신의 위로는 오로지 우타코만이 존재할 정도로 높은 위치에 올랐다는 사실에, 그리고 이듬해에는 다시 한 단계 승진하여 우타코와 어깨를 나란히 하게 되었다는 사실에 기쁨을 감추지 않았다.[33] 자신을 포함한, 국비 유학을 다녀온 트리오를 일본 '정부의 한 자산'[34]이라고까지 인식했던 우메코는 주로 황족 및 귀족의 자녀를 대상으로 하는 화족여학교에 근무하게 되면서[35] 황실 및 정부의 가까운 곳에 위치하게 되었다. 여자로서는 드물게 높은 지위를 인정받아 황실 행사에 종종 초대를 받았으며 그보다 더 빈번하게 정기적으로 학교를 방문하는 황후를 알현할 수도 있었다. 학생 중에도 황족 혹은 귀족 출신이 적지 않았고 그중에는 우메코에

---

32) *The Attic Letters*, p.219(1885.9.25.).
33) "시모다 여사와 저는 일본 여성들 중 유일하게 주임(奏任)과 같은 직위를 가지고 있는데, 매우 영광스러운 일입니다." *The Attic Letters*, p.269(1886.11.23.).
34) "in part government property". *The Attic Letters*, p.114(1883.12.18.).
35) 高橋裕子「昭憲皇太后と津田梅子 : 華族女學校での接點を中心に」『明治聖德記念學會紀要』50, 2013.

게 개인적으로 특별 관리를 요청해오는 경우도 있었다. 우메코에게 일본의 황실은 교육이나 계몽에 의해 각인된 신성한 존재로만이 아니라 자신의 일상에 깊숙이 침투한 실제적 관계의 일부로서 존재했던 셈이다.

우메코에게 그러한 관계의 계기를 제공해준 존재는 다름 아닌 이토 히로부미였다. 귀국 후 약 1년 후인 1883년 11월의 한 파티에서 우연히 마주친 이토는 처음에는 우메코에게 자신을 위한 영어 지도를 부탁했지만 오래지 않아 아예 입주 가정교사를 제안했다. 그가 간절히 그리고 집요하게 요청한 것은 자신이 당분간 혹은 꽤 오랫동안 외무를 담당하게 될 것이니 영어와 서구의 매너를 몰라서 외빈 접대에 곤란을 겪게 될 아내를 도와달라는 것과 나아가 자기 가족들에게 영어를 가르쳐 달라는 것이었다. 우메코에게 쾌적한 환경이 제공될 것이라는 사실뿐 아니라 그의 장래에 도움이 될 상류층 인사들과 교류할 수 있는 기회라는 사실을 어필하기도 했다.[36]

이러한 제안을 받은 우메코는 흥분을 숨기기 어려웠다. 일본 정계의 실력자인 그와 가까워지는 것은 당분간 일본에서 두려움을 느낄 일이 없을 정도로 든든한 힘이 될 것임을 이해하고 있었기 때문이다.[37] 하지만 그 자신도 상류층 가정의 엘

---

[36] *The Attic Letters*, p.113(1883.12.18.).
[37] "이제 이 후원이 제게 어떤 가능성을 가져다줄지 상상해 보세요! 스테마쓰는 말하기를 "만일 이토 씨를 친구로 둔다면 [앞으로] 두려워할 일이 없을 거야. 지금은 그를 위해 최선을 다해야 해"라고 합니다." *The Attic Letters*, p.108(1883.12.4.).

제6장 쓰다 우메코와 일본의 사이

리트이자 미혼 여성이었던 만큼 쉽게 받아들일 수 있는 제안은 아니었다. 하지만 우메코는 고심 끝에 이토의 제안을 받아들였고 이 결정은 사실 그의 국비 유학에서 비롯된 국가에 대한 책임감과 무관하지 않았다.

> 그분[이토 히로부미]은 아버지께 저를 [자기 집으로] 오게 해달라고 간청하시면서, 제가 이방인이나 딸린 식구처럼 되지 않을 것이며, 저를 위해 할 수 있는 모든 것을 다 해주겠다고 말씀하셨습니다. 꼭 가고 싶습니다. 그분들이 저를 필요로 했다는 것뿐 아니라 저 자신을 위해서 그리고 일본을 위해서도 저는 가고 싶습니다. … 또한 우리 세 명 소녀들은 종종 우리가 정부 자산의 일부이며 사적인 방법보다는 그분들에게 도움이 될 수 있도록 일해야 한다고 생각합니다.[38]

우메코는 이미 일본 정부의 '자산의 일부'라는 인식을 가지고 있었던 만큼 정부 혹은 정부 요직에 있는 이토를 위해 일하는 것을 큰 거부감 없이 받아들일 수 있었다. 국비 유학생으로서의 사명감을 가진 그에게는 사적인 방법보다 정부 및 정치인과의 협력을 통한 공헌이 더욱 자연스럽고 당연하게 여겨졌던 것이다. 일본에서의 사회 경험이 일천한 이제 겨우 스물을 바라보는 소녀에 불과했던 사실을 떠올리면, 우메코의 이러한 사명감과 자기인식에는 놀라지 않을 수 없다.

그리고 반년여에 걸쳐 일본 최고 정치가의 가족과 함께 생

---

[38] *The Attic Letters*, p.114(1883.12.18.).

6.3 '가까운' 일본: 황실·정부·애국심

활할 수 있었던 것은 우메코에게도 의미있는 경험이자 자산이 되었다. 약속했던 바와 같이 이토 가족은 우메코를 단지 가정교사로서가 아니라 특별한 손님으로 극진히 대접했고 일본의 생활과 문화에 대한 이해가 부족한 그를 배려하여 공적·사적 행사뿐 아니라 휴양지 등에도 동반하여 우메코가 낯선 일본 사회에 대한 식견을 넓힐 수 있도록 도왔다. 그뿐만이 아니었다.

> 저는 국가가 어떻게 관리되고 운영되는지 배울 수 있는 멋진 기회를 가지고 있습니다. 이토 씨는 종종 저와도 매우 어려운 추제를 논의하려 하십니다만, 거의 제 능력을 벗어나는 것입니다. 저는 많은 주제들에 관해 읽고 싶기에, 자택[랜먼 부부의 집]의 도서관을 자유롭게 이용할 수 있다면 하는 상상을 했습니다. 어젯밤 그분들은 일본의 진보에 대해 논의하셨는데, 이토 씨는 자신의 생각으로는 일본이 그동안 대외적으로나 물질적으로나 많은 발전을 이루었듯, 앞으로 20년 동안은 대내적인 발전도 크게 이룰 것이라고 하십니다. 저도 그렇게 되기를 바랍니다. 그러한 추제에 대해 남자들의 생각을 보고 들을 수 있으니, 정말 큰 공부가 됩니다.[39]

메이지유신의 주역들 가운데 사이고 다카모리^{西鄕隆盛}가 세이난^{西南}전쟁에 이은 자살로, 오쿠보 도시미치^{大久保利通}가 반정부 세력에 의한 암살로 세상을 떠나고 자유민권운동의 기운을 등에 업고 급진적인 주장을 펴던 오쿠마 시게노부^{大隈重信}마저 1881년의 정변으로 권력에서 축출된 후, 이토가 명실공히 당대

---

39) *The Attic Letters*, p.124(1884.1.9.).

제6장 쓰다 우메코와 일본의 사이

일본 정계의 중추가 되어 1889년 헌법 제정에 이르기까지 정치를 주도했던 것은 주지의 사실이다. 그리고 바로 그때 우메코는 이토의 사적인 공간에서 그와 수시로 대화할 기회를 얻을 수 있었던 것이다.

이토는 종종 스스럼없이 일본의 정치뿐 아니라 일본 사회의 발전을 위한 여러 주제를 가지고 우메코와 대화를 나누었다. 우메코의 눈에 '일본 정부의 핵심'이자 '문명의 선구자'로 보였을 뿐 아니라 심지어 당시 정적들로부터도 "매우 대단하고 명석한 사람"이라는 평을 들을 정도였던 이토와의 교류를 통해[40] 우메코는 당시 일본의 정치와 정부 운영의 실상을 이해할 기회를 가질 수 있었다. 당시의 다른 어떤 일본 여성에게도 허락되기 어려운 일이었다.

또한 이토는 우메코의 최대 관심사인 여자교육과 그리스도교에 관해서도 상당한 관심을 보였다. 반년여 만에 이토 저택을 떠나야 했던 것은 어머니의 병구완을 위한 것이었지만 우메코는 수차례에 걸쳐 이토가 그리스도교에 깊은 관심을 보였다는 사실을 언급하며 그에 대해 기대를 드러냈다. 이토의 그리스도교에 대한 관심 때문에 주변의 경계심이 높아졌고 그러한 상황에서 주변의 오해를 사지 않기 위해서라도 자신이 그의 집을 떠난 것이 적절했다는 우메코의 회고는[41] 이토의

---

[40] "이토 씨는 분명 위대하고 영특한 분이며, 그는 심지어 [그와 친하지도 않은] 주위 사람들로부터 의심할 여지없이 '정부의 수반', '문명의 개척자' 등으로 불리고 있습니다." *The Attic Letters*, pp.158-159(1884.5.24.).

[41] *The Attic Letters*, p.155(1884.5.14.)·164-165(1884.6.23.).

그리스도교에 대한 관심이 단순한 호기심을 넘어선 상당히 진지한 것이었으리라는 추측을 가능하게 한다. 물론 그러한 우메코의 판단이 객관적 사실에 부합하는 것이었는지는 판단하기 어렵지만 우메코가 이토와 상당히 가까이 소통하는 관계였음은 충분히 확인할 수 있다.

애국심과 전쟁

이상에서 살핀 것처럼 우메코는 분명 일본과 일본 여성을 향한 강한 사명감의 소유자였고 황실 및 정부 권력과도 가까운 관계에 있었다. 하지만 어린 나이에 일본을 떠나 미국에서 주로 그곳의 중산층 이상을 대상으로 하는 교육을 받았던 것을 고려하면 그가 당시 일본 국민에게 주로 학교교육을 통해 주입되던 무조건적인 애국심을 가졌으리라 생각하기는 어렵다. 심지어 그가 일찍이 일본의 역사와 무관하며 전통적인 종교의식과는 충돌하기 쉬운 유일신교인 그리스도교 세례를 받았다는 점을 기억한다면 더더욱 그렇다. 실제 우메코가 직접 애국심을 장려하거나 자신이 강한 애국심을 가지고 있다고 어필하는 사례도 —최소한 필자로서는 아직까지— 찾기 어렵다. 우메코가 당시 일본인의 애국심에 대해 어떻게 느끼고 이해했는지를 확인할 수 있는 것은 주로 그가 서양인을 향해 일본인의 애국심을 묘사하는 문장을 통해서다. 애국심을 내면화하여 '자신'의 것으로서 강변하기보다는 주로 일본인의 애국심에 대해 관찰자의 입장에서 '소개'하고 있는 듯이 보인다.

> 일본은 특히 애국심이 강하다는 것은 잘 알려진 사실로 굳이 다시 말할 필요가 없을 정도입니다. '국가와 천황을 위해'는 국민 가슴에 새겨진 좌우명이며 전사들의 입술에 담긴 구호입니다. 전장에서의 죽음은 가능한 한 가장 영광스러운 것이라고 믿어지고 있습니다. 그 기억은 가족 안에서 여러 대에 걸쳐 영광스럽고 소중하게 존재할 것입니다. 충성심과 육체적 용기는 스파르타인들 사이에서 그랬던 것과 마찬가지로 최고의 미덕으로 평가됩니다. 심지어 옛날 스파르타의 아들들은 분명 일본의 군대가 보여준 용기와 애국심 이상을 보여주지 못합니다.[42]

그가 볼 때 —굳이 설명이 필요하지 않을 정도로— 일본인은 매우 애국심이 투철하여 '국가와 천황을 위해'라는 모토가 일본 국민의 가슴 깊이 새겨진 것처럼, 그리고 전장에 나선 군인들의 입술에 담겨 있는 것처럼 보였다. 일본인에게 충성과 용맹이야말로 가장 숭고한 가치이며 국가와 천황을 향한 일본인의 남다른 애국심이 청일전쟁의 승리를 계기로 —그동안 잘 알려지지 않았던— 구미에까지 비로소 알려지게 되었다는 것이다.[43]

> 최근 한 작가가 이 강렬한 애국심을 이야기하면서 일본에서는 애국심이 종교를 대신한다고 언급했습니다. 확실히 이 나라의 어떤 종교도 애국심과 같은 결과를 낳지

---

42) 津田梅子, "(7) Japanese Women and the War"(1895.5) 『津田梅子文書』, p.49.
43) 津田梅子, "(8) Japanese Women and the War"(1895.6) 『津田梅子文書』, p.59.

6.3 '가까운' 일본: 황실·정부·애국심

> 않았습니다. 불교가 가르치는 예배는 사람들에게 이렇게 진실한 감정을 키워본 적이 없습니다. 사실 일본에서는 부처님을 따르는 사람들에게 열정과 믿음이 부족하다는 비난이 제기되었습니다. 애국심은 종교의 자리를 빼앗았을 뿐 아니라, 그것 자체가 종교입니다.[44]

이처럼 일본인의 강한 애국심은 전통적으로 종교심이 약한 일본에서 사실상 종교의 자리를 대신하고 있는 것으로 간주될 정도였는데 우메코에 따르면 그토록 강한 애국심은 비단 남자 혹은 전선에 선 병사들만의 것은 아니었다.

> 우리 장병들의 용맹에 대한 찬사는 이미 외신에도 울려 퍼졌지만, 일본 각지와 각계각층에 존재하는 강렬한 애국의 정신을 외부인들이 실감할 수는 없는 일입니다. 그것은 모든 [일본의] 가정과 모든 [일본인의] 심장에 퍼져 있는 국가의 삶을 지배하는 위대한 감정입니다. 남자들만이 느끼는 감정도 아닙니다. 일본 여성들 모두 같은 깊은 충성심에서 영감을 받습니다. 아들들과 남편들은 아무런 주저함도 없이 전쟁터에서의 위험과 죽음으로 보내졌습니다. 국가의 대의를 위해 싸우다 죽는 것은 가장 영광스러운 일로 여겨지며 어떤 경우에도 후회하지 않습니다.[45]

우메코는 남성과 다르지 않은 일본 여성의 깊은 충성과 숭고

---

[44] 津田梅子, "(8) Japanese Women and the War" (1895.6) 『津田梅子文書』, p.62.
[45] 津田梅子, "(8) Japanese Women and the War" (1895.6) 『津田梅子文書』, p.60.

제 6 장 쓰다 우메코와 일본의 사이

한 희생을 강조하면서 그 사례들을 구체적으로 소개하고 있다. 종교심을 대신한다고 표현할 정도로 강렬하다는 일본인의 애국심과 승리를 위한 헌신에 대해 우메코는 특별히 불편함이나 비판의식을 드러내지 않았고, 오히려 애국심과 천황의 관계에 대해 "일본에서는 신이나 천황의 조상에 대한 존경은 천황에 대한 충성을 의미하며 종교와 애국심은 동일하다"[46]라고 설명했다. "천황을 위해 이 모든 것이 행해집니다. 그분은 국가의 화신입니다. 모두가 그분을 위해 싸우고 인내합니다. 그분은 진실로 그의 숭배자들의 숭배를 받는 동시에 그들을 인도하고 보호하는 신[입니다]" 이라는 것이었다.[47] 우메코는 스스로가 그리스도인이면서도 종교를 대체할 정도로 남다른 일본인의 애국심을 이해하며 공감하는 태도를 보였을 뿐 아니라 일본 여성의 애국심에 대해서도 높이 평가하는 모습을 보였다.[48]

전쟁에 관해서라면 더욱 적극적이었다. 일본인으로서 일본의 승리를 염원하는 것 이상으로 실제적이고 직접적인 협력 활동을 전개하고 있었던 것이다. 전쟁 중에는 병사들을 격려하기 위한 후방에서의 지원활동을 전개했고,[49] 전쟁이 끝난 후에는 유족을 돕기 위한 모금을 전개하거나 전사자를 위한 추모 행

---

46) *The Attic Letters*, p.328(1889.2.15.).
47) 津田梅子, "(8) Japanese Women and the War" (1895.6)『津田梅子文書』, p.62.
48) *The Attic Letters*, pp.406–407(1904.2.13.).
49) *The Attic Letters*, p.421(1905.2.15.);「恤兵腹卷寄贈の計畫」『東京朝日新聞』, 1904.06.07.

사, 승리를 기념하는 행사[50] 등에 주도적으로 참여했다. 다만 우메코가 전쟁을 지원하기 위해 적극적으로 활동한 배경에는 특수한 사정도 있었는데 —앞서 황실이나 정부의 존재가 그러했던 것처럼— 전쟁 자체가 우메코로부터 매우 '근접한' 곳에서 벌어지고 있었던 것이다.

그와 유학을 함께 했던 시게코와 스테마쓰가 귀국 직후 결혼했다는 사실은 앞서 언급한 바이지만 우메코와 각별한 관계에 있던 그들의 남편, 즉 시게코의 남편 우류 소토키치와 스테마쓰의 남편 오야마 이와오 모두 고위직 군인이었다. 우메코와도 친분이 깊은 그들이 직접 일본군을 이끌고 주요 전투에 참여하고 있었던 만큼 우메코 역시 매일의 전황戰況에 신경을 곤두세운 채 일희일비하지 않을 수 없었다. 러일전쟁 당시 우류가 직접 참여한 전투에서 승리했다는 소식이나,[51] 오야마가 중요한 작전 수행을 위해 전선으로 이동했다는 소식 등이 속속 전해지는 상황에서,[52] 우메코가 러일전쟁에 관해 일본의 승리 이외에 다른 생각을 품기는 힘들었을 것이며 그들과 함께 후방 지원과 승전 축하를 위한 행사 등에 참여하는 것도 자연스러운 일이었다.

오히려 눈에 띄는 것은 우메코가 평소 해외의 지인들에게

---

50) 「遺族扶助金の配賦」『東京朝日新聞』, 1896.02.16.; 「追悼會」『東京朝日新聞』, 1896.03.20.; The Attic Letters, p.434(1905.10.27.)・441(1906.6.4.).

51) The Attic Letters, p.404(1904.2.13.)・406(1904.3.18.).

52) The Attic Letters, p.413(1904.7.12.)・424(1904.4.5.).

제6장 쓰다 우메코와 일본의 사이

전쟁에 관해 일본 국내와는 '다른 관점으로부터의' 소식을 청해 듣는 등 국제적이고 객관적인 시각을 유지하기 위해 노력했던 흔적이 보이는 것이다. 하지만 그러한 노력도 일본의 국익을 위한 일본 정부나 일반 국민들과 다른 감정이나 의견으로 이어졌던 것 같지는 않다. 다음은 러일전쟁 발발 직후의 우메코의 반응이다.

> 어제 발표된 차르의 러시아 패배에 대한 선언은 매우 재미있습니다. 차르는 일본이 부당한 이득을 취했고 러시아는 전쟁을 전혀 예상하지 못해서 대비도 하지 못했다고 주장하면서 일본이 매우 배신적이었으며 이 문제에 있어서 국제법을 위반했다고 주장했습니다. 실제의 사실에 비춰보면 얼마나 어리석은 소리처럼 들리는지요! … 길고 긴 전쟁이 될까 봐 두렵습니다.[53]

러일전쟁 개전에 관해 러일의 주장이 충돌하는 가운데 우메코는 일본 정부의 주장을 신뢰하고 그에 대해 의심하지 않았으며 그러한 사실을 대외적으로 발신하는 데 주저하지 않았다. 우메코는 일본이 러시아로서는 예측하지 못한 전쟁을 일으켜 부당한 이익을 얻었다는 —일본의 주장보다는 진실에 가까운— 러시아의 주장을 일축하고 있다. 국내 매체를 통한 공적 발신이 아닌 랜먼 부인을 향한 사적인 내용을 담은 영문 서한에 적혀 있었던 것임을 고려한다면 남의 눈을 의식해서가 아니라 러일전쟁 발발에 대한 실제 우메코 자신의 이해가 일본

---

[53] *The Attic Letters*, p.405(1904.2.24.).

정부의 주장과 다르지 않았다고 할 수 있을 것이다. 그리고 그 전리품에 대한 불만은 일본 국민들의 그것과 크게 다르지 않았다.

> [히비야] 폭동은 이제 끝났지만 조약에 대한 불만은 여전히 남아 있고, [저는] 우리 정부가 사할린 섬의 절반을 포기하는 외교적 실패를 했다고 생각합니다. 비테^{Witte}는 스스로를 자랑스러워하는 것 같습니다. [비테의 입장에서 볼 때] 모든 것이 만족스럽게 정리되고 회의가 끝났을 때 그는 "러시아는 한 푼도 지불하지 않는다"라고 했습니다. 일본으로서는 쓴 약을 삼키는 것[과 같은 것]이지만 나쁜 거래를 최대한 이용해야 합니다. 전쟁이 끝난 것만으로 너무 감사하지만 러시아는 정말 저를 화나게 합니다. 그 나라는 마치 못된 아이처럼 행동하면서 원하는 것을 얻었지만 일본은 전쟁의 전리품을 모두 잃었습니다.[54]

또한 우메코는 일본의 국제적 위상에 대해 줄곧 높은 평가와 함께 큰 자부심을 드러내고 있기도 했다.

> 일본은 모든 동양 국가들보다 월등하고 유럽의 일부 나라들보다는 뛰어나며 어떤 면에서는 많은 나라들과 동등한 수준입니다. 일본의 종교와 단점을 고려했을 때 저는 여러 면에서 일본이 자랑스럽습니다.[55]

---

54) *The Attic Letters*, p.431(1905.9.22.).
55) *The Attic Letters*, p.88(1883.8.12.).

제6장 쓰다 우메코와 일본의 사이

　귀국 직후의 우메코의 눈에 비친 일본은 아시아에서 가장 앞서 있을 뿐 아니라 몇몇 유럽 국가들과도 어깨를 나란히 할 정도의 위상을 가진 국가였는데, 이러한 인식은 다시 10여 년이 지난 후 러일전쟁에서 승리한 일본이 주변 아시아 국가들을 '발전'시켜야 한다는 사명감이라는 형태로 다시 표현되었다.

> 우리 일본인들 역시 우리 섬에서 … 쉬운 일들에 만족하지 말고 대만·한국·만주를 발전시키기 위해 우리가 해야 할 가장 좋은 기회를 최대한 활용해야 합니다. 풍부한 자연 자원과 좋은 기후를 가진 이 국가들은, 일본이 이 자원을 최대한 활용해 주었다면 무엇이든 이루었을 것입니다.[56]

　우메코는 일본이 일본 안에 자족하기보다는 대만·한국·만주 등지의 개발에 최대한 적극적이어야 한다고까지 여겼다. 심지어 그러한 행위가 일본을 위한 것이 아니라 천연의 자원과 기후를 보유한 그러한 국가들에게 도움이 될 것이라는 확신을 가지고 있기도 했다. 이러한 인식은 결국 근대 일본이 주변국을 침략하면서 대외팽창을 시도하는 논리와 인식의 궤를 같이하는 것이었지만 한편으로 일본을 위한 그러한 사명감이야말로 우메코가 훗날 일본의 여자교육을 비롯한 공적 활동에 매진하는 하나의 이유가 되기도 했다.

---

56) 津田梅子, "ALUMNAE REPORT OF THE JOSHI-EIGAKU-JUKU" (1907.6.) 『津田梅子文書』, p.114.

6.4 '아쉬운' 일본: 이교도·남녀차별·학교 교육

근대 일본에서 일개 민간의 여성으로서는 유사한 사례를 찾기 힘들 정도로 국가와 밀접한 관계를 맺으며 살아갔던 우메코였지만 항상 무비판적으로 일본을 상찬하기만 했던 것은 아니었다. 우메코는 낯선 일본에 대해 다소의 불편함을 표현하거나 문제의식을 드러내기도 했는데, 일본에 대해 느끼는 그러한 아쉬움이 그를 일본과 일본 여성을 위한 적극적인 결의와 행동으로 나서게 하는 동기로 작용했다는 점에서 더욱 유의해서 살펴볼 필요가 있다.

그리스도교와 도덕

귀국 후 낯선 일본에 적응해가는 가운데 우메코가 불편함을 느꼈던 것은 일본 전통의 형식적인 예의나 위선적인 도덕 등과 같이 '눈에 보이지 않는' 것들이 대부분이었다. 예를 들어 외출이나 귀가 시에 온 가족이 인사를 하거나, "선물 없이는 아무 것도 하지 않으려 하는" 등의 전통적 관습이나, 서양 문화를 무비판적으로 모방하거나 일본의 것과 섞으려 하는 분위기에 불편함을 표시하고는 했다.[57] 그 가운데에서도 우메코가 개인적 이유에서 불편함을 느껴야 했던 아마도 가장 큰 이유는 자신이 일본에서는 소수자인 그리스도인이라는 점이었다. 사적·공적 활동과 관련하여 중요한 결정을 내려야 할 때 일본 사회의

---

57) *The Attic Letters*, p.82(1883.6.23.).

제 6 장 쓰다 우메코와 일본의 사이

전통이나 상식 대신 그리스도인으로서의 가치관을 고수하는 것은 쉬운 일이 아니었을 것이다.

1882년 말 우메코는 귀국선에 타기 직전 만난 선교사로부터 '일본의 지식인층에는 이단heathenism 이 퍼져있고 그리스도인은 가난한 계층에만 존재하기 때문에 만일 그리스도인이라고 고백한다면 업신여김을 받게 될 것'이라는 경고를 들었던 참이었다. 우메코는 일본에서 그리스도인으로서 겪어야 할 고난을 예견하면서도 그리스도인으로서 스스로를 희생하면서 겸손히 살 것이라 마음을 다지며 귀국길에 올랐다.[58] 그리고 실제 마주한 현실은 그러한 우려와 크게 다르지 않은 것이었다.

> 그녀[스테마쓰]와 저는 우리의 일에 대해 아주 멋진 이야기를 나누었고 우리가 자신이 원하는 것을 터놓고 말하고 말할 수 있는 선교사보다 훨씬 힘든 위치에 있다고 생각했습니다. 일본에 있는 이 모든 거물들은 그리스도인이 아니며 게다가 매우 부도덕합니다. 우리는 마치 바다에 떨궈진 잉크 한 방울 같은 느낌입니다.[59]

우메코에게 일본에서 그리스도인이 된 '일본인'으로 산다는 것은 ―오히려 그리스도교를 당당히 내세울 수 있는― 외국인 선교사보다도 어려운 일로 느껴졌다. 어린 소녀들의 눈에 비친

---

[58] *The Attic Letters*, p.3(1882.10.25.). 1880년대 초는 근대 일본에서 그리스도교를 비롯한 서양의 문물에 대해 가장 호의적인 시기이기는 했다. 하지만 설령 당시 일본 사회에 대해 역사적·사회적으로 그러한 평가가 가능하다고 해도 우메코가 개인적으로 그리스도인으로서 불편하고 불안한 경험을 했다는 사실과 모순되는 것은 아니다.

[59] *The Attic Letters*, p.20(1882.11.27.).

6.4 '아쉬운' 일본: 이교도·남녀차별·학교 교육

―아마도 이와쿠라 사절단의 인연으로 인해 만나게 되었을― 일본 정계의 인사들이란 이교도일 뿐 아니라 심지어 매우 '부도덕'하기도 했다. 우메코는 미국에서 자신이 남다른 외모를 가졌기에 의식적으로 항상 모범적인 행실을 위해 노력했던 것처럼 일본에서도 자신이 그리스도인이라는 것을 주위 일본인들이 모두 알고 있다는 사실을 의식하며 생활해야 했다. 굳이 종교를 내세우거나 언급하지 않더라도 자신은 그리스도인으로서 항상 남을 도우며 굳건히 살아야 한다는 의식을 가지고 생활했던 것이다.[60] 이러한 이유에서 그는 이토와 그의 가족에게도 그리스도인으로서의 자신의 모습을 보여주고 싶어했고 이토의 도덕성이 부족한 것을 안타깝게 여기며 그를 그리스도인으로 개종시켰으면 하는 바람을 갖기도 했다.[61]

다만 그러한 와중에도 우연한 기회에 주변의 지인들에게 자신의 신앙에 대해 간증했다는 경험담이나[62] 자신이 근무하던 화족여학교 졸업생이 그리스도인이 되었다는 소식을 기쁜 마음으로 랜먼 부인에게 전하고 있었던 것을 보면,[63] 적극적으로 드러내지는 않더라도 평소 그리스도인으로서의 자각과 일본 전도에 대한 사명감을 잃지 않고 있었음을 알 수 있다. 귀국 이듬해 부친을 따라 참여한 그리스도인의 모임에서 약 10년 정도면 일본이 복음화될 것이라는 매우 긍정적인 전망을

---

60) *The Attic Letters*, p.114(1883.12.18.)·118(1883.12.22.).
61) *The Attic Letters*, p.127(1884.1.13.).
62) *The Attic Letters*, p.177(1885.1.25.).
63) *The Attic Letters*, p.262(1886.9.22.).

제6장 쓰다 우메코와 일본의 사이

들었던 바가 있었고,[64] 우메코 스스로도 당장은 소수인 일본의 그리스도인이 조만간 다수가 될 것이라는 기대를 드러내거나[65] 실제로 도쿄에 '놀라운 부흥tremendous revival'이 일어나고 있다고 적고 있기도 했다.[66] 이 모든 일본 복음화에 대한 정보나 전망이 타당했던 것 같지는 않지만 분명한 것은 우메코가 —외국인 선교사들에 대해서는 부정적인 인식조차 가지고 있었음에도— 꾸준히 일본 내 그리스도교의 확산에 관심을 보였다는 점이다. 그가 보기에 일본에서 불교가 쇠퇴한 이후 아직 이를 대체할 새로운 종교적 규범이 나타나지 않았기에 가능한 기대이기도 했다.[67]

귀국 당시에는 그리스도인이라는 소수자로서의 삶에 대한 걱정이나 일본인의 도덕성 부족 등에 대한 아쉬움을 토로하던 우메코였지만 꾸준히 복음화의 진전이라는 관점에서 일본 사회를 조망하게 되었고 점점 그 실현에 대한 기대와 확신이 강해졌던 것이라 정리할 수 있다. 이상과 같은 일본 복음화에 대한 긍정적인 기대와 전망이 —그의 속내를 가감없이 드러

---

64) "그들[일본인 선교사들]은 일본이 몇 년 안에 분명 그리스도교화할 것이라고 합니다. 10년 전만 해도 도쿄에는 세례를 받은 사람이 아무도 없었습니다. 이제 1300명의 그리스도인이 있습니다. 앞으로 10년 후에는 분명 모두 하나님의 추종자가 될 것입니다." *The Attic Letters*, p.68(1883.5.13.).
65) *The Attic Letters*, p.168(1884.7.29.).
66) *The Attic Letters*, p.304(1887.12.7.).
67) " … 모두 일본이 어떤 종류의 종교적 신조를 필요로 한다는 것에 동의합니다. 지금 이 나라는 옛 불교가 거의 힘을 잃었기 때문에 어떤 종류의 종교도 없는 나라입니다." *The Attic Letters*, p.304(1887.12.7.).

● 6.4 '아쉬운' 일본: 이교도·남녀차별·학교 교육

내는 사적인 편지나 일기보다는— 주로 서양의 미디어를 통해 잠정적 후원자를 대상으로 발신된 것이었음을 감안해야 하기는 하지만, 실제로 이후 우메코가 그와 같은 기대와 확신 위에 여자영학숙 설립까지 나아가게 되었던 것을 고려한다면 일본 복음화를 향한 그의 진의를 의심하거나 폄하할 이유는 없을 것이다. 심지어 그는 그리스도교가 일본인의 애국심과도 조화될 수 있다고 여겼다.

> 일단 길이 열리면 이 나라 그리스도교의 멋진 미래가 펼쳐집니다. 하나님께서 많은 사람들이 새로운 메시지를 듣고 받을 때가 곧 도래하도록 허락해 주시고 그들의 삶에 지난 많은 세대에 걸쳐 조상들의 가르침을 보여주셨던 것처럼 그들의 종교적 믿음의 열매를 두드러지게 보여주실 것입니다! … 그리스도교는 오로지 국가와 대의를 위해 헌신하는 감정을 강화하는 성향이 있을 뿐입니다. 그것은 어떤 식으로든 열정을 약화시키는 일 없이 더 넓은 통로로 이끌 것이고 그 결과는 세계 어느 나라에서도 알려진 것보다 더 순수하고 더 높은 형태의 애국심이 될 것입니다.[68]

우메코는 일본에 복음의 문이 열리기만 한다면 놀라운 미래가 있을 것이라 기대하고 있었다. 또한 그리스도교가 일본인의 강한 '애국심'과 결코 충돌하지 않는다는 믿음을 가지고 있었다. 심지어는 그리스도교가 일본의 각 방면에서 긍정적으

---

[68] 津田梅子, "(8) Japanese Women and the War"(1895.6.)『津田梅子文書』, pp.63-64.

로 작용할 뿐 아니라 심지어 더욱 숭고하고 강한 애국심으로 귀결될 것이라는 확신마저 가지고 있었다.

그는 유물론과 불가지론이 팽배한 일본에서는 순수한 질문과 탐색이 매우 활발한 만큼 오히려 "지금의 일본만큼 수확하기 좋은 밭은 없을 것"이라고 단언하기도 했다. 물론 치열한 영적싸움spiritual struggle에 더하여 전통적 관습을 강요하는 가족과 사회의 관계망 그리고 그리스도교에 대한 대중적 오해와 같이 일본의 복음화를 비롯한 새로운 발전을 저지하는 장애물이 건재하다는 점도 모르지 않았다. 그럼에도 아시아를 선도하는 국가로서 그에 걸맞은 역할을 감당하기 위해서라도 속히 일본이 복음화되어야 한다는 것이 그리스도교적 관점에서 일본을 향한 그의 기대이자 전망이었다.[69]

남녀의 차별과 협력

귀국 이래 우메코가 일본 사회에 대해 가장 강하게 불만을 표한 것은 노골적이고 만연한 남녀차별, 특히 여성이 놓인 불우한 환경이었다. 그 자신도 여성이었던 우메코로서는 일본 여성의 상황에 공감하고 안타까워하는 과정에서, 눈부신 발전으로 자랑스럽게 여겨졌던 일본이 실은 '남자와 여자'에 의해 구성되었음을 인식하지 않을 수 없었다. 그야말로 젠더적 자각인

---

[69] 津田梅子, "(11) The Presentation of the Gospel in Japan" (*The Student World*, 1913.7.) 『津田梅子文書』, pp.498–503.

6.4 '아쉬운' 일본: 이교도·남녀차별·학교 교육

셈이었다.[70]

> 제 편지를 일본인들에게 보이지 말아주세요. 일본의 것들에 대한 제 비판을 비웃을지도 모르니까요. … 아, 여자들은 인생에서 여러 가지 면에서 가장 견디기 힘든 부분을 가지고 있어요. 심지어 미국에서도 저는 종종 제가 남자였으면 좋겠다고 생각했어요. 아, 일본에서는 훨씬 더 그래요! [일본의] 여자들은 얼마나 불쌍하고도 불쌍한지요. 당신들[일본 여성들]의 지위를 향상시키기 위해 제가 얼마나 무엇인가를 하려 했는지요! 하지만 그들이 매우 만족하고 있고 더 알려 하지 않는데 왜 제가 해야 할까요.[71]

이 글이 아마도 귀국 직후 일본 여성의 상황을 목격한 후의 우메코의 실망과 좌절을 가장 함축적으로 잘 드러낸 문장일 것이다. 일본 여성이 놓인 불우한 처지에 대한 안타까움, 그러한 상황을 만든 일본과 그에 안주하는 여성들에 대한 실망, 그 앞에서 느끼는 자신의 무력감 등이 짧은 문장 안에 고스란히 담겨 있다. 그로부터 상당한 시간이 흐른 후 우메코는 자신이 일본에서의 남녀차별에 대해 느꼈던 놀라움을 다음과 같이 회고했다.

> 저는 특히 [일본에서의] 남성과 여성의 큰 차이와 남성들이 가지고 있는 절대적인 권력에 놀랐습니다. 여성들은

---

70) "Every prospect pleases and only man is vile." *The Attic Letters*, p.63(1893.4.27.).
71) *The Attic Letters*, p.23(1882.12.7.).

> 전적으로 의존적이었고, 가르치는 일 외에는 그들에게 열려있는 고용이나 직업이 없기 때문에 자립 수단도 없었습니다.[72)]

우메코의 눈에 비친 일본의 여성들은 이미 어릴 때부터 남자 아이들이 받는 교육과 다른 교육을 받았다. 아버지와 남편 그리고 아들과 같은 남성들에게 의존하며 사는 삶이 기대되었고 이를 위해 일찍부터 복종과 순종의 자세를 체득해야 했다. 여성에게 기대되는 삶을 살아내기 위해 손님 접대나 바느질, 요리 등의 가사를 우선적으로 배워야 했고 지식이란 그러한 역할을 수행하는 데 필요한 최소한의 정도로 주어지고 있는 현실이었다.[73)] 이처럼 남자에 비해 여자의 교육이 현저히 뒤떨어진 상황에서도 일본 사회는 여전히 여자교육의 중요성을 인식하기는커녕 그러한 문제제기에 대해 불편한 감정을 드러내거나 여자교육을 위해 목소리를 높이면서 두드러진 활동을 하는 여성에게는 공격의 화살을 겨누곤 했다.[74)]

일본 여성으로서는 사실상 최고의 지위에 올랐지만 우메코

---

72) 津田梅子, "(2) The Education of Japanese Women"(1889 or 1890 — 인용자)『津田梅子文書』, p.23.

73) 津田梅子, "(4) Woman's Life in Japan"(*The Sunday School Times*, 1891)『津田梅子文書』, pp.36-37.

74) "일본은 지금 너무 혼란스럽고 여자교육 문제 등이 너무 불안정한지라 어떤 식으로든 유명하거나 잘 알려진 시모다 씨나 스테마쓰 씨와 같은 여성들은 이 새로운 법규에 반대하는 구세대에 의해 찍혀서 처참하게 공격을 받았습니다 ... 일본은 아직 여성에게 남성과 같은 자유를 부여할 것인지 결정하지 못했습니다. 일본은 [시대를] 앞서 갔던 모든 사람들로부터 결점을 찾으려 하고 있습니다." *The Attic Letters*, pp.304-305(1887.12.7.).

역시 여자라는 이유로 차별받은 경험은 없지 않았다. 주임관이라는 지위를 인정받아 천황의 생일 축하행사에 초청을 받았지만 행사 직전 여자에게는 전례가 없어서 대응이 어렵다는 이유로 급거 참가가 무산되거나[75] 남학생을 위한 영어교육을 의뢰받았다가 역시 여자라는 이유로 남자 교사들이 반대하여 취소되는 경험을 겪기도 했다.[76] 미국으로의 출발 당시 이미 황후로부터 '일본 여성'을 위한 삶이라는 사명을 부여받은 것이 어쩌면 우메코가 일본의 남녀를 구분하여 인식하는 최초의 경험이었을 수 있지만 그것은 겨우 7세 때의 일이었다. 이후 미국에서 생활하던 당시의 우메코에게 얼마나 '여성'으로서의 자각이 강했는지 알기 어렵지만 최소한 일본으로 귀국한 후에는 여성의 입장에서 혹은 젠더적 관점에서 일본이라는 국가를 마주하지 않을 수 없었다. 그가 경험하게 된 일본이란 남자와 여자를 구분하고 심지어 여성의 희생을 당연시하는 나라였다. 그러한 일본은 우메코에게 일본 여성을 향한 안타까운 마음을 촉발했고 그들을 위한 사명감을 각성시켰다.

그러나 우메코가 남녀의 차별, 불우한 여성의 현실에 문제의식을 가진 후에도 남자에 대한 일방적 비판으로 남녀의 상호대립을 유도하는 대신 오로지 '일본'의 발전을 위한 '남녀의 협력' 그리고 일본 남성의 협력자가 되기 위한 여성의 성장을

---

[75] *The Attic Letters*, p.227(1885.11.9.).
[76] *The Attic Letters*, p.184(1885.3.7.). 우메코는 자신이 일하던 여학교의 신축 교사(校舍)를 도쿄사범학교에 빼앗기자 약속을 지키지 않는 정부라며 분통을 터뜨리기도 했다. *The Attic Letters*, p.332(1889.6.13.).

제 6 장 쓰다 우메코와 일본의 사이

주문하고 있었다는 점은 주목할 필요가 있다. 이러한 맥락 위에서 일본 여자교육 강화의 필요성을 주장하게 되는 것이다.

> 그러나 국가를 위한 이러한 모든 진전과 남성들을 위한 많은 진보와 함께 여성들에게는 그에 상응하는 이익이 주어지지 않았습니다. 6, 7년 전까지만 해도 [여성에게] 신일본New Japan이 가져온 새로운 삶의 조건에 부합하도록 돕는 교양 교육을 위해 행해진 것은 거의 없었습니다. … 저는 여성들의 치위가 향상되고 교육을 받아야 일본이 정말로 높은 치위에 오를 수 있다고 느꼈습니다. 여성들은 그들의 권리를 존중받아야 하고 사회에서 좋은 영향을 끼쳐야 합니다. 저는 일본 역사에서 중요한 이 시기에 훌륭한 여성들이 등장하여 남성들의 조력자와 동료가 되기를 바랍니다.[77]

---

77) 津田梅子, "(2) The Education of Japanese Women"(1889 or 1890 — 인용자)『津田梅子文書』, p.21 비슷한 표현은 다음과 같이 그의 언설의 곳곳에서 찾을 수 있다.
① "성장이 모두 한쪽에 있는 동안에는 진정한 진보는 불가능합니다. 남성들뿐 아니라 여성들도 교육받기 전에는 일본은 높은 자리에 오를 수 없습니다." 津田梅子, "(3) The Education of Japanese Women"(1891.8.21.) 『津田梅子文書』, pp.31-32
② "지금 세계의 눈을 사로잡을 첫 번째 것 중 하나가 바로 여기 여성의 일과 위치일 것입니다. 일본의 남자와 군인은 세계로부터 인정을 받았습니다. 똑같이 중요함에도 불구하고, 우리나라 여성들도 특별한 자신들의 영역에서 마찬가지의 대우를 받을 수 있을까요? … 하지만 우리 여성들이 지적으로나 도덕적으로나 진보에 대한 자기 몫을 온전히 차지하고 높은 이상에 대한 정신에 투철해지지 않는다면, 국가들 사이에서 일본의 새로운 지위는 훼손될 것입니다." 津田梅子, "Alummae Report"(1905.4.1.)『津田梅子文書』, pp.108-109
③ "일본의 절반은 아직 자고 있거나 오랜 시간의 수면으로부터 이제 막 깨어나기 시작하고 있습니다. 남자와 여자 사이에 큰 차이가 있습니다. 우리가 50년이나 뒤쳐지지 않았습니까? 사회는 비정상적이고 왜소합니다. 왜냐하면 한쪽만 발전되고 있고, 다른 한쪽은 둔하고 무지하고

6.4 '아쉬운' 일본: 이교도·남녀차별·학교 교육

우메코는 메이지 정부 수립 이후의 일본의 눈부신 발전에 경의를 표하는 한편, 그러나 그로 인한 혜택은 대부분 남성을 위한 것이었을 뿐 여성에게는 제대로 주어지지 않았다는 점을 지적하고 있었다. 뒤떨어져 있는 여성도 함께 향상되어야만 일본의 위상이 온전히 제고될 터이며 일본 역사상의 중요한 시기에 여성도 남성의 좋은 협력자가 되어 일본을 위해 공헌하기 위해서라도 여성이 자각해야 한다는 것이었다. 이러한 주장은 그가 해외를 향해 장학금 기부를 호소하는 메시지에서도, 학교 설립을 위한 협력을 요청할 때도, 혹은 졸업생들을 향한 축사에서도, 그리고 서구와 일본 여성의 전쟁 협력을 상찬하는 과정에서도 일관된 것이었다.

이처럼 귀국 후 마주한 일본은 젠더적 관점에서 우메코를 크게 좌절시키는 것이었지만 그것은 도리어 그로 하여금 일본 여성을 위해 사명감을 가지고 헌신하도록 하는 동기로 작용했다. 그리고 그 과정에서 남자와의 대결이 아니라 남녀의 구분을 넘어 서로 협력하며 함께 발전하자는 주장을 펼칠 수 있었던 것은 '일본'에 대한 애정과 자긍심 그리고 일본의 발전이라는 더욱 상위의 목표가 있었기 때문이었다.

무정하고 마비되어 있거나, 설령 활동적이라고 해도 불합리하고 불균형적입니다." 津田梅子, "Alummae Report"(1917.7.) 『津田梅子文書』, p.157.

제6장 쓰다 우메코와 일본의 사이

국가를 위해, 국가를 떠나

이제까지 살핀 것처럼 우메코는 귀국 후 마주한 일본에 대해 그리스도교라는 종교적 관점 그리고 남녀 차별이라는 젠더적 관점이라는 두 가지 측면에서 아쉬움을 느끼지 않을 수 없었다. 하지만 아쉬움과 문제의식은 일본에 대한 비관이나 강력한 비판으로 이어지는 것이 아니라 도리어 우메코에게 그리스도인으로서 일본 여성을 위한 자신의 사명을 찾고 헌신해 나가도록 하는 동기이자 여자교육의 지원을 요청하기 위한 명분이 되었다.

그러나 일본에 대해 이상과 같은 문제의식을 품고 자신의 뜻에 공명하는 인적·물적 지원을 확보해 나가면서도 당장 정면으로 그에 맞서는 행동에 나서지는 못했다. 결의와 실천에 방해가 되었던 것은 아이러니하게도 그가 이미 너무도 안정적인 직장에서 무시할 수 없는 중요한 역할을 부여받고 있다는 사실이었다. 이와 관련하여 처음 이토로부터 화족여학교 신설과 교사 임명에 대한 언질이 있었을 당시 우메코가 크게 반겼던 것을 떠올리게 된다. 그것은 정부에 의해 설립된 좋은 조건의 직장이라는 사실 때문이기도 했지만,[78] 화족여학교에서 만나

---

[78] "그분[이토 히로부미]이 말씀하시길 그들이 시모다 씨의 학교와 이미 도쿄에 세워진 귀족 여자학교를 합하여 두 학교를 하나로 할 계획이라고 합니다. 그러한 경우 그것은 정부의 일이 될 것이니 제가 기대하는 바이며 매우 기쁠 것입니다. 물론 제가 관립 학교에서 교원으로 월급을 받을 수 있다면 최고일 것이며 제 미래가 그렇게 될 것이라는 생각에 완벽하게 만족합니다. 그럴 수 있다면 정말 기쁠 것이고 저의 일에 인생을 바칠 것입니다. 게다가 그곳에서 가르친다면 충분한 보수를 받을 수 있는

6.4 '아쉬운' 일본: 이교도·남녀차별·학교 교육

게 될 상류층 여학생들과 그곳에서 이루어질 교육의 성과에 대한 기대 때문이기도 했을 것이다.

> 세상에서 가장 높은 여자들, 최고의 여자들만이 이 기관에 들어갈 수 있다고 생각하세요. 이 모든 소녀들이 이 나라의 운명에 미칠 영향을 생각해 보세요. 매우 무거운 책임이 따르기는 하지만 이 학교의 교사가 되다니 너무나 멋진 자리입니다.[79]

1885년 설립된 화족여학교는 학생 약 150명에 교직원 약 30명 정도의 규모로 우메코는 영어과목을 담당했다. 처음에는 황실과 귀족 출신 학생들에게 기대를 품고 관심을 기울였던 듯하지만[80] 이른바 '온실의 화초'처럼 자란 학생들은 우메코의 기대만큼 의지나 지적 능력이 충분하지 않았다. 그야말로 '우아함을 이상'으로 삼아 성장해온 탓에 모든 면에서 소극적이고 신중하며 정숙한 그들의 용모와 행실은 우메코에게 낯선 것이었고 학문적 의욕도 진취적 기상도 보이지 않는 그들의 모습에 만족하기는 더욱 어려웠다.[81] 그러나 그 정도의 아쉬움이나 불만이 우메코에게 당장 다른 선택을 하게 할 수는 없었다. 당시 일본에서 여성으로서 약 500엔 정도의 연봉을 받는 것은 —미국의 지인들에게 자랑하기에는 적은 금액이었지만— 매우

개인 교습도 할 수 있을 것이라 제 자신을 부족함 없이 건사할 수 있고 미래에 대한 걱정도 없을 것입니다." *The Attic Letters*, p.168(1884.7.29.).
79) *The Attic Letters*, pp.180–181(1885.2.7.).
80) *The Attic Letters*, p.225(1885.10.20.).
81) 吉川利一『津田梅子』, pp.151–152.

소수에게만 한정된 특권이었고 우메코 역시 그로부터 자유롭지 않았기 때문이다.[82]

1889년 여름 화족여학교 근무 약 4년 만에 재유학을 위한 수속에 분주했을 때에도 우메코는 사직 대신 유급 휴직을 승인받기 위해 노력했고 이는 분명 학교와의 관계를 지속하기 위한 것이었다.[83] 재유학 기간 동안 베이컨에게 장래 학교 설립의 계획이 있음을 밝혀 협력을 약속받았고 한 학기에 걸쳐 별도로 오스위고 칼리지에서 교습법에 대해 학습했으며 일본 여자교육을 위한 모금 활동의 성과도 있었지만, 귀국 후에는 다시 본업인 화족여학교로 복귀했다. 그리스도인으로서도 여자교육을 위해서도 분명 만족스럽지 않은 상황이었을 터였지만 그리고 이미 일본 여성을 위해 학교를 설립하리라는 자신의 사명에 대한 확신도 가졌던 듯하지만 그를 위한 도전을 본격화할 정도의 결심에까지는 이르지 않았던 것이다. 본격적인 도전을 위해서는 정부에 의해 공인된 화족여학교 교사라는 안정된 직장이자 높은 지위를 포기하는 것이 필수였고 그것은 결코 쉬운 일이 아니었을 것이다.

이와 관련하여 우메코에게 유의미한 움직임이 보이는 것은

---

[82] 우메코는 귀국 직후부터 꾸준히 금전적 대우와 경제적 독립에 관심이 많았고 일본의 여자교육을 위해서라도 결코 자신의 능력을 헐값으로 제공할 의사가 없었다. 주변으로부터 관심 어린 시선을 받아야 했고 특히 비싼 서양식 드레스를 입도록 요구받았던 우메코는 그에 부응하는 품위 유지를 위해서라도 적지 않은 돈이 필요하다는 사실을 편지의 곳곳에서 거듭 토로하고 있었다.

[83] *The Attic Letters*, p.330(1889.5.19.).

● 6.4 '아쉬운' 일본: 이교도·남녀차별·학교 교육

1898년 미국에서 열린 '만국부인연합대회' 참가 후 여성단체의 초청을 받아 영국을 방문했을 때였다. 우메코는 그해 연말 요크 대주교의 저택을 방문하고 면담할 기회를 얻었다.

> 대주교님과 이야기를 나누었습니다. 저는 그에게 제가 정말로 무언가를 하고 싶고 은혜를 입고 싶다고 비록 제가 많은 장점을 가지고 있지만 그것을 다른 사람들에게 전해주기 위해서는 무엇인가를 해야만 한다고 말했습니다. 그리고 수많은 동포 여성들과 비교했을 때 저는 하나님께서 주신 축복을 받을 자격이 없음에도 [그 축복으로 인해] 제게 드리운 책임의 무게가 얼마나 큰지, 종종 저는 제가 그토록 많은 것을 보지도 알지도 듣지도 않았더라면 좋았겠다는 생각이 든다고도 했습니다. 아! 그것이 바로 제가 종종 느끼는 것입니다. 왜 [저같이] 그토록 가치 없는 사람이 제가 지금 살고 있는 삶에 선택되었어야 했는가 하는 것입니다. 저는 대주교님의 축복을 받고 남을 위해 힘이 되는 역할을 하려합니다. 이렇게 선량하고 거룩한 분의 기도를 하나님께서 듣지 않으시리라고 어떻게 의심하겠습니까? 저는 믿음이 너무 약합니다. 하지만 저는 더 많은 믿음과 더 나은 삶을 갈망하고 특히 제 마음이 사랑과 동정심으로 가득 차서 그것을 필요로 하는 제 주변 사람들에게 흘러갈 수 있기를 바랍니다. 남을 향한 더 많은 사랑, 더 많은 동정이 제게 필요합니다. 저는 압니다. 저의 과거는 너무도 보잘 것 없는 것이라는 것을 압니다. 하나님께서 더 나은 미래를 허락해 주시기를 바랍니다. 제 믿음은 너무 약하고 어둡습니다. 하지만 제가 가장 깊이 그리고 감사하게 느끼는 사랑의 아름다움이 동포들에게 전해지기를. 하나님께서 허락하신다면 제가 그것으로 동포와 하나님을

위해 일할 수 있기를.[84]

우메코가 자신의 신앙에 대해 이렇게까지 진지하게 그리고 장문으로 남긴 경우가 많지 않다는 점에서라도 눈길이 갈 수밖에 없는 이 문장에서 그는 자신이 짊어져야 할 무거운 책임을 감당하기에는 자신의 믿음이 너무도 약하다고 고백하고 있다. 갈등하고 있다기보다는 그가 새로운 시작을 위한 결심이 임박했음을 보여주는 심지어는 자신의 결정에 대한 지지와 도움을 호소하는 것으로 여겨지는 내용이다. 그리고 이것이야말로 사실상 이때 우메코가 사직과 학교 설립을 결단했으리라 추측되는 이유다. 이듬해 귀국한 우메코는 첫 미국 유학 당시부터 줄곧 자신의 주된 후원자였던 모리스Wister Morris 부인에게 다음과 같은 편지를 보냈다.

> 아시다시피 이곳 모든 학교의 등록금은 거의 명목상이므로 학생들에게 이 기관을 지원하기 위한 더 많은 학비 납부를 기대할 수는 없습니다. 저는 정부로부터의 월급을 포기하겠지만, 애초에 불가능하기 때문에 그 사업[여자영학숙 설립]에서 충분한 보수를 받을 것이라고는 기대초차 하지 않습니다. 저는 이 실험을 5년 동안 해보고 싶으며 그 기간이 끝날 때는 학교를 좋은 기반 위에 정착시키는 데 성공하면 좋겠습니다. 그래서 그 5년 동안 저는 학교가 [저에게] 비용을 지불하기 시작할 것이라고 기대하지 않습니다. 관립 학교들이 학비를 낮추기

---

84) 津田梅子, "Journal in London" (1898.12.29.) 『津田梅子文書』, pp.295–296.

6.4 '아쉬운' 일본: 이교도·남녀차별·학교 교육

때문에 일본의 어떤 학교도 기부금 없이 많은 일을 할 수 없습니다.[85]

그는 오랜 기간에 걸쳐 정부로부터 보장받아온 안정적 지위와 급료를 포기하겠다는 마음을 굳혔을 뿐 아니라 새로운 학교로부터는 급료를 기대하기 어려울 것이라는 사실마저 감내할 생각이었다. 다만 여전히 매우 이성적이기도 했던 우메코는 학생들로부터 높은 학비를 기대하기 어려운 현실을 감안하여 일단은 5년 동안 실험적으로 운영하겠다는 계획을 세웠다. 귀국 후 승진과 더불어 연봉도 800엔으로 인상되었지만 1900년 7월 우메코는 화족여학교와 여자고등사범학교 양측 모두에 사표를 냈다.

우메코의 사직과 학교 설립의 결심은 단지 안정된 직장과 지위 혹은 수입을 포기했다는 의미만은 아니었다. 그와 관련된 더 많은 것들과의 결별을 의미하는 것임을 모르지 않았다.

> 저는 화족여학교와의 관계(끊기가 너무 어려웠던)에 대해 배경과 내용의 모든 세부사항을 다룰 수는 없습니다. 제가 사임을 요청했을 때 아무도 믿지 않으려 했기에 저는 몇 가지 투쟁을 해야 했고 아직도 일부가 남아있습니다. 그러나 저는 이제 자유로워졌고 말하자면 제게 뒤로 물러날 모든 배들을 불태운 셈입니다. 황실이나 황실의 학교에 연결되어 있다는 것 그리고 (아무리 보잘 것 없어도) 궁내성의 일원으로 간주되는 것이 어떤 의미인지 전

---

85) 津田梅子, 'Letters'(1899.12.28.) 『津田梅子文書』, p.383.

혀 이해하지 못하실 것입니다. 하지만 저는 결국 한 번은 그 일을 해야만 했습니다. 제가 학교를 떠나고 싶어지게 된 이유에는 단순히 [새로운] 학교를 시작하고 싶은 것 이상이 있었습니다. 제가 일본에서 가장 높은 수준의 학교와 15년 동안의 관계를 끊고 공식적인 지위와 직책을 포기했다는 것을 아십니까? 제게는 가치가 없지만 우리 국민들 사이에서는 가치가 있습니다. 대부분의 지인들이 놀랐고 그 사실이 관보에 실렸을 때 많은 사람들이 무슨 일이냐고 전화를 해왔습니다만 저는 제 예전 삶의 모든 보수와 관습에서 벗어나고 싶다고 말할 수 있어서 기뻤습니다. 지금 저는 단지 한 명의 평범한 사람으로서 제가 좋아하는 일에서도 —매우 적지만 여전히 일본인이 보기에는 충분한— 저의 급료에 대해서도 자유롭습니다. 민주적 분위기의 미국에 있는 여러분은 이 모든 소동을 이해하지 못할 것이지만 저는 진심으로 계급과 관습과 이름이 아니라 정의와 진실을 위한 자리에 서게 되어 기쁩니다. 그리고 지금은 부담 없이 저희 학교의 건물을 가질 수만 있다면 이라는 바람이 있지만 새로운 사업에 뛰어들게 되어 기쁩니다.[86]

우메코는 앞으로 나아가기 위해 황실 및 화족여학교와의 관계를 끊는 배수의 진을 쳤다. 그것은 일본에서 15년 동안 누렸던 최고의 지위와 대우를 포기하는 것이었다. 대신 오랜 기간 자신을 얽매었던 보수와 관습, 그것을 강요하는 일본 정부와 관료주의로부터의 자유를 선택하는 것이기도 했다.[87] 그

---

86) *The Attic Letters*, p.375(1900.8.6.).
87) 津田梅子, "Teaching in Japan" (1907.8.)『津田梅子文書』, p.93.

의 "계급과 관습과 이름이 아니라 정의와 진실을 위한" 삶을 살고 싶다는 고백은 역설적으로 그동안 계급과 관습과 이름에 얽매이는 삶을 살았다는 사실을 반증하는 것이라 할 수 있다.

하지만 이상과 같이 우메코가 일본의 정부, 정부가 세운 여자학교와의 관계를 끊은 것이 결코 그들과 대결하기 위해서가 아니라 오히려 협력하기 위해서였다는 점을 잊어서는 안 된다. 그리스도인으로서도 그리고 일본 여성을 위해서도 우메코는 일본이라는 국가 혹은 그 정부 나아가 그것을 구성하는 남자들과 대결하는 것이 아니라 변함없이 협력하는 관계를 원했고 궁극적으로는 일본이라는 국가에 도움이 되기를 바랐다. 미국 유학과 일본으로의 귀국을 거듭하는 남다른 여정을 경험했지만 그 모든 것이 일본 여자, 나아가 남자와 여자로 이루어진 '일본'을 위한 것으로 귀결되었던 셈이다.[88]

6.5 다시, 일본

이 글은 여전히 국내에는 잘 알려져 있지 않고 해외에서는 주로 여자교육과 미·일 지식인의 교류사의 관점에서 다루어져 왔던 쓰다 우메코의 생애를, 근대 일본이라는 국가와의 관련성 위에서 통시적으로 조망하려 한 것이다. 우메코는 일본 정부에 의해 선택되어 어린 나이에 이미 일본을 위한 사명을 부여받았지만 한편으로는 줄곧 미국 중산층을 위한 교육을 받았을 뿐 아니

---

[88] "I don't care very much one way or another, except for the good of Japan." *The Attic Letters*, p.236(1886.1.7.).

제6장 쓰다 우메코와 일본의 사이

라 세례를 받고 그리스도인이 되었다. 그러한 우메코가 11년 만에 귀국하여 '일본'에 정착하려 했을 때 그가 어떻게 일본을 이해하고 혹은 실망했는지 그리고 그 과정에서 그리스도교는 어떠한 의미와 영향을 갖는 것이었는지, 최종적으로 그에게 일본은 무엇이었는지 등을 살피려 했다.

'최소한의 전기'라는 소제목으로 그의 생애를 정리하면서 '미국행'을 기준으로 시기를 구분한 것은 그의 생애가 전반적으로 미국의 '영향'을 나아가 주로 미국의 '지원'을 받아 한 단계씩 비약했음을 드러내기 위해서였다. 그리고 그와 일본이라는 국가와의 관계를 살피기 위해서는 일본과의 관계를 가깝게 끌어들이는 긍정적인 인식의 양상과, 반대로 불편함과 이질감을 느껴 아쉬움을 느끼게 되는 부정적인 인식의 양상으로 구분하여 살피고자 했다. 전자를 위해서는 황실·정부와 권력자(이토 히로부미)·애국심 등을, 후자를 위해서는 그리스도교와 남녀차별 등의 젠더 인식, 그로부터 본격적인 학교 교육에 나서는 과정을 살피고자 했으며 이를 위해서 그가 남긴 공적·사적 영문 언설의 내용뿐 아니라 그가 실제 걸었던 행적을 함께 고찰하였다.

이상의 과정을 통해 파악한 것은 다음과 같다. 첫째, 귀국 후 우메코는 황실과 황후, 정부와 가까운 거리에 위치하면서 친밀감을 느끼고 심지어 자신을 일본 정부 자산의 일부로 여기기까지 했다. 해외의 지인과 매체를 통해 일본에 관한 국제 사회의 정보를 입수할 수 있었지만 대외전쟁의 명분이나 강한 애국심에 대해 당시의 일본인과 크게 다르지 않은 입장을 보였다. 여기에는 스스로를 일본과 일체화시키려는 경향뿐 아니라 가장 가까운 동지인 스테마쓰와 시게코의 남편들이 모두 고위직 군인이라는 특별한 관계도 한 이유가 되었다. 둘째, 그러나 십여 년 만에 마주한 일본에 대해 아쉬움과 불편함을 느꼈던 것은 일본이 그리스도교가 아닌 이교도의 국가라는 점과 극심한 남녀의 불평등으로 인해 여자만은 근대 이래의 눈부신 일본의 발전의 혜택을 누리지 못한다는 점이었다.

셋째, 우메코가 일본을 향해 가진 이상의 부정적인 인식은 비판이나 대결이 아니라 장래 더 나은 일본의 건설이라는 궁극의 목적으로 수렴되었다. 일본이 이교도의 나라라는 점은 오히려 복음화에 대한 기대를 갖게 했고 그리스도교가 일본인의 애국심을 더 충실하게 할 것이라는 기대로 이어졌다. 여성 차별의 현실에 대해서는 특별히 문제의식을 가졌지만 이를 이성異性간의 대결로 간주하기보다 일본을 위한 남녀 협력의 방법을 모색하려 했고 이것이 결국 그가 사립학교를 세우고 여자교육을 시작하는 명분이 되었다. 넷째, 일본과 자신을 일체화하는 경향과 일본 정부에 의해 보장된 안정된 지위는 우메코에게 종교적·젠더적으로 절감한 문제 해결을 위한 새로운 출발의 시도를 주저하게 했다. 오랫동안 그를 얽매고 있던 정부와의 관계를 끊고 자신의 사명 달성을 위해 사립학교 설립에 나서게 된 것은 일본을 향한 그의 문제의식과 사명감, 미국의 경험을 통한 성장 위에 그의 종교적 결단이 더해진 결과였다.

주요 참고 문헌

- 津田塾大學編『津田梅子文書』津田塾大學, 1980.
- 吉川利一『津田梅子』中公文庫, 1990(1930).
- Tsuda, Umeko, Furuki, Yoshiko eds., *The Attic Letters: Ume Tsuda's Correspondence to Her American Mother*, Weatherhill, 1991.
- 김영숙, 「근대 일본 여성 고등교육의 발자취: 여자 유학생의 활동을 중심으로」, 『이화사학연구』 39, 2009.
- 이명실, 「메이지 시기 일본의 여자교육과 여학생」, 『역사와 문화』 16, 2008.
- 이은경, 『근대 일본 여성 분투기』, 한울, 2021.
- 飯野正子 等編『津田梅子を支えた人びと』有斐閣, 2000.
- 大庭みな子『津田梅子』朝日文藝文庫, 1993.
- 龜田帛子『津田梅子: ひとりの名敎師の軌跡』雙文社出版, 2005.
- 佐々木啓子「明治期における女子留學の實態と國際交流: 津田梅子・河井道と新渡戶稻造のネットワークを中心として」『人間科學研究』總合人間學研究會, 2019.
- 高橋裕子『津田梅子の社會史』玉川大學出版部, 2002.
- 高橋裕子「昭憲皇太后と津田梅子: 華族女學校での接點を中心に」『明治聖德記念學會紀要』 50, 2013.
- 橘木俊詔『津田梅子: 明治の高學歷女子の生き方』平凡社, 2022.
- 谷岡郁子「近代女子高等敎育機關の成立と學校デザイン」神戶藝術工科大學博士學位論文, 1998.
- 寺澤龍『明治の女子留學生: 最初に海を渡った五人の少女』平凡社, 2009.
- 古川安『津田梅子: 科學への道, 大學の夢』東京大學出版會, 2022.
- 古木宜志子『津田梅子』淸水書院, 1992.
- 山崎孝子『津田梅子』吉川弘文館, 1988(1962).

찾아보기

【ㄱ】

가로 25, 26
가토 히로유키 46, 65
게이엔 체제 130
고운회고담 229, 240, 266, 273
고지편 20
공부미술학교 230, 240, 243, 270, 271
교육칙어 192, 193, 211, 280, 281
교화적 국가론 140-142
구로다 기요타카 126, 339, 344, 347
구스노키 마사시게 ....
.. 36, 107, 259, 266
구키 류이치 261, 264
국가주의 226, 321
국민국가 35-38, 42, 50, 63-65, 67, 68, 70, 76, 87, 89, 92, 217, 224, 230, 242
국민군 37, 154, 161, 168, 173
국왕 18, 21, 175
군신의합 25
군인칙유 .. 181, 182, 192, 193
군인훈계 176, 181
군현 20, 21, 46, 48, 53, 105, 106, 110, 166
궁내성 225, 227, 230, 266, 273, 360, 389
권세 강역 206-208
그리스도교 281-284, 287, 288, 290-295, 298, 303, 311, 313, 315, 316, 318, 319, 321, 324, 325, 327, 329-333, 340, 341, 345-347, 349, 353, 364, 365, 374, 376-378, 384, 392, 393
기도 다카요시 29, 36, 103, 105, 106, 113, 114, 175, 194
기립공상회사 235, 236, 238, 253

【ㄴ】

남녀차별 378, 379, 392
내국권업박람회.......... 230-233, 235, 243, 252, 261

찾아보기

니토베 이나조 .. 286, 341, 344

【ㄷ】
다카무라 고운 36, 221, 222, 225, 231, 237, 254, 258, 263, 273
다카무라 고타로 223, 227, 229
다케바시 사건 176
대만 출병 196-198, 213
대일본제국헌법 264, 279
대장성 102, 103
대정봉환론 23
대정위임론............. 22, 23
도쿄미술대학 225
도쿄여자고등사범학교.... 349

【ㄹ】
랜먼 부부.. 342, 347, 356, 363
러일전쟁 9, 33, 34, 130, 139, 148, 151, 216, 217, 282, 313, 314, 369-372
로렌츠 폰 슈타인............. .. 188, 205-209

【ㅁ】
마쓰다이라 사다노부 22
막번체제 .. 17, 19, 20, 22, 102
만국박람회 222, 225, 230, 235, 241, 252, 253, 255, 256
메이지 14년 정변 112, 115, 124, 125, 128, 179
메이지 천황......... 114, 147, 166, 177, 179, 190-192, 194, 259, 262, 272, 281
메이지유신 10, 21, 29, 65, 66, 75, 101, 104, 110, 138, 142, 148, 166, 190, 285, 363
모더니즘 223, 226-228
모리 아리노리 339
문명개화 45, 47, 48, 61, 69, 84, 172, 283
문부성미술전람회 230
미야베 긴고 286
민선의원 65-68, 74, 75, 82, 87
민선의원 설립 건백서 174

【ㅂ】
별격관폐사.......... 259, 260
보국심 64, 65, 69, 70, 72, 78, 80
봉건 17, 20-22, 28, 29, 46-48, 103, 104, 110, 156, 167, 285
불경사건................. 281-283, 294, 295, 330
불사 221-224, 231, 234, 238, 239, 243, 245, 247, 249, 250, 271
불평사족ㆍㆍㆍㆍㆍㆍㆍ79, 81, 82, 86
브린모어 칼리지..... 348, 350

비전론 34,
　　282, 283, 289, 298, 306,
　　315, 317, 324, 331

【ㅅ】
사이고 다카모리 . . 36, 62, 113,
　　157, 172, 190, 195, 363
사회계약 32, 64
삿포로농학교 . . . 286, 287, 289
서남전쟁 82,
　　172-174, 176, 190
세론 127, 132
소국주의 316, 317, 331
시모다 우타코 359, 360
시베리아 철도 202-
　　206, 209, 212
신주 11, 14, 17
쓰다 센 339-341, 344, 358
쓰다 우메코 33, 337, 338,
　　341-343, 346-348, 391
쓰다주쿠대학 . . . 338, 342-344

【ㅇ】
아라이 하쿠세키 21, 23
안나 하츠혼 340,
　　341, 349, 350
알렉시 드 토크빌 79
애국심 9,
　　10, 34, 65, 79, 80, 89,
　　110, 155, 192, 211, 274,
　　282, 294, 310, 316-321,
　　325, 330, 331, 346, 365-
　　368, 377, 378, 392, 393
애덜린 랜먼 340
앨리스 베이컨 . . 340, 349, 386
야마가타 아리토모 . . 36, 98, 99,
　　106, 114, 130, 147, 149,
　　152, 175, 190, 215, 218
양이 11, 12, 20, 25, 28,
　　31, 45, 49, 50, 53, 63, 69,
　　101, 107, 147, 152, 194
양학 44, 45, 48, 49, 51,
　　52, 61, 63, 68, 87, 101
어네스트 페놀로사 242
어친병 104,
　　159-161, 173, 193, 215
여론 27,
　　65, 66, 83, 123, 126, 127,
　　132, 134, 135, 138, 142,
　　151, 181, 264, 304, 311
여자교육 338,
　　339, 341, 343, 345, 348-
　　350, 359, 364, 372, 380,
　　382, 384, 386, 391, 393
여자영학숙 338,
　　340, 341, 344, 347,
　　349-351, 377, 388
영일동맹 308, 309
오규 소라이 21, 23
오무라 마스지로 154
오야마 스테마쓰 340,
　　343, 347, 348, 355, 361,
　　369, 374, 380, 393
오이에 26-30

오카쿠라 덴신 241
오쿠니 10-12, 17, 27
오쿠마 시게노부 . . . 36, 37, 86,
　　　98, 105, 116, 179, 364
오쿠보 도시미치 29,
　　　32, 106, 113, 114, 363
와세다대학 98,
　　　100, 116, 124, 143
왕자 18, 22
요시다 쇼인 15,
　　　25, 29, 30, 148, 152
용지회 230, 235
우류 시게코 340, 343,
　　　347, 348, 355, 369, 393
우에노 공원 223,
　　　258, 263, 267
우치무라 간조 34, 279,
　　　281, 282, 285, 289, 290,
　　　292, 294, 304, 330, 334
운요호 사건 198
윌리엄 클라크 287
의원내각제 81,
　　　83, 86, 92, 115, 118,
　　　120, 123, 125, 126, 142
의회제 42, 46, 73, 82
이노우에 가오루 102,
　　　106, 112, 114-
　　　116, 125, 156, 218
이노우에 데쓰지로 . . . 281, 282
21개조 요구 139, 143
이와쿠라 도모미 105,
　　　106, 111, 339

이와쿠라 사절단 33,
　　　111, 112, 339, 347, 375
이익 강역 206-208
이익선 208, 209, 211, 214
이타가키 다이스케 . . . .
　　　. . 98, 99, 114, 174
이토 히로부미 34, 36, 98,
　　　99, 102, 111, 112, 114-
　　　116, 130, 148, 149, 179,
　　　212, 216, 339, 344, 348,
　　　359, 361, 362, 384, 392
일본적 그리스도교 333
일신독립 50, 64
임오군란 200, 201
입헌개진당 98,
　　　99, 124, 125, 129

【ㅈ】
자력자활 50
자유 47, 51, 52,
　　　55, 56, 82, 133, 166, 168,
　　　169, 184, 288, 295, 307,
　　　308, 312, 326, 380, 390
자유당 98, 99,
　　　114, 124, 125, 129, 136
자유민권운동 113,
　　　114, 120, 174, 176, 177,
　　　179, 181, 182, 363
자포니슴 233, 235, 252
정우회 99,
　　　130, 139, 149, 150, 216
제국박물관 230,

257, 258, 261
제실 88
제실기예원 222, 225, 273
조선 20,
　　　35, 143, 144, 151, 195,
　　　198, 200–207, 209–211,
　　　213–215, 218, 230, 297,
　　　301–304, 306, 309, 310
조슈번 14, 15, 26,
　　　29, 147, 148, 150, 152,
　　　154–156, 175, 194, 196
조약개정 .. 111, 125, 126, 142
존왕 11, 12, 20, 22,
　　　24, 28, 29, 63, 69, 101,
　　　107, 109, 147, 152, 194
주권선 208, 209, 211
주자학 18, 22
주전론 304, 313
지방 자치 제도 183,
　　　185, 187, 188, 193, 215
징병고유 166–168, 171
징병령 163, 165, 166,
　　　168, 169, 171, 193, 215

【ㅊ】
찰스 랜먼 340
천부인권 55, 63
천황 10, 14,
　　　16–23, 28–32, 34, 88, 98,
　　　109, 116, 121–123, 137,
　　　138, 148, 153, 157, 159,
　　　160, 167, 172, 173, 175,
　　　176, 180–182, 190–193,
　　　196, 212, 215, 259–262,
　　　266–268, 272–274, 279–
　　　281, 285, 366, 368, 381
천황제 34, 35, 121, 279,
　　　281–283, 295, 301, 333
청일전쟁 9,
　　　34, 128, 129, 143, 152,
　　　212, 214–218, 283, 290,
　　　296, 299, 301–306, 311,
　　　312, 314, 331, 349, 366

【ㅍ】
패자 18, 22
폐도령 170–172
폐번치현 21,
　　　29, 48, 53, 54, 60, 67,
　　　102, 104–106, 110, 111,
　　　142, 157, 158, 160, 173
폐불훼석 222, 231, 249
프랑수아 기조 61, 63

【ㅎ】
하가쿠레 107
헌정옹호운동 132, 133
홍도관 101, 106
화족여학교 340,
　　　347–350, 359, 360, 375,
　　　384–386, 389, 390
후기미토학 30
후쿠자와 유키치 ... 32, 43, 48,
　　　51, 98, 99, 120, 127, 264
흠정헌법 .. 122, 123, 138, 280
히구치 이치요 338